PALAVRAS DE SABEDORIA

PALAVRAS DE SABEDORIA

365 DIAS PARA APROFUNDAR SEU RELACIONAMENTO COM DEUS

MARCELO TOSCHI

Vida

Editora Vida
Rua Conde de Sarzedas, 246 — Liberdade
CEP 01512-070 — São Paulo, SP
Tel.: 0 xx 11 2618 7000
atendimento@editoravida.com.br
www.editoravida.com.br
@editora_vida /editoravida

Editora-chefe: Sarah Lucchini
Editora responsável: Eliane Viza
Preparadora: Bárbara Bie
Revisão: Rosalice Gualberto
Revisão de provas: Eliane Viza
Coordenadora de design gráfico: Claudia Fatel Lino
Projeto gráfico e diagramação: Marcelo Alves de Souza e Philipe Santos
Capa: Luan Pessoa

PALAVRAS DE SABEDORIA

■

Todas as citações bíblicas e de terceiros foram adaptadas segundo o Acordo Ortográfico da Língua Portuguesa, assinado em 1990, em vigor desde janeiro de 2009.

■

As opiniões expressas nesta obra refletem o ponto de vista de seus autores e não são necessariamente equivalentes às da Editora Vida ou de sua equipe editorial.

Os nomes das pessoas citadas na obra foram alterados nos casos em que poderia surgir situações embaraçosas.

Todos os grifos são do autor, exceto os indicados.

1. edição: dez. 2024
1ª reimp.: jan. 2025

Dados Internacionais de Catalogação na Publicação (CIP)
(Câmara Brasileira do Livro, SP, Brasil)

Toschi, Marcelo
Palavras de Sabedoria : 365 dias para aprofundar seu relacionamento com Deus / Marcelo Toschi. -- São Paulo : Editora Vida, 2024.

ISBN 978-65-5584-605-8
e-ISBN 978-65-5584-606-5

1. Devoções diárias 2. Literatura devocional 3. Vida cristã I. Título.

24-235597 CDD-242

Índice para catálogo sistemático:

1. Literatura devocional : Cristianismo 242
Eliane de Freitas Leite - Bibliotecária - CRB 8/8415

"

Ao nos aprofundarmos no relacionamento com Deus, aprendemos a confiar que o melhor que ele tem para nos dar é a sua presença, e não apenas suas bênçãos."

JANEIRO

OS CAMINHOS DE DEUS

Faze-me conhecer os teus caminhos, SENHOR; ensina-me as tuas veredas. Guia-me na tua verdade e ensina-me, pois tu és o Deus da minha salvação, em quem eu espero todo o dia.

SALMOS 25.4-5, NAA

@devocional.palavrasdesabedoria | @marcelotoschi

Iniciamos hoje um novo ano, repleto de oportunidades extraordinárias! Uma janela nova se abre diante dos seus olhos. Como primícias deste novo ciclo, dedicamos tempo a Deus, buscando nele todos os direcionamentos necessários. Ao longo do ano, compartilharei vários devocionais que enfatizarão a importância do seu relacionamento com o Senhor, e quero que você perceba a profundidade da intimidade que pode desenvolver com ele.

O salmista, no texto de hoje, não apenas se dirige a Deus como quem faz pedidos em um balcão de atendimento. Ao contrário, ele nos ensina a buscar um relacionamento sincero com o Pai, confiando que ele tem o melhor direcionamento para todas as áreas da vida. Seu desejo é ser guiado pelos caminhos divinos, que representam uma jornada plena e significativa, com um propósito celestialmente definido. Por isso, na intimidade do relacionamento com o Eterno, o salmista expressa a necessidade de aprender com ele, para não andar errante e sem direção. Ademais, ele clama por ser guiado e ensinado na verdade, reconhecendo que a salvação é um presente de Deus, recebido pela fé e pela graça. A definição de graça é exatamente esta: entender que as boas dádivas vêm do Senhor. Quando abrimos o coração, quebrantados e dispostos, e lhe dedicamos tempo, as respostas virão.

Seu desafio, então, é desenvolver uma intimidade tão profunda com Deus a ponto de saber que o caminho que o levará ao seu destino só poderá ser revelado por ele. Em cada sinalização, curva e ponto de parada, o Senhor o direcionará. Hoje, reflita sobre os caminhos que tem seguido: estão alinhados com o propósito de Deus para sua vida?

Senhor, faz-me conhecer teus caminhos e ensina-me a andar em tuas veredas, confiando em cada passo que me conduzes a dar. Obrigado pela tua graça e salvação. Em nome de Jesus, amém.

anotações

....

....

....

RESPOSTAS EXTRAORDINÁRIAS

Clame a mim, e eu responderei; e direi a você coisas grandiosas e insondáveis que você não conhece.

JEREMIAS 33.3

Quero refletir sobre uma expressão bem conhecida: "falar com as paredes". Você provavelmente já se sentiu assim ao tentar se comunicar, percebendo que suas palavras não são ouvidas, seja no trabalho, na escola, em casa ou em um relacionamento. Essa falta de comunicação pode ser frustrante e nos deixar tristes, gerando sentimentos de inferioridade e desvalorização, afetando nossas relações e rendimento.

Porém, ao lermos Jeremias 33.3, percebemos algo incrível: Deus é quem toma a iniciativa e nos convida a clamar a ele. Ao contrário daqueles que nos frustram no dia a dia, o Pai é o ouvinte mais interessado, que nos diz: "Clame a mim". Além de desejar escutar-nos, ele também promete nos responder, e suas respostas podem transformar nosso presente e futuro.

Deus, nosso Pai amoroso, está sempre à disposição para ouvir nosso coração. Podemos falar com ele sobre qualquer coisa, sabendo que, através de Jesus, temos acesso direto ao trono da graça. Além de responder às nossas orações, ele também nos revela coisas grandiosas e insondáveis.

Hoje, encorajo-o a clamar ao Senhor e estar pronto para ouvir respostas extraordinárias. Reflita sobre as áreas da sua vida em que você se sente ignorado ou sem resposta. Entregue-as a Deus, sabendo que ele está pronto para ouvir e transformar cada situação de maneira surpreendente.

Senhor, obrigado porque tu estás sempre disposto a me ouvir. Clamo a ti e te entrego minhas preocupações e expectativas. Ajuda-me a confiar em tuas respostas e a estar aberto para aquilo que é grandioso e insondável. Em nome de Jesus, amém.

anotações

CRESCENDO EM INTIMIDADE

Eu te conhecia de ouvir falar, mas agora os meus olhos te veem.

JÓ 42.5

@devocional.palavrasdesabedoria | @marcelotoschi

Através da vida de Jó, somos convidados a refletir sobre a profundidade do relacionamento com Deus que podemos cultivar. Jó era um homem íntegro, fiel e justo, admirado por todos ao seu redor. No entanto, ele enfrentou um período de grandes provações, perdendo tudo o que tinha, incluindo seus filhos. Mesmo experimentando uma dor profunda, Jó permaneceu fiel ao Senhor e não abandonou sua fé.

Em momentos de dificuldades, é comum que algumas pessoas questionem o amor de Deus e, pior, se afastem dele. No entanto, a experiência de Jó nos ensina que sua fé e adoração não eram fruto de religiosidade, mas de um genuíno relacionamento. Jó conhecia o Senhor e o servia diariamente, oferecendo sacrifícios em favor de seus filhos e buscando estar em comunhão com ele.

Nosso desafio hoje é trabalharmos a nossa intimidade com Deus, especialmente em momentos difíceis. Assim como Jó, devemos desenvolver um relacionamento profundo com o Senhor, não baseado em formalidades religiosas, mas em verdadeira conexão. Não deixe que as adversidades da vida o afastem do Pai. Pelo contrário, use esses momentos para se aproximar ainda mais dele, conhecendo-o de maneira pessoal. Reserve um tempo especial para abrir seu coração em oração, expressando seus sentimentos e buscando aprofundar sua intimidade.

Senhor, ajuda-me a crescer em intimidade contigo, especialmente em momentos de dificuldades. Que minha fé não seja superficial, mas profunda e íntima. Em nome de Jesus, amém.

anotações

UM DEUS DE PROCESSOS

04 JAN

Eu te conhecia de ouvir falar, mas agora os meus olhos te veem.

JÓ 42.5

Continuando o devocional de ontem, queria hoje refletir sobre os processos de Deus em nossa vida. Ele não nos tenta com o mal, mas permite que passemos por adversidades para nos fortalecer e conduzir-nos a um nível mais profundo de dependência dele. A experiência de Jó ilustra essa verdade. Depois de passar por uma série de perdas, Jó finalizou o processo dizendo: "Meus ouvidos já tinham ouvido a teu respeito, mas agora os meus olhos te veem".

Essa declaração não diz respeito ao conhecimento de Deus através de histórias ou testemunhos alheios, mas a uma experiência pessoal com a doce presença e profundo poder divinos, em meio às dificuldades. O Senhor nos forja por meio de processos, os quais são fundamentais para nos moldar e preparar para as bênçãos futuras. O relacionamento de Jó com Deus se aprofundou após as provações, e ele testificou a fidelidade e o amor divinos de uma forma que nunca havia experimentado antes.

Aceite e confie nos processos celestiais para sua vida. Lembre-se de que as dificuldades que você enfrenta não vêm para destruí-lo, mas para fortalecê-lo e levá-lo a um relacionamento mais profundo com seu Criador. Portanto, mesmo que sofrendo, busque a Deus intencionalmente, para conhecê-lo e ser transformado por ele. Quais situações difíceis você está enfrentando atualmente? Entregue-as nas mãos do Pai e cresça através do processo divino.

Senhor, ajuda-me a confiar nos teus processos e a entender que as dificuldades que enfrento têm o propósito de me aproximar mais de Cristo. Obrigado por estar comigo em todas as situações. Em nome de Jesus, amém.

anotações

05 JAN

SUBMETIDO AOS PLANOS DE DEUS

Muitos são os planos no coração do homem, mas o que prevalece é o propósito do SENHOR.

PROVÉRBIOS 19.21

@devocional.palavrasdesabedoria | @marcelotoschi

Quando falamos de relacionamento com Deus, não devemos vê-lo como um ser distante, mas como um Pai presente, grande em poder e cheio de misericórdia, graça e amor. O Senhor está sempre pronto para ouvir e compartilhar coisas extraordinárias conosco. Salomão nos lembra de que é humano fazer planos segundo vontades pessoais, mas que devemos entender a importância de submetê-los à vontade divina.

Em Salmos 37.4, lemos "Deleite-se no Senhor, e ele atenderá aos desejos do seu coração". É necessário ter maturidade para compreender que Deus não é um pai passivo que diz "sim" a tudo o que pedimos, mimando-nos. Isto é, ele está comprometido com o nosso bem-estar e crescimento e, por isso, mesmo o seu "não" é uma resposta movida pelo seu amor. É, portanto, uma forma de nos guiar para caminhos melhores, e está repleto de amor, graça e favor.

Deus não é limitado pelo tempo; ele já está no futuro e conhece o que é melhor para cada um de nós. Ao nos aprofundarmos no relacionamento com ele, aprendemos a confiar que o melhor que tem para nos dar é a sua presença, e não apenas suas bênçãos. Portanto, reflita hoje sobre os planos e sonhos que você tem para este ano, seja na área profissional, educacional ou pessoal, e lembre-se de que os planos que realmente devem prevalecer são os que vêm do Senhor.

Senhor, entrego meus planos e sonhos em tuas mãos. Ajuda-me a confiar em teus propósitos, mesmo quando a resposta não for o que espero. Que a tua vontade seja feita em minha vida, pois sempre tens o melhor para mim. Em nome de Jesus, amém.

anotações

....

....

....

VENÇA O MEDO

06 JAN

Por fim veio o que tinha recebido um talento e disse: "Eu sabia que o senhor é um homem severo, que colhe onde não plantou e junta onde não semeou. Por isso, tive medo, saí e escondi o seu talento no chão. Veja, aqui está o que lhe pertence".

MATEUS 25.24-25

@devocional.palavrasdesabedoria | @marcelotoschi

Quantas oportunidades já perdemos por causa do medo? Na parábola dos talentos, vemos um servo que, dominado pelo medo, escondeu o talento que lhe foi confiado. Ele paralisou e não fez nada. Muitas vezes, agimos como esse servo, presos na zona de conforto e bloqueados pelo medo.

Tudo o que Deus nos dá é para ser multiplicado. Ele nos concede ideias e oportunidades, mas frequentemente somos paralisados pelo medo de falhar, pela insegurança de não sermos capazes ou pelo receio do que os outros possam pensar. Precisamos entender que, se vem de Deus, já deu certo! A capacitação vem dele. Nossa responsabilidade é fazer o que estiver ao nosso alcance, enquanto o Senhor cuida do sobrenatural. Quando nos movemos no natural, o sobrenatural de Deus transborda em nossas ações, impactando aqueles ao nosso redor e abrindo portas para novas oportunidades.

Não deixe que o medo, a ansiedade ou a dúvida paralisem seu propósito. Não permita que o impeçam de viver o que Deus tem planejado. Ele lhe confiou uma obra a realizar, uma vocação a desenvolver e um talento a multiplicar. Vá em frente, faça a sua parte e deixe um legado que inspire as futuras gerações.

Senhor, ajuda-me a vencer o medo e a multiplicar os talentos que me deste. Que eu faça minha parte, confiando que farás o sobrenatural. Em nome de Jesus, amém.

anotações

PAZ EM SUA PRESENÇA

Aquietai-vos, e sabei que eu sou Deus; sou exaltado
entre as nações, sou exaltado na terra.

SALMOS 46.10, ARA

@devocional.palavrasdesabedoria | @marcelotoschi

Muitas vezes, falamos demais e não paramos para ouvir a Deus ou o que ele tem a nos compartilhar. Estamos tão ocupados com nossas próprias atividades e preocupações que esquecemos de fazer uma pausa e nos aquietar. O verso de hoje nos chama exatamente a isso: parar, descansar, "aquietar".

A palavra hebraica para "aquietar"[1] tem um significado profundo: relaxar, deixar cair, estar em silêncio. Deus nos chama a relaxar em sua presença, deixar nossas preocupações caírem, aquietar nosso coração e ficar em silêncio, em um estado de confiança e rendição a ele. Quando nos aquietamos, damos espaço para que o Senhor se revele a nós e traga a paz que precisamos.

"Sabei que eu sou Deus". A palavra "saber" também é rica em significado, pois implica conhecer, aprender a conhecer, discernir, compreender. Deus nos chama não apenas a parar e descansar, mas também a conhecer quem ele realmente é. Saber que ele é Deus significa reconhecer sua soberania, poder e amor por nós. Assim, quando nos aquietamos e buscamos conhecê-lo, encontramos descanso e segurança, pois passamos a entender que ele está no controle de tudo. Exaltado entre as nações, esse é o Deus com quem somos chamados a nos relacionar. Que privilégio poder nos acalmar e desfrutar da presença do Senhor dos Senhores.

Separe um tempo para se quedar e contemplar a presença divina. Relaxe, fique em silêncio e conheça mais sobre quem ele é. E, assim, receba a paz que brota a partir dessa presença.

Senhor, ajuda-me a aquietar meu coração e descansar em tua presença. Que eu confie plenamente que tu és Deus, exaltado sobre todas as coisas e sobre minha vida. Em nome de Jesus, amém

[1] STRONG, James. **Léxico Hebraico, Aramaico e Grego de Strong**. São Paulo: Sociedade Bíblica do Brasil, 2002.

anotações

DEIXE UM LEGADO

Retendo firmemente a palavra da vida. Assim, no dia de Cristo eu me orgulharei de não ter corrido nem me esforçado inutilmente.

FILIPENSES 2.16

Cresci na igreja e, ao longo dos anos, vi muitas pessoas vivendo religiosamente, sem verdadeira intimidade com o Senhor. Para elas, a palavra de Deus parecia um conjunto de regras sobre o que é permitido e o que não é. Isso as impediu de experimentar o que a Bíblia realmente é: uma fonte de inspiração para uma vida de comunhão com o Altíssimo.

A Bíblia está cheia de orientações que nos conduzem a uma vida abundante e nos fazem experimentar o sobrenatural. Ela traz a solução para o maior problema da humanidade: o distanciamento de Deus por causa do pecado. O encontro com Cristo, o perdão divino e a reconciliação com o Pai nos levam a uma vida de intimidade que não se limita à Eternidade, mas também à plenitude aqui e agora.

Aqueles que se relacionam com Deus de maneira mecânica e religiosa podem acabar sentindo que tudo foi em vão, que não valeu a pena. Essa não era a impressão que o apóstolo Paulo tinha ao escrever aos crentes de Filipos. Paulo mostra que quem entendeu a profundidade da Palavra e tem um relacionamento verdadeiro com Deus desfruta da satisfação de deixar um legado que abençoa não só as pessoas ao seu redor, mas também as gerações futuras. Portanto, busque uma intimidade real com o Pai e, através disso, deixe um legado duradouro para aqueles que virão depois de você.

Senhor, ajuda-me a viver em verdadeira intimidade contigo, deixando um legado que abençoará as pessoas ao meu redor e as gerações futuras. Que minha vida reflita a tua Palavra e inspire outros a se aproximarem de ti. Em nome de Jesus, amém.

anotações

ORAÇÃO CONSTANTE

Orem constantemente.

1TESSALONICENSES 5.17

@devocional.palavrasdesabedoria | @marcelotoschi

Os religiosos têm dificuldade em compreender o que Paulo, inspirado pelo Espírito Santo, nos ensina sobre a importância da vida constante de oração, que não significa "rezar e fazer vãs repetições", como se precisássemos importunar a Deus para conseguir o que desejamos. Jesus advertiu contra essa atitude, dizendo que as pessoas não seriam ouvidas por causa de suas reverberações, como faziam os pagãos.

A oração sem cessar, mencionada por Paulo, está ligada a um relacionamento pessoal. Jesus, ao se referir a Deus, sempre o apresentava como Pai, chamando-o de "Abba", evocando proximidade e confiança. Durante seu ministério na Terra, Jesus dependia do Espírito Santo, sempre buscando direcionamento divino para suas ações. No entanto, ele também reservava momentos específicos de intimidade e afastava-se para ficar a sós com Deus em oração.

Em nossa comunidade de fé, temos uma prática chamada Tempo a Sós com Deus (TSD). É essencial desenvolver o hábito diário de intimidade com o Senhor, conversando com ele ao longo do dia, mas também é importante separar momentos específicos onde você se afasta das distrações do cotidiano para estar a sós com Deus. Com louvores soando ao fundo ou em silêncio, ao amanhecer ou ao pôr do Sol, o importante é estar a sós com ele.

Pense sobre sua prática de oração. Você tem reservado tempo de qualidade para estar a sós com Deus, longe das distrações? Como você pode aprofundar sua intimidade com o Senhor através da oração? Peça ajuda a ele para desenvolver um relacionamento profundo e constante por meio da oração.

Senhor, ajuda-me a viver em verdadeira intimidade contigo, deixando um legado que abençoe as pessoas ao meu redor e as gerações futuras. Que minha vida reflita a tua Palavra e inspire outros a se aproximarem de ti. Em nome de Jesus, amém.

anotações

REVERÊNCIA E INTIMIDADE

10 JAN

A intimidade do SENHOR é para os que o temem, aos quais ele dará a conhecer a sua aliança.

SALMOS 25.14, ARA

@devocional.palavrasdesabedoria | @marcelotoschi

O versículo 14 do salmo 25 destaca a importância da intimidade com o Senhor, mas muitos podem não compreender o que significa "temer ao Senhor". Por terem uma mentalidade religiosa, alguns acham que temer a Deus é ter medo dele, mas isso não é o que o texto nos ensina. No dicionário, a palavra "temer" é definida como terror e medo. No entanto, em hebraico, "temer"[1] refere-se à reverência. Isso significa que compreender quem é o Senhor em sua santidade, amor e graça nos leva a uma rendição profunda, que é o verdadeiro temor ao Senhor.

Essa reverência é essencial para desenvolver uma intimidade com Deus. O medo, por outro lado, nos afasta dessa intimidade. A Bíblia nos ensina que o Espírito Santo que habita em nós não é um espírito de covardia, mas de poder, amor e moderação. O Espírito Santo lança fora todo medo. Quando Deus falou com Josué, que tinha a grande tarefa de conduzir o povo de Israel à Terra Prometida, ele repetiu: "Seja forte e corajoso", mostrando que nosso relacionamento com Deus não deve ser baseado em medo, mas em coragem e reverência.

Algumas pessoas tentam agir corretamente por medo do castigo, mas Deus é um Pai amoroso. Nossa santidade deve ser motivada pela reverência a Deus, que nos leva a amá-lo e a nos aproximar dele com confiança. Dessa reverência surge uma intimidade tão profunda que passamos a conhecê-lo além das palavras, experimentando diretamente seu favor.

Seu relacionamento com Deus tem sido marcado por medo ou por uma profunda reverência e amor? Peça ao Pai que o ajude a viver em intimidade, baseando-se na verdadeira compreensão de quem ele é.

Senhor, ajuda-me a viver uma vida de temor, reverência e amor por Cristo. Que eu te conheça profundamente e me aproxime com confiança, abandonando todo medo. Em nome de Jesus, amém.

[1] STRONG, 2002.

anotações

A MÃO FIRME DE DEUS

Pois eu sou o SENHOR, o seu Deus, que o segura pela mão direita e diz a você: Não tema; eu o ajudarei.

ISAÍAS 41.13

@devocional.palavrasdesabedoria | @marcelotoschi

As Escrituras nos apresentam uma imagem reconfortante de Deus como um pai amoroso, segurando firmemente a mão de seu filho e oferecendo palavras de encorajamento. A passagem começa com uma afirmação de identidade: "Pois eu sou o Senhor, o seu Deus". Ele não é um deus distante, mas aquele que se relaciona com seu povo, que conhece cada um pelo nome e se importa profundamente com suas lutas e temores.

A imagem de Deus segurando nossa mão direita é particularmente tocante. Na cultura antiga, a mão direita simbolizava força e habilidade. Ao segurá-la, Deus está dizendo que está conosco em nossas atividades, esforços e lutas. Ele não observa de longe, mas está intimamente envolvido em cada aspecto de nossa vida.

A frase "Não tema" é uma das mais frequentes na Bíblia. Deus sabe que o medo é uma realidade comum na experiência humana, e por isso continuamente nos encoraja a superá-lo através da fé. O medo paralisa, e a confiança em Deus nos liberta. A promessa "eu o ajudarei" não é apenas uma oferta de assistência ocasional, mas uma garantia de um contínuo apoio divino. Considere, portanto, que você nunca estará privado do cuidado celestial. Em qualquer desafio que enfrente, há a garantia de que o próprio Criador do Universo estará ao seu lado, segurando sua mão.

Como uma criança que se sente amparada ao segurar a mão de seu amoroso pai, encontramos nossa segurança e confiança em nosso relacionamento com Deus. Leve essa verdade consigo em cada situação que enfrentar.

Senhor, obrigado por segurar minha mão e me ajudar em cada momento da minha vida. Que eu confie em ti e encontre minha segurança em tua presença, transformando o medo em fé e a ansiedade em paz. Em nome de Jesus, amém.

anotações

O DIREITO À FILIAÇÃO

12 JAN

Contudo, aos que o receberam, aos que creem no seu nome, deu-lhes a autoridade de se tornarem filhos de Deus.

JOÃO 1.12

@devocional.palavrasdesabedoria | @marcelotoschi

Nas mídias sociais, é comum vermos pessoas exigindo reconhecimento de paternidade, especialmente em casos de figuras famosas. Muitas dessas disputas judiciais visam obter o reconhecimento de um pai ou mãe, geralmente em busca de herança. Enquanto algumas pessoas buscam apenas o reconhecimento e a atenção que não tiveram no passado, a maioria se interessa pelo que pode ganhar materialmente.

Por outro lado, ao lermos João 1.12, em que o apóstolo João afirma que o Criador nos concede o direito de sermos filhos de Deus, ficamos maravilhados. Como pode o Rei do Universo conceder a seres tão pequenos e pecadores o direito de serem chamados seus filhos? Esse direito não é algo que precisamos disputar judicialmente. Ele é dado gratuitamente a todos que creem em Jesus, reconhecem seu sacrifício e aceitam seu senhorio.

Ao crermos em Jesus, somos adotados na família de Deus. Essa adoção não é apenas um título, pois vem com direitos e herança. Paulo, ao escrever aos Efésios, explica que o Espírito Santo é o selo que garante essa herança, o penhor da nossa salvação. Como filhos de Deus, temos direito não apenas à vida eterna, mas também à ação do Espírito Santo em nossa vida aqui na Terra. Isso inclui paz, alegria, favor e a presença constante de Jesus em nosso dia a dia.

Você não precisa lutar por esse direito; ele está disponível agora. Portanto, receba a paternidade de Deus sobre a sua vida, reconhecendo Jesus como seu Senhor e Salvador, e torne-se um filho de Deus.

Senhor, obrigado por me dar o direito de ser chamado teu filho. Ajuda-me a viver como alguém que conhece e desfruta desse privilégio. Em nome de Jesus, amém.

anotações

....

....

....

O MELHOR ESTÁ POR VIR

A bênção do Senhor traz riqueza e não inclui dor alguma.
PROVÉRBIOS 10.22

@devocional.palavrasdesabedoria | @marcelotoschi

A bênção que procede do Senhor traz riqueza, e a capacitação que ele nos dá para produzi-la não traz remorso. A dor mencionada no versículo não está relacionada ao esforço, à dedicação, às noites maldormidas ou ao trabalho duro no mercado de trabalho, mas à dor do remorso, o peso que acompanha aqueles que buscam riqueza de forma desonesta. O que vem das mãos do Senhor abençoa você, sua família e aqueles ao seu redor, sem causar remorso.

Se você se sente acomodado, talvez fazendo sempre a mesma coisa, não deixe de continuar operando bem o que está em suas mãos, mas comece também a plantar para o futuro. Há muitas oportunidades pela frente! Aprenda algo novo, invista em um curso online ou explore uma nova habilidade. Sempre podemos nos preparar para o que Deus tem para nós.

Se você acha que não tem mais idade para aprender algo novo ou para usufruir dos frutos do seu trabalho, saiba que esse pensamento não vem do Senhor! Se Deus abriu uma nova porta, então a bênção dele o capacitará a prosperar. Avance, pois ele tem grandes propósitos para sua vida, que ainda se cumprirão! Levante a cabeça, respire fundo e vá em frente. O Sol está brilhando sobre seus caminhos. Abra a janela, sinta a brisa e siga em frente, pois o melhor de Deus ainda está por vir sobre você e sua descendência.

Senhor, obrigado pela tua bênção que traz prosperidade. Ajuda-me a avançar, aproveitar as oportunidades que me dás e confiar que o melhor ainda está por vir. Em nome de Jesus, amém.

anotações

PAZ EM MEIO ÀS TEMPESTADES

14 JAN

Eu lhes disse essas coisas para que em mim vocês tenham paz. Neste mundo vocês terão aflições; contudo, tenham ânimo! Eu venci o mundo.

JOÃO 16.33

@devocional.palavrasdesabedoria | @marcelotoschi

As palavras de Jesus são um farol de esperança em um mundo cada vez mais sombrio. Ele começa afirmando o propósito de seus ensinamentos: proporcionar paz, uma paz profunda e duradoura que só pode ser encontrada nele. Trata-se de uma paz que transcende as circunstâncias, uma âncora para a alma em tempos turbulentos.

A palavra "aflições" abrange uma ampla gama de dificuldades — desde as lutas diárias até as crises profundas, como perseguições, doenças, perdas e conflitos. Jesus sabe que viver neste mundo caído trará sofrimento. No entanto, sua mensagem não finaliza na realidade sombria, mas nas palavras: "tenham ânimo!" Essa não é uma sugestão gentil, mas uma ordem direta. É um chamado à coragem, à resiliência e à esperança.

A base para esse ânimo é a declaração triunfante de Jesus: "Eu venci o mundo". Esse sucesso não é apenas uma conquista pessoal de Jesus, mas uma vitória compartilhada com todos os que nele creem. Através de sua vida, morte e ressurreição, Jesus triunfou sobre o pecado, a morte e todas as forças do mal. Isso nos assegura que, não importa quão difíceis sejam nossas circunstâncias, o final está garantido: viveremos a eterna vitória de Cristo.

Portanto, mude sua perspectiva. Em vez de focar nas aflições, olhe para Jesus e seu triunfo. Essa mudança de foco transforma a maneira como enfrentamos os desafios, lembrando-nos de que não estamos sozinhos. O mesmo Jesus que venceu o mundo está conosco.

Senhor Jesus, obrigado pela paz que só tu podes dar. Ajuda-me a enfrentar as aflições deste mundo com coragem. Em nome de Jesus, amém.

anotações

O CUIDADO DO PASTOR

O Senhor é o meu pastor; nada me faltará.

SALMOS 23.1, ARC

@devocional.palavrasdesabedoria | @marcelotoschi

Esse versículo, que abre o famoso salmo 23, é uma das declarações mais belas e reconfortantes de toda a Escritura. O rei Davi usa a metáfora do pastor e suas ovelhas para capturar a essência do relacionamento entre Deus e seu povo. A afirmação "O Senhor é o meu pastor" estabelece uma relação pessoal e íntima com Deus, que não se mostra indiferente, pois se envolve ativamente no cuidado e na orientação de seu povo. Na cultura israelita, a imagem do pastor simbolizava proteção, provisão e liderança constante.

"Nada me faltará" é uma ousada declaração de confiança no Senhor. Isso não significa que teremos tudo o que desejamos, mas que Deus suprirá todas as nossas necessidades reais. Essa afirmação reflete uma compreensão profunda da bondade e suficiência de Deus. Somos convidados, portanto, a refletir se verdadeiramente reconhecemos a ele como nosso Bom Pastor e se cultivamos confiança na provisão dele sobre nossa vida.

O Espírito Santo nos desafia a abraçar plenamente nossa identidade como ovelhas do rebanho de Deus. Pois é através dele que experimentaremos o cuidado do Bom Pastor, guiando-nos, confortando e corrigindo. Ele nos lembra da fidelidade de Deus e nos ajuda a confiar em sua provisão, mesmo em tempos de escassez.

Pai, agradeço porque és o meu Bom Pastor. Reconheço tua bondade e cuidado constantes sobre minha vida. Ajuda-me a descansar em tua provisão e a seguir guiado pelo teu Espírito. Em nome de Jesus, meu bom Pastor, amém.

anotações

RAÍZES DE CONFIANÇA

Mas bendito é o homem cuja confiança está no SENHOR, cuja confiança nele está.

JEREMIAS 17.7

@devocional.palavrasdesabedoria | @marcelotoschi

Imagine uma árvore majestosa, com galhos que se estendem em direção ao céu e folhas que dançam ao vento. O que não vemos, mas é crucial para sua força e vitalidade, são suas raízes profundas, abraçando firmemente o solo. Essa árvore é uma metáfora para a pessoa que coloca sua confiança no Senhor. Jeremias nos apresenta uma verdade poderosa: a bênção de Deus nasce a partir da confiança profunda em sua pessoa.

Confiar no Senhor significa ter estabilidade em tempos turbulentos; assim como as raízes profundas mantêm a árvore firme durante tempestades, nossa confiança em Deus nos sustenta nas adversidades. Confiar em Deus também proporciona nutrição contínua: assim como as raízes absorvem água e nutrientes essenciais, nossa confiança nos conecta à fonte de toda sabedoria, força e amor.

Além disso, essa confiança representa crescimento constante, pois uma árvore bem enraizada continua a crescer e dar frutos. Nossa confiança no Senhor nos permite amadurecer espiritualmente e produzir frutos de bondade. À medida que nossas raízes se aprofundam, nossos galhos se elevam, permitindo uma visão mais ampla da vida. Isso não significa que a vida será fácil, mas que não nos prostraremos às tempestades.

Hoje, examine suas raízes: onde está sua confiança? Em suas habilidades, em outras pessoas ou firmemente no Senhor? A verdadeira plenitude vem de uma confiança inabalável em Deus. Que sejamos como aquela árvore majestosa, com raízes profundas de estabilidade no Senhor, prontos para enfrentar tempestades e dar frutos para sua glória.

Senhor, ajuda-me a aprofundar minhas raízes de confiança em Cristo, encontrando estabilidade, nutrição e crescimento em tua presença. Que minha vida seja um testemunho da bênção que vem de confiar plenamente em ti. Em nome de Jesus, amém.

anotações

A IMUTÁVEL FIDELIDADE DE DEUS

Deus não é homem para que minta, nem filho de homem para que mude de ideia. Acaso ele fala e deixa de agir? Acaso promete e deixa de cumprir?

NÚMEROS 23.19

@devocional.palavrasdesabedoria | @marcelotoschi

Em um mundo onde promessas são frequentemente quebradas e a verdade distorcida, somos lembrados de que Deus está acima das falhas humanas e sua palavra é infalível. A passagem em Números estabelece um contraste entre Deus e os seres humanos: "Deus não é homem para que minta". Isso ressalta a sua perfeição moral. Enquanto nós, humanos, somos tentados a mentir por medo ou ganho pessoal, ele, em sua perfeita natureza, é incapaz de falsidade. Sua palavra é sempre verdade.

As perguntas retóricas que seguem enfatizam a absoluta confiabilidade de Deus. Quando ele faz uma promessa, podemos ter certeza de que a cumprirá. Sua palavra não é uma declaração, mas um compromisso garantido por seu próprio caráter. Portanto, podemos confiar plenamente nas promessas de Deus, mesmo quando as circunstâncias parecem contradizê-las. As promessas sobre nosso futuro e seu plano de redenção são garantidas por sua fidelidade.

Ao meditarmos nesse versículo, devemos examinar nossa própria vida. Quão facilmente duvidamos das promessas do Pai ao enfrentarmos dificuldades? Com que frequência permitimos que as circunstâncias abalem nossa confiança em sua palavra? Que cada promessa seja uma rocha firme sobre a qual construímos nossa vida. E que, em resposta à sua fidelidade, sejamos pessoas que refletem essa mesma confiabilidade em nossas palavras e ações.

Senhor, obrigado pela tua fidelidade que nunca falha. Ajuda-me a confiar em tuas promessas, mesmo que as circunstâncias sejam difíceis. Em nome de Jesus, amém.

anotações

O PODER DA CONFISSÃO

18 JAN

Se confessarmos os nossos pecados, ele é fiel e justo para nos perdoar os pecados e nos purificar de toda injustiça.

1JOÃO 1.9

@devocional.palavrasdesabedoria | @marcelotoschi

O texto começa com uma condição: "Se confessarmos os nossos pecados". A confissão, no contexto bíblico, vai além de simplesmente admitir um erro; implica um reconhecimento sincero de nossa falha diante de Deus, acompanhado de um desejo genuíno de mudança. É um ato de humildade e vulnerabilidade, no qual nos despimos de nossas defesas e nos apresentamos a ele exatamente como somos, falhos.

Somos, então, assegurados de que Deus responde à nossa confissão, sendo descrito como "fiel e justo". Sua fidelidade se manifesta em seu compromisso inabalável com suas promessas e com seu povo. Sua justiça, longe de ser um obstáculo ao perdão, torna-o possível através do sacrifício de Jesus Cristo, que pagou o preço por nossos pecados. A promessa divina é dupla: perdão e purificação. O perdão remove a culpa de nossos pecados, restaurando nosso relacionamento com Deus. A purificação nos limpa internamente, para vivermos em retidão.

O perdão é um dom gratuito e imerecido da graça de Deus sobre nós. A promessa de purificação nos encoraja a não nos contentarmos apenas com o perdão, mas a buscarmos uma transformação contínua. Deus não apenas remove nossa culpa, mas também nos capacita a viver de maneira diferente, livre das amarras do pecado.

Assim, somos lembrados da seriedade de nossas transgressões, mas também da imensidão da graça de Deus. Ela nos oferece esperança, não importa quão graves sejam nossos erros ou quão profunda seja nossa culpa. Temos a oportunidade de nos voltar para Deus em confissão sincera.

Senhor, obrigado pela tua fidelidade e justiça, que me garantem perdão e purificação. Ajuda-me a ser sincero em minha confissão e a buscar uma transformação contínua em Cristo. Em nome de Jesus, amém.

anotações

BUSQUE NO LUGAR CERTO

E estava ali certa mulher que havia doze anos vinha sofrendo de hemorragia e gastara tudo o que tinha com os médicos; mas ninguém pudera curá-la. Ela chegou por trás dele, tocou na borda de seu manto, e imediatamente cessou sua hemorragia.

LUCAS 8.43-44

@devocional.palavrasdesabedoria | @marcelotoschi

Essa mulher sofreu de hemorragia por doze anos. Ela havia gastado todos os seus recursos com médicos, mas não obteve melhora alguma. Além do sofrimento físico, ela enfrentava o isolamento e a rejeição social, pois, de acordo com a cultura da época, era considerada impura. Estava, portanto, sem esperança, sem recursos e em completo desespero.

Certo dia, porém, ela ouviu falar de Jesus e dos milagres que realizava — cura, multiplicação de pães e transformação de vidas. Foi então que, cheia de fé, decidiu buscar em Cristo aquilo que os homens não puderam oferecer. Ela se aproximou dele em meio à multidão e, rastejando-se, tocou na orla do seu manto. Naquele instante, foi completamente curada.

Observando a vida dessa mulher, aprendemos que devemos buscar aquilo de que carecemos no lugar certo: em Jesus. Ele é a fonte de cura, paz e alegria plena. Jesus não apenas curou aquela mulher fisicamente, mas também devolveu paz ao seu coração e restaurou sua dignidade publicamente. No versículo 48, ele diz: “Filha, a sua fé a curou! Vá em paz”.

Talvez você também precise de cura — física, emocional ou espiritual. Assim como aquela mulher, abra seu coração e busque-a em Jesus, pois ele tem o poder para curar, dando a alegria e a paz que nenhuma outra fonte pode oferecer.

Senhor Jesus, coloco minha fé em ti. Ajuda-me a buscar em ti a cura e a paz que preciso. Estou disposto a sair da minha zona de conforto para tocar tuas vestes e ser sarado. Em teu nome, amém.

anotações

SINCERIDADE EM ORAÇÃO

20 JAN

Mas, quando você orar, vá para o seu quarto, feche a porta e ore ao seu Pai, que está em secreto. Então, o seu Pai, que vê em secreto, o recompensará.

MATEUS 6.6

@devocional.palavrasdesabedoria | @marcelotoschi

Os fariseus eram conhecidos por suas orações públicas, não tanto pelo desejo de se conectar com Deus, mas para impressionar aqueles ao seu redor. Jesus, porém, nos ensina sobre a importância da sinceridade e da intimidade em nossa vida de oração. As orações dos fariseus pareciam piedosas aos olhos dos homens, mas, na realidade, não eram direcionadas a Deus.

Jesus nos instrui a orar em secreto, não como uma regra literal de estar trancado em um quarto, mas como uma orientação para a atitude do coração. O lugar físico não importa; o que conta é a sinceridade com que nos aproximamos de Deus. A oração deve ser um momento de verdadeira conexão com o Senhor, não uma oportunidade de exibir nossa religiosidade. A verdadeira oração é feita com o coração voltado para Deus, buscando sua face, sem a necessidade de impressionar os outros.

Infelizmente, muitos usam a oração para dar "recados" aos outros, revelando uma falta de fé genuína e a incapacidade de confiar que Deus, mesmo invisível, ouve e responde. Utilizar a oração para manipular os outros ou para atrair atenção é errado e pecaminoso.

A verdadeira oração é uma expressão de um relacionamento profundo e sincero com Deus. Quando oramos com um coração puro, focado nele, somos ouvidos e ele nos responde. Qual tem sido a motivação por trás de suas orações? Você ora para se conectar com Deus ou para impressionar os outros?

Senhor, ajuda-me a buscar tua presença de forma sincera e íntima. Que minhas orações sejam direcionadas a ti, sem a necessidade de impressionar os outros. Em nome de Jesus, amém.

anotações

ORANDO COM FÉ

Quando orarem, não falem por falar, como fazem os gentios.
Pois eles pensam que por muito falar serão ouvidos.

MATEUS 6.7

@devocional.palavrasdesabedoria | @marcelotoschi

Ao ler o texto em que Jesus critica a prática dos gentios de repetirem incessantemente as mesmas palavras em oração, lembrei-me de uma cena do desenho *Shrek*. O burro, companheiro de Shrek, repetidamente perguntava durante a viagem: "Já estamos chegando? Já estamos chegando?", como se essa repetição pudesse acelerar a chegada ao destino. Muitos pais que viajam de carro com crianças podem se identificar com isso.

Essa simples ilustração nos ajuda a entender o ensinamento de Jesus. A questão não é quantas vezes você repete suas palavras em oração, mas quão profundamente você crê. Sem fé, é impossível agradar a Deus. Quando ora, não deve fazê-lo como um rito religioso. A oração é um diálogo com Deus, em que você fala e ouve. Muitas vezes, as pessoas falam sem parar e, ao terminar com um "amém", voltam às suas atividades sem um momento de silêncio para ouvir o que o Espírito Santo tem a dizer. Jesus nos adverte contra essa superficialidade.

Você, que sabe que o Senhor é um Pai amoroso, não precisa repetir incessantemente suas petições. Fale com ele e celebre a certeza de que ele já está trazendo a resposta. A chave é orar com fé, acreditando que Deus ouve suas orações e se importa profundamente com você. Reflita sobre sua prática de oração: você acredita que Deus o ouve? Peça a ele que aumente sua fé e ensine a confiar plenamente em sua resposta.

Senhor, ensina-me a orar com fé e confiar que ouves minha oração. Ajuda-me a descansar em tua resposta e ter mais intimidade contigo. Em nome de Jesus, amém.

anotações

MOTIVOS PARA AGRADECER

22 JAN

Deem graças ao SENHOR, porque ele é bom; o seu amor leal dura para sempre.
1CRÔNICAS 16.34

@devocional.palavrasdesabedoria | @marcelotoschi

Quais motivos você tem para agradecer ao Senhor? Às vezes, envolvemo-nos tanto nas dificuldades do dia a dia que esquecemos de identificar as bênçãos que Deus nos dá. Somos convidados a parar e refletir sobre tudo o que temos para agradecer. Pode ser pela sua vida, pela família, pelo trabalho ou até pelas pequenas coisas que tornam os dias mais leves. Temos muitos motivos para sermos gratos e louvar ao Senhor.

Esse versículo faz parte de uma canção de gratidão que Davi compôs ao levar a arca do Senhor para Jerusalém. A arca simbolizava a presença de Deus, e o retorno dela para a cidade era motivo de grande alegria para o povo de Israel. Nessa canção, Davi celebra as maravilhas e os feitos de Deus e inspira o povo a dar graças ao Senhor por vários motivos, mas esse verso, quase no final da canção, resume o maior deles ao darmos graças: a bondade de Deus e seu amor eterno.

Não agradecemos apenas pelas bênçãos, apesar de nos alegrarmos profundamente com elas. Não são as obras de Deus que nos levam a louvá-lo, mas seu caráter. "Deem graças ao Senhor, porque ele é bom; o seu amor dura para sempre." Somos gratos porque a bondade do Senhor é sem igual. Somos gratos porque o amor de Deus é eterno, nos alcançou mesmo sem merecermos e nada pode nos separar dele (cf. Romanos 8.38-39).

Hoje, dê graças ao Senhor, não apenas pelas bênçãos recebidas, mas por sua bondade e amor. Seja agradecido não só pelos presentes que Deus dá, mas pela sua pessoa. Faça uma lista de agradecimentos, reconhecendo a bondade divina sobre sua vida.

Senhor, obrigado porque és bom e teu amor dura para sempre. Ajuda-me a ser sempre grato, não apenas pelas bênçãos que recebo, mas pelo eterno amor. Em nome de Jesus, amém.

anotações

23 JAN

CONFIANÇA QUE VENCE DIFICULDADES

Portanto, não sejam como eles, porque o seu Pai sabe do que vocês precisam, antes mesmo de lhe pedirem.

MATEUS 6.8

@devocional.palavrasdesabedoria | @marcelotoschi

É interessante quando Jesus traz esse direcionamento em Mateus 6.8, porque alguns podem não compreender o que ele está dizendo ou ter um entendimento equivocado. Quando Jesus diz que Deus sabe tudo o de que você precisa antes mesmo de pedir, isso não significa que você não deva pedir. A questão é que o Senhor deseja ouvir o seu coração abrindo-se diante dele.

Ele quer que você se derrame em oração, não apenas em momentos de necessidade, mas que se aproxime de Deus com sinceridade, sem autocomiseração ou vitimismo. Jesus nos ensina a não orarmos como quem questiona a atenção e o amor de Deus, dizendo coisas como: "Senhor, por que se esqueceu de mim?" Ele nos lembra de que Deus é nosso Pai, e conhece nossas dificuldades, problemas e dores.

Talvez você se pergunte: "Então, o que devo fazer?" Se você já compreendeu que Deus é Pai, quando começar o seu tempo de oração, poderá chorar e falar sobre as dores e desafios que está enfrentando, mas deve finalizar sua oração com gratidão. Mesmo sem entender o motivo das situações que enfrenta, deve olhar com fé e declarar: "Senhor, não compreendo tudo isso, mas sei que sou teu filho(a). Tua mão não me desampara".

Mesmo em momentos de dor e dificuldade, podemos agradecer, sabendo que Deus está no controle e que ele responderá o nosso clamor. Essa atitude de gratidão fortalece nossa fé e nos prepara para crescer e avançar para a próxima fase do nosso relacionamento com Jesus.

Senhor, eu me aproximo de ti com fé e gratidão. Mesmo sem entender tudo o que estou enfrentando, confio que estás comigo e que tens o melhor para mim. Ajuda-me a manter essa confiança viva e a sempre ter esperança. Em nome de Jesus, amém.

anotações

ESCOLHENDO SERVIR AO SENHOR

24 JAN

Se, porém, não agrada a vocês servir ao SENHOR, escolham hoje a quem irão servir [...] Eu e a minha família serviremos ao Senhor.

JOSUÉ 24.15

@devocional.palavrasdesabedoria | @marcelotoschi

Josué, diante do povo de Israel, os inquiriu a tomar uma decisão: a quem iriam servir? Aos falsos deuses. que seus pais serviram no passado, ou ao Deus verdadeiro que os havia libertado e conduzido até ali? Josué, no entanto, já havia tomado sua decisão: ele e sua família serviriam ao Senhor. Essa declaração é muito mais do que palavras, é uma das mais belas declarações bíblicas de fé, pois manifesta um compromisso de deixar um legado para as próximas gerações.

A decisão de Josué foi firme e pública. Ele não teve medo de se posicionar e de liderar através de seu exemplo. Ele sabia que servir ao Senhor não era uma decisão apenas individual, pois impactaria toda sua casa. Ao afirmar que ele e sua família serviriam ao Senhor, Josué estava dizendo que sua casa seria um lugar onde Deus seria honrado, os princípios divinos seriam ensinados e um legado de fé seria deixado para a próxima geração.

Talvez você olhe para sua família e veja desafios. Talvez seja o único de sua casa que professa fé em Jesus. Mas, mesmo em meio às incertezas, podemos tomar a decisão de servir ao Senhor e de crer que nossa família será transformada. O compromisso de Josué não era apenas sobre o presente, mas sobre o futuro. Ele estava profetizando sobre sua casa, declarando que sua família seguiria o caminho de Deus. Hoje, faça o mesmo. Declare que sua casa será um lugar de bênçãos e que sua família servirá ao Senhor Jesus, deixando um legado de fé para as próximas gerações. Tenha coragem e fé, assim como Josué.

Senhor, declaro que eu e minha casa serviremos a Cristo. Que minha vida seja um exemplo de fé e minha família seja transformada pela tua presença. Em nome de Jesus, amém.

anotações

25 JAN

CAMINHO DE RECONCILIAÇÃO

Tendo sido, pois, justificados pela fé, temos paz com Deus, por nosso Senhor Jesus Cristo, por meio de quem obtivemos acesso pela fé a esta graça na qual agora estamos firmes; e nos gloriamos na esperança da glória de Deus.

ROMANOS 5.1-2

@devocional.palavrasdesabedoria | @marcelotoschi

Em nossa caminhada, o essencial é termos intimidade com Deus, uma relação que vai além de práticas religiosas. A paz verdadeira é alcançada quando somos justificados pela fé em Jesus Cristo. Embora todos sejamos criaturas de Deus, somente os que são restaurados pelo sacrifício de Jesus são filhos de Deus. Jesus veio ao mundo, viveu sem pecado e morreu para nos resgatar. Ele é o único caminho que nos reconcilia ao Pai.

Muitos afirmam que há vários caminhos para chegar a Deus, mas a Palavra é clara: Jesus é o único caminho. Somos salvos pela graça, mediante a fé, e isso é um dom de Deus. É uma decisão pessoal e que muda não apenas o presente, mas toda a Eternidade. Em Romanos 10.9, Paulo nos ensina que, se confessarmos com nossa boca que Jesus é o Senhor e crermos em nosso coração que Deus o ressuscitou dos mortos, seremos salvos. Não há atalhos, não há outro caminho. A salvação está em Cristo.

Se você ainda não tomou essa decisão, este é o momento. Abra seu coração e confesse: "Jesus, eu me rendo. Creio que és o filho de Deus, que morreu em meu lugar para me dar salvação e restaurar minha intimidade com o Pai. Reconheço que sou pecador, mas me arrependo e deposito minha fé em ti. Transforma a minha história!". Quando fazemos essa confissão com sinceridade, o Espírito Santo passa a habitar em nós, capacitando-nos a viver o melhor de Deus e nos guiando a cada dia. Seja bem-vindo(a) à família de Jesus!

Senhor, entrego minha vida em tuas mãos. Que minha fé em ti seja firme e verdadeira. Em nome de Jesus, amém.

anotações

A BUSCA CONTÍNUA

26 JAN

Conheçamos e prossigamos em conhecer ao Senhor;
como a alva, a sua vinda é certa; e ele descerá sobre nós como
a chuva, como chuva serôdia que rega a terra.

OSEIAS 6.3, ARA

@devocional.palavrasdesabedoria | @marcelotoschi

O profeta Oseias nos convida a uma jornada de descoberta contínua e aprofundamento no conhecimento de Deus, assegurando-nos da fidelidade e da presença renovadora do Senhor em nossa vida. A primeira parte do versículo mostra que o conhecimento de Deus não é algo estático; é um processo contínuo, uma busca incessante. Não importa quanto já avançamos na jornada cristã, sempre há mais para descobrir sobre o caráter, a vontade e os caminhos divinos.

Recebemos um chamado à intimidade. Não se trata de acumular informações sobre Deus, mas de desenvolver um relacionamento pessoal com ele e experimentar a transformação que nasce desse encontro. Assim como o amanhecer chega invariavelmente após a noite, a manifestação de Deus em nossa vida é uma certeza. Isto é, mesmo nos momentos mais escuros, podemos ter a confiança de que Deus se revelará, resplandecendo esperança.

Na região onde Oseias vivia, a chuva serôdia (tardia) era crucial para a maturação das colheitas. Essa metáfora sugere que a presença de Deus sobre nós não é apenas refrescante, mas também essencial para nosso crescimento e frutificação espiritual. Assim como a chuva transforma a terra seca em solo fértil, o conhecimento de Deus tem o poder de renovar e revitalizar áreas da vida que parecem estéreis.

Mantenha uma atitude de busca constante perante Deus. Não importa quão árida pareça sua situação, confie que Deus virá trazendo renovação e vida. Essa certeza nos dará esperança e perseverança em nossa jornada.

Senhor, ajuda-me a buscar te conhecer cada vez mais. Que minha vida seja marcada por um relacionamento profundo e constante contigo. Confio em tua fidelidade e espero por tua renovação. Em nome de Jesus, amém.

anotações

OLHOS DE FÉ

Minhas lágrimas têm sido o meu alimento de dia e de noite, pois me perguntam o tempo todo: "Onde está o seu Deus?

SALMOS 42.3

@devocional.palavrasdesabedoria | @marcelotoschi

O salmo 42 é uma bela expressão dos coraítas, mostrando um coração abatido diante de situações adversas e perseguições. Mesmo assim, eles permanecem firmes, depositando sua fé e esperança no Senhor. Talvez essa seja a sua situação hoje, enfrentando dificuldades e ouvindo questionamentos de pessoas próximas: “Se você é filho de Deus, por que está passando por isso? Onde estava Deus quando isso aconteceu?” Comentários assim podem abalar nossa fé e nos fazer questionar a razão de nossos problemas.

Isso não é algo novo. Desde sempre, pessoas pessimistas tentam nos puxar para baixo, incomodadas com a alegria, prosperidade e fé dos outros. Murmuram, criticam e tentam colocar a culpa em Deus. Contudo, o que aprendemos com os coraítas é que devemos ignorar essas acusações e manter nossa confiança no Senhor.

Entenda que coisas boas acontecem a pessoas boas e ruins, assim como coisas ruins acontecem a pessoas ruins e boas. O importante é escolher o tipo de pessoa que você deseja ser. Você será um pessimista, ressentindo-se com a felicidade alheia, ou alguém que vive na abundância de Deus, depositando sua fé nele, independentemente das circunstâncias? Você confia em Deus apenas quando tudo vai bem, ou mantém essa confiança mesmo nos momentos difíceis? O segredo é manter o coração aberto para Deus, mesmo nos dias ruins. Escolha ver com os olhos da fé e viver a abundância que Deus tem para você!

Senhor, ajuda-me a confiar em ti em todos os momentos, em dias bons ou dias ruins. Que eu veja além das circunstâncias e viva a abundância que tu tens para mim. Em nome de Jesus, amém.

anotações

A VERDADEIRA GLÓRIA

28 JAN

Mas quem se gloriar, glorie-se nisto: em compreender-me e conhecer-me, pois eu sou o SENHOR, e ajo com lealdade, com justiça e com retidão sobre a terra, pois é dessas coisas que me agrado", declara o SENHOR.

JEREMIAS 9.24

@devocional.palavrasdesabedoria | @marcelotoschi

Em um mundo que valoriza conquistas pessoais, riquezas e status, esse versículo reorienta nossa atenção para o que é verdadeiramente valioso aos olhos de Deus: a importância de "compreendê-lo e conhecê-lo". Não é um chamado para um conhecimento superficial ou intelectual sobre Deus. É um convite para uma relação íntima e pessoal com o Criador. Compreender e conhecer a ele implica uma busca contínua por sua presença, um estudo diligente de sua Palavra e uma observação atenta de suas obras na criação.

O Senhor, então, se apresenta: "pois eu sou o Senhor". Essa declaração fundamental nos lembra de que estamos diante do Soberano do Universo, o Deus Todo-Poderoso. Conhecê-lo é o empreendimento mais nobre e gratificante que podemos assumir. As características de Deus são destacadas: "ajo com lealdade, com justiça e com retidão sobre a terra". Essas qualidades nos oferecem um vislumbre do caráter de Deus e nos proporcionam um modelo a ser seguido. A lealdade de Deus nos assegura sua fidelidade inabalável. Sua justiça garante que ele sempre agirá de forma correta e equitativa. Sua retidão nos mostra o padrão de perfeição moral que ele representa e para o qual nos chama.

A frase final, "pois é dessas coisas que me agrado", revela o coração de Deus. Ele se deleita em manifestar essas qualidades e deseja que seu povo as reflita. Isso nos desafia a alinhar nossa vida com o caráter divino. Hoje, reflita sobre suas prioridades e valores.

Quantas vezes nos gloriamos em coisas que, à luz da Eternidade, são passageiras e insignificantes? Que nossa maior aspiração seja conhecer e compreender o Senhor. Que encontremos nossa glória não em realizações terrenas passageiras, mas na profunda e transformadora relação com o Deus eterno.

Senhor, ajuda-me a buscar te conhecer mais profundamente e refletir teu caráter em minha vida. Que eu viva com lealdade, justiça e retidão. Em nome de Jesus, amém.

anotações

29 JAN

O OBEDIENTE PROSPERARÁ

Respondeu Jesus: 'Se alguém me ama, obedecerá à minha palavra. Meu Pai o amará, e viremos a ele e faremos morada com ele.

JOÃO 14.23

@devocional.palavrasdesabedoria | @marcelotoschi

Fico maravilhado com essa declaração de Jesus. Ele revela que a obediência à sua palavra resulta em uma aproximação maior de Deus em nossa vida. Trata-se de uma chave poderosa para uma vida abundante, abençoada e próspera. Nosso amor por Deus não deve limitar-se em palavras, mas manifestar-se por meio da obediência.

Muitas vezes, as pessoas criticam os crentes, apontando falhas e incoerências em suas ações. A verdade é que muitos frequentam igrejas, cantam louvores e expressam amor a Jesus, mas o verdadeiro amor é evidenciado pela obediência. Jesus nos dá um direcionamento claro: quem realmente o ama, obedece à sua palavra.

Obedecer a Deus atrai sua presença para nossa vida. A promessa é que, ao obedecê-lo, o Pai nos amará e fará morada em nós. A presença constante de Deus em nossa vida, que resulta da obediência, trará bênçãos para nosso casamento, negócios e todas as outras áreas.

Hoje, decida não apenas declarar seu amor por Jesus, mas também expressá-lo através de atos de obediência. Deixe que sua vida seja um reflexo de devoção e submissão aos princípios da palavra de Deus. Avalie áreas de sua vida onde você esteja falhando em obedecer aos ensinamentos de Jesus. Peça orientação e força para alinhar suas ações à vontade de Deus, escolha um princípio bíblico que você ainda não está aplicando plenamente e comece a praticá-lo hoje. Veja como a obediência traz mudanças positivas para sua vida.

Senhor, ajuda-me a demonstrar meu amor por ti através da obediência. Que eu aplique teus ensinamentos em todas as áreas da minha vida. Em nome de Jesus, amém.

anotações

O PODER DA FÉ

30 JAN

Portanto, eu lhes digo: Tudo o que vocês pedirem em oração, creiam que já o receberam, e assim será com vocês.

MARCOS 11.24

@devocional.palavrasdesabedoria | @marcelotoschi

As palavras de Cristo nos convidam a avançar para uma nova dimensão de confiança e expectativa em nosso relacionamento com Deus. "Portanto, eu lhes digo" — Jesus inicia com uma declaração de autoridade. Ele está prestes a compartilhar uma verdade vital que merece nossa total atenção. "Tudo o que vocês pedirem em oração", essa frase nos lembra que não há limite para o que podemos trazer diante de Deus.

"Creiam que já o receberam" — Aqui está o cerne do ensinamento. Jesus nos chama a uma fé que transcende o tempo e as circunstâncias visíveis. Ele nos desafia a crer na resposta antes mesmo de vê-la manifestada. "E assim será com vocês", é a promessa que acompanha nossa fé. Quando oramos com essa confiança inabalável, alinhamos nossa realidade com a vontade de Deus.

Por fim, somos lembrados da generosidade e fidelidade de Deus. Ele está disposto a responder às nossas orações de maneiras que, muitas vezes, excedem nossas expectativas. É importante notar que esse versículo não é uma fórmula mágica para obter tudo o que queremos. Deve ser entendido no contexto mais amplo dos ensinamentos de Jesus sobre a oração, que inclui buscar a vontade de Deus e orar de acordo com seu caráter e propósitos. Nos momentos em que nossas orações parecem não ter resposta, precisamos nos lembrar de cultivar uma fé que crê na realidade da resposta de Deus, mesmo quando ainda não a vemos.

Quais orações você tem feito? Como seria se realmente acreditasse que já recebeu o que pediu? Pratique o hábito de agradecer a Deus pelas respostas às suas orações, mesmo antes de vê-las manifestas.

Senhor, ajuda-me a confiar plenamente em ti, acreditando que já recebi o que peço em oração. Que minha fé seja inabalável e que eu descanse em tuas promessas. Em nome de Jesus, amém.

anotações

CÉUS ABERTOS

E então acrescentou: "Digo a verdade: Vocês verão o céu aberto e os anjos de Deus subindo e descendo sobre o Filho do homem.

JOÃO 1.51

@devocional.palavrasdesabedoria | @marcelotoschi

Dizemos que nossa igreja é um "lugar de Céus abertos" porque acreditamos que precisamos ser um canal para que o Céu se manifeste na Terra. Essa é a nossa função como filhos de Deus: trazer o Céu à Terra, manifestando a cultura do Reino, a glória e o poder do Senhor. Essa é, na verdade, uma resposta à oração que Jesus ensinou: "assim na terra como no céu".

Nessa passagem, Natanael está maravilhado por ter uma experiência sobrenatural com Jesus. Ele recebeu uma palavra de conhecimento que revelou detalhes de sua vida e, diante disso, reconheceu que Jesus era o Filho de Deus. A resposta de Jesus foi que aquilo ainda era pouco, pois eles veriam os Céus abertos, os anjos subindo e descendo, e o sobrenatural se manifestando, tornando o impossível uma realidade. Ao ler os evangelhos, vemos que, de fato, os discípulos testemunharam isso: experiências extraordinárias, onde o impossível se tornou palpável!

Há algo ainda mais impactante. Nas palavras finais de Jesus em João 14.12, ele afirma que seus seguidores fariam não apenas as mesmas obras que ele fez, mas maiores. Você já parou para refletir sobre isso? O mesmo poder de Jesus está em você, capacitando-o a realizar obras ainda maiores! Portanto, quando dizemos que nossa igreja é um lugar de Céus abertos, não estamos falando apenas do templo ou dos locais onde nos reunimos, mas declarando profeticamente que o lugar onde estivermos se tornará um lugar de Céus abertos. Casa, trabalho ou faculdade, qualquer lugar é ideal para que o Céu se manifeste na Terra através de você.

Senhor, que eu seja um canal do Céu aqui na Terra, manifestando tua glória por onde for. Usa-me para levar cura, milagres e transformação aos lugares por onde passar. Em nome de Jesus, amém.

anotações

"

Nos momentos em que as coisas parecem fora de controle, lembre-se de que Deus está no comando. Ele está coordenando cada peça do quebra-cabeça da sua vida para que tudo se encaixe perfeitamente em seu propósito."

FEVEREIRO

1º FEV

A PROMESSA DA PROVIDÊNCIA DIVINA

E sabemos que Deus faz todas as coisas cooperarem para o bem daqueles que o amam e que são chamados de acordo com seu propósito.

ROMANOS 8.28, NVT

@devocional.palavrasdesabedoria | @marcelotoschi

Em meio às complexidades da vida, o versículo mencionado se destaca como um farol de esperança, oferecendo uma perspectiva transformadora sobre como Deus opera em nossa vida, mesmo nas circunstâncias mais desafiadoras. O apóstolo Paulo inicia com uma afirmação clara "E sabemos", uma convicção profunda baseada na compreensão do caráter de Deus.

A promessa de que "Deus faz todas as coisas cooperarem" revela sua soberania e poder. Ele não apenas permite que as coisas aconteçam, mas as fazem cooperar. Isso inclui tanto as experiências positivas quanto as negativas, os sucessos e os fracassos, as alegrias e as tristezas, para um bem maior, alinhado aos propósitos eternos de Deus.

Essa é uma promessa direcionada àqueles que amam a Deus, o que implica em uma relação caracterizada por confiança, obediência e devoção. Somos desafiados a cultivar um amor genuíno por Deus, que não é apenas um sentimento, mas uma orientação divina.

A frase "chamados de acordo com seu propósito" nos lembra que Deus tem planos específicos e intencionais para cada um de nós. Temos um propósito divino, e todas as nossas experiências são parte do processo de realização desse propósito.

Nos momentos em que as coisas parecem fora de controle, lembre-se de que Deus está no comando. Ele está coordenando cada peça do quebra-cabeça da sua vida para que tudo se encaixe perfeitamente em seu propósito. Mesmo que você não entenda agora, confie que ele está usando cada situação para moldá-lo e cumprir sua vontade.

Senhor, ajuda-me a confiar em ti plenamente, especialmente quando não entendo as circunstâncias ao meu redor. Ensina-me a reconhecer que estás trabalhando para o meu bem e para o teu propósito. Que o teu amor e o teu plano estejam sempre no centro da minha vida. Em nome de Jesus, amém.

anotações

Eis que estou à porta e bato. Se alguém ouvir a minha voz e abrir a porta, entrarei e cearei com ele, e ele comigo.

APOCALIPSE 3.20

Esse versículo faz parte da mensagem de Jesus à igreja de Laodiceia, uma das sete igrejas da Ásia Menor, em Apocalipse. Laodiceia é caracterizada como "morna" — nem fria nem quente —, uma condição que o Senhor considera repugnante. O contexto é fundamental: Laodiceia era uma cidade rica, conhecida por sua indústria bancária, produção de tecidos de lã e uma escola de medicina. No entanto, essa prosperidade material levou a igreja a um estado de complacência espiritual, pois se consideravam ricos e sem necessidade de nada. Jesus, porém, os descreve como "miseráveis, pobres, cegos e nus".

A igreja de Laodiceia ilustra o perigo do autoengano: externamente próspera, mas espiritualmente pobre. A imagem de Jesus batendo à porta da igreja é impactante, porque ela excluiu Cristo de sua vida. Ironicamente, Jesus está do lado de fora, batendo para entrar em uma igreja que leva seu nome.

Mesmo diante da indiferença, é Jesus quem toma a graciosa iniciativa de restaurar o relacionamento, fazendo um chamado ao arrependimento. Embora essa mensagem seja coletiva, o convite de Jesus é pessoal — "se alguém ouvir", sugerindo que a renovação espiritual começa com indivíduos respondendo ao chamado de Cristo.

Estamos, como Laodiceia, confiando em nossa prosperidade ou status, negligenciando nossa verdadeira condição espiritual? Temos excluído Cristo de áreas de nossa vida? Devemos responder ao chamado de Cristo, abrindo amplamente as portas de nosso coração, convidando-o a entrar e a restaurar a intimidade que ele deseja ter conosco.

Senhor, ajuda-me a reconhecer meu verdadeiro estado diante de ti, jamais confiando em meus próprios recursos, mas dependendo sempre de tua presença. Em nome de Jesus, amém.

anotações

ORAÇÕES RESPONDIDAS

Prestem atenção a este fato: o Senhor separa o homem obediente para viver ao seu lado. É por isso que ele me ouve quando oro e peço ajuda.

SALMOS 4.3, NBV

No salmo 4, vemos Davi desabafando diante de Deus, com a certeza de que o Senhor ouve, responde e age em meio às aflições. Davi nos ensina algo muito precioso e essencial: Deus é o único que pode operar livramentos, confortar corações e realizar milagres. Ele nos lembra que essas maravilhas estão reservadas para aqueles que vivem de maneira fiel e devotada ao Senhor. Como está seu relacionamento com ele?

Amar a Deus não é apenas uma questão de palavras ou de frequentar a igreja. Trata-se de um compromisso diário, uma vida de devoção que se reflete em cada área: no casamento, na criação dos filhos, no ambiente de trabalho e em cada decisão, mesmo quando ninguém está olhando. Quando vivemos com integridade e sinceridade diante de Deus, as maravilhas do Senhor são derramadas, e nossas orações encontram respostas.

Viver uma vida de obediência é honrar a Deus em tudo, evitando o pecado e buscando a integridade. Isso significa oferecer a Deus um "sacrifício de justiça". Quando vivemos dessa forma, a luz da presença de Deus brilha sobre nós, e ele se faz presente em cada detalhe da nossa vida.

Senhor, ajuda-me a viver uma vida de obediência e devoção a ti. Que minhas palavras e ações, tanto em público quanto em particular, reflitam o teu amor. Ouve minhas orações e derrama sobre mim tuas maravilhas. Em nome de Jesus, amém.

anotações

CONFISSÃO QUE RESTAURA

04 FEV

Se eu tivesse contemplado o pecado no meu coração,
Deus nunca teria me ouvido!

SALMOS 66.18, NBV

@devocional.palavrasdesabedoria | @marcelotoschi

É comum nos perguntarmos por que nossas orações, às vezes, não parecem ser respondidas. Você já pode ter orado fervorosamente e, ainda assim, não ter obtido uma resposta de Deus. O salmo de hoje nos lembra que uma das razões para isso pode ser o pecado não confessado em nosso coração.

Apenas frequentar a igreja ou ouvir a Palavra de Deus não é suficiente; Jesus espera que vivamos os princípios bíblicos diariamente. O salmista aponta que não se trata apenas de pecar, pois todos somos propensos a erros. A questão é quando nos recusamos em reconhecer e confessar os pecados, acalentando-os em nosso coração.

Confessar é fundamental para que Deus nos cure e liberte. Reconhecer as falhas e entregá-las a Deus demonstra verdadeira humildade e fé. Deus resiste ao orgulho, mas concede graça àqueles que têm um coração quebrantado e contrito. Estamos em uma corrida espiritual e não há tempo a perder com pesos desnecessários, como o pecado não confessado. O amor de Deus cobre uma multidão de pecados, mas apenas os que são confessados, não os que permanecem escondidos.

Não adie essa entrega. Que você se aproxime de Deus com sinceridade, reconhecendo suas falhas e recebendo graça e misericórdia divinas, a fim de ser renovado para seguir firme na fé.

Senhor, ajuda-me a reconhecer e confessar tudo o que pesa em meu coração. Que eu não esconda de ti meus erros, mas os entregue, recebendo teu perdão e tua restauração. Em nome de Jesus, amém.

anotações

05 FEV

NOME QUE SOCORRE E SALVA

Não há salvação em nenhum outro, pois debaixo do céu não há nenhum outro nome dado aos homens pelo qual devamos ser salvos.

ATOS 4.12

@devocional.palavrasdesabedoria | @marcelotoschi

Quantas vezes você já acordou pensando nos desafios do dia como "leões" a serem derrotados? Muitas vezes, buscamos soluções e saídas nos recursos do mundo. No entanto, Atos 4.12 nos lembra que não há salvação em nenhum outro nome, exceto no de Jesus. Essa verdade se aplica não apenas à nossa Eternidade, mas também ao socorro diário de que necessitamos.

Mesmo aqueles que conhecem o Evangelho podem cair na armadilha de buscar ajuda nas soluções que o mundo oferece, especialmente diante de problemas cotidianos. Às vezes, equivocadamente, limitamos nossa busca por Deus aos domingos ou em momentos de crises, esquecendo que ele está disponível todos os dias.

Jesus não é apenas o Salvador que nos garante a vida eterna, mas também o amigo e protetor que caminha ao nosso lado. Podemos recorrer a ele em cada momento de necessidade, pois ele é o socorro bem presente na angústia e o "não temas" que nos sustenta. Qualquer que seja sua necessidade hoje, clame a Jesus com a certeza de que ele lhe responderá.

O Senhor prometeu que, àqueles que batem, a porta será aberta; àqueles que têm sede, ele saciará; e aos famintos, ele dará de comer. Portanto, mantenha seu coração sedento e faminto por Deus. Clame a ele e experimente sua salvação, não apenas para a Eternidade, mas para viver uma vida abundante aqui na Terra.

Quando enfrentar desafios, confie em Jesus e entregue tudo em oração. Ele é fiel para ouvir e responder, provendo o que você precisa para viver plenamente.

Senhor Jesus, obrigado por ser meu socorro e salvação. Ajuda-me a lembrar sempre de buscar a ti em primeiro lugar, confiando em tua provisão para cada situação. Em nome de Jesus, amém.

anotações

CORAÇÕES PUROS

Bem-aventurados os puros de coração,
pois verão a Deus.
MATEUS 5.8

Esse versículo faz parte das bem-aventuranças, ensinamentos fundamentais de Jesus no Sermão da Montanha. Aqui, Jesus estabelece uma conexão profunda entre a pureza de coração e a capacidade de "ver" Deus, oferecendo uma perspectiva transformadora sobre espiritualidade e relacionamento com o Divino.

A pureza de coração, no contexto bíblico, vai além da ausência de pensamentos impuros. Ela abrange integridade, sinceridade e devoção a Deus. Um coração puro não está dividido em lealdades, não tem motivos ocultos ou agendas secretas; é transparente diante de Deus e dos homens.

Jesus promete que os puros de coração "verão a Deus". Isso nos sugere intimidade e clareza na percepção do caráter e da vontade de Deus, que não está disponível para aqueles cujos corações estão obscurecidos por impurezas ou compromissos mundanos.

A verdadeira espiritualidade começa de dentro para fora. Jesus declara que os puros de coração são "bem-aventurados", indicando que essa pureza de coração é uma fonte de verdadeira felicidade. Manter um coração puro em um mundo cheio de tentações é um desafio constante, que requer vigilância e dependência da graça de Deus.

Reserve tempo para examinar seu coração e avaliar suas motivações. Cultive a integridade, praticando a coerência entre seus pensamentos, palavras e ações. Lembre-se de que a pureza de coração é uma jornada contínua que nos aproxima cada vez mais da visão de Deus prometida por Jesus.

Senhor, ajuda-me a ter um coração puro e inteiramente dedicado a ti. Remove qualquer impureza que me afaste de Cristo, para que eu te conheça mais profundamente a cada dia. Em nome de Jesus, amém.

anotações

O AMOR INTEGRAL A DEUS

Ame o Senhor, o seu Deus, de todo o seu coração, de toda a sua alma, de todo o seu entendimento e de todas as suas forças.

MARCOS 12.30

@devocional.palavrasdesabedoria | @marcelotoschi

Jesus, ao ser questionado sobre qual era o mandamento mais importante, responde enfatizando a primazia do amor a Deus em todas as dimensões do ser humano. O amor a Deus aqui envolve todo o ser — coração, alma, entendimento e forças.

Amar a Deus com todo o coração fala de nossas emoções, desejos e vontade, direcionando nosso afeto a Deus. Amar com toda a alma refere-se à nossa essência e identidade, sugerindo um compromisso que vai além do superficial. O amor com todo o entendimento envolve nossa mente e intelecto, não cego, mas fundamentado na compreensão de Deus. Finalmente, amar com todas as forças fala de nossas ações e energia, demonstrando o amor por meio de escolhas e do modo como vivemos. Esse amor não é apresentado como uma obrigação pesada, mas como o caminho para a verdadeira realização e propósito. Quando amamos a Deus integralmente, encontramos harmonia em nossa vida, alinhando-nos ao propósito para o qual fomos criados.

Reflita sobre como você pode expressar amor a Deus em cada área mencionada. No coração, cultive momentos de adoração. Na alma, busque alinhamento entre sua identidade e os valores do Reino. No entendimento, dedique-se ao estudo da Palavra. Nas suas forças, sirva a Deus e ao próximo em seu dia a dia.

Amar a Deus dessa forma não é resultado de esforço próprio, mas de uma rendição contínua ao Espírito Santo. Peça a Deus que aumente sua capacidade de amá-lo plenamente e reconheça que esse amor naturalmente transbordará em amor ao próximo.

Senhor, ajuda-me a te amar com todo o meu ser. Ensina-me a entregar meu coração, alma, entendimento e forças a ti. Que minha vida seja uma expressão plena do teu amor. Em nome de Jesus, amém.

anotações

BUSCANDO A UNIDADE

08 FEV

Como é bom e agradável quando os irmãos
convivem em união!

SALMOS 133.1

@devocional.palavrasdesabedoria | @marcelotoschi

A unidade foi o propósito original de Deus para nós. No entanto, devido ao pecado, essa unidade com ele e entre nós se tornou algo que requer esforço e determinação. Vivemos em um mundo onde o egoísmo e a falta de amor predominam, mas isso não significa que estamos destinados a viver isolados. Muitas vezes, afastamo-nos da igreja, da família ou dos amigos, achando que ninguém nos entende ou que a convivência é complicada demais. A Bíblia, porém, nos chama a lutar pela unidade.

O salmista celebra a beleza de viver em união. Mesmo que você tenha experimentado mágoas ou decepções, lembre-se de que a igreja e as pessoas ao seu redor não são perfeitas; todos estão em processo de crescimento. E é através desses relacionamentos imperfeitos que Deus molda e transforma a nossa vida. A unidade é um presente pelo qual vale a pena batalhar. Ao buscarmos viver em harmonia, Deus nos ensina, fortalece e nos faz bênçãos para os outros.

Deus nos deu o Espírito Santo para nos ajudar a perdoar, sermos perdoados e restaurarmos relacionamentos. A unidade traz paz, força e um senso de pertencimento ao coração. Portanto, meu amado, lute por vivê-la, pois ela abrirá portas e trará crescimento para sua vida em todas as áreas: trabalho, família e relacionamentos. Experimente!

Senhor, ajuda-me a buscar a unidade e a superar mágoas e desafios do convívio. Dá-me força para perdoar e ser perdoado. Que minha vida seja um reflexo do teu amor e união. Em nome de Jesus, amém.

anotações

VERDADE QUE LIBERTA

Respondeu Jesus: 'Eu sou o caminho, a verdade e a vida. Ninguém vem ao Pai, a não ser por mim.

JOÃO 14.6

@devocional.palavrasdesabedoria | @marcelotoschi

Opiniões divergentes e filosofias conflitantes é a realidade com a qual nos deparamos todos os dias. Por isso, precisamos nos voltar para as palavras de Jesus, que não apenas ensina o caminho, mas afirma ser o próprio, revelando a natureza de Deus. Isso significa que nossa jornada espiritual não se resume a regras, mas a se conectar pessoalmente com ele, que é o meio pelo qual chegamos a Deus.

Além disso, Jesus, além de nos oferecer conselhos para viver melhor, é a própria fonte de vida eterna. A vida que ele oferece vai além da existência física; é plenitude espiritual. Ao afirmar que "Ninguém vem ao Pai, a não ser por mim", Jesus se declara o único mediador entre Deus e a humanidade. Não há outro caminho que possa nos reconciliar com o Pai.

Refletir sobre essa passagem nos leva a considerações importantes. Em um mundo que valoriza o pluralismo, a afirmação de Jesus pode parecer estreita. No entanto, ela reflete a singularidade de sua pessoa e missão. Ele não é apenas um professor ou um profeta, mas o próprio Deus encarnado, convidando-nos a um relacionamento íntimo com o Pai.

Diante dessa declaração, somos chamados a uma decisão. Não podemos admirar Jesus apenas como um bom mestre ou um exemplo moral. Suas palavras nos desafiam a reconhecê-lo como o único caminho para Deus. Pondere sobre o que significa para você Jesus ser o caminho, a verdade e a vida. Como essa verdade impacta suas decisões diárias, seus relacionamentos e sua busca por propósito?

Senhor Jesus, obrigado por ser o caminho que me conduz ao Pai, a verdade que me liberta e a vida que me preenche. Ajuda-me a confiar em ti de todo o meu coração e a buscar um relacionamento mais profundo contigo. Em nome de Jesus, amém.

anotações

ALÍVIO PARA O CORAÇÃO ANSIOSO

O coração ansioso deprime o homem,
mas uma palavra bondosa o anima.

PROVÉRBIOS 12.25

A ansiedade é um peso que, muitas vezes, carregamos desnecessariamente, antecipando problemas que ainda não se materializaram. Quantas vezes nos preocupamos com o que está por vir, em vez de focar no que enfrentamos agora? A verdade é que, na maioria das vezes, nossas preocupações nunca se concretizam. Gastar energia com elas abate nosso coração, trazendo tristeza e desânimo.

Contudo, há uma solução. Pedro nos aconselha a lançar toda nossa ansiedade sobre Deus, pois ele cuida de nós. Esse ato de lançar, na língua original, significa "rolar", como se estivéssemos passando um fardo pesado para Deus carregar. Ele sabe que a ansiedade pode prejudicar nossa jornada e, por isso, convida-nos a deixar essas preocupações sob seus cuidados.

Confie nessa promessa da Palavra. Deus conhece seus anseios e se preocupa com cada um deles. Ele nos chama a viver o presente, resolvendo as questões do agora, proibindo que o amanhã nos roube a paz de hoje. Quando permitimos que as palavras bondosas e o conforto de Deus entrem em nossa vida, encontramos o ânimo e a esperança de que precisamos.

Receba essa mensagem como uma palavra de ânimo. Deixe que a bondade de Deus restaure seu coração, substituindo a ansiedade pela confiança. Encontre descanso na presença do Senhor e permita que ele renove a sua esperança, trazendo leveza ao seu caminhar.

Senhor, entrego-te minhas preocupações e ansiedade. Ajuda-me a confiar em teu cuidado e a viver cada dia de forma leve, focado em tua bondade e amor. Que minhas palavras e pensamentos sejam renovados por tua paz e esperança. Em nome de Jesus, amém.

anotações

INTIMIDADE COM O PAI

Quem afirma que permanece nele
deve andar como ele andou.

1JOÃO 2.6

Esse versículo nos lança uma pergunta crucial: como foi a vida de Jesus? Não basta declarar que somos discípulos de Jesus e que o amamos, se nossa vida não reflete a vida que ele viveu aqui na Terra. Sem refletir sobre a vida de Jesus, corremos o risco de desenvolver uma espiritualidade superficial, baseada em tradições ou conceitos herdados, em vez de um relacionamento autêntico com Deus. A chave está em se debruçar sobre os Evangelhos, observar a vida de Jesus e buscar entender o que a caracterizou.

Muitos destacam a santidade de Jesus, sua vida sem pecado, os milagres que acompanhavam seu ministério ou a autoridade com que ele ensinava a Palavra de Deus. Tudo isso é verdade, mas o que permeia todas essas características é a profunda intimidade que Jesus tinha com o Pai. Desde a infância, como a ocasião em que Maria o encontrou entre os mestres no templo, até o auge de seu ministério, vemos que Jesus priorizava seu relacionamento com o Pai. Após dias exaustivos, ele se retirava para orar e estar a sós com Deus.

Para viver como Jesus viveu, devemos buscar essa mesma intimidade. Não se trata apenas de seguir regras, mas de cultivar um relacionamento pessoal com o Pai, que nos sustentará em todos os aspectos da vida. Reserve um tempo para estar a sós com Deus, como Jesus fazia. Leia um trecho dos Evangelhos e medite sobre como Jesus se relacionava com o Pai.

Senhor, desejo viver como Jesus viveu, com um coração alinhado ao teu e uma vida marcada pela intimidade contigo. Ajuda-me a reservar momentos de conexão e entrega, para que eu te conheça cada vez mais profundamente. Em nome de Jesus, amém.

anotações

O DEUS QUE ENXUGA AS LÁGRIMAS

12 FEV

Registra, tu mesmo, o meu lamento; recolhe as minhas lágrimas no teu odre; acaso não estão elas anotadas em teu livro?

SALMOS 56.8

@devocional.palavrasdesabedoria | @marcelotoschi

Todos enfrentamos momentos de angústia, em que nos encontramos sozinhos, com os olhos cheios de lágrimas e um sentimento de impotência. Nesses instantes, pode parecer que nossos problemas são tudo o que existe e, de fato, Jesus nos lembrou que no mundo teríamos aflições. Contudo, é fundamental não deixar que a tristeza domine nosso coração, impedindo-nos de buscar ajuda. Muitas vezes, evitamos abrir nosso coração e, depois, culpamos as pessoas ao nosso redor. Esse salmo, porém, ensina-nos três verdades que nos ajudam a enfrentar esses momentos.

Primeiro, Deus vê cada lágrima que derramamos. Ainda que ninguém mais esteja presente, ele está. Ele vê quando choramos sozinhos e conhece o que há no mais íntimo de nosso coração. Segundo, ele não apenas vê, mas também recolhe cada lágrima. Ele conhece a profundidade de nossa dor e cuida de nós. Jesus, que sofreu e chorou nesta vida terrena, entende perfeitamente nossa dor e nos ensina a derramar nossas lágrimas diante do Pai. Por fim, Deus não só vê e recolhe, mas também enxuga cada lágrima. Ele é o Deus que conforta e traz alívio por meio do Espírito Santo.

Deus vê, recolhe e enxuga. Em momentos de aflição, ele está conosco, proporcionando consolo e alívio. Não importa o que você esteja enfrentando, saiba que o Pai Celestial se importa com você e cuida de cada detalhe de sua vida. Confie no cuidado dele e permita que ele enxugue suas lágrimas hoje.

Pai amado, obrigado por ver, recolher e enxugar cada lágrima que derramo. Ajuda-me a confiar em teu consolo e a sentir tua presença em momentos de angústia. Renova-me com teu Espírito Santo, trazendo refrigério ao meu coração. Em nome de Jesus, amém.

anotações

A FONTE DO AMOR VERDADEIRO

Nós amamos porque ele nos amou primeiro.

1JOÃO 4.19

Nesse curto versículo, o apóstolo João captura a essência do amor divino e sua influência transformadora em nossa vida. Quando refletimos sobre o amor, muitas vezes o associamos a sentimentos ou ações, mas João nos leva a uma compreensão mais profunda: o amor tem uma origem, uma fonte. E essa fonte é Deus.

A palavra "porque" no versículo estabelece uma relação de causa e efeito. Nossa capacidade de amar não é gerada por nós mesmos, mas é uma resposta ao amor que primeiro recebemos de Deus. Antes mesmo de estarmos cientes de nossa necessidade de amor, Deus já nos amava. Seu amor precede nossa existência e nossa capacidade de retribuí-lo.

O amor divino não é passivo. Como João escreve: "Nisto conhecemos o amor: que Cristo deu a sua vida por nós" (cf. 1Jo 3.16). O amor de Deus se manifesta em sacrifício e entrega total. A beleza do versículo está na transformação que esse amor opera em nossa vida. Ao reconhecermos o amor de Deus, somos capacitados a amar os outros, como se o amor de Deus desbloqueasse uma capacidade adormecida em nós.

Ao enfrentar os desafios diários, lembre-se: você é profundamente amado por Deus. Esse amor não depende de sua performance, estado emocional ou circunstâncias. É constante, imutável e eterno. Permita que essa consciência permeie cada aspecto de sua vida e deixe o amor de Deus fluir através de você. Nas situações em que se sente incapaz de amar, volte-se para a fonte.

Pai amoroso, obrigado por me amar primeiro e por me capacitar a amar os outros. Que o teu amor flua através de mim, alcançando aqueles ao meu redor. Em nome de Jesus, amém.

anotações

FONTE INESGOTÁVEL DE SABEDORIA

14 FEV

Se algum de vocês tem falta de sabedoria, peça-a a Deus,
que a todos dá livremente, de boa vontade; e lhe será concedida.

TIAGO 1.5

@devocional.palavrasdesabedoria | @marcelotoschi

Você percebeu que, mesmo que o conhecimento esteja na ponta dos dedos, é surpreendente como ainda podemos nos sentir perdidos e carentes de direção. Nesse contexto, as palavras de Tiago ressoam com uma verdade: todos nós, em algum momento, enfrentamos situações em que nos falta sabedoria. Seja diante de decisões difíceis ou desafios inesperados, frequentemente nos sentimos inseguros sobre o caminho a seguir.

O que torna essa passagem tão extraordinária é a solução simples e poderosa que ela oferece: "peça-a a Deus". Tiago nos direciona à fonte suprema de toda sabedoria: o próprio Deus, que a "dá livremente, de boa vontade", revelando o coração de um Pai amoroso que quer equipar seus filhos com o que necessitam.

A promessa que segue é igualmente poderosa: "e lhe será concedida". Quando pedimos sabedoria a Deus, com fé e sinceridade, podemos ter a certeza de que ele responderá. Essa promessa nos encoraja a buscar a Deus continuamente, pois a sabedoria só virá através de uma busca constante e um relacionamento contínuo com a fonte.

Ao enfrentarmos os desafios do dia a dia, lembremo-nos dessa promessa preciosa. Não precisamos navegar pela vida confiando apenas em nossa limitada compreensão. Temos acesso à sabedoria infinita do Criador. Faça dessa passagem uma prática viva. Antes de decisões difíceis, pare e peça sabedoria a Deus. Faça disso um hábito. E observe como a perspectiva divina moldará seus pensamentos, decisões e ações.

Senhor, reconheço minha necessidade de tua sabedoria. Peço que me guies em cada decisão e situação que eu enfrentar. Que eu sempre busque sabedoria em Cristo, sabendo que a dás generosamente. Em nome de Jesus, amém.

anotações

PALAVRA PODEROSA

Pois ele falou, e tudo se fez;
ele ordenou, e tudo surgiu.
SALMOS 33.9

@devocional.palavrasdesabedoria | @marcelotoschi

Nosso Deus criou todas as coisas e governa tudo de acordo com seus propósitos eternos. Ele escolheu um povo para si, chamando-o para um relacionamento profundo, para que pudesse ver e experimentar as obras extraordinárias de suas mãos. Uma das razões bíblicas para glorificar a Deus é o poder de sua Palavra. Deus não age por acaso; quando ele fala, tudo acontece conforme sua vontade, pois sua Palavra é reta e verdadeira.

Quando o Senhor perguntou ao profeta Ezequiel no vale de ossos secos: “Esses ossos poderão tornar a viver?”, este respondeu sabiamente: “Só o Senhor sabe”. É a Palavra do Senhor que determina o que acontece. A palavra final não é do governante ou do médico, mas do Senhor, o Juiz supremo e Bom Pastor. O Evangelho de João nos revela que Jesus é o Verbo, a Palavra viva de Deus, tendo todo poder no Céu e na Terra. O apóstolo nos ensina que, no princípio, Jesus era a Palavra e tudo foi criado por meio dele; sem Ele, nada do que existe teria sido feito.

Por isso, reserve um momento para louvar a Jesus, o Autor da vida. Ele é digno de todo nosso louvor e gratidão. Exalte-o de forma íntima e sincera, reconhecendo que ele tem a palavra final sobre qualquer situação da sua vida, assim como o salmista glorificou aquele que é Rei dos reis e Senhor dos senhores.

Senhor, eu te louvo porque a tua Palavra é poderosa e fiel. Obrigado por teres o controle de todas as coisas e pela tua palavra final sobre a minha vida. Ajuda-me a confiar plenamente em Cristo e a te exaltar sempre. Em nome de Jesus, amém.

anotações

DE SERVOS A AMIGOS

16 FEV

Já não os chamo servos, porque o servo não sabe o que
o seu senhor faz. Em vez disso, eu os tenho chamado amigos,
porque tudo o que ouvi de meu Pai eu lhes tornei conhecido.

JOÃO 15.15

Jesus faz uma distinção clara: "Já não os chamo servos". Na cultura da época, os servos eram vistos como propriedade, executando ordens sem entender o propósito por trás delas. Eles não tinham acesso aos pensamentos íntimos ou aos planos de seus mestres. Contudo, Jesus eleva seus seguidores a um novo status: amigos. Amizade implica intimidade, confiança mútua e comunicação aberta.

O que torna essa amizade ainda mais extraordinária é a razão que Jesus dá: "porque tudo o que ouvi de meu Pai eu lhes tornei conhecido". Jesus não guarda segredos de nós; ele compartilha os pensamentos e planos de Deus. Somos convidados a entender o coração do Pai, não apenas a seguir regras cegamente. Essa amizade nos chama a uma nova forma de obediência, que não é motivada por medo, mas por amor. Conhecendo o coração de Deus, nossa obediência se torna uma resposta de amor.

Por fim, somos desafiados a viver à altura desse chamado. Se Jesus nos chama de amigos e compartilha tudo conosco, como devemos responder? Com abertura, honestidade e um desejo sincero de conhecê-lo mais profundamente. Essa passagem nos lembra da singularidade do cristianismo, onde Deus se revela como alguém que deseja amizade íntima com sua criação.

Hoje, faça dessa passagem uma realidade em sua vida. Aproxime-se de Deus como um amigo íntimo. Compartilhe seus pensamentos, medos, esperanças, ouvindo-o. Mergulhe nas Escrituras, buscando não apenas informação, mas revelação do coração de Deus.

Senhor, agradeço por me chamar de amigo. Ajuda-me a viver em verdadeira amizade contigo, buscando te conhecer mais profundamente. Que minha obediência seja uma resposta ao Teu amor. Em nome de Jesus, amém.

anotações

DEUS ESTÁ PERTO

O Senhor está perto de todos os que o invocam,
de todos os que o invocam em verdade.

SALMOS 145.18

@devocional.palavrasdesabedoria | @marcelotoschi

A passagem de hoje nos oferece uma promessa reconfortante: a proximidade de Deus. O salmista nos assegura que "O Senhor está perto". Essa proximidade é a garantia de que, não importa onde estejamos ou o que enfrentemos, nunca estamos sozinhos.

No entanto, há uma condição: essa proximidade é para "todos os que o invocam". Invocar o Senhor implica uma ação deliberada de nossa parte. É uma busca intencional pela presença de Deus. Embora esteja sempre disposto a se aproximar de nós, ele respeita nossa liberdade e espera nosso convite. Além disso, o versículo menciona "de todos os que o invocam em verdade", adicionando uma dimensão de sinceridade e autenticidade à nossa busca por Deus. Invocar a Deus "em verdade" significa buscá-lo com honestidade e um coração aberto.

Ao navegarmos pelos desafios da vida, que levemos esta verdade conosco: Deus está perto, esperando que o busquemos sinceramente. Em momentos de alegria, compartilhe sua gratidão. Em tristeza, encontre consolo em sua presença. Quando enfrentar decisões difíceis, busque sua sabedoria, sabendo que ele está próximo.

Faça dessa passagem uma realidade viva. Reserve um momento para invocar o Senhor em verdade. Abra seu coração, compartilhando seus pensamentos, medos e esperanças. Pratique a consciência da presença de Deus ao longo do dia, lembrando-se constantemente de que ele está perto.

Senhor, agradeço por tua presença constante. Ajuda-me a te buscar em verdade, com sinceridade e um coração aberto. Que eu sinta tua proximidade e encontre conforto em saber que nunca estou sozinho. Amém.

anotações

REFÚGIO INABALÁVEL

O nome do Senhor é uma torre forte;
os justos correm para ela e estão seguros.
PROVÉRBIOS 18.10

Em meio às incertezas e aos desafios que enfrentamos, o versículo mencionado nos oferece uma imagem de segurança em Deus, que não só nos conforta, mas também nos revela uma profunda verdade sobre a natureza divina.

Na cultura hebraica, o nome de alguém representava muito mais do que uma simples designação; retratava a essência, o caráter e a autoridade da pessoa. Portanto, quando menciona o "nome do Senhor", refere-se a tudo o que Deus é — sua natureza, poder, fidelidade e amor. A ideia de uma "torre forte" evoca uma fortaleza que oferece abrigo e segurança absoluta. Nos tempos antigos, as torres protegiam as cidades e ofereciam uma visão elevada das circunstâncias. Da mesma maneira, ao encontrarmos refúgio em Deus, somos protegidos e ganhamos uma nova e elevada perspectiva.

O verso também destaca que não se trata de uma aproximação casual, mas de uma corrida intencional em direção a Deus: "Os justos correm para ela". Isso nos lembra que, embora a proteção de Deus esteja sempre disponível, precisamos escolher ativamente buscá-la. Aqueles que correm "estão seguros". A promessa de segurança não é apenas física, mas também emocional, espiritual e eterna. É uma declaração de confiança absoluta no cuidado e na proteção de Deus.

Faça dessa passagem uma realidade em sua vida. Identifique áreas onde você tem buscado segurança fora de Deus e entregue-as a ele. Pratique o hábito de "correr" para Deus como sua primeira resposta a qualquer situação.

Senhor, reconheço que minha segurança está em ti. Ajuda-me a buscar refúgio em tua presença e a confiar plenamente em tua proteção. Que eu possa sempre correr para ti, sabendo que és minha torre forte e meu abrigo eterno. Em nome de Jesus, amém.

anotações

19 FEV

O PODER DA ESPERANÇA PERSISTENTE

Mas, quanto a mim, ficarei atento ao Senhor, esperando em Deus, o meu Salvador; pois o meu Deus me ouvirá.

MIQUEIAS 7.7

@devocional.palavrasdesabedoria | @marcelotoschi

Em um mundo cheio de distrações e vozes concorrentes, o profeta Miqueias nos oferece um exemplo poderoso de foco e fé inabalável. O versículo, repleto de determinação, convida a mim e a você a uma jornada de esperança persistente e expectativa em Deus.

O profeta inicia com uma decisão pessoal e firme. Em meio a circunstâncias desafiadoras e contra a corrente da opinião popular, ele toma a seguinte decisão: "olharei para o Senhor". Miqueias escolhe focar sua atenção em Deus, desviando o olhar de suas circunstâncias e das dificuldades ao seu redor.

Miqueias reconhece Deus como o "Deus da minha salvação" — uma afirmação pessoal de confiança na capacidade divina de salvar e libertar. Assim, o verso termina com uma declaração ousada de fé: "O meu Deus me ouvirá". O profeta expressa uma certeza confiante de que seu Deus não é distante ou indiferente, de forma que ouve e responde às orações de seu povo.

Ao navegar pelos altos e baixos da vida, adote a atitude de Miqueias. Em momentos de confusão, escolha olhar para o Senhor. Quando a espera parece longa e o silêncio de Deus prolongado, persista na esperança, confiando que ele é o Deus da nossa salvação. Em cada oração, súplica e louvor, faça-o com a confiança de que nosso Deus ouve. Identifique as áreas onde você desviou seu olhar de Deus e redirecione seu foco para ele, cultivando uma atitude de expectativa em seu caminhar diário.

Senhor, ajuda-me a manter meus olhos fixos em ti e a esperar com confiança na tua salvação. Que eu sempre tenha a certeza de que ouves minhas orações e que estás presente em cada momento da minha vida. Em nome de Jesus, amém.

anotações

O MAIS IMPORTANTE

Busquem, pois, em primeiro lugar o reino de Deus e a sua justiça, e todas essas coisas serão acrescentadas a vocês.

MATEUS 6.33

@devocional.palavrasdesabedoria | @marcelotoschi

É muito comum as pessoas se aproximarem de Deus e da igreja por conta de necessidades, como cura, provisão ou libertação. Não é algo para ser criticado, pois até Jesus, ao curar e libertar, chamava a atenção das pessoas para depois compartilhar as verdades do Reino de Deus. No entanto, é importante não limitarmos nossa relação com Deus ao que ele pode fazer por nós.

Muitos podem desenvolver a ideia equivocada de que servir a Deus é uma troca para receber suas bênçãos. O Evangelho de Mateus nos traz uma verdade profunda e contrária a esse pensamento de barganha: Jesus nos ensina a buscar, em primeiro lugar, o Reino de Deus. Essa busca vai além das atividades ou ministério que desempenhamos; é sobre nossa prioridade mais íntima: o relacionamento com o Pai.

Buscar o Reino de Deus significa centrar nossa vida no amor e na intimidade com o Senhor, que nos amou primeiro. Quando fazemos do Senhor nossa razão de existir, tudo começa a refletir essa intimidade. Isso não significa deixar de amar nosso trabalho ou projetos, mas que nosso relacionamento com Deus guiará essas áreas com equilíbrio e propósito.

Quando colocamos Deus em primeiro lugar, algo do Céu é liberado sobre nós. Nossa vida se torna um reflexo desse relacionamento, tocando aqueles ao nosso redor. Faça disso uma prática diária: ao acordar, que seu primeiro pensamento seja para o Espírito Santo; antes de dormir, confie sua segurança ao Senhor. Avance segundo essa intimidade constante para viver o equilíbrio de Deus.

Senhor, ajuda-me a buscar teu Reino em primeiro lugar e a viver uma vida centrada em Cristo. Ensina-me a confiar e depender de ti, em quem encontro tudo o de que preciso. Em nome de Jesus, amém.

anotações

PAZ QUE TRANSCENDE O ENTENDIMENTO

Tu, Senhor, guardarás em perfeita paz aquele cujo propósito está firme, porque em ti confia.

ISAÍAS 26.3

A promessa contida nesse versículo revela a natureza da paz que Deus oferece. "Tu, Senhor, guardarás" — não somos nós que conquistamos essa paz, mas é o Senhor quem a preserva e concede. Trata-se de uma paz que não depende de nossas circunstâncias ou esforços, mas vem diretamente de Deus como um presente.

A expressão original em hebraico usada em "perfeita paz" é "*shalom shalom*", uma repetição que enfatiza a completude e perfeição dessa paz. Não é uma paz parcial ou temporária, mas profunda, duradoura e completa, que abrange todos os aspectos de nossa vida. Essa paz é experimentada por aqueles que mantêm um propósito firme em Deus, cuja mente está fixa nele. Isso não significa estar livre de preocupações, mas uma decisão de confiar, não ser dominado pelas ansiedades e permanecer focado nos caminhos de Deus. A chave para experimentar essa paz perfeita é a confiança em Deus. Essa confiança não é uma crença vaga, mas uma dependência ativa e contínua na soberania, bondade e fidelidade divinas, em todas as situações.

Por fim, essa passagem nos oferece uma promessa maravilhosa: quando confiamos em Deus e mantemos nosso propósito firme nele, experimentamos uma paz que transcende o entendimento humano e que permanece mesmo em meio às tempestades da vida.

Senhor, ajuda-me a manter meu coração e mente firmes em ti. Que eu experimente a tua paz completa e constante, confiando que és fiel e presente em todas as situações. Ensina-me a viver cada dia na segurança da tua paz. Em nome de Jesus, amém.

anotações

TEMPLO DA PRESENÇA DE DEUS

22 FEV

Vocês não entendem que são o templo de Deus
e que o Espírito de Deus habita em vocês?

1CORÍNTIOS 3.16, NVT

@devocional.palavrasdesabedoria | @marcelotoschi

Ao refletir sobre esse versículo, é impossível não pensar no povo de Israel, no Antigo Testamento, quando receberam a Arca da Aliança. A arca não continha a presença de Deus, mas simbolizava essa presença, e o povo compreendia sua importância. Deus havia estabelecido regras claras sobre como a arca deveria ser carregada, de maneira específica, pelos sacerdotes, usando varões de acácia revestidos de ouro, conforme os procedimentos divinos.

Tudo isso apontava para algo maior: o tempo em que a presença de Deus não estaria em objetos, mas habitaria diretamente em seus filhos. E esse tempo chegou! Hoje, o Espírito Santo habita em nós! Não apenas carregamos um símbolo, mas somos o templo vivo da presença de Deus. Por causa do sacrifício de Jesus na cruz, temos o maravilhoso privilégio de sermos morada do Espírito Santo. Isso nos dá acesso direto ao Pai em qualquer momento do nosso dia. Podemos conversar com Deus, ouvir sua voz, buscar sua orientação e viver em comunhão com ele.

Esse conhecimento nos inspira a vivermos de uma forma que reflita a presença de Deus em nós. Onde quer que estejamos, somos portadores de algo sagrado: a presença viva de Deus. Ele nos convida a mergulhar mais profundamente nessa relação, buscando intimidade com ele e permitindo que sua presença transforme nossa vida.

Senhor, obrigado por habitar em mim através do teu Espírito Santo. Ajuda-me a viver de forma honrosa e consciente da tua presença em mim. Que eu reflita o teu amor e tua graça para todos ao meu redor. Em nome de Jesus, amém.

anotações

PASSOS FIRMES

A boca do justo profere sabedoria, e a sua língua fala conforme a justiça. Ele traz no coração a lei do seu Deus; nunca pisará em falso.

SALMOS 37.30-31

@devocional.palavrasdesabedoria | @marcelotoschi

Todos nós já sentimos a desagradável sensação de pisar em falso, seja por falta de atenção ou por estarmos em um lugar escuro. A confiança em ter um chão firme sob nossos pés de repente desaparece, e perdemos o equilíbrio. Da mesma forma, muitos acabam "pisando em falso" na vida espiritual, achando que estão em terreno seguro, mas logo percebem que suas escolhas os levaram ao vazio. A questão não é apenas caminhar, mas garantir que nossos passos estejam baseados em algo sólido e verdadeiro.

O justo é aquele que encontra essa firmeza. Sua segurança não vem de convicções pessoais ou opiniões passageiras, mas do Senhor. Ele fala com sabedoria e suas palavras refletem a verdade de Deus que está em seu coração. Suas escolhas são guiadas pela lei de Deus, trazendo estabilidade e direção. O justo nunca pisa em falso, pois sua fé está firmemente alicerçada em Cristo.

Para viver com essa certeza, precisamos encher nosso coração com a palavra de Deus e confiar nele para guiar nossos passos. Não há espaço para incertezas quando nossa confiança está no Deus que nunca falha. É ele quem nos dá clareza e sabedoria para caminhar com segurança, mesmo nas trevas.

Senhor, peço que me guies em cada passo e que eu nunca ande sem a tua direção. Que minha fé esteja firmemente enraizada em Cristo, para que eu sempre tenha segurança e sabedoria em minha caminhada. Em nome de Jesus, amém.

anotações

PLANOS ENTREGUES

24 FEV

Entregue ao Senhor tudo o que você faz,
e os seus planos serão estabelecidos.

PROVÉRBIOS 16.3

Se você está começando um projeto novo, esse versículo traz um dos conselhos mais valiosos: entregar todos os seus planos ao Senhor. Muitas vezes, fazemos planos e pedimos a Deus que nos ajude a realizá-los. Isso não é errado, mas, se desejamos construir algo duradouro, há uma estratégia ainda mais profunda.

Quando reconhecemos que Deus nos conhece melhor do que nós mesmos e que ele é um Pai amoroso, confiar a ele nosso futuro torna-se natural. Em vez de apenas pedir suas bênçãos, podemos perguntar: "Senhor, quais são os teus planos? Como posso me alinhar aos teus propósitos?" Essa oração reflete um relacionamento maduro com Deus, quando buscamos participar dos projetos que ele realiza. Ao nos colocarmos à disposição para sermos usados por Deus, ele nos conduz ao centro de sua vontade, resultando em um avanço exponencial em nossa vida.

Em meu escritório, tenho um documento onde, de todo o coração, coloco-me em obediência ao Senhor, para que ele me use conforme sua vontade. Esse documento, que assinei e reconheci firma, está emoldurado na parede do meu escritório, sempre lembrando-me do compromisso que fiz com o Senhor. Tenho certeza de que essa entrega tem acelerado o desenvolvimento do meu ministério e a expansão da igreja do Senhor.

Dê esse mesmo passo. Ao entregar suas habilidades, carreira e vida nas mãos de Deus, você se coloca sob seu cuidado e direção, confiando que ele sabe o que é melhor. Faça uma oração sincera e entregue seus planos ao Senhor.

Senhor, entrego todos os meus planos e decisões a ti. Quero fazer parte dos teus projetos e me alinhar com a tua vontade. Guia meus passos e abre as portas que me levarão ao verdadeiro sucesso. Em nome de Jesus, amém.

anotações

....

....

....

PEQUENOS COMEÇOS

O seu começo parecerá modesto,
mas o seu futuro será de grande prosperidade.
JÓ 8.7

@devocional.palavrasdesabedoria | @marcelotoschi

Sonhar grande e planejar algo notável é importante, mas é fundamental lembrar que cada grande jornada começa com passos pequenos. Esse crescimento gradual nos permite criar raízes fortes e resistência para os desafios futuros. Se não valorizamos esses pequenos começos, corremos o risco de desdenhá-los, perdendo a oportunidade de crescer.

Esse é um erro comum. Muitas vezes, desejamos alcançar o sucesso, a posição de destaque e a influência rapidamente, sem passar pelo processo de amadurecimento. Contudo, desprezar os começos modestos é perder de vista o treinamento e a preparação que eles nos proporcionam para futuras responsabilidades e conquistas maiores.

Deus nos prepara, partindo dos detalhes pequenos para os desafios grandiosos que estão por vir. Ao olharmos para a Bíblia, vemos exemplos como o de Davi. Antes de se tornar rei, ele era apenas um pastor de ovelhas. Seu papel parecia insignificante, mas foi nesse cenário simples que Deus o moldou. Foi ali que Davi aprendeu lições de coragem, paciência e confiança que o prepararam para a realeza. Ele cuidava das ovelhas de seu pai com dedicação e excelência, e Deus o encontrou pronto para algo maior.

Portanto, sonhe grande, mas abrace os começos humildes. Eles são a fundação sobre a qual Deus construirá seu futuro. Como o versículo mencionado nos lembra, o começo pode parecer pequeno, mas o futuro será extraordinário, além do que podemos imaginar.

Senhor, ajuda-me a valorizar cada passo do caminho que preparaste para mim. Dá-me sabedoria e perseverança para abraçar os pequenos começos, sabendo que tu estás preparando algo grandioso para o meu futuro. Em nome de Jesus, amém.

anotações

....

....

....

AMIZADES QUE TRANSFORMAM

26 FEV

Amem uns aos outros com amor fraternal.
Quanto à honra, deem sempre preferência aos outros.

ROMANOS 12.10, NAA

@devocional.palavrasdesabedoria | @marcelotoschi

É maravilhoso ter pessoas em nossa vida com quem podemos compartilhar o coração, buscar conselhos e receber incentivo para alcançar novas metas. Todos nós valorizamos amigos em quem podemos confiar e que nos ajudam a crescer. Mas você tem pessoas assim ao seu redor? Alguém que o desafie, que seja sincero e que se preocupe em ajudá-lo a se tornar a melhor versão de si mesmo?

Todos precisamos de amigos que nos inspirem a nos aproximarmos de Deus, que orem por nós, compartilhem a Palavra e nos motivem a viver com propósito. Amigos que falem a verdade em amor e se importem com nosso desenvolvimento espiritual. Se você ainda não tem esse tipo de amizade, ore para que o Senhor traga essas pessoas para a sua vida!

Contudo, não se trata apenas de ter esses amigos por perto. Você também deve buscar ser esse tipo de amigo para os outros. Paulo nos lembra, em sua carta aos Romanos, da importância de amar e honrar uns aos outros. Pergunte-se: você é uma presença positiva na vida dos outros? É alguém que apoia, encoraja e direciona as pessoas a caminharem mais perto de Deus? As amizades são uma via de mão dupla; quando investimos nos outros, também recebemos de volta atenção, amor e cuidado.

Senhor, ajuda-me a ser um amigo que ama, honra e inspira aqueles ao meu redor. Conecta-me a pessoas que me ajudem a crescer e dá-me sabedoria para ser essa pessoa para os outros. Em nome de Jesus, amém.

anotações

FÉ QUE MOVE MONTANHAS

[...] Eu lhes digo a verdade: se tivessem fé, ainda que do tamanho de uma semente de mostarda, poderiam dizer a este monte: 'Mova-se daqui para lá', e ele se moveria. Nada seria impossível para vocês.

MATEUS 17.20, NVT

@devocional.palavrasdesabedoria | @marcelotoschi

Jesus frequentemente usava elementos do cotidiano para ensinar verdades espirituais profundas. Uma dessas lições envolveu o grão de mostarda, uma semente minúscula que ilustra fé e perseverança. Ao falar sobre o grão de mostarda, Jesus estava em uma região de solo difícil, repleta de pedras e rochas vulcânicas. Mesmo em um ambiente adverso, a mostarda florescia.

Assim como o grão de mostarda, nossa fé pode parecer pequena, especialmente em situações difíceis, repletas de obstáculos. Contudo, é a resiliência da fé que a faz crescer. Quando lançada no solo rochoso da vida, a fé não desiste; ela encontra um espaço entre as rochas e começa a se desenvolver, buscando a luz. Essa imagem poderosa nos ensina que, apesar das dificuldades, nossa fé deve ser resiliente. Mesmo quando as circunstâncias parecem sufocar nossa esperança, nossa fé busca a luz, que é Jesus, e se fortalece. Com o tempo, essa pequena fé se torna forte o suficiente para mover até as rochas que antes pareciam intransponíveis.

A jornada da fé é uma caminhada de perseverança. Mesmo em circunstâncias desfavoráveis, nossa fé continua a crescer em direção à luz. Ao encontrar Jesus, nossa fé se enraíza profundamente e começa a florescer, empurrando para longe as dificuldades.

Hoje, lembre-se de que sua fé, mesmo pequena, é poderosa. Ela pode mover montanhas e superar obstáculos. Continue crescendo em direção à luz, confie no Senhor e veja como ele pode transformar uma pequena semente de fé em uma árvore forte.

Senhor, fortaleça minha fé, mesmo que seja pequena como um grão de mostarda. Que eu possa perseverar nas dificuldades, confiando que tu és minha luz e refúgio. Ajuda-me a superar os obstáculos, lembrando que, contigo, nada é impossível. Em nome de Jesus, amém.

anotações

O CAMINHO PARA A CURA

28 FEV

Enquanto eu me calei, os meus ossos definharam com os meus gemidos o dia todo.

SALMOS 32.3

@devocional.palavrasdesabedoria | @marcelotoschi

O medo e a culpa são consequências da nossa natureza pecaminosa. No início, Deus se encontrava com Adão e Eva diariamente, mas, após o pecado, a alegria e a paz foram substituídas por medo e vergonha. A Palavra nos adverte que, quando o pecado entra em nossa vida, cria uma barreira entre nós e Deus, e precisamos de restauração. Felizmente, Deus nos oferece a cura através de Jesus Cristo, que veio para nos reconciliar com o Pai.

Davi, no salmo 32, descreve muito bem como o peso do pecado não confessado afetava seu corpo e alma. Podemos perceber isso quando observamos algo guardado por muito tempo: deteriora por falta de cuidado. É o que acontece com o pecado oculto em nosso coração, ele nos corrói, tirando nossa paz e alegria.

Contudo, há um caminho para a cura. A confissão nos permite expor o que foi escondido e buscar o alívio que Deus pode proporcionar a cada um de nós. Jesus já garantiu nosso perdão, mas Tiago nos lembra que a cura completa vem quando confessamos nossos pecados uns aos outros. Por isso, é importante lembrar como a vida em comunidade é importante. Caminhar com irmãos na fé e abrir o coração é uma poderosa fonte de alívio e força. Portanto, não carregue esse peso sozinho. Escolha hoje abrir seu coração e receber a cura que Deus oferece.

Senhor, ajuda-me a não esconder nada de ti e a buscar cura por meio da confissão. Que eu tenha a coragem de abrir meu coração aos meus irmãos e confiar na restauração que vem de Cristo. Em nome de Jesus, amém.

anotações

"

Buscar socorro no Senhor não significa que nossos problemas desaparecerão, mas que enfrentaremos esses desafios com uma nova perspectiva, com a força e a sabedoria que vêm de confiar no Criador do Universo."

MARÇO

O AMOR INCONDICIONAL DE DEUS

Mas Deus prova o seu próprio amor para conosco pelo fato de ter Cristo morrido por nós, quando ainda éramos pecadores.

ROMANOS 5.8, NAA

Esse versículo nos apresenta uma das mais profundas e transformadoras verdades do Evangelho: o amor incondicional de Deus. Paulo nos mostra que o amor divino desafia nossa compreensão humana do significado de amor. Geralmente, amamos aqueles que nos tratam bem ou que, de alguma forma, "merecem" nosso amor. No entanto, o amor de Deus opera de maneira completamente diferente.

Paulo diz que Deus "prova" seu amor, o que significa que esse amor é uma realidade concreta, e não uma declaração vazia. A maior demonstração foi "ter Cristo morrido por nós". A morte de Cristo na cruz é a manifestação máxima do amor de Deus. Jesus, o perfeito Filho de Deus, deu sua vida para nos reconciliar com Deus, custando o mais alto preço — sua própria vida.

O que torna esse amor extraordinário é o momento em que foi demonstrado. Deus não esperou que nos tornássemos dignos. Pelo contrário, foi quando estávamos perdidos no pecado que ele escolheu nos amar. Esse amor desafia a lógica humana, pois não depende de resposta ou mérito; é um amor que toma a iniciativa, que se move em direção ao não merecedor e abraça o indigno. É um amor que transforma o objeto de seu afeto, não por ser amável, mas porque o amor em si tem o poder de redimir.

Compreender esse amor pode revolucionar vidas. Ele nos liberta da necessidade de ganhar a aprovação de outros, permitindo-nos amar a nós mesmos e aos outros de uma maneira nova. Ao abraçarmos o amor incondicional de Deus, somos libertos para amar sem reservas e perdoar sem limites.

Senhor, obrigado por me amares de forma incondicional, mesmo sem merecer. Ajuda-me a viver esse amor todos os dias, sendo uma testemunha de tua graça e refletindo esse amor para aqueles ao meu redor. Em nome de Jesus, amém.

anotações

CAMINHOS MAIS ALTOS

02 MAR

"Pois os meus pensamentos não são os pensamentos de vocês, nem os seus caminhos são os meus caminhos", declara o SENHOR. "Assim como os céus são mais altos do que a terra, também os meus caminhos são mais altos do que os seus caminhos; e os meus pensamentos, mais altos do que os seus pensamentos".

ISAÍAS 55.8-9

@devocional.palavrasdesabedoria | @marcelotoschi

Todos nós desejamos avançar, crescer e prosperar. Esse impulso foi colocado em nosso coração pelo próprio Deus. Ao iniciar seu dia com um devocional, você pode estar pedindo orientação para o trabalho, estudos e relacionamentos. Contudo, há uma chave poderosa em Isaías que pode mudar nossa forma de viver esses avanços.

Isaías nos lembra que os pensamentos de Deus estão muito acima dos nossos. Quando focamos apenas em nossos próprios planos, podemos ter certo progresso, mas sempre limitado. Deus afirma que seus caminhos e pensamentos são mais elevados, assim como o céu está acima da terra. Ele tem planos maiores e direções mais sábias para nós.

O segredo para uma vida plena é buscar não o que queremos, mas o que Deus planejou. Durante seu tempo devocional, permita que o Senhor revele os caminhos que ele tem para você. Esses caminhos podem ser diferentes do que você imaginou, mas é aí que reside a verdadeira fé: confiar que Deus sabe o que é melhor, mesmo quando não o compreendemos.

Ao longo do dia, ao caminhar em fé e obediência, você verá novas oportunidades surgirem, portas se abrirem e respostas inesperadas chegarem. Deus sempre traz o que precisamos no momento certo, por isso devemos aprender a buscar seus pensamentos e caminhos mais elevados. Ao alinhar-se com os planos divinos, a jornada da vida se torna uma experiência transformadora e cheia de realizações.

Senhor, reconheço que teus pensamentos são mais elevados que os meus. Ajuda-me a confiar nos teus planos e a buscar os teus caminhos acima dos meus desejos. Que a tua vontade prevaleça em minha vida, e que eu ande em obediência e fé. Em nome de Jesus, amém.

anotações

AUMENTE A MINHA FÉ

Ora, a fé é a certeza de coisas que se esperam,
a convicção de fatos que não se veem.

HEBREUS 11.1, NAA

@devocional.palavrasdesabedoria | @marcelotoschi

A fé é uma das coisas mais poderosas que podemos desenvolver em nossa caminhada com Deus. Porém, não podemos fabricá-la sozinhos; ela é um presente dado por Deus. O Espírito Santo nos concede a fé, e cabe a nós pedirmos que ela seja constantemente fortalecida. Em Marcos 9.23, encontramos a história de um pai que, desesperado pelo sofrimento de seu filho, encontra-se com Jesus e clama por ajuda, perguntando se poderia fazer algo. Jesus responde: "Tudo é possível àquele que crê". O pai, reconhecendo sua falta de fé, humildemente responde: "Senhor, ajuda-me a ter mais fé".

Assim como esse homem, muitas vezes nossa fé parece pequena diante dos desafios. No entanto, o fato de você estar aqui, lendo este devocional, já demonstra que tem fé. Mesmo que pequena, ela é real e poderosa. Deus quer levá-lo a um novo nível, onde sua fé seja aprofundada e você experimente coisas extraordinárias.

A fé, como descrita em Hebreus, é a prova do que não vemos. Não é algo que possamos explicar completamente com palavras, mas é algo que podemos viver, sentir e experimentar. É um convite para confiar em Deus de maneira que transcende nosso entendimento. Para isso, precisamos de um relacionamento íntimo com o Pai, o Filho e o Espírito Santo.

Hoje, o desafio é ir além da fé inicial, que não somente crê em Jesus para a salvação, mas também que impacte todas as áreas da vida e nos leve a experimentar a presença de Deus de forma mais profunda e real.

Senhor, reconheço que preciso de mais fé para enfrentar os desafios da vida. Aumenta minha fé e me ajuda a confiar plenamente em ti, mesmo quando não consigo ver o caminho à frente. Em nome de Jesus, amém.

anotações

RENASCIDOS PARA UMA VIVA ESPERANÇA

04 MAR

Bendito seja o Deus e Pai de nosso Senhor Jesus Cristo, que, segundo a sua grande misericórdia, nos regenerou para uma viva esperança, mediante a ressurreição de Jesus Cristo dentre os mortos.

1PEDRO 1.3, NAA

Nesse versículo, o apóstolo Pedro nos convida a celebrar a graça divina. Ele louva o Deus e Pai de nosso Senhor Jesus Cristo, reconhecendo a fonte de toda bênção e misericórdia. Esse não é um Deus distante, mas o Pai amoroso que se revelou plenamente através de Seu Filho, Jesus Cristo. Sua misericórdia é abundante, transbordante e inesgotável, livremente concedida. É por meio dela que experimentamos a transformação oriunda da regeneração.

Ser regenerado significa nascer de novo. É uma mudança radical em nosso ser, não apenas uma reforma externa, mas uma transformação completa operada pelo Espírito Santo. Essa regeneração nos liberta da escravidão do pecado e nos traz para uma nova realidade em Cristo. Seu propósito é glorioso: somos renascidos "para uma viva esperança", uma esperança viva, inabalável e ancorada na Eternidade, transcendendo as circunstâncias. Em um mundo dominado pelo desespero, os seguidores de Cristo são portadores da esperança.

É o Espírito Santo quem aplica a obra redentora de Cristo em nossa vida, convencendo do pecado e guiando à verdade. O Espírito é o selo de nossa herança eterna e a garantia viva da promessa de Deus em nosso coração. Essa esperança nos motiva a enfrentar os desafios com coragem e perseverar nas dificuldades, lembrando-nos que nossa cidadania está no Céu.

À medida que caminhamos nela, o Espírito Santo nos capacita a sermos faróis de luz em um mundo sombrio, refletindo a realidade transformadora do Evangelho e atraindo outros para a mesma esperança viva que encontramos em Cristo Jesus.

Senhor, agradeço por tua imensa misericórdia e por me regenerar para uma viva esperança. Ajuda-me a vivê-la de maneira ativa, confiando em tua promessa e refletindo a transformação que teu Espírito operou em mim. Em nome de Jesus, amém.

anotações

05 MAR

CONFIANÇA NA PROVIDÊNCIA DIVINA

Observem as aves do céu: não semeiam nem colhem, nem armazenam em celeiros; contudo, o Pai celestial as alimenta. Não têm vocês muito mais valor do que elas?

MATEUS 6.26

No Sermão do Monte, Jesus nos oferece uma lição profunda sobre confiança e valor aos olhos de Deus, usando uma ilustração simples, mas poderosa, da natureza. Ele nos convida a observar as aves do céu, refletindo sobre como Deus cuida de sua criação. As aves não semeiam, colhem ou armazenam, mas são sustentadas dia após dia pela providência divina.

Essa imagem ilustra dois pontos cruciais: a constante providência de Deus e o valor incomparável dos seres humanos. O Pai Celestial provê continuamente para suas criaturas. As aves não precisam se preocupar com seu sustento diário porque Deus cuida delas. E se Deus cuida tão bem das aves, quanto mais não cuidará de nós, seus filhos, criados à sua imagem e semelhança?

A pergunta retórica de Jesus "Não têm vocês muito mais valor do que elas?" afirma o amor que Deus tem por nós, lembrando-nos de nossa posição única na criação e do cuidado especial que recebemos de Deus. Esse ensinamento não é um chamado à passividade. Jesus não diz que não devemos trabalhar ou planejar. Ele se refere à ansiedade excessiva que muitas vezes nos consome.

A lição dada é sobre confiança na bondade, no poder e na provisão de Deus. É um convite para descansar na certeza de que, se Deus cuida das aves, certamente cuidará de nós, seus filhos amados. Esse versículo nos desafia a reavaliar nossas prioridades, lembrando-nos que devemos confiar em Deus e buscar primeiro o seu Reino. Reconheça seu valor inestimável aos olhos divinos e descanse no cuidado amoroso do Senhor.

Pai, ajuda-me a confiar em tua provisão e descansar na certeza de que estás cuidando da minha vida. Que eu não seja consumido por preocupações, mas busque o teu Reino e confie em teu cuidado. Em nome de Jesus, amém.

anotações

CONFIANÇA NA JUSTIÇA DE DEUS

06 MAR

O Senhor é quem julga os povos. Julga-me, Senhor, conforme a minha justiça, conforme a minha integridade.

SALMOS 7.8

@devocional.palavrasdesabedoria | @marcelotoschi

O salmista expressa, nesse versículo, sua profunda confiança em Deus. Ele reconhece que o Senhor julga todos os povos, mas ousa pedir para ser julgado de acordo com sua própria justiça e integridade. Essa ousadia não se baseia em perfeição, mas na certeza de um relacionamento íntimo com Deus.

Muitas pessoas temem orar assim, pois sabem que seus corações são inclinados ao erro. Às vezes, nossas motivações são confusas e nossas escolhas, falhas. Esse medo de julgamento se manifesta em quem vê a Deus como um juiz severo, sempre pronto a condenar. No entanto, Deus é amoroso e cheio de graça, algo que apenas compreendemos plenamente ao nos aproximarmos dele.

O salmista demonstra uma confiança que brota da intimidade com o Pai. Ele não se sente justo ou irrepreensível, mas conhece a natureza amorosa e justa de Deus, que julga os corações com sabedoria e amor. A integridade que o salmista busca vem desse relacionamento com Deus, e sua confiança está enraizada na certeza de que Deus vê além das falhas e conhece nossas intenções.

O verdadeiro entendimento da justiça de Deus surge da intimidade com ele. Essa justiça não se baseia no medo, mas no amor que nos constrange a viver de forma íntegra. Quando conhecemos a Deus verdadeiramente, podemos descansar em sua justiça, sabendo que ele é justo e amoroso em todos os seus caminhos.

Senhor, venho diante de ti pedindo que examines meu coração. Que tua justiça prevaleça em minha vida. Ajuda-me a viver com integridade, não por medo, mas por amor a ti. Em nome de Jesus, amém.

anotações

A FONTE DO AUXÍLIO

Elevo os meus olhos para os montes: de onde me virá o socorro?
O meu socorro vem do Senhor, que fez o céu e a terra.

SALMOS 121.1-2, NAA

Há momentos em que nos sentimos sobrecarregados, enfrentando desafios que parecem montanhas intransponíveis. Nessas ocasiões, é natural buscarmos ajuda, e o salmista ecoa o clamor de muitos corações: "De onde me virá o socorro?". Ele olha para os montes, símbolos de força, estabilidade e grandeza, mas não se detém neles. Em vez disso, direciona sua esperança para algo ou melhor, alguém muito maior.

A declaração do salmista é simples, mas profunda. Ele nos lembra que nosso socorro não vem de nossas forças, de outras pessoas ou de circunstâncias favoráveis, mas do Senhor. Nosso ajudador é o Criador do Céu e da Terra e, se ele criou o Universo, certamente pode lidar com nossos desafios. O salmista não diz "pode vir" ou "talvez venha", mas afirma com convicção: "vem do Senhor". Há uma confiança inabalável na capacidade de Deus em nos socorrer.

Esse salmo nos convida a reorientar nosso foco. Em vez de fixar nossos olhos nas "montanhas" obstáculos e impossibilidades somos chamados a olhar além, para o Deus que criou tudo. Buscar socorro no Senhor não significa que nossos problemas desaparecerão, mas que enfrentaremos esses desafios com uma nova perspectiva, com a força e a sabedoria que vêm de confiar no Criador do Universo.

Hoje, quando você se sentir sobrecarregado diante das "montanhas" que enfrenta, eleve os olhos! Olhe além das circunstâncias e reconheça o Senhor como sua fonte suprema de auxílio. Permita que essa verdade renove sua confiança e fortaleça sua fé.

Senhor, ajuda-me a fixar meus olhos em ti e não nos problemas ao meu redor. Sei que o meu socorro vem de ti, o Criador. Dá-me força para confiar na tua fidelidade, mesmo quando as montanhas parecerem intransponíveis. Em nome de Jesus, amém.

anotações

....

....

....

FOME QUE SATISFAZ A ALMA

08 MAR

Bem-aventurados os que têm fome e sede
de justiça, pois serão satisfeitos.

MATEUS 5.6

@devocional.palavrasdesabedoria | @marcelotoschi

Nas bem-aventuranças, Jesus nos apresenta um princípio paradoxal: a fome que leva à verdadeira satisfação. Não se trata de uma fome comum, mas de um anseio profundo por justiça a justiça do Reino de Deus, que abrange retidão, integridade e a própria natureza de Deus. Essa fome e sede de justiça surge do desejo de viver em um mundo que reflita os valores do Reino de Deus, buscando uma retidão que prevaleça em meio às injustiças, opressão e maldade. Aqueles que experimentam essa fome são declarados bem-aventurados, pois essa busca é um sinal de que estão espiritualmente vivos e atentos ao que o Espírito Santo está fazendo. É ele quem desperta em nós esse anseio, alinhando nosso coração com o do Pai.

Jesus é a personificação da justiça pela qual ansiamos. Ele não apenas ensinou sobre justiça, mas a viveu perfeitamente e, através de sua morte e ressurreição, tornou possível sermos declarados justos diante de Deus. Em Cristo, nossa fome de justiça encontra sua mais profunda satisfação. O Espírito trabalha em nós para saciar essa fome, guiando-nos em caminhos de retidão e justiça.

À medida que buscamos a Jesus, a fonte de toda justiça, e nos rendemos à obra do Espírito Santo, descobrimos uma satisfação que transcende as circunstâncias terrenas. Que nossa fome por justiça nos mova à ação, inspire-nos à compaixão e nos leve a uma intimidade profunda com aquele que é perfeitamente justo. Que nos tornemos canais da justiça de Deus, levando sua luz e verdade a um mundo faminto por esperança e redenção.

Senhor, aumenta em mim a fome e sede de justiça. Que eu nunca me contente com menos do que a tua retidão em minha vida. Capacita-me a viver de maneira justa e a agir contra a injustiça ao meu redor. Em nome de Jesus, amém.

anotações

O PODER DO EXEMPLO

Eu dei o exemplo, para que vocês façam como lhes fiz.

JOÃO 13.15

@devocional.palavrasdesabedoria | @marcelotoschi

A prática da obediência e o testemunho de vida são essenciais para refletirem a sabedoria que vem do temor ao Senhor. Não basta ter conhecimento ou falar palavras inteligentes. A verdadeira sabedoria consiste em temer a Deus e viver em obediência aos seus princípios. Essa obediência gera um exemplo poderoso que transforma nossa própria vida e impacta profundamente aqueles ao nosso redor.

Esse exemplo começa em casa, com seu cônjuge, filhos e familiares. Se você é o primeiro em sua família a se converter, o seu testemunho pode ser uma inspiração para que outros também reconheçam a Jesus como Senhor e Salvador. Quando Jesus disse: "Eu dei o exemplo", ele não buscava elogios ou reconhecimento. Ele viveu de acordo com os princípios divinos para que, ao segui-lo, também pudéssemos dar um testemunho autêntico de fé e amor.

As palavras têm poder, mas é o exemplo que realmente transforma. Quando nossa vida está pautada pela prática da Palavra de Deus, tornamo-nos uma luz para o mundo, inspirando aqueles que estão ao nosso redor. Viver os princípios bíblicos na prática é uma maneira poderosa de refletir a glória de Deus e transformar a sociedade.

Senhor, ajuda-me a viver em obediência aos teus princípios todos os dias, sendo um exemplo autêntico do teu amor e da tua sabedoria para que, através do meu testemunho, outras pessoas possam ser inspiradas a te seguir. Dá-me sabedoria para não apenas conhecer a tua Palavra, mas também para colocá-la em prática. Em nome de Jesus, amém.

anotações

O PAI QUE SEMPRE OUVE

10 MAR

Antes de que clamem, eu responderei;
mesmo antes que digam algo, eu os ouvirei.
ISAÍAS 65.24

@devocional.palavrasdesabedoria | @marcelotoschi

Esse versículo expressa o profundo amor e cuidado que Deus tem por nós. Ele não é um Deus distante ou indiferente; pelo contrário, já está pronto para agir em nosso favor antes mesmo de clamarmos. Essa realidade se torna clara quando cultivamos um relacionamento íntimo com o Senhor, confiando que ele nos conhece e se importa com cada detalhe da nossa vida.

Deus deseja ter conosco uma relação como a de um pai atencioso que observa seus filhos. Lembro-me de momentos com minhas filhas, quando, imersas em brincadeiras, esqueciam o mundo ao redor. Eu as observava e, ao perceber que algo dava errado, já estava lá, pronto para atendê-las, conhecendo suas necessidades antes mesmo de pedirem.

Assim, Deus, como um Pai, conhece nossas necessidades e está sempre ao nosso lado, pronto para nos socorrer. Ele já está ciente da situação e tem a resposta em suas mãos. A beleza desse versículo é que ele garante que Deus está atento aos mínimos detalhes da nossa vida; antes mesmo de pedirmos, ele já preparou a resposta. Isso, porém, não diminui a importância da oração. Clamar a Deus demonstra nossa confiança e dependência, refletindo nosso relacionamento com o Pai.

Se a resposta de Deus parecer demorada, lembre-se de que ele está agindo, mesmo nos bastidores. A confiança em Deus é essencial. Podemos continuar a clamar, sabendo que a solução já está preparada e que, no tempo certo, a resposta virá.

Pai amado, agradeço por teu cuidado constante em minha vida. Mesmo antes de eu clamar, tu já conheces minhas necessidades. Ajuda-me a confiar plenamente em ti e a buscar intimidade contigo. Em nome de Jesus, amém.

anotações

11 MAR

A RECOMPENSA DA PERSEVERANÇA

Portanto, não nos cansemos de fazer o bem. No momento certo, teremos uma colheita de bênçãos, se não desistirmos.

GÁLATAS 6.9, NVT

@devocional.palavrasdesabedoria | @marcelotoschi

Em muitos momentos de nossa caminhada, acabamos nos sentindo esgotados. Quantas vezes você já disse: "Eu não aguento mais"? O peso de seguir em frente, especialmente quando os frutos não aparecem, pode ser desgastante. Podemos estar tão próximos de um grande avanço, mas a falta de perseverança pode nos impedir de enxergar a colheita prometida.

O apóstolo Paulo nos encoraja em Gálatas a não desanimar, mesmo quando as circunstâncias são desafiadoras. Ele nos lembra que, no tempo certo, colheremos os frutos das sementes que plantamos, mas a condição essencial é não desistir. Há um princípio poderoso aqui: a colheita virá, mas apenas para os que persistem.

Quando observamos o sucesso de atletas, empreendedores ou pessoas que alcançaram grandes realizações, é fácil pensar que tudo aconteceu de forma repentina, fruto da sorte. No entanto, muitas vezes não vemos os anos de dedicação, sacrifício e trabalho silencioso. Da mesma forma, em nossa vida espiritual, há orações, jejuns, ofertas e atos de amor que semeamos ao longo dos anos e que, no tempo de Deus, darão frutos.

Se hoje você se sente cansado ou desanimado, lembre-se: a colheita está garantida para aqueles que perseveram. Peça ao Senhor que renove suas forças, porque ele prometeu que aqueles que esperam no Senhor correrão e não se cansarão. Continue plantando e acreditando, pois Deus é fiel para fazer suas sementes florescerem.

Senhor, renova minhas forças e ajuda-me a não desistir. Mesmo quando estou cansado, dá-me a certeza de que a colheita virá no tempo certo. Que eu possa perseverar no bem, confiando nas tuas promessas e descansando na tua fidelidade. Em nome de Jesus, amém.

anotações

PENSAMENTOS TRANSFORMADOS

12 MAR

Finalmente, irmãos, pensem em tudo o que for verdadeiro, tudo o que for digno de respeito, tudo o que for justo, tudo o que for puro, tudo o que for amável, tudo o que for de boa fama, em tudo o que houver alguma virtude ou algo de louvor.

FILIPENSES 4.8

@devocional.palavrasdesabedoria | @marcelotoschi

Em um mundo saturado de informações, onde notícias negativas e pensamentos pessimistas predominam, o apóstolo Paulo nos oferece um conselho transformador sobre como direcionar nossa mente. Esse versículo não é apenas uma sugestão, mas um chamado urgente para mudar a forma de pensar. Paulo compreendeu que os pensamentos moldam a realidade. O que ocupa nossa mente impacta diretamente nossas emoções, ações e caráter. Por isso, ele nos exorta a focarmos intencionalmente no que é bom, nobre e edificante.

Paulo nos encoraja a buscarmos a verdade em um mundo de *fake news*. Como fazer isso? Busque o que é real e autêntico; valorize o que é íntegro; reflita sobre o que é correto; foque no que é moralmente limpo; aprecie o que é belo; pense no que é respeitável; medite sobre qualidades morais excelentes e reconheça o que é digno de celebração.

Esse versículo não nos chama à ingenuidade, mas a uma disciplina que escolhe focar no que é bom. É um convite para treinar nossa mente, ver o belo em meio ao caos e o bom em meio às dificuldades. Trata-se de encontrar o equilíbrio entre estar ciente das dificuldades e manter o foco no que é verdadeiro. Imagine como seria sua vida se você praticasse esse conselho diariamente. Como seria sua perspectiva? Seus relacionamentos?

Hoje, faça um esforço consciente para direcionar seus pensamentos. Quando um pensamento negativo surgir, pergunte-se: "Há algo verdadeiro, justo, puro, amável ou louvável em que eu possa me concentrar agora?" Essa prática pode renovar sua mente e sua vida.

Senhor, ajuda-me a direcionar meus pensamentos para o que é bom, verdadeiro e digno de louvor, renovando minha mente para que eu veja as coisas segundo tua perspectiva. Em nome de Jesus, amém.

anotações

SABEDORIA AO PLANEJAR

O Senhor lhes garantirá bênção em tudo que fizerem e encherá seus celeiros de cereais. O Senhor, seu Deus, os abençoará na terra que ele lhes dá.

DEUTERONÔMIO 28.8, NVT

@devocional.palavrasdesabedoria | @marcelotoschi

Você já planejou sua semana? Ao ser questionado sobre seus planos, sua resposta pode ser: "Ainda não sei o que farei hoje". Isso nos leva a refletir sobre um princípio importante: a prosperidade está muitas vezes ligada ao planejamento. Ao lermos esse versículo em Deuteronômio, podemos nos sentir motivados, pensando que Deus encherá nossos celeiros e fará nossas atividades prosperarem. Mas é importante entender como isso acontece.

No Antigo Testamento, muitos dos direcionamentos de Deus eram condicionais: as bênçãos dependiam da obediência aos preceitos divinos. Da mesma forma, quando recebemos uma promessa de Deus, muitas vezes ela vem acompanhada de um chamado à ação. Não basta esperar passivamente; é necessário traçar um plano e trabalhar para alcançar o objetivo revelado.

A falta de planejamento pode levar ao fracasso. Pensar sobre o futuro e como alcançar o que Deus tem para você é essencial. Quando você planeja, seja seus dias, semanas ou até anos, posiciona-se de forma prática para viver as promessas de Deus.

Hoje, ao refletir nesse versículo, lembre-se de planejar com sabedoria; não apenas as atividades diárias, mas os passos que Deus tem para você a curto e longo prazo. Faça planos em oração, buscando sempre o direcionamento do Senhor, e tenha certeza de que ele abençoará cada passo que você der segundo a sua vontade.

Senhor, obrigado pelas promessas e bênçãos que preparas para minha vida. Ajuda-me a planejar com sabedoria e diligência, buscando tua vontade em cada passo. Que eu possa viver teus planos e experimentar tua prosperidade, sendo fiel aos teus mandamentos. Em nome de Jesus, amém.

anotações

MOTIVOS PARA SE ALEGRAR

14 MAR

Tu me alegras, SENHOR, com os teus feitos; as obras das tuas mãos levam-me a cantar de alegria.
SALMOS 92.4

@devocional.palavrasdesabedoria | @marcelotoschi

Você já tirou um momento para sorrir e se alegrar hoje? Nem sempre é fácil, especialmente em dias difíceis, cercados por aflições e notícias desanimadoras. A ansiedade muitas vezes parece dominar nosso cotidiano, roubando até o desejo de sorrir. Em momentos assim, pode parecer até contraditório pensar em se alegrar.

No entanto, a Palavra de Deus nos ensina a nos alegrarmos mesmo em tempos de tribulação. No livro de Filipenses, escrito por Paulo enquanto estava preso, vemos uma mensagem constante de alegria. Paulo encontrou contentamento e força, mesmo em meio ao sofrimento, ao recordar as obras de Deus e seu amor fiel. Ele encontrou motivos para se alegrar não nas circunstâncias, mas nos feitos do Senhor.

A alegria é uma fonte de renovação e cura. Ela ilumina o rosto, acalma o coração e alivia a alma. Comece a lembrar-se de tudo o que Deus já fez por você: cada vitória, cada provisão, cada demonstração de amor. Pense nas portas que ele fechou para o livrar e nos caminhos que ele abriu para o abençoar. Ao trazer essas lembranças à mente, permita que a alegria preencha seu coração, pois aquele que fez tanto por você ontem é o mesmo que cuida de você hoje.

No presente, decida se alegrar. Encontre paz e gratidão ao lembrar os feitos de Deus em sua vida e deixe que isso seja o combustível para seu dia. Há sempre motivos para sorrir quando pensamos na bondade e na fidelidade do nosso Deus!

Senhor, encha meu coração com a alegria que vem de Ti. Ajuda-me a lembrar dos teus feitos e a encontrar paz e esperança em meio às dificuldades. Que a minha alegria venha da tua presença e do teu cuidado constante. Em nome de Jesus, amém.

anotações

O CRESCIMENTO ATRAVÉS DAS ADVERSIDADES

Não só isso, mas também nos gloriamos nas tribulações, porque sabemos que a tribulação produz perseverança; a perseverança, um caráter aprovado; e o caráter aprovado, esperança.

ROMANOS 5.3-4

@devocional.palavrasdesabedoria | @marcelotoschi

O apóstolo Paulo nos apresenta uma perspectiva transformadora sobre as dificuldades da vida. Em vez de ver as tribulações como meras adversidades, Paulo nos convida a encará-las como oportunidades de crescimento espiritual. A ideia de "gloriar-se nas tribulações" pode parecer contraintuitiva. Afinal, quem se alegra com o sofrimento? No entanto, Paulo não sugere que devemos buscar ou desfrutar do sofrimento, mas nos encoraja a reconhecer o potencial de crescimento em cada desafio.

Esse processo de transformação ocorre através de tribulações: a tribulação produz perseverança, que gera caráter aprovado, resultando em esperança. As dificuldades nos ensinam a persistir, fortalecendo nossa resistência espiritual e emocional. À medida que perseveramos, nosso caráter é moldado, e passamos a desenvolver qualidades como integridade, compaixão e sabedoria. Um caráter fortalecido pelas provações nos leva a uma esperança mais profunda em Deus.

Esse processo não é automático nem fácil. Requer uma escolha consciente de nossa parte de confiar em Deus e permitir que trabalhe em nós. O Espírito Santo nos fortalece em cada etapa. Quando enfrentar dificuldades, tente vê-las como oportunidades de crescimento, não apenas como obstáculos. Lembre-se de que cada momento de persistência forja um caráter mais digno.

Peça sabedoria a Deus para entender o que ele quer ensinar através da tribulação. Ao enfrentar os desafios com essa nova perspectiva, podemos crescer através deles, emergindo com um caráter mais forte e uma esperança inabalável no plano de Deus.

Senhor, ajuda-me a enxergar as tribulações como oportunidades de crescimento. Fortalece-me para perseverar em meio aos desafios e molda o meu caráter para refletir a tua vontade. Em nome de Jesus, amém.

anotações

GRAÇA TRANSFORMADORA

Jesus tomou a palavra e disse: — Os sãos não precisam de médico, e sim os doentes. Não vim chamar justos, e sim pecadores, ao arrependimento.
LUCAS 5.31-32, NAA

Muitas vezes, interpretamos mal essa mensagem desafiadora de Jesus. Algumas pessoas podem pensar: "Essa palavra não se aplica a mim. Eu não sou perfeito, mas sou uma pessoa boa e não faço mal a ninguém". Contudo, o que Jesus ensinava ia muito além de nossa própria avaliação de bondade.

A Bíblia nos ensina em Romanos 3.10-23 que "não há justo, nenhum sequer" e que "todos pecaram e estão destituídos da glória de Deus". Ou seja, todos nós, sem exceção, precisamos da graça de Deus. Quando Jesus afirma que veio para os doentes e pecadores, refere-se a todos nós. Mesmo que tentemos viver de maneira correta, nossa salvação não depende de nossas ações, mas do sacrifício redentor de Jesus na cruz.

Reconhecer que somos pecadores e que dependemos completamente de Jesus é o primeiro passo para experimentarmos o perdão que ele oferece. Não são nossos esforços ou méritos que nos aproximam de Deus, mas a graça que Jesus nos dá gratuitamente.

Quando entendemos que somos os "doentes" que precisam do médico, abrimos a porta para que a graça de Deus opere de maneira poderosa e transformadora em nossa vida. E essa graça não apenas nos perdoa, mas restaura-nos, cura e nos aproxima de uma vida plena em Cristo. Hoje, permita-se ser alcançado por essa graça restauradora. Reconheça sua necessidade de Jesus e convide-o a ser o Senhor e Salvador de sua vida.

Senhor Jesus, reconheço que sou pecador e que dependo completamente da tua graça. Obrigado por me chamar ao arrependimento e me oferecer cura e restauração. Eu te convido a ser o Senhor e Salvador da minha vida. Em nome de Jesus, amém.

anotações

IRRIGAÇÃO DO ESPÍRITO

Sonda-me, ó Deus, e conhece o meu coração, prova-me e conhece os meus pensamentos; vê se há em mim algum caminho mau e guia-me pelo caminho eterno.

SALMOS 139.23-24, NAA

Enquanto refletia sobre este devocional, fui inspirado por uma imagem simples, mas profunda. Estava em um local seco, mas diante de mim havia um campo de beisebol verdejante, mantido vivo por uma irrigação constante. Vi um homem cuidando do campo, posicionando bandeirinhas que marcavam os locais aonde a água chegava, certificando-se de que nenhuma área do campo ficasse seca.

Essa cena me levou ao salmo 139, onde o autor faz uma oração profunda, pedindo a Deus que sonde seu coração e revele áreas que precisam ser ajustadas. O campo representa nossa vida, e a água que o mantém verde e vivo representa a Palavra e o Espírito de Deus, que irrigam nossa mente e coração. Assim como aquele homem verificava onde a água estava alcançando, precisamos pedir a Deus que sonde cada área do nosso interior.

Muitas vezes, há áreas que estão áridas, secas e sem a água do Espírito em nós. Porém, Deus está sempre disposto a derramar seu Espírito sobre nós, se permitirmos. Ele deseja encher os lugares secos da nossa alma e restaurar o que está desnutrido. Assim como o campo depende de irrigação para permanecer verde, também dependemos da presença contínua de Deus para florescermos. Isto é, dependemos da Palavra de Deus, que é a água que traz vida, para nos tornarmos como árvores plantadas junto a águas correntes, sempre verdes e frutíferas, mesmo em tempos de seca.

Semelhantemente, faça uma pausa e permita que Deus sonde o seu coração. Quais áreas de sua vida precisam ser irrigadas pela Palavra e pelo Espírito de Deus?

Senhor, sonda o meu coração e revela qualquer área árida que precise da tua água viva. Derrama o teu Espírito sobre minha vida e enche-me com a tua Palavra. Em nome de Jesus, amém.

anotações

A REALIDADE DE DEUS

O Senhor olha dos céus para os filhos dos homens, para ver se há alguém que tenha entendimento, alguém que busque a Deus.

SALMOS 14.2

Quão real é Deus para você? Nestes tempos quando o nome de Deus é frequentemente mencionado, mas nem sempre com reverência, essa é uma pergunta importante. Deus é real, independentemente do que sentimos ou pensamos. O mundo espiritual, de onde tudo se originou, é mais real e duradouro do que o mundo material que vemos.

O grande desafio humano é a necessidade de "ver para crer". No entanto, a Bíblia nos ensina que a fé é a certeza daquilo que não vemos. A compreensão de que Deus é real não depende de evidências físicas, mas de uma fé firme e confiante em quem ele é.

Hoje, busque uma fé sobrenatural que lhe conceda vivenciar a realidade de Deus. Permita-se senti-lo e conhecê-lo profundamente. Deus se manifesta em nosso coração como um pai amoroso, que nos guia e exorta, e com uma graça acolhedora que nos envolve. Ele é tão real quanto o ar que respiramos, e essa realidade se torna ainda mais tangível à medida que nos aproximamos dele. Quanto mais próximo do Senhor você estiver, mais evidente será a presença divina em sua vida.

Senhor, ajuda-me a ver e sentir a tua presença de maneira mais profunda. Aumenta a minha fé para que eu possa experimentar a realidade do teu amor e do teu cuidado em minha vida. Em nome de Jesus, amém.

anotações

A JORNADA DA FÉ

Porque andamos por fé e não pelo que vemos.

2CORÍNTIOS 5.7, NAA

@devocional.palavrasdesabedoria | @marcelotoschi

Essa declaração desafia nossa tendência natural de confiar apenas no que podemos ver, tocar ou comprovar. A fé, como descrita na Bíblia, não é uma crença cega, mas uma confiança fundamentada nas promessas de Deus e em sua natureza imutável. É a certeza das coisas que se esperam e a convicção de fatos que não se veem (cf. Hebreus 11.1). Paulo nos lembra que nossa jornada espiritual é guiada por essa fé, não pelas circunstâncias visíveis.

"Andar por fé" diz respeito a um movimento contínuo de um caminhar dinâmico e intencional. Essa caminhada de fé nos leva a confiar em Deus mesmo quando não entendemos completamente seus caminhos. Viver pela fé não significa ignorar a realidade ao nosso redor, mas interpretá-la através da lente da verdade divina, reconhecendo uma realidade espiritual mais profunda.

Essa perspectiva nos permite enfrentar desafios com coragem, perseverar em tempos difíceis e manter a esperança quando tudo parece perdido. O contraste entre fé e visão nos lembra que a vida cristã opera em um plano diferente do mundo natural. Enquanto o mundo busca evidências tangíveis, o seguidor de Cristo é chamado a confiar no caráter e nas promessas de Deus.

Essa caminhada pela fé é sustentada pelo Espírito Santo, que nos fortalece e guia na verdade do Reino de Deus. Andar pela fé nos liberta da ansiedade e do medo, permitindo-nos encontrar paz em meio à incerteza e força na fraqueza.

Senhor, ensina-me a caminhar pela fé, confiando em ti mesmo quando não vir o caminho à frente. Que o teu Espírito Santo fortaleça minha confiança em tuas promessas. Em nome de Jesus, amém.

anotações

O TESOURO VERDADEIRO

20 MAR

— Não acumulem para vocês tesouros na terra, onde a traça e a ferrugem destroem e onde os ladrões arrombam e furtam. Mas acumulem para vocês tesouros nos céus, onde a traça e a ferrugem não destroem e onde os ladrões não arrombam nem furtam. Pois, onde estiver o seu tesouro, ali também estará o seu coração.

MATEUS 6.19-21

@devocional.palavrasdesabedoria | @marcelotoschi

Enquanto refletimos sobre as palavras de Jesus, percebemos que ele não nega o valor das coisas materiais, mas nos convida a entender o verdadeiro tesouro. Deus quer que experimentemos uma vida abundante, mas Jesus nos alerta sobre o perigo de colocar nosso coração nas coisas deste mundo. Os bens terrenos são passageiros, podendo ser corroídos ou perdidos, e não devem ser o centro de nossa vida. Em contrapartida, os tesouros espirituais que acumulamos no Céu permanecem para sempre. O verdadeiro propósito da vida está em adorar e glorificar a Deus.

Estar focado no Céu significa priorizar Deus e seu Reino. Quando nosso coração está ancorado na vontade divina, todas as demais coisas se alinham conforme seu plano. Bens materiais podem ser bênçãos, mas nunca devem ser o foco. O que realmente importa é o relacionamento íntimo com o Pai.

À medida que nos aproximamos de Deus, percebemos como o valor das coisas terrenas diminui. A presença do Espírito Santo nos faz entender que nada é mais precioso do que esse relacionamento. Tudo o que adquirimos na Terra perde relevância diante da alegria e da paz que vêm da comunhão com Deus. O verdadeiro tesouro é a intimidade com o Senhor, o bem mais precioso que podemos ter.

Jesus nos ensina a colocar nosso foco no Céu, onde nosso verdadeiro tesouro está guardado. Precisamos nos perguntar: onde está nosso coração hoje? O que tem sido mais importante: conquistas materiais ou relacionamento com Deus? Que nosso maior desejo seja estar na presença de Deus.

Pai, ajuda-me a manter meu coração no Céu, focado em ti. Que nada deste mundo ocupe o lugar que pertence a ti. Que eu valorize o que é eterno e coloque teu Reino como prioridade em minha vida. Em nome de Jesus, amém.

anotações

VIDA EXTRAORDINÁRIA

Jesus lhe disse: — Eu sou a ressurreição e a vida. Aquele que crê em mim, ainda que morra, viverá; e todo aquele que vive e crê em mim jamais morrerá eternamente. Você crê nisso?

JOÃO 11.25-26

Diante dos desafios da vida, muitas pessoas se sentem paralisadas e desistem. Olham para problemas financeiros, relacionais ou na saúde, e concluem que não há solução, acreditando que tudo é muito complicado ou impossível. Porém, é fundamental lembrar que nosso maior problema, a morte eterna, já foi resolvido por Jesus!

Que conforto é saber que Jesus é a ressurreição e a vida! Ele venceu a morte e nos oferece vida eterna. Ele não apenas nos dá esperança para esta vida, mas também a garantia de uma Eternidade com Deus. Ele nos pede que creiamos de todo coração que ele é o Filho de Deus que ressuscitou. Quando entregamos nossa vida a Cristo, recebemos essa vida abundante.

A Bíblia nos ensina que nossa vida terrena é breve, muitas vezes dura entre setenta ou oitenta anos. Mesmo que fugaz, podemos vivê-la em abundância se estivermos em Cristo. A promessa de Jesus vai além dos nossos dias na Terra, oferecendo uma vida que começa aqui e agora, mas que se estende para sempre com Deus. Jesus nos convida a viver com a convicção de que, mesmo quando nosso corpo físico deixar este mundo, nossa vida não terminará; ela apenas começará de verdade, plena na presença de Deus. Quem crê nele, como a Palavra diz, nunca morrerá eternamente.

Seja fortalecido por essa verdade: em Jesus temos a garantia de uma vida eterna, que vai além do que podemos imaginar. Caminhe com Jesus e, com essa viva esperança, desfrute da Eternidade ao lado dele.

Senhor Jesus, eu te agradeço por ser a ressurreição e a vida. Obrigado por me oferecer vida eterna e abundante. Aumenta minha fé para que eu viva com a convicção de que, mesmo diante dos desafios, minha esperança está em ti. Em nome de Jesus, amém.

anotações

AMOR ETERNO

Há muito que o Senhor me apareceu, dizendo: 'Porquanto com amor eterno te amei, por isso com benignidade te atraí.

JEREMIAS 31.3, ACF

Deus, através do profeta Jeremias, lembra-nos de que seu amor por nós não tem começo nem fim. É um cuidado constante, que não depende de nossos méritos ou falhas, pois é a promessa de um amor inabalável.

Esse amor eterno é também leal. Deus nos atrai com uma fidelidade que não encontramos em outro lugar. Ele nos conhece profundamente e nos ama apesar de nossas imperfeições. Essa verdade pode transformar a maneira como nos vemos e como enfrentamos os desafios da vida.

A consciência desse amor deve nos incentivar a viver de forma diferente. Quando entendemos que somos eternamente amados, podemos encarar as dificuldades com mais coragem e esperança. Podemos também estender esse amor aos outros, refletindo a lealdade e a constância de Deus em nossas relações.

Convido você a reservar um momento para refletir sobre o amor eterno de Deus por você. Como essa verdade pode mudar sua perspectiva sobre si mesmo e sobre aqueles ao seu redor? Permita que esse amor preencha seu coração e transborde em suas ações diárias.

Pai amoroso, agradeço-te por teu amor eterno e leal. Ajuda-me a viver à luz dessa verdade, permitindo que ela transforme meu coração e minhas ações. Que eu possa ser um canal do teu amor para os outros. Em nome de Jesus, amém.

anotações

A VIDA TRANSFORMADA EM CRISTO

Estou crucificado com Cristo. Assim, já não sou eu quem vive,
mas Cristo vive em mim. A vida que agora vivo no corpo, vivo-a pela fé
no filho de Deus, que me amou e se entregou por mim.

GÁLATAS 2.20

@devocional.palavrasdesabedoria | @marcelotoschi

Quão poderosa é essa afirmação de Paulo! Ela expressa a essência da vida cristã transformada. Temos aqui uma profunda verdade espiritual: a identificação do crente com a morte e ressurreição de Cristo, resultando em uma nova realidade de vida. A frase "Fui crucificado com Cristo" não se refere a um evento físico, mas a uma realidade espiritual. Paulo afirma que, através da fé, participamos da morte de Cristo, significando que nossa velha natureza, dominada pelo pecado, foi "crucificada" com Cristo na cruz.

A consequência dessa crucificação é revolucionária: "já não sou eu quem vive, mas Cristo vive em mim". Paulo descreve uma troca radical de identidade, onde o "eu" centrado em si mesmo dá lugar a uma vida centrada em Cristo. Essa transformação não anula nossa individualidade, mas faz de Cristo a força motriz e o centro da existência do crente.

Paulo esclarece que essa nova vida não é uma experiência mística, mas uma vivência cotidiana. A fonte e o poder dessa vida vêm da "fé no filho de Deus", sustentada não por esforço próprio, mas pela confiança contínua em Cristo. O versículo conclui com uma afirmação poderosa do amor de Cristo: "que me amou e se entregou por mim". A nova vida do crente é uma resposta ao amor sacrificial de Cristo, que nos amou de forma pessoal e específica.

Essa passagem nos convida a compreender a identidade cristã. Não somos apenas seguidores de regras, mas participantes de uma nova vida em Cristo, chamados a viver pela fé constante no Filho de Deus.

Senhor, obrigado por me transformar e me dar uma nova vida em Cristo.
Ajuda-me a viver cada dia pela fé, confiando e permitindo que
Cristo viva em mim. Em nome de Jesus, amém.

anotações

MENSAGEIRO DAS BOAS-NOVAS

24 MAR

Então disse aos seus discípulos: — A colheita é grande, mas os trabalhadores são poucos. Peçam, pois, ao Senhor da colheita que envie trabalhadores para a sua colheita.

MATEUS 9.37-38

@devocional.palavrasdesabedoria | @marcelotoschi

O chamado de Jesus para que oremos por mais trabalhadores revela a importância de compartilhar aquilo que recebemos dele. Como seguidores de Cristo, somos alimentados e fortalecidos pela Palavra, mas nosso papel vai além de simplesmente receber: somos chamados a repartir e abençoar outros. Manter tudo o que recebemos para nós mesmos reflete um coração que ainda não compreendeu a generosidade do amor de Deus.

Pedro, ao encontrar um homem necessitado, disse: "Não tenho prata nem ouro, mas o que tenho, isto te dou". Aquele que conhece a graça de Deus entende a importância de compartilhá-la. A instrução de Jesus é clara: precisamos pedir a Deus que envie mais trabalhadores, mas também devemos estar dispostos a ser parte da resposta a essa oração. Mesmo com pequenas ações, como compartilhar uma palavra de esperança ou publicar um versículo nas redes sociais, podemos fazer a diferença e espalhar o amor de Deus.

Jesus nos chama a sermos seus mensageiros, capacitando-nos a falar, compartilhar e levar sua paz ao mundo. Ao nos tornarmos trabalhadores na colheita, contribuímos para que mais pessoas conheçam a glória de Deus revelada em Cristo. Hoje, seja um mensageiro das Boas-Novas, permitindo que Deus use sua vida para alcançar os perdidos.

Senhor, usa-me como teu mensageiro. Ajuda-me a repartir tudo o que tenho recebido e a ser parte da colheita, compartilhando tua mensagem de esperança e amor com aqueles que cruzarem meu caminho. Em nome de Jesus, amém.

anotações

Ó Deus, em teu amor meditamos
enquanto adoramos em teu templo.
SALMOS 48.9, NVT

@devocional.palavrasdesabedoria | @marcelotoschi

Quando examinamos a vida de homens e mulheres na Bíblia, notamos uma característica comum: a prática constante de meditação e reflexão diante de Deus. Essas pessoas dedicaram tempo para elevar seus pensamentos ao trono da graça, buscando força, direção e sabedoria diretamente da presença divina. Essa prática era uma busca contínua.

Salmos 48.9 nos lembra da importância de meditar no amor de Deus enquanto adoramos. Precisamos de tempo com o Senhor diariamente, mas essa meditação não precisa ocorrer apenas em lugares formais ou horários rígidos. O segredo está em aproveitar cada oportunidade para elevar nossos pensamentos ao Céu, como parte de nossa rotina.

Esse tempo de meditação não é uma prática legalista, mas uma resposta ao convite de Deus para estarmos em sua presença. Cada um de nós pode escolher o melhor momento do dia para refletir sobre o amor, bondade e fidelidade divinos. Pode ser ao amanhecer, durante uma pausa no trabalho ou antes de dormir. O importante é garantir um momento diário para pensar na grandeza do caráter de Deus e na fidelidade de suas promessas.

Quando dedicamos tempo a essa prática, somos fortalecidos, guiados e renovados. Jesus nos prometeu que estaria conosco todos os dias até o fim dos tempos, e é nessa comunhão diária que encontramos confiança, paz e gratidão.

Senhor, ajuda-me a dedicar um tempo diário para meditar em teu amor e bondade. Que meu coração esteja constantemente voltado a ti, reconhecendo tua fidelidade em meu dia. Em nome de Jesus, amém.

anotações

O PODER DA ESPERANÇA

Quero trazer à memória o que pode me dar esperança.

LAMENTAÇÕES 3.21, NAA

@devocional.palavrasdesabedoria | @marcelotoschi

Em um mundo dominado por notícias desanimadoras, o profeta Jeremias nos oferece uma estratégia para manter nossa fé: a prática intencional de relembrar o que pode nos trazer esperança. Esse versículo surge no meio do livro de Lamentações, uma obra repleta de angústia, como um raio de luz atravessando nuvens escuras, lembrando-nos que, mesmo em momentos sombrios, podemos direcionar a mente à esperança.

"Quero trazer à memória" sugere uma ação deliberada. É uma escolha consciente de focar em lembranças que nutrem a alma. Em uma era de distração e negatividade, esse ato se torna uma prática revolucionária de autocuidado espiritual. O que nos dá esperança varia, mas geralmente inclui momentos em que experimentamos a bondade de Deus, superamos adversidades ou nos apoiamos em promessas bíblicas. Essas memórias são como âncoras para a alma, mantendo-nos firmes quando as tempestades da vida ameaçam nos derrubar.

Praticar essa disciplina não significa negar as dificuldades, mas reconhecer que nossa perspectiva atual não é a história completa. Ao trazer à memória razões para esperança, reafirmamos nossa fé de que há mais na vida do que o que podemos ver no momento. Essa prática nos conecta à fidelidade de Deus ao longo da história, fortalecendo nossa confiança na intervenção divina.

Portanto, diante de um mundo que nos convida ao desespero, o versículo nos chama a ser ativos na construção de nossa resiliência espiritual. A esperança é uma prática a ser cultivada diariamente.

Senhor, em tempos de incerteza, ajuda-me a lembrar de tua fidelidade.
Que as memórias de tua bondade sejam um farol de esperança em minha vida.
Em nome de Jesus, amém.

anotações

VIVENDO PARA A GLÓRIA DE DEUS

Assim, quer vocês comam, quer bebam, quer façam qualquer outra coisa, façam tudo para a glória de Deus.

1CORÍNTIOS 10.31

@devocional.palavrasdesabedoria | @marcelotoschi

Nas rotinas diárias e nos momentos aparentemente insignificantes, reside uma oportunidade sagrada: glorificar a Deus. Paulo nos lembra que cada ação, por mais comum que pareça, pode ser um ato de adoração. Comer, beber, trabalhar e descansar todas essas atividades têm o potencial de honrar o Criador.

O versículo nos desafia a elevar nossa perspectiva. Não há divisão entre o sagrado e o secular em nossa vida; cada momento é uma chance de refletir a bondade e a grandeza de Deus. Quando abordamos nossas tarefas diárias com excelência e gratidão, transformamos o comum em extraordinário.

Viver para a glória de Deus significa reconhecer sua presença em todos os aspectos de nossa existência, fazendo escolhas que o honrem, tratando os outros com amor e usando nossos talentos e recursos para agradá-lo. É uma mudança de mentalidade que nos leva a ver cada momento como uma oportunidade de adoração.

Desafie-se a ver suas atividades cotidianas através dessa lente. Como você pode glorificar a Deus em suas interações, trabalho e decisões? Lembre-se de que não são apenas os grandes gestos que contam, mas a soma de pequenas ações feitas com um coração voltado a Deus.

Senhor, ajuda-me a viver de maneira que te honre em tudo o que faço. Que eu te glorifique nos pequenos e nos grandes momentos, refletindo tua bondade e graça. Em nome de Jesus, amém.

anotações

TRANSFORMADOS PELA PRESENÇA

28 MAR

Vendo a coragem de Pedro e de João e percebendo que eram homens iletrados e sem instrução, ficaram admirados e reconheceram que eles haviam estado com Jesus.

ATOS 4.13

@devocional.palavrasdesabedoria | @marcelotoschi

A vida de Pedro e João é um testemunho claro de como a intimidade com Deus transforma vidas. Eram pescadores simples, sem estudo, mas quando falavam e agiam, as pessoas ao redor ficavam admiradas. A diferença que notavam neles não era a educação, mas o fato de que eles haviam estado com Jesus. A coragem e a autoridade que demonstravam vinham da presença de Deus em suas vidas.

Muitas vezes, podemos ser tentados a pensar que nossa influência vem de habilidades, conhecimentos ou realizações. No entanto, o verdadeiro poder para impactar o mundo ao nosso redor vem da proximidade com Deus. Quanto mais nos aproximamos dele em intimidade, mais sua presença e poder serão evidentes em nós.

Isso não significa que o estudo e o esforço profissional não são importantes. Deus nos chama a sermos excelentes em tudo o que fazemos. Contudo, a verdadeira transformação e impacto na vida das pessoas acontecem quando o Espírito Santo opera através de nós. Assim como Pedro e João, não precisamos nos esforçar para impressionar os outros. Quando estamos cheios da presença de Deus, sua luz brilha em nós naturalmente.

Reflita sobre onde você tem buscado a fonte de sua autoridade. Você confia em sua própria capacidade ou mergulha mais profundamente em seu relacionamento com Deus?

Senhor, ajuda-me a buscar mais de ti e a confiar menos em minhas habilidades e mais na tua presença. Que a minha autoridade venha do meu relacionamento íntimo contigo. Em nome de Jesus, amém.

anotações

AJUSTANDO O FOCO

Portanto, meus amados, tendo tais promessas, purifiquemo-nos de toda impureza, tanto da carne como do espírito, aperfeiçoando a nossa santidade no temor de Deus.

2CORÍNTIOS 7.1, NAA

Muitas vezes, as pessoas desanimam em sua jornada de santidade por causa de recaídas no pecado. Essa luta recorrente pode levar à sensação de incapacidade, fazendo com que desistam. No entanto, o problema frequentemente está no foco. Quando estamos focados na aprovação dos outros, podemos nos desviar do que realmente importa: as promessas de Deus.

A Palavra de Deus nos oferece uma motivação clara para a santidade. Ela nos ensina que devemos alinhar nosso foco com as promessas de Deus, não com a opinião alheia. O que nos sustenta e purifica é a convicção das promessas do Senhor. É nelas que encontramos força para abandonar o que nos contamina e viver uma vida santa.

O propósito de Deus ao nos chamar à santidade não é nos privar de algo prazeroso, mas nos proteger das consequências destrutivas do pecado. As promessas de Deus têm como objetivo nos livrar de escolhas que poderiam nos prejudicar. Quando ajustamos nosso foco nas promessas de Deus, percebemos que a santidade não é uma imposição pesada, mas uma proteção amorosa do Senhor para nós.

Hoje, intensifique seu foco nas promessas do Senhor, encontrando nelas a força para vencer o pecado e viver o extraordinário que Deus reservou para você.

Senhor, ajuda-me a alinhar meu foco às tuas promessas e a encontrar força para vencer o pecado. Que eu possa viver uma vida de santidade, sabendo que tuas ordens não são fardos, mas proteção. Em nome de Jesus, amém.

anotações

INSTRUMENTO DE SEGURANÇA, JUSTIÇA E PAZ

O efeito da justiça será paz, e o fruto da justiça será repouso e segurança, para sempre. O meu povo habitará em moradas de paz, em moradas bem seguras e em lugares quietos e tranquilos.

ISAÍAS 32.17-18, NAA

É importante entender que no versículo primeiro de Isaías 32, o rei mencionado se refere ao Messias, Jesus. Em vez de uma análise hermenêutica, quero oferecer uma aplicação prática, que nos inspire a viver o que está sendo declarado e profetizado.

Quando compreendemos que o efeito da justiça é paz, alguns podem pensar que devemos esperar a segunda vinda de Jesus para que ele reine sobre a Terra. Contudo, esse não é o direcionamento que ele deixou. A Igreja tem a missão de transformar e restaurar o mundo, manifestando a graça de Cristo. Ele já redimiu todas as coisas e veio para dar vida eterna a todo aquele que crê, mas essa transformação ocorre por meio de sua Igreja.

Como pode aumentar o número de cristãos em uma cidade, estado ou nação sem que isso altere índices de criminalidade, violência, miséria e analfabetismo? Os seguidores de Jesus, dirigidos pelo Espírito Santo, devem agir de maneira que o efeito da justiça gere paz. O versículo 17 afirma que o fruto dessa justiça será repouso e segurança.

Se você é um discípulo de Jesus, então é essencial que faça a diferença na sociedade. Como você contribui para diminuir a desigualdade, violência e a falta de educação? Jesus nos capacita para sermos instrumentos de segurança, justiça e paz. Hoje, você tem a oportunidade de transformar a realidade em que está inserido, portanto escolha ser um canal de Deus para promover o bem.

Senhor, ajuda-me a ser um instrumento da tua justiça, capacitando-me a fazer a diferença na sociedade e transformar a realidade ao meu redor. Em nome de Jesus, amém.

anotações

A ESSÊNCIA DO AMOR DIVINO

É nisto que consiste o amor: não em que tenhamos amado a Deus, mas em que ele nos amou e enviou seu Filho como sacrifício para o perdão de nossos pecados.

1JOÃO 4.10, NVT

No coração do Evangelho, encontramos uma verdade revolucionária sobre a natureza do amor. O versículo nos apresenta uma definição profunda e transformadora do amor, desafiando as concepções humanas e revelando o caráter de Deus. "É nisto que consiste o amor" – João começa dizendo que está prestes a revelar a verdadeira essência do amor, em sua forma mais pura e perfeita.

"Não em que tenhamos amado a Deus" – essa frase desafia a tendência natural de pensar no amor em termos de nossas ações ou sentimentos. João nos lembra que o amor verdadeiro não começa em nós. O amor autêntico tem sua origem em Deus. Ele é a fonte, o iniciador, o primeiro a amar. Seu amor por nós não é uma resposta ao nosso amor, mas precede qualquer ação ou sentimento de nossa parte.

"E enviou seu Filho..." – essa é a expressão máxima do amor divino. Não apenas um sentimento, mas uma ação concreta, sofredora e custosa. Deus demonstrou seu amor através do sacrifício de seu próprio Filho para nos redimir.

Essa passagem nos desafia a repensar nossa compreensão de amor. O amor verdadeiro não é sobre sentimentos pessoais, mas sobre receber e responder ao amor imerecido de Deus. Nos momentos em que nos sentimos indignos, lembremos que somos amados por Deus de maneira incondicional e sacrificial. Permita que essa compreensão transforme a maneira como você vê a si mesmo e se relaciona com os outros.

Senhor, obrigado por me amar primeiro e me mostrar o verdadeiro significado do amor. Ajuda-me a receber esse amor e a refletir tua graça e bondade em meus relacionamentos. Em nome de Jesus, amém.

anotações

“

Ore com ousadia e confie no processo, mesmo quando as circunstâncias parecerem contrárias. Lembre-se de que Deus está operando de maneiras que você pode não ver ou entender completamente.”

ABRIL

FUTURO NAS MÃOS DE DEUS

Por que você está assim tão triste, ó minha alma? Por que está assim tão perturbada dentro de mim? Ponha a sua esperança em Deus! Pois ainda o louvarei; ele é o meu Salvador e o meu Deus.

SALMOS 42.11

@devocional.palavrasdesabedoria | @marcelotoschi

O pessimismo tem o poder de distorcer nossa percepção da realidade, levando-nos a focar nos aspectos negativos da vida. Muitas pessoas carregam esse peso, vivendo presas a uma mentalidade de derrota e desânimo. Elas são rápidas em criticar, enxergando defeitos até nos momentos de beleza e tranquilidade. Essa visão negativa não só nos limita, mas também nos impede de experimentar a plenitude de uma vida com Deus.

Ao olharmos para o salmo 42, percebemos que os coraítas estavam enfrentando dificuldades reais, que facilmente poderiam gerar pessimismo em seus corações. No entanto, em meio às adversidades, eles escolheram colocar sua esperança em Deus. Em vez de serem dominados pelas circunstâncias, reafirmaram sua confiança no Senhor, sabendo que, apesar das lutas, o louvor e a vitória ainda viriam. Essa é uma poderosa lição para todos nós.

Se você tem enfrentado desafios e está se sentindo sobrecarregado, lembre-se de que seu futuro está nas mãos de Deus. Ele o chama para viver uma vida abundante, cheia de esperança e fé. Não permita que sentimentos momentâneos roubem sua alegria e confiança nas promessas do Senhor. Acredite que o melhor ainda está por vir!

Senhor, ajuda-me a confiar em ti, mesmo quando as circunstâncias parecerem difíceis. Renova minha esperança e fé, para que eu não seja movido pelos meus sentimentos, mas pela certeza de que o teu melhor está por vir. Coloco minha confiança em ti, meu Salvador. Em nome de Jesus, amém!

anotações

AMIZADE COM O ESPÍRITO SANTO

02 ABR

Não entristeçam o Espírito Santo de Deus, com o qual vocês foram selados para o dia da redenção.

EFÉSIOS 4.30

@devocional.palavrasdesabedoria | @marcelotoschi

Durante nossa rotina diária, é comum nos esquecermos da presença do Espírito Santo ao nosso lado, seja em casa, no trabalho ou em qualquer outra atividade. Muitas vezes, vivemos como se ele não estivesse presente, e essa ausência de consciência pode entristecê-lo. O Espírito Santo é uma pessoa, com sentimentos, vontade e opinião, e devemos honrá-lo em todos os momentos. Imagine o impacto positivo se estivermos constantemente em sintonia com ele, não permitindo que nosso dia passe sem que conversemos com ele, buscando sua orientação.

Nossa vida cristã só alcança todo o seu potencial quando cultivamos um relacionamento profundo com o Espírito Santo. Ele é a chave para uma vida de poder, autoridade e vitória. Quando deixamos de lado nossos próprios desejos para seguir a vontade de Deus, permitimos que ele nos guie e fortaleça. Isso é vital, pois o Inimigo sempre tentará nos afastar dessa comunhão. Sem o Espírito, nossa caminhada com Deus se torna fraca e sem direção.

Portanto, tome uma decisão intencional hoje de se submeter ao Espírito Santo. Permita que ele governe cada área da sua vida, e não resista à sua ação. Ao fazer isso, você experimentará uma existência mais plena e cheia da presença de Deus. Que ele seja o Senhor de cada detalhe de sua vida e que a alegria divina esteja sempre sobre você.

Espírito Santo, perdoa-me por todas as vezes em que ignorei tua presença. Eu me submeto completamente a ti hoje. Guia-me, fortalece-me e ajuda-me a viver de acordo com a tua vontade. Que minhas decisões e palavras tragam alegria ao teu coração. Em nome de Jesus, amém!

anotações

03 ABR

QUANDO O CANSAÇO FALA MAIS ALTO

[...] não sou melhor do que os meus antepassados.

1REIS 19.4B

@devocional.palavrasdesabedoria | @marcelotoschi

Nessa declaração de Elias, vemos o grito de um homem completamente esgotado e desanimado. Após uma intensa batalha espiritual no Monte Carmelo e a subsequente fuga da ira de Jezabel, Elias chegou ao seu limite físico, emocional e espiritual. Sua afirmação aqui não é uma expressão de humildade, mas um desabafo de profundo desânimo. Elias está, essencialmente, dizendo: "Eu falhei. Não consegui fazer melhor do que aqueles que vieram antes de mim. O meu esforço foi em vão".

Esse momento revela a crua realidade do esgotamento. Mesmo os servos mais fortes de Deus podem se cansar e chegar a questionar o valor de seu ministério e, até mesmo, de suas próprias vidas. A experiência de Elias nos lembra de que o *burnout* espiritual é real e pode afetar inclusive os filhos de Deus. Em momentos assim, nossas emoções podem distorcer nossa percepção sobre nós mesmos.

A resposta de Deus a Elias, em um momento de profunda depressão, demonstra o cuidado terno do Senhor. Deus não repreende Elias por sua fraqueza, mas responde com compaixão, proporcionando descanso, nutrição e renovação de chamado. Por isso, esteja atento aos sinais de esgotamento em sua própria vida. Sentimentos de inutilidade, comparações negativas ou o desejo de desistir podem ser indicadores de que você precisa de descanso e renovação. Assim como Deus cuidou das necessidades físicas de Elias, priorize seu bem-estar físico e emocional. Estabeleça limites saudáveis, descanse adequadamente e nutra seu corpo e mente.

Ademais, busque apoio: não enfrente o esgotamento sozinho. Compartilhe seus sentimentos com um amigo de confiança ou um conselheiro profissional. Às vezes, precisamos da perspectiva de outros para superar períodos de desânimo profundo.

Pai, assim como Elias, às vezes me sinto esgotado. Nessas horas, lembra-me de teu cuidado por Elias. Ajuda-me a reconhecer os sinais de esgotamento e a buscar a renovação que podes me proporcionar. Renova minhas forças, restaura minha perspectiva e reaviva meu espírito, assim como fez com Elias. Em nome de Jesus, amém!

anotações

A VERDADEIRA PRIORIDADE

O conselho da sabedoria é: Procure obter sabedoria;
use tudo o que você possui para adquirir entendimento.

PROVÉRBIOS 4.7

@devocional.palavrasdesabedoria | @marcelotoschi

Em nossa rotina, é fácil perceber o quanto nos esforçamos por coisas que, no fim das contas, não são tão essenciais. Pode ser o desejo por um carro novo, um sapato da moda, o último modelo de celular ou até mesmo acompanhar os hábitos de um jogador de futebol famoso. Embora essas coisas possam nos proporcionar satisfação momentânea, elas não se comparam à verdadeira importância de algo muito maior: a sabedoria.

A palavra de Deus nos ensina a buscar a sabedoria, acima de todas as outras coisas. Ela nos conclama a usar tudo o que temos para obter entendimento, porque é através da sabedoria divina que encontramos a verdadeira abundância e prosperidade. Quando nos conectamos profundamente com Deus, que é a fonte dessa sabedoria, somos capacitados a tomar decisões acertadas que trazem bênçãos duradouras.

Esforçar-se para obter sabedoria não significa apenas adquirir conhecimento teórico, mas também saber aplicá-lo de maneira prática. Ao fazer isso, experimentamos uma vida abençoada e próspera, e não só conquistamos bens materiais, mas também entendemos que essas conquistas fazem parte de um propósito maior. A sabedoria nos permite honrar a Deus e cumprir seu plano em nossa vida, o que, por consequência, nos capacita a alcançar uma vida abundante.

Senhor, ajuda-me a buscar a sabedoria que vem de ti acima de tudo. Que eu use tudo o que tenho para obter entendimento, sabendo que é através dessa sabedoria que alcanço uma vida plena e abençoada. Guia meus passos e capacita-me a cumprir o teu propósito em minha vida. Em nome de Jesus, amém!

anotações

Sejam praticantes da palavra, não apenas ouvintes, enganando a vocês mesmos.

TIAGO 1.22

@devocional.palavrasdesabedoria | @marcelotoschi

Na correria do dia a dia, é fácil cairmos na rotina e apenas ouvir ou ler as Escrituras sem realmente aplicá-las em nossa vida. Tiago nos alerta sobre o perigo de sermos apenas ouvintes da palavra de Deus, comparando essa atitude a um autoengano. Mas o que significa, de fato, ser praticante da Palavra?

Isso implica transformar o conhecimento em ação. É como plantar uma semente no solo fértil do nosso coração e permitir que ela cresça, produzindo frutos em nossas atitudes diárias. Quando ouvimos a Palavra e a deixamos apenas no plano teórico, perdemos a oportunidade de experimentar a verdadeira transformação que ela pode trazer.

Pense num momento recente em que você ouviu ou leu algo inspirador na Bíblia. Agora, reflita sobre como você pode aplicar essa mensagem em sua vida hoje. Talvez seja perdoar uma ofensa, ajudar alguém em necessidade, ou simplesmente ser mais grato. A prática da palavra de Deus não apenas nos transforma, mas também impacta aqueles ao nosso redor, criando um ciclo de amor e bondade.

Hoje, tome a decisão de ser um agente de transformação. Escolha um ensinamento bíblico e coloque-o em prática. Ao fazer isso, você não apenas evitará o autoengano, mas também experimentará a alegria e a paz que vêm de viver segundo a vontade de Deus.

Senhor, ajuda-me a ser mais do que um ouvinte da tua palavra. Dá-me coragem e sabedoria para aplicá-la em minha vida diária, transformando-me e impactando positivamente aqueles ao meu redor. Em nome de Jesus, amém!

anotações

O PODER DA PALAVRA DE JESUS

06 ABR

Ele se levantou, repreendeu o vento e disse ao mar: "Aquiete-se! Acalme-se!" O vento se aquietou, e fez-se completa bonança.

MARCOS 4.39

@devocional.palavrasdesabedoria | @marcelotoschi

Em meio a uma tempestade furiosa, os discípulos de Jesus se sentiram tomados pelo medo e desespero. O vento rugia, as ondas invadiam o barco e o fim parecia inevitável. Para eles, essa tempestade representava a derrota e a morte. Eles estavam prontos para desistir, pois acreditavam que não havia mais esperança. Enquanto isso, Jesus, o Mestre, dormia serenamente, sabendo que nada poderia impedi-lo de cumprir sua missão.

Ao se levantar, com apenas duas palavras de autoridade, Jesus trouxe calma completa ao mar e aos ventos. O caos se transformou em uma tranquilidade impressionante. Ele então repreendeu os discípulos por sua falta de fé, mostrando que, em vez de sucumbirem ao medo, eles deveriam confiar.

Da mesma forma, em nossa vida, quando enfrentamos tempestades, somos tentados a entrar em pânico e acreditar que o fim está próximo. Muitas vezes, esquecemos que Jesus está ao nosso lado no barco, tranquilo e no controle de tudo. Ele sabe que a tempestade não terá a palavra final. Sua família será restaurada, sua saúde renovada, e a vitória virá no tempo certo. Assim como no relato bíblico, Jesus também se levantará em sua situação e, com uma única palavra, trará paz e transformará o caos em calmaria.

Senhor Jesus, eu coloco diante de ti todas as minhas preocupações e tempestades. Ajuda-me a confiar em ti, mesmo quando tudo parece fora de controle. Que eu nunca me esqueça de que, com uma palavra tua, o vento e o mar se acalmam. Fortaleça minha fé e renova a minha esperança. Em nome de Jesus, amém!

anotações

FÉ QUE SUSTENTA

Pois assim diz o SENHOR, o Deus de Israel: "A farinha na vasilha não se acabará e o azeite na botija não se secará até o dia em que o SENHOR fizer chover sobre a terra". Ela foi e fez conforme Elias lhe dissera. E aconteceu que a comida durou muito tempo para Elias, para a mulher e para a sua família.

1REIS 17.14-15

@devocional.palavrasdesabedoria | @marcelotoschi

Em tempos de escassez e incerteza, a história da viúva de Sarepta nos ensina sobre a confiança inabalável na provisão de Deus. Quando Elias chega à casa da viúva, ela está prestes a preparar a última refeição para si e seu filho. No entanto, diante da promessa divina transmitida por Elias, ela escolhe a fé em vez do medo.

A decisão da viúva de obedecer à palavra do Senhor, mesmo quando as circunstâncias pareciam desesperadoras, resultou em uma provisão milagrosa. A farinha e o azeite, que deveriam ter acabado rapidamente, foram multiplicados, sustentando a família durante todo o período de seca.

Essa passagem nos desafia a confiar em Deus em meio às nossas próprias dificuldades. Muitas vezes, podemos nos sentir como a viúva, com recursos limitados e um futuro incerto. Contudo, é justamente nesses momentos que somos chamados a exercitar nossa fé, acreditando que Deus é capaz de prover de maneiras que não podemos imaginar.

Hoje, reflita sobre áreas em sua vida em que você precisa confiar mais na provisão de Deus. Lembre-se de que ele é fiel e conhece suas necessidades. Ao entregar suas preocupações a ele, abra-se para experimentar suas bênçãos de formas inesperadas.

Senhor, ajuda-me a confiar em tua provisão, mesmo quando as circunstâncias parecem difíceis. Que eu possa viver com fé, sabendo que tu és fiel para suprir todas as minhas necessidades. Em nome de Jesus, amém!

anotações

AMOR EM AÇÃO

08 ABR

Se alguém tiver recursos materiais e, vendo seu irmão em necessidade, não se compadecer dele, como pode permanecer nele o amor de Deus?

1JOÃO 3.17

@devocional.palavrasdesabedoria | @marcelotoschi

O apóstolo João nos desafia a refletir sobre a autenticidade do amor de Deus em nossa vida através de ações práticas. O amor verdadeiro, segundo João, não se manifesta apenas em sentimentos ou palavras vazias, mas em ações concretas de compaixão e generosidade.

Esse versículo nos chama a atenção para a responsabilidade que temos, como seguidores de Cristo, de cuidar dos outros, especialmente daqueles que enfrentam dificuldades. Ter recursos materiais e não usá-los para ajudar quem precisa é uma contradição ao amor que professamos ter recebido de Deus.

A compaixão é um reflexo do amor de Deus em nós. Quando vemos alguém em necessidade, somos chamados a agir, seja oferecendo apoio financeiro, tempo ou outros recursos que possamos ter. Essa disposição de ajudar não apenas atende à necessidade imediata, mas também demonstra o amor tangível de Deus através de nós.

Hoje, considere como você pode ser uma extensão do amor de Deus para aqueles ao seu redor. Talvez haja alguém em sua comunidade que precise de ajuda ou uma causa que você possa apoiar. Lembre-se de que, ao servir aos outros, você está servindo ao próprio Cristo.

Senhor, ajuda-me a viver o teu amor de maneira prática. Abra meus olhos para ver as necessidades ao meu redor e dá-me um coração generoso para agir com compaixão. Que minhas ações reflitam o teu amor e tragam esperança aos que precisam. Em nome de Jesus, amém!

anotações

PERSEVERANÇA EM MEIO ÀS PROVAÇÕES

Feliz é o homem que persevera na provação, porque depois de aprovado receberá a coroa da vida, que Deus prometeu aos que o amam.

TIAGO 1.12

@devocional.palavrasdesabedoria | @marcelotoschi

A vida frequentemente nos apresenta momentos difíceis, mas é importante lembrar que essas situações não são criadas por Deus. Muitas vezes, elas são o resultado de nossas próprias escolhas e decisões. Embora sejamos influenciados por diversos fatores, no fim somos nós que tomamos as decisões. Como consequência, podemos enfrentar tempos de angústia e sofrimento. Quantas vezes culpamos Deus por situações que nós mesmos causamos?

Ainda assim, temos a escolha de como reagir a esses tempos difíceis. Podemos decidir aprender com eles e transformá-los em experiências que nos fortalecerão no futuro. A sabedoria que adquirimos ao passarmos por provações nos prepara para enfrentar novos desafios, evitando cometer os mesmos erros. Como diz o ditado: "pegue o limão e faça uma limonada".

No entanto, como podemos manter essa esperança em meio às dificuldades? É natural sentir-se desanimado quando estamos no olho da tempestade. O segredo está em manter o coração aberto para Deus. Ele não está presente apenas nos momentos de alegria e vitória, mas também caminha conosco nas fases mais desafiadoras. Por isso, precisamos confiar e entregar o controle a ele, mesmo nas tribulações.

Independentemente da sua provação, não endureça seu coração na presença do Senhor. Permaneça firme, tenha fé e perseverança, e permita que ele transforme os momentos difíceis em oportunidades para algo extraordinário.

Senhor, ajuda-me a perseverar em meio às provações e a confiar em ti em todos os momentos. Que meu coração permaneça aberto à tua presença e que, através da fé, eu possa transformar as dificuldades em crescimento. Em nome de Jesus, amém!

anotações

A FONTE DA NOSSA FORÇA

10 ABR

Tudo posso naquele que me fortalece.
FILIPENSES 4.13

@devocional.palavrasdesabedoria | @marcelotoschi

Quantas vezes nos sentimos inadequados diante dos desafios da vida? Olhamos para uma tarefa, um objetivo ou um sonho e pensamos: "Isso é impossível para mim". É nesses momentos que as palavras do apóstolo Paulo ressoam com extraordinária força, oferecendo-nos uma perspectiva transformadora sobre nossas capacidades. Esse versículo não é uma declaração de autossuficiência, mas um reconhecimento profundo de nossa dependência de Deus e do que podemos realizar quando nos apoiamos nele. Paulo não diz "Tudo posso por mim mesmo" ou "Tudo posso porque sou talentoso". Ele declara: "Tudo posso naquele que me fortalece".

Quando escreveu essas palavras, Paulo estava preso, enfrentando adversidades extremas. No entanto, em meio a essas dificuldades, ele encontrou uma fonte inesgotável de força e contentamento em Cristo. Quando enfrentamos situações que parecem estar além de nossas capacidades, somos chamados a olhar para Cristo, reconhecendo que ele é a fonte de nossa força. É ele quem nos capacita, sustenta-nos e nos permite fazer o que, por nós mesmos, seria impossível.

Hoje, ao enfrentar seus desafios, lembre-se: você não está sozinho. O mesmo poder que ressuscitou Jesus dentre os mortos está disponível para você. Renda-se completamente a Cristo e permita que a força divina se manifeste em sua fraqueza. Que essa verdade transforme sua perspectiva e o encoraje a dar passos de fé e perseverar. Em Cristo, você é mais forte do que imagina, mais capaz do que acredita e mais amado do que jamais ousou esperar.

Pai, eu creio que em ti posso enfrentar qualquer desafio. Fortalece-me e guia-me em cada situação, para que eu confie sempre na tua força, e não nas minhas limitações. Em nome de Jesus, amém!

anotações

O ABRAÇO DO PAI

Aproximem-se de Deus, e ele se aproximará de vocês!

TIAGO 4.8A

Imagine uma criança pequena, assustada após um pesadelo. Ela chama por seu pai e, quando dá o primeiro passo hesitante para fora da cama, vê a silhueta do pai já se aproximando no corredor escuro. Esse é o tipo de relacionamento íntimo que Tiago nos convida a ter com nosso Pai Celestial.

Muitos de nós carregamos feridas de relacionamentos terrenos que nos fazem hesitar em nos aproximar de Deus. Talvez tenhamos crescido com um pai ausente ou experimentamos rejeição de entes queridos. Mas o convite de Deus permanece: "Venha mais perto", ele sussurra, "Estou aqui, esperando por você".

Essa proximidade com Deus não é apenas um conceito teológico, mas uma experiência transformadora. É como o filho pródigo que, ao dar o primeiro passo de volta para casa, vê seu pai correndo em sua direção, com os braços abertos, pronto para um abraço que cura anos de separação. Quando nos aproximamos de Deus, descobrimos que ele já estava mais perto do que imaginávamos. Em lágrimas silenciosas derramadas à noite, ele está lá. Em momentos de alegria inexplicável, é sua presença que sentimos.

Essa intimidade com Deus é a fonte da verdadeira sabedoria. Não é um conhecimento frio e distante, mas uma sabedoria nascida do amor e manifestada em uma vida transformada pela graça. Reserve um tempo a sós com Deus hoje. Compartilhe seus medos, alegrias, dúvidas, sonhos e agradecimentos. Imagine-o sentado ao seu lado, ouvindo com amor e compreensão. Em seguida, em silêncio, "ouça" o que ele responde ao seu coração.

Pai amado, às vezes me sinto como aquela criança assustada no escuro, hesitante em dar o primeiro passo. Mas tua palavra me assegura que já estás vindo ao meu encontro. Ajuda-me a confiar nessa verdade e a sentir teus braços me envolvendo. Obrigado por ser um Pai que sempre se aproxima. Em nome de Jesus, amém!

anotações

SABEDORIA NAS OPORTUNIDADES

12 ABR

Sejam sábios quanto à sua maneira de viver para com os de fora, aproveitando ao máximo cada oportunidade.

COLOSSENSES 4.5

@devocional.palavrasdesabedoria | @marcelotoschi

O apóstolo Paulo nos exorta a sermos sábios em nosso comportamento, especialmente em relação àqueles fora da comunidade de fé. Essa sabedoria implica agir com discernimento, empatia e amor, refletindo o caráter de Cristo em nossas interações diárias. A vida nos apresenta inúmeras oportunidades para sermos testemunhas vivas do amor de Deus, que podem surgir em conversas casuais, atos de bondade ou momentos de necessidade. A chave é estarmos atentos e dispostos a agir de maneira que Deus seja honrado e isso impacte positivamente as pessoas ao nosso redor.

Ser sábio em nosso procedimento significa considerar como nossas ações e palavras são percebidas. É um chamado para vivermos de forma íntegra, demonstrando os valores do Reino de Deus. Isso fortalece nosso testemunho e abre portas para diálogos significativos sobre a fé. A sabedoria mencionada por Paulo vai além do conhecimento intelectual; trata-se de uma sabedoria prática que se manifesta em ações diárias. É sobre sermos intencionais em como interagimos com os outros, ouvindo com atenção, falando com gentileza e agindo com compaixão.

Aproveitar ao máximo todas as oportunidades significa estar presente e ser proativo em demonstrar o amor de Cristo. Através de um sorriso, uma palavra de encorajamento ou uma ajuda em tempos de necessidade, cada ato de bondade é uma semente plantada que pode florescer como algo significativo. Nossa vida é observada; nossas atitudes podem ser um testemunho poderoso da transformação que Cristo opera em nós.

Hoje, reflita sobre as oportunidades que você tem de demonstrar sabedoria e amor em suas interações. Como você pode ser luz na vida de alguém que ainda não conhece a Cristo? Lembre-se de que cada pequeno gesto pode ter um grande impacto.

Senhor, dá-me sabedoria para agir de maneira que te honre em todas as minhas interações. Ajuda-me a aproveitar as oportunidades para compartilhar teu amor com aqueles ao meu redor. Que minha vida seja um reflexo da tua graça. Em nome de Jesus, amém!

anotações

DEPENDÊNCIA DO ESPÍRITO SANTO

Depois de orarem, tremeu o lugar em que estavam reunidos. Todos ficaram cheios do Espírito Santo e anunciavam corajosamente a palavra de Deus.

ATOS 4.31

@devocional.palavrasdesabedoria | @marcelotoschi

O Espírito Santo é essencial para a vida cristã. Sem ele, nossa caminhada se torna uma tarefa pesada, realizada na força da carne, em vez de na dependência do poder de Deus. Jesus, ao deixar seus discípulos, prometeu que não os deixaria órfãos, mas enviaria o Consolador, o Espírito Santo, para guiá-los, capacitá-los e fortalecê-los. Essa mesma promessa está disponível para nós hoje.

A vida cristã não deve ser vivida apenas com nossa capacidade humana. Mesmo sendo pessoas inteligentes e capazes, sem o Espírito Santo, perdemos a força sobrenatural que nos habilita a viver de forma plena e a cumprir o propósito de Deus. O Espírito Santo é quem nos dá coragem, amor, poder e equilíbrio para enfrentar as situações diárias.

Se você já tem um relacionamento com Jesus, o Espírito Santo habita em você. No entanto, há uma diferença entre tê-lo e viver em plena comunhão com ele. Deus deseja que busquemos uma intimidade profunda com o Espírito Santo, permitindo que ele nos encha, guie e capacite. Em Atos, os apóstolos foram cheios do Espírito e, a partir dessa experiência, anunciaram corajosamente a palavra de Deus.

Clame pela presença do Espírito em sua vida, peça que encha sua mente e coração, e que o poder de Deus se manifeste em cada aspecto do seu dia. Quando vivemos na dependência do Espírito Santo, experimentamos a transformação e o fluir do poder de Deus em nós e através de nós. Assim como os apóstolos, você pode experimentar a plenitude do Espírito e viver uma vida marcada pelo poder e pela graça de Deus.

Espírito Santo, encha o meu coração e a minha mente com tua presença. Capacita-me para enfrentar os desafios diários com coragem, sabedoria e amor. Que eu viva na tua plenitude, permitindo que teu poder flua através de mim. Em nome de Jesus, amém!

anotações

A PALAVRA DE VITÓRIA

14 ABR

Eu lhes asseguro que, se alguém disser a este monte: "Levante-se e atire-se no mar", e não duvidar em seu coração, mas crer que acontecerá o que diz, assim lhe será feito.

MARCOS 11.23

@devocional.palavrasdesabedoria | @marcelotoschi

Um dos traços marcantes da liderança de Jesus foi capacitar seus discípulos a realizar as mesmas obras que ele realizou enquanto esteve na Terra. Em João 14.12, Jesus foi além, dizendo que aqueles que cressem nele fariam obras ainda maiores. Ele curou os enfermos, e seus discípulos receberam o mesmo poder para curar. Ele expulsou demônios e concedeu a mesma autoridade para vencer as trevas. Com sua palavra, Jesus mudou realidades e liberou essa autoridade para seus seguidores.

No relato de Marcos 11, os discípulos ficaram maravilhados quando viram que uma figueira havia secado com apenas uma palavra de Jesus. Mas a resposta de Jesus foi ainda mais impactante: ele afirmou que eles não só poderiam fazer aquilo, mas também mover montanhas com fé pelo poder da Palavra! Jesus deixou claro que, se tivessem fé e não duvidassem, nada seria impossível para eles.

Hoje, reflita sobre as "montanhas" em sua vida aquelas dificuldades ou desafios que parecem impossíveis de superar. Jesus nos assegura que, com fé, essas montanhas podem ser removidas. Ele nos deu autoridade em seu nome para realizar obras poderosas. Tudo o que precisamos fazer é crer e liberar, em fé, a palavra de vitória sobre nossos obstáculos.

Senhor, aumenta minha fé para que eu possa confiar no poder da tua palavra. Ajuda-me a crer sem duvidar, sabendo que, em teu nome, posso vencer qualquer obstáculo. Que eu viva conforme a autoridade que tu me deste, realizando obras para a tua glória. Em nome de Jesus, amém!

anotações

FONTE DE ESPERANÇA

Saiba que a sabedoria também será boa para a sua alma;
se você a encontrar, certamente haverá futuro para você,
e a sua esperança não vai decepcioná-lo.

PROVÉRBIOS 24.14

@devocional.palavrasdesabedoria | @marcelotoschi

O Espírito Santo nos ensina que a sabedoria é um tesouro valioso que enriquece a alma. Encontrar sabedoria é mais do que adquirir conhecimento; é integrar esse conhecimento em nossa vida de forma que nos transforme e nos guie em direção a um futuro promissor.

A sabedoria oferece clareza e discernimento, permitindo-nos tomar decisões que alinham nossa vida com os propósitos de Deus. Quando buscamos a sabedoria divina, encontramos uma fonte de esperança que não nos decepciona. Além disso, a promessa de um futuro garantido pela sabedoria nos encoraja a viver com propósito e expectativa. Saber que nossa esperança está segura nos dá força para enfrentar desafios e perseverar, mesmo quando as circunstâncias parecem incertas.

A sabedoria não apenas nos guia em decisões importantes, mas também molda nosso caráter e nossas interações com os outros. Ela nos ensina a sermos pacientes, a ouvirmos antes de falar e a agirmos com integridade em todas as situações. Esses atributos são fundamentais para construirmos relacionamentos saudáveis e vivermos de forma a honrar a Deus.

Em um mundo cheio de distrações e promessas vazias, a sabedoria nos mantém focados no que realmente importa: nosso relacionamento com Deus e com os outros. Ela nos lembra de investir nosso tempo e recursos em coisas que têm valor duradouro.

Que possamos cultivar um coração sábio, sempre disposto a aprender e crescer. Ao fazermos isso, não apenas garantimos um futuro cheio de esperança, mas também nos tornamos fontes de luz e encorajamento para aqueles ao nosso redor.

Senhor, agradeço a sabedoria que ofereces generosamente. Ajuda-me a buscá-la com diligência e a aplicá-la em todos os aspectos da minha vida. Em nome de Jesus, amém!

anotações

UM TOQUE DE FÉ

16 ABR

Ela chegou por trás dele, tocou na borda de seu manto,
e imediatamente cessou sua hemorragia.

LUCAS 8.44

@devocional.palavrasdesabedoria | @marcelotoschi

Essa passagem é uma das mais poderosas do Novo Testamento. Convido você a ler os versículos anteriores e posteriores para compreender todo o contexto desse milagre. Essa mulher, que sofria há doze anos com uma hemorragia, já havia gastado tudo o que possuía buscando cura, mas nada havia funcionado. Talvez, naquele momento, ela estivesse sem esperança, mas aconteceu algo naquele dia que foi diferente. Muitos de nós nos encontramos em situações semelhantes, buscando uma cura ou um milagre que parece nunca chegar.

Reflita sobre quantas vezes deixou de experimentar um milagre simplesmente por falta de fé. Aquela mulher não foi curada porque Deus determinou que aquele era o momento dela, mas porque sua fé interagiu com o poder de Deus, que já estava disponível. Quando Jesus declarou: "De mim saiu poder", ele revelou que o poder já havia sido liberado, e a fé da mulher foi o elemento que ativou o milagre.

Jesus nos instruiu em Mateus 10.8 a curar os enfermos, ressuscitar os mortos, limpar os leprosos e expulsar demônios. Isso significa que o poder de Deus já está ao nosso alcance, mas é a nossa fé que o libera. Se nos falta fé, devemos pedir a Deus que a aumente, como fizeram os discípulos. Hoje, quero desafiar você a colocar sua fé em ação, confiando no poder que já está disponível para transformar sua vida.

Senhor, aumenta a minha fé e ajuda-me a confiar plenamente no teu poder já liberado. Que eu não deixe de exercitar minha fé em ti e que, através dela, eu possa experimentar milagres e a transformação que só tu podes realizar. Em nome de Jesus, amém!

anotações

O PODER DE DEUS EM NÓS

Àquele que é capaz de fazer infinitamente mais do que tudo o que pedimos ou pensamos, segundo o seu poder que atua em nós.

EFÉSIOS 3.20

O verso mencionado é uma visão extraordinária do poder e da capacidade de Deus, além de um lembrete poderoso de que o Senhor a quem servimos não está limitado por nossas expectativas finitas. Paulo começa dando glória a Deus, reconhecendo sua grandeza e majestade. Esse ato é fundamental, pois nos coloca na perspectiva correta: somos criaturas diante do Criador, finitos diante do infinito.

O apóstolo então destaca o "grandioso poder" de Deus que opera em nós. Essa não é uma força externa e distante, mas uma presença ativa e transformadora dentro de cada crente. É o mesmo poder que ressuscitou Cristo dentre os mortos e que agora atua em nossa vida. A magnitude desse poder é descrita de forma impressionante: Deus é capaz de fazer "muito mais do que jamais ousaríamos pedir ou mesmo imaginar". Nossas orações mais ousadas, nossos sonhos mais grandiosos e nossas esperanças mais elevadas tudo isso é apenas o começo do que Deus pode e quer fazer.

A expressão "infinitamente além" enfatiza a natureza ilimitada do poder e da graça de Deus. Não há situação tão desesperadora, sonho tão impossível ou necessidade tão grande que esteja além do alcance de Deus.

Por isso, sonhe grande e expanda sua visão. Ore com ousadia e confie no processo, mesmo quando as circunstâncias parecerem contrárias. Lembre-se de que Deus está operando de maneiras que você pode não ver ou entender completamente. Portanto, cultive um coração grato, não apenas pelo que ele já fez, mas pelo que ainda fará, além do que você pode pedir ou imaginar.

Deus Todo-Poderoso, meu coração se enche de admiração ao contemplar teu infinito poder. Ajuda-me a viver na realidade de que o Senhor pode fazer infinitamente mais do que posso pedir ou imaginar. Que minha vida seja um testemunho contínuo de tua grandeza e graça ilimitada. Em nome de Jesus, amém!

anotações

AURORA DA ESPERANÇA

18 ABR

Mas, para vocês que temem o meu nome, o sol da justiça se levantará trazendo cura nas suas asas. E vocês sairão e saltarão como bezerros bem alimentados.

MALAQUIAS 4.2

@devocional.palavrasdesabedoria | @marcelotoschi

Você já observou o nascer do Sol após uma noite longa e difícil? Há algo profundamente reconfortante e esperançoso nesse momento, mesmo que, pessoalmente, eu prefira o pôr do Sol. As sombras da noite se dissipam, o calor gentilmente toca a pele e uma nova oportunidade se apresenta diante de nós. Essa é a poderosa imagem que Malaquias nos oferece ao falar do "Sol da justiça".

Em um mundo frequentemente marcado pela injustiça, dor e sofrimento, essa promessa brilha como um farol de esperança. Para aqueles que temem o nome de Deus há a garantia de que a escuridão não é permanente. O "Sol da justiça" é uma bela metáfora para Cristo. Assim como o Sol traz luz, calor e vida para a Terra, Jesus traz justiça, verdade e vida eterna para aqueles que nele creem. E note a promessa maravilhosa: esse sol traz "cura nas suas asas".

Pense nas feridas que você carrega. Talvez sejam de relacionamentos passados, a dor persistente de uma perda ou o peso da culpa por erros cometidos. Pode ser o cansaço de lutar contra circunstâncias adversas. Qualquer que seja a natureza de sua dor, há uma promessa divina de cura disponível.

Embora possamos passar por períodos de escuridão e dificuldade, o amanhecer está chegando. A justiça de Deus prevalecerá, e com ela virá a cura para todas as nossas feridas. No entanto, note que essa promessa é para "vocês que temem o meu nome". Há uma responsabilidade de nossa parte em buscar a Deus, viver de acordo com seus princípios e confiar nele, mesmo quando o horizonte parecer escuro.

Hoje, permita que essa promessa renove sua esperança e lembre-se: o Sol da justiça está se levantando. Se está lutando com feridas antigas, saiba que há cura disponível. E se você se sente preso ou limitado, acredite que há liberdade e alegria à sua espera, em Cristo.

Senhor, eu creio que o Sol da Justiça está se levantando e trazendo cura. Eu recebo esse novo tempo de cura, liberdade, alegria e esperança em tua presença. Em nome de Jesus, amém!

anotações

19 ABR

A VERDADE QUE TRANSFORMA

Santifica-os na verdade; a tua palavra é a verdade.

JOÃO 17.17

@devocional.palavrasdesabedoria | @marcelotoschi

No capítulo 17 do Evangelho de João, conhecido como a "Oração Sacerdotal", Jesus ora pelos discípulos e por todos aqueles que creriam em sua mensagem no futuro. No versículo mencionado, ele nos apresenta uma forma prática de viver em santidade: buscando a Palavra de Deus, que é a verdade. Quando conhecemos essa verdade, ela nos liberta, transforma e conduz a um relacionamento mais profundo com o Pai. Esse relacionamento não é baseado em rituais ou regras, mas em sinceridade e autenticidade.

A verdade de Deus, revelada através das Escrituras, produz frutos saborosos e doces em nossa vida. Ela nos liberta do peso da culpa e da ansiedade, trazendo leveza e paz. A verdade nos afasta da condenação e nos guia a uma vida de santidade, uma vida que agrada a Deus e reflete sua presença para o mundo.

Hoje, abrace a verdade da palavra de Deus. Permita que ela o santifique e transforme, produzindo frutos que apenas a verdade pode oferecer. Que sua vida seja um reflexo da presença de Deus, guiada por sua Palavra.

"Senhor, ajuda-me a buscar a tua verdade todos os dias.
Que a tua palavra me santifique e transforme, trazendo leveza
e paz ao meu coração. Guia-me a uma vida que reflita a tua presença.
Em nome de Jesus, amém!

anotações

O TEMPO DE DEUS

20 ABR

Para tudo há uma ocasião certa; há um tempo certo para cada propósito debaixo do céu.

ECLESIASTES 3.1

Em nossa sociedade acelerada, onde a instantaneidade e a impaciência muitas vezes ditam o ritmo de nossa vida, as palavras de Salomão em Eclesiastes nos oferecem uma perspectiva profunda e reconfortante sobre o tempo e os propósitos de Deus.

Esse versículo nos convida a refletir sobre algumas verdades fundamentais: 1) Há um propósito divino: nada acontece por acaso no Reino de Deus. Cada evento da vida tem um propósito específico no grande plano do Criador. 2) Há um tempo certo: Deus não apenas tem um propósito, mas também um cronograma perfeito. O que pode parecer um atraso pode ser o tempo certo na perspectiva divina. 3) Há uma diversidade de ocasiões: a vida não é monótona ou uniforme. Há tempos de alegria e de tristeza, de plantar e de colher, de construir e de demolir, como os versículos seguintes elaboram. 4) Há uma soberania divina: a frase "debaixo do céu" nos lembra de que, embora vivamos neste mundo terreno, estamos sob a autoridade e o cuidado de um Deus celestial.

Muitas vezes, nós nos frustramos quando as coisas não acontecem no tempo que esperamos. Oramos por uma mudança e ela parece demorar. Nesses momentos, devemos considerar: e se esse não for o tempo certo de Deus? Quantas vezes um "não" de Deus ou um aparente atraso foi, na verdade, uma proteção ou preparação para algo melhor?

Lembre-se: há um tempo certo para cada propósito de Deus em sua vida. Em uma estação de espera, de preparação ou de colheita, saiba que Deus está no controle, ordenando todas as coisas de acordo com seu propósito e tempo perfeito.

Senhor, ajuda-me a confiar no teu tempo perfeito. Mesmo quando não entendo as circunstâncias, sei que tu tens o controle de todas as coisas. Dá-me paciência para esperar e sabedoria para agir conforme a tua vontade. Em nome de Jesus, amém!

anotações

CONFIE EM DEUS

O Senhor é misericordioso e justo; o nosso Deus é compassivo. O Senhor protege os simples. Quando eu já estava sem forças, ele me salvou.

SALMOS 116.5-6

@devocional.palavrasdesabedoria | @marcelotoschi

Quantas vezes já experimentamos momentos de alegria seguidos por períodos de tristeza e angústia? Muitas dessas dificuldades surgem quando seguimos caminhos sem buscar o direcionamento de Deus. Criamos expectativas baseadas em nossa própria vontade e, quando elas se frustram, sentimo-nos abatidos. Na correria do dia a dia, é fácil confiar apenas em nossa própria força, habilidades e trabalho, esquecendo de parar para ouvir a voz de Deus.

Quando nos encontramos nesse lugar de desânimo e incerteza, percebemos o quanto precisamos colocar nossa esperança e confiança somente no Senhor. Mas como podemos aprender a ouvir sua voz e seguir seu direcionamento? Isso acontece por meio de um relacionamento íntimo com ele. A intimidade com Deus nos permite discernir sua voz em meio às distrações e seguir seus propósitos.

Mesmo quando as circunstâncias parecerem adversas, continue buscando a voz de Deus. Confie plenamente nele e permaneça no centro de sua vontade. Ele está sempre no controle e, por mais difícil que a situação pareça, Deus tem o poder de trazer paz e salvação. Coloque suas expectativas no Senhor, ouça sua voz e descanse, sabendo que ele está trabalhando por você.

Senhor, eu te agradeço porque sei que posso confiar em ti em todas as circunstâncias. Ajuda-me a discernir a tua voz e a colocar minha esperança completamente em ti. Que eu descanse em tua fidelidade e viva conforme o teu propósito. Em nome de Jesus, amém!

anotações

O "NÃO" DE DEUS É PROTEÇÃO

22 ABR

Portanto, não permitam que o pecado reine no corpo mortal de vocês, levando-os a obedecer aos desejos malignos dele.

ROMANOS 6.12

@devocional.palavrasdesabedoria | @marcelotoschi

Você pode ver esse versículo religiosamente ou através de um relacionamento íntimo com Deus. Por muito tempo, vivi preso na religiosidade, acreditando que toda acusação e culpa que sentia vinha de Deus. Conhecia o Evangelho, mas me sentia distante em minha caminhada com o Senhor. Os pecados reincidentes me deixavam frustrado, e a acusação em minha mente era esmagadora.

Contudo, quando entendi a graça e a intimidade que Deus desejava ter comigo, percebi que a acusação não vinha de Deus, mas da lei e do Inimigo, cujo papel é nos acusar. O apóstolo Paulo, na mesma carta aos Romanos, fala sobre essa luta interna. Ele mesmo confessou que, muitas vezes, fazia o que não queria e deixava de fazer o que desejava (Romanos 7.19). Em Gálatas 5, ele ensina que a carne e o espírito estão em constante conflito, mas que o Espírito Santo fortalece nosso espírito quando escolhemos alimentá-lo.

A grande verdade é que Deus não nos acusa, ele nos leva ao quebrantamento. Deus nos estende a mão, mostra-nos amor e nos dá novas chances. Ele nos fortalece e capacita a vencermos o pecado. Sua graça é suficiente para nos manter firmes, mesmo quando lutamos contra nossas fraquezas.

Deus o convida a confiar nele e a buscar força em seu Espírito para dizer "não" ao que não é bom para você. O "não" de Deus não é dado para privá-lo das experiências da vida, mas para protegê-lo de algo que lhe fará mal. Confie que a graça de Deus é suficiente para capacitá-lo a vencer as tentações e os desafios diários.

Senhor, obrigado por me protegeres com o teu "não". Ajuda-me a confiar no teu cuidado e a buscar força no teu Espírito para vencer as tentações e caminhar segundo a tua vontade. Que a tua graça me fortaleça a cada dia. Em nome de Jesus, amém!

anotações

CORAÇÃO CONTRITO

Pois assim diz o Alto e Sublime, que vive para sempre, e cujo nome é santo: "Habito num lugar alto e santo, mas habito também com o contrito e humilde de espírito, para dar novo ânimo ao espírito do humilde e novo alento ao coração do contrito".

ISAÍAS 57.15

@devocional.palavrasdesabedoria | @marcelotoschi

Muitas vezes, somos tentados a pensar que Deus tem coisas mais importantes com as quais se preocupar do que nossas necessidades e orações. Caímos na armadilha de acreditar que nossas preocupações são pequenas demais para ele. No entanto, esse pensamento é equivocado e limitador, pois diminui o poder e o cuidado de Deus. Ele é onisciente e onipotente, e nada escapa do seu controle ou da sua atenção.

O versículo de Isaías nos lembra de que, embora Deus seja grandioso e habite em um lugar santo e elevado, também está perto dos humildes de coração e cuida daqueles que se quebrantam diante dele, dando-lhes novo ânimo e renovando seu espírito. A Bíblia nos ensina que Deus resiste aos orgulhosos, mas concede graça e favor aos humildes. Quando nos colocamos diante de Deus com humildade, atraímos sua presença e favor.

Comece o seu dia hoje com um coração contrito e humilde, buscando a manifestação da presença de Deus em cada aspecto da sua vida. Seja no trabalho, nos estudos ou em casa, quando você se quebranta diante dele, ele renova suas forças e lhe dá ânimo para enfrentar os desafios. Prepare-se, porque o Senhor tem algo novo e revigorante para você hoje!

Senhor, eu te agradeço porque, apesar de tua grandeza, tu te importas com o humilde de espírito. Ajuda-me a manter um coração contrito e dependente de ti. Renova meu ânimo e fortalece-me para enfrentar este dia com tua graça e favor. Em nome de Jesus, amém!"

anotações

A VERDADEIRA RIQUEZA

Não esgote suas forças tentando ficar rico; tenha bom senso!
As riquezas desaparecem assim que você as contempla;
elas criam asas e voam como águias pelo céu.

PROVÉRBIOS 23.4-5

É fácil cair na armadilha de acreditar que a riqueza material é a chave para a felicidade e o sucesso. No entanto, o livro de Provérbios nos oferece uma perspectiva diferente e sábia sobre a busca desenfreada por riquezas. A sabedoria divina nos lembra de que as riquezas terrenas são efêmeras — elas podem desaparecer tão rapidamente quanto foram adquiridas.

O conselho para "ter bom senso" é particularmente valioso. Não se trata de condenar a riqueza em si, mas de nos alertar contra a obsessão por ela, que pode nos levar a negligenciar aspectos mais importantes da vida, como relacionamentos, saúde e crescimento espiritual.

Por isso, para não cair nessa armadilha: 1) Reavalie suas prioridades: dedique tempo para refletir sobre o que realmente tem valor. Faça uma lista das coisas mais importantes e compare com a forma como tem investido seu tempo e energia; 2) Cultive a gratidão: pratique diariamente o reconhecimento das bênçãos que você já possui, independentemente de sua situação financeira; 3) Invista em riquezas duradouras: dedique-se a fortalecer relacionamentos, desenvolver habilidades e crescer espiritualmente. Essas são riquezas que ninguém pode tirar de você; 4) Busque equilíbrio: trabalhe diligentemente, mas não permita que a busca do sucesso financeiro comprometa sua saúde, relacionamentos ou integridade; 5) Seja generoso: compartilhe o que você tem com os outros. A generosidade nos liberta do apego excessivo aos bens materiais e nos traz uma satisfação duradoura.

Pai, ajuda-me a manter o equilíbrio, buscando primeiro o seu Reino e a sua justiça. Guia-me para usar com sabedoria os recursos que o Senhor me confiou, sempre lembrando que meu verdadeiro tesouro está em ti. Em nome de Jesus, amém!

anotações

VIVENDO PARA CRISTO

Portanto, façam morrer tudo o que pertence à natureza terrena de vocês: imoralidade sexual, impureza, paixão, desejos maus e a cobiça, que é idolatria.

COLOSSENSES 3.5

@devocional.palavrasdesabedoria | @marcelotoschi

Paulo nos convida a um chamado radical à santificação, destacando a importância de "fazer morrer" as inclinações da nossa natureza terrena. A expressão "fazer morrer" revela que esse processo não é passivo, mas envolve um esforço contínuo e ativo na vida do cristão. Ele nos alerta sobre áreas específicas da natureza pecaminosa que devem ser mortificadas, como imoralidade sexual, impureza, desejos maus e cobiça, que ele iguala à idolatria.

O processo de mortificação requer reconhecimento sincero do pecado, arrependimento, resistência ativa às tentações e renovação constante da mente. Não podemos fazer isso sozinhos; é uma obra do Espírito Santo em nós, enquanto cooperamos com ele. A motivação para essa transformação não é o medo, mas o amor e a gratidão por tudo o que Cristo fez por nós.

A caminhada cristã é uma batalha contínua contra a nossa velha natureza. Vencê-la exige vigilância, oração e um relacionamento profundo com Cristo. À medida que vivemos para ele, somos transformados de glória em glória e a natureza terrena perde seu domínio sobre nós.

De maneira prática: 1) Reserve um tempo diário para autoexame, identificando áreas que precisam ser transformadas; 2) Envolva-se em uma comunidade de fé, onde possa receber apoio; 3) Memorize versículos que combatam suas lutas; 4) Busque a presença de Deus, desenvolvendo uma consciência constante de que ele está com você; 5) Substitua maus hábitos por comportamentos saudáveis; 6) Foque em Cristo: quanto mais perto dele estiver, menos atraente será o pecado.

Senhor, reconheço que ainda luto contra minha natureza terrena, mas te agradeço pela nova vida que tenho em Cristo. Dá-me força para fazer morrer tudo o que não te agrada. Que o teu Espírito me guie para que eu me torne mais semelhante a Cristo a cada dia. Em nome de Jesus, amém!

anotações

O DEUS ÚNICO E SUPREMO

26 ABR

Não tenha outros deuses além de mim.

ÊXODO 20.3

@devocional.palavrasdesabedoria | @marcelotoschi

Esse versículo, o primeiro dos Dez Mandamentos, estabelece o fundamento da fé e prática judaico-cristã. É uma declaração poderosa que define a natureza exclusiva do relacionamento entre Deus e seu povo. Quando Deus pronunciou essas palavras ao povo de Israel no Monte Sinai, ele estava estabelecendo uma aliança única. Em um mundo politeísta, o Deus de Israel se apresentou como o único verdadeiro Deus, exigindo lealdade exclusiva.

A frase “diante de mim” é particularmente significativa. Ela não apenas proíbe a adoração de outros deuses, mas coloca Deus em primeiro lugar em todas as áreas da vida. Nada deve ter precedência sobre ele nenhuma pessoa, objeto, ambição ou desejo. Essa não é uma demonstração de insegurança divina, mas um chamado à liberdade. Deus sabe que a adoração de falsos deuses leva à escravidão espiritual e moral.

Na sociedade contemporânea, esse mandamento permanece profundamente relevante. Os “deuses” modernos podem assumir a forma de dinheiro, poder, fama, relacionamentos, tecnologia ou até mesmo nossa própria vontade. Qualquer coisa que ocupe o lugar central em nossa vida torna-se um ídolo.

Por isso, é importante adotar algumas atitudes práticas para não permitir que algo ocupe o lugar de Deus em nossa vida: 1) Examine sua vida e veja se há algo que está competindo com Deus por sua lealdade e adoração; 2) Reveja suas prioridades: A maneira como você gasta seu dinheiro e tempo revela suas prioridades; 3) Priorize seu tempo com ele: reserve tempo diário para oração, leitura da Bíblia e adoração, fazendo disso sua prioridade máxima.

Senhor, reconheço que és o único Deus verdadeiro. Perdoa-me pelas vezes em que permiti que outras coisas ocupassem o teu lugar em minha vida. Ajuda-me a manter meus olhos fixos em ti, a buscar primeiro o teu reino e a tua justiça. Em nome de Jesus, amém!

anotações

27 ABR

ENRAIZADOS NA FONTE DA VIDA

Para a árvore pelo menos há esperança; se é cortada,
torna a brotar, e os seus novos ramos vingam.

JÓ 14.7

@devocional.palavrasdesabedoria | @marcelotoschi

Você já percebeu que, muitas vezes, quando uma árvore é cortada, ela volta a brotar? Parece que vai morrer, mas logo os brotos e renovos voltam a despontar. Isso acontece porque suas raízes estão ligadas a uma fonte de água que a mantém viva.

Mesmo perdendo suas folhagens e sendo podada, a árvore ganha força novamente porque suas raízes permanecem conectadas à fonte de vida. A vida ainda está embutida nela, e por isso surgem os renovos.

Agora, você entende por que falo da importância da intimidade e do relacionamento que precisamos ter com Deus? Se você está lendo este devocional, isso já revela muito sobre a sua sede e compreensão da importância de buscar a Deus. Cada vez que você se dispõe a aprofundar suas raízes na fonte da água da vida, que é Jesus, mesmo diante das tribulações, a vida em você permanece.

Porque tudo parece seco, muitos podem pensar que não há mais esperança. Mas suas raízes em Deus garantem que, com o tempo, aqueles ao seu redor perceberão que a vida nunca deixou de estar presente em você. Neste dia, reflita sobre as raízes da sua vida espiritual. Estão conectadas à fonte da água da vida? Como aprofundar ainda mais esse relacionamento com Deus? Continue buscando essa intimidade com Deus diariamente.

Senhor, ajuda-me a permanecer enraizado em ti, a verdadeira fonte de vida. Mesmo nas podas e nas dificuldades, confio que tua vida em mim continuará a brotar e me renovar. Fortaleça meu relacionamento contigo e mantenha minhas raízes profundas na tua presença. Em nome de Jesus, amém!

anotações

A SANTIDADE DO NOME DE DEUS

Não tome o nome do SENHOR, o seu Deus, em vão, pois o SENHOR não deixará impune quem tomar o seu nome em vão.

ÊXODO 20.7

Parte dos Dez Mandamentos, esse versículo nos apresenta uma instrução crucial sobre como devemos tratar o nome de Deus. Na cultura hebraica, o nome de uma pessoa era visto como uma extensão de seu ser, carregando sua essência e autoridade. Assim, o nome de Deus não é apenas um título, mas representa sua própria natureza e caráter.

"Tomar o nome de Deus em vão" vai além de simplesmente usá-lo como uma interjeição. Inclui qualquer uso frívolo ou irreverente do nome de Deus, como fazer promessas falsas em seu nome, usá-lo para manipular outros ou clamar autoridade divina para ações ou palavras que não são verdadeiramente inspiradas por ele. A seriedade desse mandamento é enfatizada pela afirmação de que Deus "não terá por inocente" quem o violar, sublinhando a importância do respeito ao seu nome.

Esse mandamento nos chama a desenvolver uma profunda reverência por Deus, lembrando-nos de que nossa relação com o Divino deve ser caracterizada por temor e admiração, não irreverência. De forma prática, preste atenção ao usar o nome de Deus em sua fala diária; evite usá-lo de maneira desrespeitosa. Seja cuidadoso com promessas feitas "em nome de Deus", cultive o temor do Senhor e desenvolva um senso profundo de reverência por ele. Nas redes sociais, pense cuidadosamente antes de usar o nome de Deus ou fazer declarações em nome dele.

Santo Deus, eu me aproximo de ti com reverência e temor. Perdoa-me pelas vezes em que usei teu nome de forma descuidada. Ajuda-me a cultivar um profundo respeito por teu santo nome, glorificando-o e santificando-o em minha vida. Em nome de Jesus, amém!

anotações

O DEUS DO IMPOSSÍVEL

Jesus olhou para eles e respondeu: — Para o homem é impossível, mas não para Deus; todas as coisas são possíveis para Deus.

MARCOS 10.27

Nesse poderoso versículo, Jesus estabelece um contraste entre as limitações humanas e o poder ilimitado de Deus. A frase "Para o homem é impossível" reconhece nossas limitações. Frequentemente, enfrentamos situações que estão além de nossas capacidades: problemas que parecem insolúveis, obstáculos intransponíveis e sonhos inalcançáveis. Nossa lógica, recursos e habilidades têm limites, e há momentos em que nos sentimos completamente impotentes diante dos desafios da vida.

"Mas não para Deus" é o ponto de virada. Onde terminam nossas possibilidades, começam as de Deus. Essa afirmação nos lembra de que existe uma realidade além de nossa compreensão imediata, onde as leis naturais não são a palavra final. Para Deus, não há impossibilidades.

É importante notar o contexto em que Jesus fez essa afirmação. Ele falava sobre a salvação, algo impossível para os seres humanos alcançarem por seus próprios esforços. Mas o princípio se estende a todas as áreas de nossa vida. Isso não significa que Deus sempre fará exatamente o que queremos; sua onipotência está alinhada com sua sabedoria e seu amor incondicional. Às vezes, o "impossível" que Deus realiza pode ser diferente do que imaginamos, mas sempre será o melhor.

Essa afirmação de Jesus nos encoraja a sonhar grande e orar ousadamente. Se tudo é possível para Deus, por que limitar nossas orações e expectativas? Somos convidados a trazer nossos maiores desafios e sonhos a Deus, confiando que ele é capaz de fazer "infinitamente mais do que tudo o que pedimos ou pensamos" (Efésios 3.20).

Deus Todo-Poderoso, diante de ti reconheço minhas limitações. Obrigado porque, para ti, nada é impossível. Aumenta minha fé para confiar em teu poder ilimitado. Em meio a situações que parecem impossíveis, ajuda-me a depender de ti. Em nome de Jesus, amém!

anotações

O PRIMEIRO AMOR

30 ABR

Portanto, lembre-se de onde caiu! Arrependa-se e faça as obras que praticava no princípio. Se não se arrepender, virei a você e tirarei o seu candelabro do lugar dele.
APOCALIPSE 2.5

A igreja de Éfeso é um exemplo poderoso de uma comunidade que experimentou um avivamento incrível, com manifestações sobrenaturais do poder de Deus. Eles testemunharam milagres, curas e o mover do Espírito de forma visível. A igreja cresceu, foi fortalecida e se tornou um exemplo para outras. Mas, apesar do zelo doutrinário e da perseverança nas dificuldades, Jesus fez um diagnóstico duro: eles haviam abandonado o primeiro amor.

Jesus conhece nosso coração e, em sua sabedoria e amor, corrige nossas falhas não para nos acusar, mas para nos restaurar. Ele deseja que voltemos ao fervor e à paixão que tínhamos no início da nossa caminhada cristã. Quando nos afastamos do primeiro amor, nossa visão espiritual se obscurece e nossa jornada cristã perde seu foco e propósito. No entanto, a correção de Jesus é um convite para recomeçar, retornar aos seus braços e reacender a chama do primeiro amor.

Se você sente que perdeu a paixão pelo Senhor ou que sua caminhada não é mais tão vibrante como antes, hoje é o dia para voltar. Jesus o conclama a se lembrar de onde caiu, arrepender-se e praticar as obras que fazia no começo. Ele está pronto para restaurar sua vida e reavivar sua missão.

Senhor Jesus, eu reconheço que me afastei do primeiro amor. Hoje, eu me arrependo e peço que reacendas a chama que uma vez ardeu em meu coração. Ajuda-me a viver novamente a paixão e a devoção que tive no início. Guia-me de volta aos teus braços e restaura minha visão e missão. Em nome de Jesus, amém!

anotações

"

Aprenda a olhar para o passado com gratidão, reconhecendo sua importância, mas saiba que o que o Senhor tem reservado para o futuro é ainda melhor. O melhor de Deus sempre está por vir quando entregamos o controle de nossa vida a Jesus."

MAIO

VISÃO DO FUTURO

Nunca pergunte: "Por que os dias passados foram melhores que os de agora?". Pois não é sábio fazer essa pergunta.

ECLESIASTES 7.10, NAA

@devocional.palavrasdesabedoria | @marcelotoschi

Muitas pessoas tendem a viver presas ao passado, relembrando com saudade ou amargura os dias que já se foram. Isso as impede de avançar e serem gratas pelo presente. Elas se prendem ao que poderia ter sido, perguntando-se: "E se eu tivesse feito isso diferente, será que as coisas seriam melhores?" Essa fixação no passado nos leva a uma visão distorcida, onde o passado pode parecer muito melhor ou muito pior do que realmente foi.

O problema de viver assim é que acabamos perdendo as oportunidades que Deus está nos dando no presente. Ficamos tão presos aos nossos erros ou momentos passados que não conseguimos enxergar o que ele está fazendo agora ou o que ele tem preparado para o nosso futuro. A verdade é que cada fase da nossa vida, até mesmo os erros, contribuiu para formar quem somos hoje.

Por isso, é fundamental que vivamos o presente com gratidão e expectativa pelo futuro. Quando ficamos presos ao passado, não conseguimos sonhar com o futuro e nos perdemos no presente. Qual é a sua visão de futuro? Deus tem algo grandioso preparado para você. Aprenda a olhar para o passado com gratidão, reconhecendo sua importância, mas saiba que o que o Senhor tem reservado para o futuro é ainda melhor. O melhor de Deus sempre está por vir quando entregamos o controle de nossa vida a Jesus.

Senhor, ajuda-me a não ficar preso ao passado, mas a viver o presente com gratidão e a enxergar o futuro com expectativa. Confio que, em tuas mãos, o melhor ainda está por vir. Que eu possa entregar todas as áreas da minha vida a ti e caminhar em direção ao que tens preparado. Em nome de Jesus, amém!

anotações

LUZ DIVINA PARA A NOSSA JORNADA

02 MAIO

A tua palavra é lâmpada que ilumina os meus passos
e luz que clareia o meu caminho.

SALMOS 119.105

@devocional.palavrasdesabedoria | @marcelotoschi

A imagem da "lâmpada que ilumina os meus passos" nos traz a ideia de orientação imediata e específica. Assim como uma lâmpada ilumina o caminho logo à nossa frente, a Palavra de Deus nos oferece direção para os desafios que enfrentamos no momento presente. O Espírito Santo atua como o intérprete divino, ajudando-nos a aplicar as verdades das Escrituras às situações específicas de nossa vida.

A "luz que clareia o meu caminho" sugere uma iluminação mais ampla, fornecendo uma visão geral da direção de nossa vida. A Palavra de Deus não apenas nos guia nas decisões diárias, mas também molda nossa visão de mundo, nossos valores e nossos objetivos de longo prazo. O Espírito Santo trabalha em nós para iluminar nossa compreensão das Escrituras, revelando a sabedoria e o propósito de Deus para nossa vida.

É importante notar que a eficácia dessa luz depende de nossa disposição em usá-la. Assim como uma lâmpada só é útil quando acesa e utilizada, a Palavra de Deus só pode nos guiar quando a lemos, meditamos nela e a aplicamos em nossa vida. O Espírito Santo nos convida a um engajamento contínuo com as Escrituras, despertando em nós o desejo de buscar a orientação de Deus.

Valorize e utilize ativamente a Palavra de Deus como fonte de orientação e sabedoria. O Pai nos chama a uma intimidade maior com as Escrituras, não apenas como um exercício intelectual, mas principalmente como um meio de comunhão profunda com ele.

Pai, agradeço pela tua Palavra, que é lâmpada para os meus pés e luz para o meu caminho. Peço que o teu Espírito Santo me ajude a valorizar e a buscá-la diariamente. Desejo ser não apenas ouvinte, mas praticante da tua Palavra, refletindo a luz divina para o mundo ao meu redor. Em nome de Jesus, a Palavra viva, amém.

anotações

03 MAIO

O CAMINHO PARA GRANDES RECOMPENSAS

O senhor respondeu: "Muito bem, servo bom e fiel! Você foi fiel no pouco; eu o porei sobre o muito. Venha e participe da alegria do seu senhor!"

MATEUS 25.21

@devocional.palavrasdesabedoria | @marcelotoschi

Esse versículo faz parte da Parábola dos Talentos contada por Jesus. Nela, encontramos princípios fundamentais sobre como Deus vê e recompensa nossa fidelidade, onde o servo é elogiado não pela quantidade que produziu, mas por sua fidelidade. A fidelidade é uma qualidade do caráter que reflete a natureza de Deus, que é descrito como fiel em toda a Escritura (cf. 1Coríntios 1.9).

A diligência nas pequenas coisas leva a maiores oportunidades e responsabilidades, ainda nesta vida. Mas a verdadeira recompensa não se limita apenas a mais responsabilidade, mas uma relação mais próxima com o Senhor, uma intimidade e comunhão mais profunda com Deus.

Tudo o que temos — talentos, recursos, tempo — são dádivas de Deus, e somos chamados a sermos mordomos fiéis desses dons. Ademais, há uma expectativa implícita de que usemos nossos dons de maneira produtiva. A fidelidade não é passiva, mas ativa e frutífera.

Por isso, seja diligente e fiel mesmo nas tarefas aparentemente insignificantes do dia a dia. Identifique os dons que Deus lhe deu e busque maneiras de desenvolvê-los e usá-los para sua glória. Seja um administrador sábio de seu tempo, recursos e habilidades, lembrando que tudo pertence a Deus. Lembre-se de que suas ações nesta vida têm consequências eternas. Cultive a integridade: seja fiel mesmo quando ninguém está olhando. E celebre o progresso: reconheça e agradeça a Deus por cada oportunidade de crescimento que ele lhe dá.

Pai, eu te agradeço por confiares a mim dons e responsabilidades. Ajuda-me a ser um servo fiel, valorizando cada oportunidade. Dá-me sabedoria para usar bem os recursos que me confiaste e coragem para assumir novas responsabilidades quando me forem confiadas, mantendo uma perspectiva eterna. Em nome de Jesus, amém.

anotações

A MISERICÓRDIA DE DEUS

04 MAIO

Graças ao grande amor do Senhor é que não somos consumidos, pois as suas misericórdias são inesgotáveis. Renovam-se cada manhã; grande é a sua fidelidade!

LAMENTAÇÕES 3.22-23

Como seria a nossa vida se não fosse a misericórdia de Deus? Somos humanos, com uma natureza falha e propensa ao erro. Mesmo com o Espírito Santo habitando em nós, ainda tropeçamos em nossa caminhada cristã. A carne, com suas inclinações, sempre batalha contra o Espírito, tentando nos afastar dos propósitos de Deus. Porém, graças ao grande amor e misericórdia do Senhor, não recebemos o que merecemos. Ao contrário, ele nos estende perdão e novas oportunidades a cada amanhecer.

O Inimigo, entretanto, aproveita nossas falhas para lançar acusações em nossa mente, tentando nos aprisionar em culpa e desânimo. Mas precisamos lembrar que essas acusações não vêm de Deus. Ele nos exorta e corrige com amor, nunca com condenação. A Bíblia nos assegura que temos um advogado junto ao Pai, Jesus Cristo, que intercede por nós e nos restaura. É por causa da misericórdia de Deus, renovada a cada dia, que podemos nos levantar e seguir em frente.

Hoje, celebre a misericórdia de Deus! Rejeite as acusações que o Inimigo tenta trazer ao seu coração e abrace as novas oportunidades que o Senhor lhe dá. Cada dia é uma nova chance de recomeçar, com a certeza de que as misericórdias de Deus são sempre fiéis e renovadas.

Senhor, eu te agradeço por tuas misericórdias que se renovam sobre minha vida a cada manhã. Ajuda-me a rejeitar toda acusação e culpa, e a celebrar as novas oportunidades que me concedes. Que eu viva sempre me lembrando da tua fidelidade e do teu constante amor. Em nome de Jesus, amém.

anotações

....

....

....

ENTREGA TOTAL

Portanto, irmãos, rogo-lhes pelas misericórdias de Deus que se ofereçam em sacrifício vivo, santo e agradável a Deus; este é o culto racional de vocês. Não se amoldem ao padrão deste mundo, mas transformem-se pela renovação da sua mente, para que sejam capazes de testar e aprovar a vontade de Deus, sua boa, agradável e perfeita vontade.

ROMANOS 12.1-2

@devocional.palavrasdesabedoria | @marcelotoschi

O apóstolo Paulo nos ensina que a verdadeira forma de adorar a Deus é através de uma entrega total a ele. Isso significa oferecer tudo o que somos — nosso espírito, emoções e corpo. Na prática, é viver o maior mandamento: amar a Deus de todo coração, alma, força e entendimento.

A Bíblia sempre enfatiza a totalidade — "tudo", "todo", "total" —, porque uma entrega parcial não é suficiente. A vida com Jesus é uma escolha de tudo ou nada. Jesus disse que aquele que não renunciar tudo o que tem não pode ser seu discípulo. Embora Deus conheça nossas limitações e saiba que somos imperfeitos, ele nos deixou um padrão a seguir, e esse é Cristo. Jesus foi íntegro em todas as áreas e sua entrega foi completa.

Não podemos escolher sermos fiéis apenas em uma área da nossa vida enquanto negligenciamos as outras. Deus deseja que prosperemos em todas as áreas, seja familiar, profissional ou financeira. Não é o plano de Deus que prosperemos financeiramente enquanto nossa família se desmorona, ou que tenhamos uma vida familiar equilibrada enquanto nossa vida profissional está um caos.

Hoje, faça a escolha de entregar sua vida totalmente a Deus. Que o Espírito Santo o ajude a ser inteiramente fiel, para que você possa crescer e prosperar em todas as áreas de sua vida.

Senhor, ajuda-me a te entregar todas as áreas da minha vida. Que eu cresça de forma equilibrada, sendo fiel em tudo o que faço. Renova minha mente e transforma meu coração para viver conforme a tua boa, agradável e perfeita vontade. Em nome de Jesus, amém.

anotações

A RENOVAÇÃO DO CORAÇÃO

06 MAIO

Cria em mim, ó Deus, um coração puro, e renova dentro de mim um espírito inabalável.

SALMOS 51.10, ARA

@devocional.palavrasdesabedoria | @marcelotoschi

O clamor de Davi por um coração puro e um espírito inabalável nos toca profundamente. Esse versículo faz parte do salmo 51, escrito por Davi após seu grave erro com Bate-Seba. É um grito de arrependimento, mas também uma poderosa declaração de esperança na capacidade de Deus em nos renovar completamente.

A palavra "cria" é significativa. É a mesma usada em Gênesis para descrever a criação do mundo. Davi não está pedindo uma simples limpeza superficial, mas uma recriação total. Ele reconhece que apenas o poder criativo de Deus pode verdadeiramente transformar o coração humano. O pedido de um "coração puro" vai além da moralidade externa. Na linguagem bíblica, o coração é o centro do nosso ser, a fonte de nossas motivações e desejos. Um coração puro não é apenas livre de pecado, mas também alinhado com os propósitos de Deus, capaz de amar genuinamente e buscar o bem.

A renovação de um "espírito inabalável" fala de constância e firmeza. Em um mundo de valores flutuantes e lealdades passageiras, Davi anseia por uma força interior que permaneça firme, independentemente das circunstâncias externas.

A transformação espiritual não é algo que podemos alcançar por nossos próprios esforços, mas é uma obra divina. No entanto, ao clamarmos como Davi, temos a chance de nos abrirmos para essa transformação, reconhecendo nossa necessidade e desejo de mudança. Seja qual for nosso passado, quaisquer que sejam nossos erros ou lutas atuais, podemos clamar a Deus por um novo começo. Não há coração tão manchado que não possa ser purificado, nem espírito tão abatido que não possa ser renovado pelo toque divino.

Deus Criador, assim como formaste o Universo, recria meu coração. Purifica-me por dentro e fortalece meu espírito. Que minha vida reflita tua obra transformadora. Em nome de Jesus, amém.

anotações

PRESENÇA QUE TRAZ PAZ

Levantou-se um forte vendaval, e as ondas se lançavam sobre o barco, de forma que começou a se encher de água. Jesus estava na popa, dormindo com a cabeça sobre um travesseiro. Os discípulos o acordaram e clamaram: — Mestre, não te importas se morrermos?

MARCOS 4.37-38

@devocional.palavrasdesabedoria | @marcelotoschi

Na vida, sempre enfrentaremos ventos de tempestade. Essas dificuldades podem surgir para nos fazer parar, desanimar ou até nos afastar do propósito de Deus. No entanto, há uma verdade fundamental que devemos lembrar: toda tempestade tem um fim! Assim como as fases difíceis da vida, as dores das perdas, as crises de identidade e as frustrações também passarão. Nada dura para sempre, exceto a nossa esperança em Jesus.

Assim como um avião pode voar acima das nuvens em um dia de chuva, devemos lembrar que, mesmo em meio às tempestades, há um céu aberto acima de nós. As dificuldades que enfrentamos não anulam o poder de Deus. Enquanto os ventos sopram, Jesus nos chama a descansar nele. No texto de Marcos, vemos Jesus dormindo tranquilamente enquanto as ondas agitavam o barco. Isso nos ensina que o verdadeiro descanso não vem da ausência de problemas, mas da confiança em quem está conosco em meio a eles.

Descansar em Jesus é reconhecer que sua presença transforma o caos em segurança. Se Jesus está no barco da sua vida, não há motivo para desespero. Mesmo em meio à tempestade, você pode ter paz, sabendo que ele está no controle. A presença de Jesus traz uma atmosfera de confiança e segurança, independentemente da situação.

Senhor Jesus, ajuda-me a descansar em ti, mesmo nas tempestades da vida. Que tua presença seja meu abrigo e minha segurança em todos os momentos. Confio que, com Jesus no barco, nada é impossível. Em nome de Jesus, amém.

anotações

CONFIE NO SOCORRO DO SENHOR!

Que o Senhor responda ao seu clamor em tempos de sofrimento; o nome do Deus de Jacó o guarde de todo mal. Que, de seu santuário, ele lhe envie socorro e, de Sião, o fortaleça.

SALMOS 20.1-2, NVT

Quais são as lutas que você tem enfrentado? Talvez esteja travando batalhas há semanas, meses ou mesmo anos. Podem ser embates em sua saúde, emoções, finanças ou, quem sabe, na família. Embora eu não conheça os detalhes, o Senhor sabe todas as coisas. Mas, mesmo reconhecendo que ele sabe de tudo, eu lhe pergunto: você tem clamado ao Senhor e levado essas batalhas a ele em oração?

No salmo 20, Davi clama a Deus, apresentando suas lutas e pedindo vitória. Ele coloca diante de Deus suas angústias e desafios. No salmo 21, Davi agradece a Deus pela vitória alcançada, demonstrando confiança total no socorro divino.

Assim como Davi, eu o encorajo a encher seu coração de fé, clamando ao Senhor, mesmo que seja com lágrimas, mesmo em meio à dor e ao sofrimento. Talvez você esteja enfrentando procedimentos dolorosos ou batalhas íntimas e emocionais que estão bem além das suas forças, mas Deus ouve seu clamor. Cada um de nós enfrenta diferentes lutas, mas podemos confiar que Deus trará o socorro e a vitória necessários.

Portanto, não desista, não se entregue, porque o choro pode durar a noite toda, mas a alegria vem pela manhã. Confie no Senhor e você experimentará o livramento que ele trará para a sua vida.

Senhor, eu clamo a ti pelas batalhas que tenho enfrentado. Ajuda-me a confiar em teu socorro e a crer que a vitória virá. Fortalece a minha alma e guarda meus passos do mal, para que eu possa experimentar o teu livramento. Em nome de Jesus, amém.

anotações

HABITANDO NA PRESENÇA DO ALTÍSSIMO

Aquele que habita no abrigo do Altíssimo e descansa à sombra do Todo-poderoso pode dizer ao Senhor: Tu és o meu refúgio e a minha fortaleza, o meu Deus, em quem confio.

SALMOS 91.1-2

@devocional.palavrasdesabedoria | @marcelotoschi

O salmo 91 nos apresenta uma poderosa segurança neste mundo cheio de incertezas. Ele nos convida a considerar o que significa habitar na presença de Deus e encontrar nele refúgio supremo. A palavra "habitar" sugere permanência, um estado contínuo de residência, e não uma visita ocasional. Habitar no abrigo do Altíssimo é fazer da presença de Deus nossa morada constante, o lugar onde nos movemos, vivemos e existimos.

O salmista fala sobre "descansar à sombra do Todo-Poderoso", uma bela metáfora que evoca proteção, refrigério e paz. Assim como uma árvore frondosa oferece sombra em um dia quente, Deus nos oferece descanso e proteção em meio às "tempestades" da vida.

O resultado de habitar no abrigo do Altíssimo é uma confiança profunda e pessoal em Deus. Observe como o salmista se dirige diretamente a Deus: "Tu és o meu refúgio e a minha fortaleza, o meu Deus, em quem confio." Essa não é uma declaração teológica abstrata, mas uma afirmação de um relacionamento íntimo. Quando verdadeiramente habitamos na presença de Deus, nossa perspectiva muda. Os problemas não desaparecem magicamente, mas encontramos em Deus um refúgio inabalável, uma viva e próxima fortaleza.

Esse salmo nos desafia a examinar onde estamos "habitando". Estamos buscando segurança em nossos próprios esforços ou na aprovação dos outros? Fazemos da presença de Deus nossa verdadeira morada? O convite está aberto a todos: podemos escolher habitar no abrigo do Altíssimo, descansar à sua sombra e experimentar a paz e a segurança que só ele pode oferecer.

Senhor, ajuda-me a fazer da tua presença o meu verdadeiro refúgio. Que eu habite sob a tua sombra e receba a paz e a segurança que só tu podes dar. Em nome de Jesus, amém.

anotações

Não fui eu que ordenei a você? Seja forte e corajoso!
Não se apavore, nem desanime, pois o SENHOR, o seu Deus,
estará com você por onde você andar.

JOSUÉ 1.9

Temos aqui uma exortação direta de Deus a Josué, o sucessor de Moisés, quando ele estava prestes a liderar o povo de Israel rumo à terra prometida. É uma mensagem que também ressoa através dos tempos, falando diretamente ao nosso coração. A pergunta retórica "Não fui eu que ordenei a você?" serve como um lembrete de que a ordem vem diretamente de Deus. Isso estabelece a autoridade e a importância do comando que se segue. O Espírito Santo nos ajuda a reconhecer a voz de Deus, lembrando-nos de que suas palavras não são meras sugestões, mas orientações para nossa jornada.

"Seja forte e corajoso!" é repetido várias vezes no início do livro de Josué, enfatizando sua importância. Não é uma força ou coragem que vem de nós mesmos, mas uma que é fundamentada na confiança em Deus. O Espírito Santo é quem nos capacita a manifestar essa força e coragem sobrenatural, mesmo em face de circunstâncias desafiadoras. A instrução "Não se apavore, nem desanime" aborda diretamente os medos e dúvidas que frequentemente nos assaltam. É um reconhecimento de que enfrentaremos situações que podem nos intimidar ou desanimar, mas também é um chamado para resistir a essas emoções negativas.

O Senhor nos desafia hoje a viver com uma coragem baseada na fé. Ele nos chama a enfrentar nossos medos, a superar o desânimo e a avançar confiantes, sabendo que Deus está conosco. Esse não é um chamado à autoconfiança, mas a uma confiança profunda em Deus e em Sua presença constante em nossa vida.

Pai, peço que o teu Espírito Santo me encha de coragem para enfrentar os desafios da vida. Ajuda-me a vencer o medo e o desânimo, confiando plenamente em ti. Que eu viva cada dia na certeza da tua presença, caminhando com ousadia e confiança. Em nome de Jesus, amém.

anotações

FORÇA PARA CONTINUAR

O Senhor é a minha força e o meu escudo; nele o meu coração confia, e dele recebo ajuda. Meu coração exulta de alegria, e com o meu cântico lhe darei graças.

SALMOS 28.7

@devocional.palavrasdesabedoria | @marcelotoschi

A vida é cheia de desafios, e talvez você esteja enfrentando um agora. Seja na saúde, nas finanças ou em sua família, a tempestade pode parecer avassaladora. O mar está agitado, as notícias chegam como ondas que nos derrubam e a esperança começa a desvanecer. Nessas horas, parece que estamos sozinhos, sem ver uma saída ou um fio de luz que nos guie na escuridão. As promessas de Deus podem parecer distantes, e a confiança vacila.

Os salmos nos mostram que os escritores também enfrentaram momentos de aflição, angústia e lutas. Eles clamavam a Deus com corações rasgados e lágrimas, mas sempre com a certeza de que ele os ouvia. E é nessa confiança que recebiam força, ajuda e proteção. Mesmo em meio à maior dor, eles encontravam razões para dar graças a Deus e exultar de alegria.

Hoje pode ser o dia para você derramar seu coração diante de Deus, confiar nele plenamente e lembrar todas as suas promessas. Deus deseja dar-lhe paz e alegria, mesmo em meio à luta. Ele oferece tranquilidade, força e proteção. Confie que o Senhor é sua força e seu escudo, e ele lhe dará o ânimo necessário para continuar.

Senhor, eu coloco diante de ti minhas lutas e preocupações.
Que a tua força me sustente e a tua paz encha meu coração.
Ajuda-me a confiar plenamente em ti e a encontrar alegria
em meio às dificuldades. Em nome de Jesus, amém.

anotações

PARE DE RECLAMAR!

12 MAIO

Todos os filhos de Israel murmuraram contra Moisés e contra Arão; e toda a congregação lhes disse: — Quem dera tivéssemos morrido na terra do Egito ou mesmo neste deserto!

NÚMEROS 14.2, NAA

@devocional.palavrasdesabedoria | @marcelotoschi

A reclamação é um dos grandes problemas que enfrentamos. Ela nos dá a falsa impressão de que, ao reclamar, resolvemos algo, quando na verdade apenas aumenta nossa visão negativa do problema. É um vício que se fortalece com o tempo. Muitas pessoas perderam o hábito de serem gratas, mesmo acreditando que ainda o são. Usam justificativas, como "Eu não quero reclamar, mas...", e acabam se convencendo de que a reclamação é necessária para se sentirem melhor. No entanto, o que acontece é o oposto: reclamar afasta a solução e atrai mais problemas, além de nos cercar de pessoas que também vivem murmurando.

Quando olhamos para os israelitas no deserto, vemos que, apesar de terem sido libertos da escravidão no Egito, o primeiro obstáculo os fez reclamar. Eles não estavam comprometidos em seguir a vontade de Deus, apenas queriam fugir do sofrimento da escravidão. Contudo, Deus tem suas próprias condições, e a verdadeira liberdade é viver de acordo com os planos divinos, não com nossos desejos.

Os israelitas deviam ter focado na libertação que Deus operou e na terra prometida, mas deixaram-se levar pela reclamação. O apóstolo Paulo nos exorta em 1Tessalonicenses 5.18: "Deem graças em todas as circunstâncias, pois esta é a vontade de Deus para vocês em Cristo Jesus". Gratidão é o caminho que nos alinha com o coração de Deus e abre portas para as suas bênçãos.

Deixe de lado a reclamação e adote uma postura de gratidão. Quando você agradece, mesmo diante de desafios, a bênção de Deus flui de maneira abundante sobre sua vida.

Senhor, ajuda-me a abandonar a reclamação e a cultivar um coração cheio de gratidão. Que eu possa enxergar tuas bênçãos em todas as circunstâncias e confiar no teu plano para minha vida. Em nome de Jesus, amém.

anotações

....

....

....

13 MAIO

A SABEDORIA QUE VEM DE DEUS

O coração humano é mais enganoso que qualquer coisa e é extremamente perverso; quem sabe, de fato, o quanto é mau?

JEREMIAS 17.9, NVT

@devocional.palavrasdesabedoria | @marcelotoschi

Esse versículo é um espelho que desnuda a verdadeira condição do nosso coração. Muitas vezes, achamos que somos bons o suficiente ou que podemos fazer grandes coisas por nossas próprias forças. Mas o Senhor, através desse versículo, ensinou-me uma verdade simples: não podemos confiar em nós mesmos.

A nossa carne não tem a capacidade de realizar aquilo que Deus deseja para nós de forma duradoura e significativa. É um erro comum pensar que podemos construir um legado por nossas próprias forças. Se você quer deixar algo que ressoe nas próximas gerações, uma herança de fé, graça e sabedoria, esse trabalho precisa ser feito na dependência total de Deus.

Quando confiamos em nossas próprias forças e emoções, corremos o risco de tomar decisões erradas e de sermos levados por sentimentos enganosos. A Bíblia nos adverte sobre isso: o coração humano é capaz de nos trair; nem sempre podemos prever as consequências. Até mesmo as pessoas que parecem boas, de intenções nobres, podem cometer erros trágicos quando se deixam guiar apenas por seus próprios desejos.

O segredo para uma vida que agrada a Deus é reconhecer nossa incapacidade e desejar a sabedoria divina, concedida abundantemente aos que têm fé. Ele quer nos guiar e capacitar a fazer o que é certo, mas, para isso, precisamos depender do Espírito Santo. Tome tempo para refletir sobre como você tem tomado suas decisões. Apenas em Deus encontramos a verdadeira sabedoria para viver uma vida que o glorifique.

Senhor, reconheço que meu coração é falho e que não posso confiar em minhas próprias forças. Dá-me a sabedoria que vem de ti, para que eu tome decisões que te agradem e viva uma vida que glorifique o teu nome. Em nome de Jesus, amém.

anotações

O CAMINHO DA SANTIDADE

Esforcem-se para viver em paz com todos e para serem santos; sem santidade ninguém verá o Senhor.

HEBREUS 12.14

O texto de Hebreus nos traz uma linda verdade: sem santidade, ninguém verá o Senhor. Jesus, ao morrer na cruz, concedeu-nos o livre acesso a Deus, pagando o preço pelos nossos pecados. Isso é graça — um presente imerecido que ele nos ofereceu. Contudo, com essa graça, há uma responsabilidade: o esforço.

A Palavra de Deus nos ensina que, para viver em paz com todos e buscar a santidade, é necessário esforço. Muitas vezes, as pessoas querem desfrutar das bênçãos e promessas de Deus, mas quando o assunto é dedicação e esforço, elas tendem a recuar. No entanto, o chamado para o cristão é diferente: somos chamados a nos esforçarmos, a não desistirmos e a não abrirmos mão da santidade que agrada a Deus.

Aproprie-se dessa Palavra e confie que Deus o está capacitando a viver em paz com os outros e a buscar uma vida santa. Viver em paz exige esforço. Como o ditado popular diz: "quando um não quer, dois não brigam". Isso vale para a santidade: ela não é apenas um desejo, mas o resultado de um esforço constante. Quando o Senhor nos chama para a santidade, ele também nos dá a força necessária para alcançá-la. No fim, valerá a pena.

Senhor, ajuda-me a me esforçar para viver em paz com todos e a buscar a santidade que te agrada. Capacita-me com a tua graça para que eu honre o teu nome em tudo o que faço. Em nome de Jesus, amém.

anotações

CONFIANÇA PLENA

Confie no Senhor de todo o coração e não se apoie no seu próprio entendimento.

PROVÉRBIOS 3.5

Provérbios nos apresenta um dos princípios mais fundamentais da vida cristã: a confiança total em Deus. É um chamado para abandonar a tendência natural de confiar em nossa própria sabedoria e, em vez disso, depositar nossa fé no Senhor. A frase "Confie no Senhor de todo o coração" é uma exortação poderosa. O coração, na cultura hebraica, era considerado o centro do ser, englobando não apenas as emoções, mas também o intelecto e a vontade. Portanto, confiar em Deus "de todo o coração" significa envolver todo o nosso ser nesse ato de fé.

O Espírito Santo desempenha um papel crucial no processo de confiança, trabalhando em nosso coração, suavizando-o, inclinando-o a Deus e, por fim, tornando-nos capazes de cultivar uma confiança duradoura no Senhor. A segunda parte do versículo, "não se apoie no seu próprio entendimento", é igualmente importante. Reconhece a tendência humana de confiar em nossa própria lógica, experiência e conhecimento.

Esse versículo não está sugerindo que abandonemos nosso raciocínio ou que não usemos os dons que Deus nos deu. Em vez disso, ele nos chama a submeter nossa compreensão à sabedoria de Deus, reconhecendo que seus caminhos e pensamentos são mais elevados que os nossos (cf. Isaías 55.8-9). Entregue a ele suas preocupações, decisões e planos, confiando que a sabedoria e amor divinos o guiarão pelo melhor caminho e tornarão sua vida um testemunho vivo da paz e segurança de Deus.

Pai, reconheço minha tendência de confiar em mim mesmo. Perdoa-me pelas vezes em que deixei de confiar plenamente em ti. Que o teu Espírito Santo me ajude a desenvolver uma confiança mais profunda, guiando-me e fortalecendo minha fé. Em nome de Jesus, amém.

anotações

ASAS DA ESPERANÇA

Mas aqueles que esperam no Senhor renovam as suas forças,
voam alto como as águias, correm e não ficam exaustos,
andam e não se cansam.

ISAÍAS 40.31

@devocional.palavrasdesabedoria | @marcelotoschi

Imagine-se no fim de um dia exaustivo. Você chegou em casa após horas de trabalho intenso, enfrentou o trânsito caótico, e agora se sente completamente esgotado. Seus ombros pesam, suas pernas doem e sua mente está nublada pelo cansaço. É nesse momento que as palavras de Isaías ecoam com uma promessa de renovação.

Assim como uma águia que se eleva acima das tempestades, podemos encontrar força para superar nossas dificuldades diárias. Pense na mãe solo que, mesmo exausta, encontra energia para brincar com seus filhos; no estudante que, apesar de noites mal-dormidas, persiste em seus estudos; ou no empreendedor que, face a repetidos obstáculos, continua a perseguir seus sonhos. "Esperar no Senhor" não é uma atitude passiva. É quando, em momentos de oração silenciosa, leitura da Palavra e adoração sincera, recarregamos nossas baterias espirituais, conectando-nos à fonte inesgotável de poder divino.

Lembre-se da vez em que você se sentiu no limite, prestes a desistir, mas encontrou forças para dar mais um passo de fé. É Deus quem nos capacita a "correr sem exaustão" quando as demandas da vida parecem intermináveis, e a "andar sem cansaço" pelos longos caminhos de desafios e incertezas.

Ao enfrentar suas lutas pessoais, responsabilidades aparentemente impossíveis ou medos paralisantes, lembre-se: você não está sozinho. O Senhor está pronto para renovar suas forças, elevando-o acima das circunstâncias como uma águia que se ergue majestosa nos céus.

Senhor, ajuda-me a buscar renovação em tua presença. Eleva-me acima das tempestades da vida como uma águia, dando-me resistência para correr sem desanimar e força para caminhar sem fraquejar. Renova meu espírito, mente e corpo. Em nome de Jesus, amém.

anotações

ESPERANÇA ESCRITA NAS ESTRELAS

"Porque sou eu que conheço os planos que tenho para vocês", diz o Senhor, "planos de fazê-los prosperar e não de causar dano, planos de dar a vocês esperança e um futuro".

JEREMIAS 29.11

@devocional.palavrasdesabedoria | @marcelotoschi

Pense no céu noturno estrelado; cada ponto de luz parte de um desenho cósmico maior. Assim são os planos de Deus para nós — uma obra-prima celestial que não conseguimos enxergar por completo. Nesse versículo, Deus nos abraça com uma promessa. Ele não apenas tem planos, mas os conhece intimamente. São planos tecidos cuidadosamente na formação de nossa vida, muito antes de nascermos.

Quando nos sentimos perdidos ou o futuro parece nebuloso, essa promessa brilha intensamente. Deus sussurra: "Eu sei o caminho. Confie em mim". Seus planos são de prosperidade, não de dano. Isso não significa uma vida sem desafios, mas uma jornada onde cada obstáculo tem propósito. A prosperidade prometida é uma riqueza de alma, uma abundância de paz e significado.

Em um mundo muitas vezes sombrio, Deus promete um horizonte iluminado. Ele vê além de nossas circunstâncias e limitações, enxergando um futuro repleto de possibilidades. Essa promessa é um convite para uma parceria divina. Enquanto Deus tece seus planos para nossa vida, somos chamados a caminhar em fé, dando passos corajosos rumo ao futuro que ele vislumbra.

Onde quer que você esteja hoje, saiba: o Arquiteto do Universo está desenhando seu futuro. Nas encruzilhadas da vida, nas noites de dúvida e nos momentos de alegria, ele está lá — guiando, moldando, amando. Levante seus olhos. Há um futuro esperando por você, pintado nas cores do amor divino. Há esperança, seu nome está gravado na palma da mão de Deus.

Pai amado, obrigado pelos teus planos maravilhosos. Ajuda-me a confiar em ti, mesmo na incerteza. Enche-me de esperança e coragem para seguir teus passos. Que eu viva na expectativa do futuro glorioso que preparaste. Em nome de Jesus, amém.

anotações

CONSTANTE GRATIDÃO

18 MAIO

Aleluia! Deem graças ao Senhor, porque ele é bom, porque a sua misericórdia dura para sempre.

SALMOS 106.1, NAA

@devocional.palavrasdesabedoria | @marcelotoschi

O amor eterno de Deus e sua bondade infinita são motivos para nossos louvores diários. Vemos isso no versículo de hoje, que nos convida a render graças ao Senhor, pois sua bondade é imensurável. O salmista nos lembra de que nunca poderemos dar a Deus todo o louvor que ele realmente merece. Não há como dizer: "Já adorei o suficiente" ou "Já agradeci bastante". O amor e a bondade de Deus são tão vastos que nosso louvor nunca será pleno o suficiente para cobrir a grandeza do que ele fez e continua fazendo por nós.

Como filhos de Deus, somos chamados a viver em constante gratidão, louvando e adorando ao Senhor. No entanto, a ingratidão às vezes toma conta de nosso coração. Assim como o povo de Israel se esquecia dos feitos de Deus no deserto e deixava de confiar nele, nós também temos a tendência de nos esquecermos do que ele já fez por nós.

A verdadeira gratidão não deve ser limitada a rituais ou à frequência em cultos. Ela deve vir de um coração que exala adoração e reconhecimento pelo que Deus é. Não é apenas sobre dizer "obrigado" de maneira mecânica, mas viver com o coração cheio de obediência, devoção e adoração genuína. Se nosso louvor for vazio, sem verdadeira adoração, então se tornará apenas barulho. Nosso louvor deve nascer de um coração que reconhece a bondade e o amor imensuráveis do Senhor.

Que seu coração seja cheio de gratidão pela bondade e amor eternos de Deus. Que você se lembre de tudo o que ele tem feito e continue a louvá-lo e adorá-lo com sinceridade.

Senhor, enche meu coração de gratidão por tudo o que tens feito por mim. Que meu louvor e adoração sejam genuínos, e que eu nunca me esqueça da tua bondade e do teu amor. Ajuda-me a viver uma vida que exalte o teu nome em tudo o que faço. Em nome de Jesus, amém.

anotações

O VALOR SAGRADO DA VIDA

Não mate.

ÊXODO 20.13, NAA

Esse mandamento, em sua simplicidade, carrega um peso imenso de significado e implicações. É uma declaração direta sobre o valor sagrado da vida humana aos olhos de Deus. A proibição de matar está enraizada na própria natureza de Deus e na criação do ser humano à sua imagem. Cada vida humana, portanto, carrega uma centelha do divino e merece respeito e proteção absolutos. É importante notar que o termo hebraico original[1] usado se refere ao assassinato ilegal e intencional, não abrangendo todas as formas de tirar a vida (como em casos de defesa própria ou guerra justa, que são tratados separadamente na lei mosaica).

Esse mandamento vai além do ato físico de tirar uma vida. Jesus, em seu ensino, expandiu esse conceito, incluindo o ódio e a raiva injustificada (cf. Mateus 5.21-22). Hoje esse mandamento nos desafia a considerar não apenas o assassinato direto, mas as formas indiretas pelas quais podemos desvalorizar ou prejudicar a vida humana: palavras cruéis, negligência, exploração ou indiferença ao sofrimento alheio.

Por isso, de maneira prática, 1) Cultive o respeito pela vida: trate cada pessoa com dignidade, reconhecendo o valor inerente de cada vida humana; 2) Use palavras que edificam: evite linguagem que diminua ou desvalorize os outros; 3) Seja um pacificador, buscando reconciliação.

Deus Criador e Sustentador da vida, agradeço o dom precioso da vida que dás a cada ser humano. Ajuda-me a valorizar e respeitar profundamente cada vida, reconhecendo que todos são criados à tua imagem, tornando-me um instrumento de tua paz e amor neste mundo. Em nome de Jesus Cristo, amém.

[1] STRONG, James. Léxico Hebraico, Aramaico e Grego de Strong. 2. ed. Barueri: Sociedade Bíblica do Brasil, 2002.

anotações

PEÇA A DEUS

Querem o que não têm [...] E, no entanto, não têm o que desejam porque não pedem.
TIAGO 4.2, NVT

@devocional.palavrasdesabedoria | @marcelotoschi

Muitas vezes, ouvimos a expressão "*crente 'ceis ora'*", referindo-se àquelas pessoas que sempre pedem para que os outros orem por elas, mas que não nutrem sua própria vida de oração diária. Isso pode parecer óbvio, mas a verdade é que muitas orações não são respondidas simplesmente porque elas não foram feitas. Pedir oração a outros é importante, mas não pode substituir nossa própria comunicação direta com Deus.

Certamente, há poder na oração coletiva. Contudo, Deus também deseja que cada um de nós desenvolva um relacionamento pessoal com ele, levando nossas petições diretamente aos seus pés. Ele é nosso pai e amigo, e não há pedido grande ou impossível demais para ele. A palavra de Deus nos incentiva a pedir, buscar e bater — mas a pergunta é: você está fazendo isso?

Antes de pedir aos outros que orem por você, ore você mesmo. Estabeleça uma intimidade com Deus, falando diretamente com ele. Ao fazer isso, você fortalece seu relacionamento com o Senhor e exercita a fé de que ele o ouve e responde. Deus não está limitado em poder, mas, muitas vezes, aguarda nossa oração para manifestar sua resposta. Portanto, ore primeiro, com convicção, e depois peça apoio em oração, sabendo que já deu o primeiro passo em fé.

Senhor, ajuda-me a lembrar de que posso ir diretamente a ti em oração. Que eu tenha fé para pedir, buscar e bater, sabendo que tu ouves e respondes. Fortalece meu relacionamento contigo e dá-me confiança em tuas respostas. Em nome de Jesus, amém.

anotações

DISTRAÇÕES

Examinemos bem os nossos caminhos
e voltemos para o Senhor.
LAMENTAÇÕES 3.40, NAA

Quando me deparo com o texto de Lamentações e, pelo Espírito de Deus, sou exortado a examinar meus caminhos, a razão disso é justamente promover um retorno à centralidade, o que me acende um alerta sobre o perigo das distrações.

Dirigir é algo que aprecio, seja para ministrar em outra cidade ou para viajar em família. No entanto, algo que sempre me desafia são as paisagens ao longo do caminho. Quando viajo pelo sul do Brasil ou por Minas Gerais, as vistas são incríveis, porém, se eu me deixar distrair por elas e perder o foco da direção, o resultado pode ser desastroso, como um acidente fatal. De igual forma, as distrações enviadas pelo Inimigo podem desviar nossa atenção do que é realmente importante e essencial, colocando nossa jornada espiritual em risco.

Admirar a beleza ao longo do caminho tem seu momento, mas há horas em que precisamos estar totalmente focados. Há momentos em que precisamos tomar decisões rápidas, lógicas e embasadas nos princípios da palavra de Deus. Se estivermos distraídos com as "paisagens" da vida e não prestarmos atenção às nossas decisões e ao nosso caminho, poderemos causar acidentes espirituais.

Como bispo e líder, vejo tantas pessoas feridas e paralisadas na jornada da vida porque se distraíram. E, nessas distrações, acidentes espirituais aconteceram, deixando sequelas. Contudo, quero lembrá-lo de que em Jesus há cura, restauração e novas chances. Para evitar novos acidentes, é essencial manter o foco em Cristo, o Autor e Consumador da nossa fé. Reflita sobre as áreas da sua vida em que você tem se deixado distrair e peça a Deus que o ajude a manter o foco nele, para que chegue ao destino em segurança.

Senhor, ajuda-me a manter o foco em ti e a não me deixar distrair pelas coisas que podem me afastar do teu propósito. Dá-me discernimento para tomar decisões centradas na tua vontade e seguir a jornada da vida com os olhos fixos em Jesus. É nesse nome que oro, amém.

anotações

ALEGRIA QUE TRANSFORMA

22 MAIO

O coração contente alegra o rosto, mas o coração triste abate o espírito.

PROVÉRBIOS 15.13, NVT

@devocional.palavrasdesabedoria | @marcelotoschi

A Bíblia nos ensina que o coração é a fonte dos nossos sentimentos, intelecto e vontade. Quando o coração está alegre, essa alegria transparece no rosto, mas quando está angustiado, essa tristeza também afeta o espírito. Muitas vezes, conseguimos perceber o estado emocional das pessoas próximas a nós, apenas observando suas expressões e comportamentos.

É por isso que a Palavra de Deus nos encoraja a ficarmos alegres! Há muitos motivos para encontrar alegria, mesmo em meio às dificuldades. A Bíblia está cheia de promessas que nos oferecem esperança e força, independentemente das circunstâncias. Em Deus, encontramos uma fonte inesgotável de alegria. Quando permitimos que essa alegria encha nosso coração, ela não apenas se reflete em nosso rosto, mas também traz benefícios à nossa saúde. A ansiedade e o medo podem afetar nossa imunidade e até mesmo nosso bem-estar físico, mas a alegria do Senhor nos fortalece.

Permita que esse regozijo tome conta do seu coração. Mesmo que os desafios sejam grandes, celebre as promessas de Deus, pois elas são suficientes para trazer esperança e luz ao seu dia. Que sua alegria seja sua força e que ela se manifeste em seu rosto, palavras e ações. Em nome de Jesus, seu dia será leve, próspero e produtivo!

Senhor, enche meu coração de alegria, para que eu reflita essa alegria em tudo o que fizer. Ajuda-me a lembrar das tuas promessas e a celebrar a tua bondade, mesmo em momentos difíceis. Que a tua alegria seja a minha força e que ela transpareça em minha vida. Em nome de Jesus, amém.

anotações

O VALOR DOS CONSELHOS

O caminho do insensato parece-lhe justo,
mas o sábio ouve os conselhos.
PROVÉRBIOS 12.15

@devocional.palavrasdesabedoria | @marcelotoschi

Você tem o hábito de buscar conselhos antes de tomar decisões importantes? Muitas vezes, na correria da vida, confiamos apenas em nosso próprio julgamento, achando que sabemos o suficiente para lidar com as situações que surgem. No entanto, a Palavra de Deus nos lembra que a verdadeira sabedoria vem ao ouvir conselhos. O insensato, por outro lado, pensa que o seu caminho é o melhor e ignora a sabedoria dos outros, o que frequentemente o leva ao fracasso.

Quando buscamos a opinião de pessoas mais experientes, ganhamos uma nova perspectiva e evitamos erros desnecessários. A Bíblia está cheia de exemplos de homens e mulheres que prosperaram ao ouvir conselhos sábios e, ao mesmo tempo, de pessoas que caíram por ignorarem orientações. Um coração aberto à instrução é uma das marcas de uma vida sábia. Ninguém consegue dominar todos os assuntos, e é por isso que a comunidade cristã é tão importante. Na igreja, Deus dá diferentes dons e habilidades para cada pessoa. Ao ouvirmos conselhos de irmãos que têm mais experiência ou que possuem uma graça especial em determinada área, crescemos, ajustamo-nos e discernimos melhor a vontade de Deus.

Por isso, desenvolva o hábito de pedir conselhos e retornos. Antes de tomar uma decisão significativa, busque alguém que já enfrentou situações como a que você está enfrentando. Esse conselho poderá ser o que o ajudará a crescer, evitar erros e alcançar objetivos maiores.

Senhor, dá-me um coração sábio e humilde para buscar conselhos e ouvir aqueles que têm mais experiência. Ajuda-me a aprender com os outros e a tomar decisões guiadas pela tua sabedoria. Que eu possa crescer e caminhar mais perto de ti em todas as áreas da minha vida. Em nome de Jesus, amém.

anotações

REFLETINDO A LUZ DE CRISTO

Ninguém acende uma candeia e a esconde num jarro ou a coloca debaixo de uma cama. Ao contrário, coloca-a num lugar apropriado, de modo que os que entram possam ver a luz.

LUCAS 8.16

Ao refletirmos sobre as palavras de Jesus em Lucas 8.16, podemos aplicar essa verdade ao nosso contexto. Ninguém acende uma luz para escondê-la em um lugar onde não possa iluminar. Pelo contrário, a função de uma luz é justamente iluminar o ambiente e afastar a escuridão. Da mesma forma, Deus colocou em cada um de nós uma luz — a luz de Cristo — para brilhar e impactar o mundo ao nosso redor.

Você foi criado com um propósito especial. Deus sonhou e planejou sua vida, mesmo antes de você nascer. Independentemente dos desafios, traumas ou rejeições enfrentados, todas essas experiências o prepararam para ser um instrumento poderoso nas mãos de Deus. Sua história, com todas as vitórias e dificuldades, faz parte do plano perfeito de Deus para refletir a luz de Cristo onde quer que você esteja.

Hoje, o convite é para que você deixe essa luz brilhar. Jesus, em você, é a fonte dessa luz que traz paz, esperança, alegria e força. Que sua vida seja um farol que guia outros para a presença de Deus e que suas ações, palavras e atitudes sejam uma expressão da luz que resplandece em seu interior.

Senhor, ajuda-me a refletir a tua luz em tudo o que eu fizer. Que minhas palavras, ações e pensamentos possam mostrar ao mundo o teu amor e tua graça. Usa minha vida para iluminar o caminho de outros e trazer esperança onde há escuridão. Em nome de Jesus, amém.

anotações

Ele dará chuva para a semente que você semeará no campo, e o pão que a terra produzirá será farto e nutritivo. Naquele dia, seu gado pastará em pastos amplos.

ISAÍAS 30.23, KJV

A promessa de Isaías 30.23 é uma das mais belas declarações de provisão e abundância de Deus. Imagine-se começando seu dia, talvez com uma xícara de café e a Bíblia aberta, deparando-se com essas palavras que trazem esperança e encorajamento. Deus promete não apenas a chuva para a semente que plantamos, mas também a produção de pão abundante e nutritivo. Isso significa que ele cuidará de nossas necessidades, garantindo que tenhamos o suficiente para nós e para aqueles que estão ao nosso redor.

No entanto, ao olharmos um pouco antes desse versículo, vemos o contexto, em que Deus exorta seu povo a abandonar a idolatria e a confiança em falsos deuses feitos por mãos humanas. O Inimigo insistentemente nos convida a confiar em coisas que não podem nos salvar. Ídolos podem ser qualquer coisa em que colocamos nossa confiança fora de Deus, como dinheiro, status ou poder, afastando-nos do verdadeiro propósito que Deus tem para nossas vidas.

Portanto, ao nos depararmos com promessas como a de Isaías, é essencial que nossa confiança esteja firme em Deus. Ele é o autor da vida, o único que tem o poder e a sabedoria para prover o de que precisamos e nos guiar em todos os caminhos. Se já entregamos nossa vida a Jesus, podemos celebrar suas promessas de provisão. No entanto, se você ainda não se rendeu completamente a Cristo, hoje é o dia de dar esse passo e experimentar a paz e a abundância que apenas ele pode proporcionar.

Senhor, minha confiança está em ti. Ajuda-me a afastar meu coração de tudo o que tenta tomar o teu lugar e a confiar plenamente em tuas promessas, lembrando-me de que só tu podes suprir todas as minhas necessidades. Em nome de Jesus, amém.

anotações

VIDA QUE FRUTIFICA

26 MAIO

Permaneçam em mim, e eu permanecerei em vocês.
Nenhum ramo pode dar fruto por si mesmo, se não permanecer na videira.
Vocês também não podem dar fruto, se não permanecerem em mim.

JOÃO 15.4

@devocional.palavrasdesabedoria | @marcelotoschi

Todos nós desejamos que nossa vida tenha um propósito e que deixemos um legado positivo. Jesus descreve isso como "dar frutos". Mas como podemos viver de maneira frutífera? Permanecendo em Cristo. Jesus nos ensina que, assim como um ramo não pode dar fruto se não estiver conectado à videira, também não podemos frutificar se não estivermos enraizados nele.

Fruto é aquilo que se torna visível a todos ao nosso redor, refletindo o que há no interior. Portanto, a pergunta que devemos fazer é: que tipo de fruto estamos produzindo? Quando as pessoas se aproximam de nós, elas encontram paz, alegria e bondade, ou o oposto? Jesus nos chama a viver de tal maneira que aqueles que nos conhecem vejam o reflexo de sua presença em nossa vida. Isso significa não apenas falar sobre o Evangelho, mas vivê-lo em sua essência. Quando permanecemos em Cristo, nossa vida exala seu amor, alegria e paz, impactando as pessoas ao nosso redor.

Assim como a criação reflete a glória de Deus, nossa vida também deve glorificá-lo. Quando nossas raízes estão firmemente plantadas em Deus, os frutos que produzimos exaltam o seu nome. Cada atitude, palavra e gesto de bondade apontam para a grandeza do Criador. Então, permaneça em Cristo. Firme suas raízes nele, siga seus direcionamentos e prepare-se para produzir frutos que trarão glória a Deus e impactarão as pessoas ao seu redor.

Senhor, ajuda-me a permanecer em ti para que minha vida possa produzir frutos que glorifiquem o teu nome. Que eu possa refletir o teu amor, paz e bondade em tudo o que faço, abençoando as pessoas ao meu redor. Em nome de Jesus, amém.

anotações

VIVENDO A FÉ

Ponham em prática tudo o que vocês aprenderam, receberam, ouviram e viram em mim; e o Deus da paz estará com vocês.

FILIPENSES 4.9

@devocional.palavrasdesabedoria | @marcelotoschi

Em nossa jornada de fé, frequentemente acumulamos conhecimento bíblico. No entanto, o apóstolo Paulo nos lembra de uma verdade fundamental: o verdadeiro crescimento espiritual não está apenas no que sabemos, mas em como vivemos o que sabemos. Paulo, nesse versículo, faz um chamado à ação. Ele nos desafia a incorporarmos os ensinamentos e práticas exemplificados nele em nossa própria vida.

Observe os quatro aspectos que Paulo menciona: 1) Aprenderam: o conhecimento adquirido através do ensino; 2) Receberam: as verdades e tradições passadas a eles; 3) Ouviram: os testemunhos e histórias compartilhados; 4) Viram: o exemplo vivo demonstrado por Paulo.

A fé cristã não é uma filosofia abstrata, mas um modo de vida. Não basta apenas conhecer a verdade; devemos vivê-la. Não é suficiente admirar o exemplo de outros; devemos nos tornar exemplos vivos. A promessa que acompanha esse chamado à ação é poderosa: "e o Deus da paz estará com vocês". Há uma conexão direta entre viver nossa fé e experimentar a presença pacificadora de Deus. Considere também o exemplo que mostramos para os outros. Assim como Paulo pôde apontar para sua própria vida como um modelo, nós também devemos viver de uma maneira que inspire e guie aqueles ao nosso redor.

Reflita sobre as verdades que você aprendeu, recebeu, ouviu e viu em sua jornada de fé. Quais delas você precisa colocar em prática? Perdoar? Ser mais generoso? Dedicar mais tempo à oração? Servir sua comunidade? Lembre-se, cada passo que damos para viver nossa fé é um degrau em direção a uma experiência mais profunda com a paz de Deus.

Senhor, ajuda-me a viver a fé que professo, colocando em prática tudo o que aprendi e testemunhei sobre Cristo, para que tua paz esteja sempre comigo. Capacita-me a ser um exemplo vivo para os outros. Em nome de Jesus, amém.

anotações

PRESENTES DO ALTO

28 MAIO

Toda boa dádiva e todo dom perfeito vêm lá do alto, descendo do Pai das luzes, em quem não pode existir variação ou sombra de mudança.

TIAGO 1.17, NAA

@devocional.palavrasdesabedoria | @marcelotoschi

É muito comum, ao longo da nossa vida, buscarmos realizações, avanços e conquistas. Esse desejo de progredir faz parte de quem somos, mas há um problema quando nossas metas e ambições não estão alinhadas ao coração de Deus. Quando isso acontece, corremos o risco de perseguir coisas vazias, como se estivéssemos correndo atrás do vento, sem propósito ou direção.

Salomão, em Eclesiastes, lembra-nos de que, quando Deus não está no centro, tudo é vaidade. Tiago 1.17, no entanto, oferece-nos uma importante chave para vivermos uma vida plena e frutífera: todas as dádivas boas e perfeitas vêm de Deus. Isso significa que tudo o que realmente vale a pena e gera verdadeira satisfação é um presente vindo do alto, do Pai celestial.

Há algo de maravilhoso na constância de Deus. Ele não muda, não é inconstante como as sombras. O mesmo Deus que foi fiel no passado, é fiel hoje e permanecerá fiel eternamente. Podemos descansar na certeza de que ele é um pai bondoso e que sempre tem o melhor para nos oferecer, isto é, não precisamos temer que ele tenha "altos e baixos". Deus é constante em sua bondade, sempre pronto a ouvir nossas orações e a derramar suas bênçãos sobre nós.

Por isso, busque a Deus diariamente, sabendo que nele você encontrará tudo o que é bom e perfeito. Não coloque suas esperanças em coisas passageiras, mas em um Deus que é imutável e cujo amor por você nunca muda.

Senhor, agradeço a imutabilidade de sua bondade. Ajuda-me a buscar tudo o que há de melhor em ti e a confiar que todas as boas dádivas vêm do alto. Que eu sempre me lembre de que tu és o mesmo ontem, hoje e eternamente, e que em ti encontro favor e misericórdia. Em nome de Jesus, amém.

anotações

O ALVORECER DO NOVO

Vejam, eu farei uma coisa nova! Ela está prestes a acontecer! Vocês não a percebem? Até no deserto vou abrir um caminho e riachos no ermo.

ISAÍAS 43.19

@devocional.palavrasdesabedoria | @marcelotoschi

A promessa de Deus de fazer "uma coisa nova" nos lembra de que ele não está preso ao passado nem limitado pelas circunstâncias. Essa novidade divina está "prestes a acontecer" e nos revela uma urgência que nos desafia a viver em constante expectativa. A pergunta "Vocês não a percebem?" afina nossa percepção espiritual. Quantas vezes perdemos as maravilhas de Deus porque estamos olhando para o lugar errado ou com a expectativa equivocada?

A imagem de um caminho no deserto e riachos no ermo é profundamente significativa. O deserto, frequentemente símbolo bíblico de provação e escassez, torna-se o cenário para a manifestação do poder transformador de Deus. É precisamente em nossos "desertos" — momentos de luta, dúvida ou desespero — que Deus promete fazer brotar algo novo e vivificante.

Quais são nossos desertos pessoais? São justamente esses lugares que Deus promete transformar. O versículo mencionado nos convida a uma jornada de fé e expectativa, e nos desafia a acreditar que, não importa quão difícil seja nossa situação atual, Deus está preparando algo novo e maravilhoso para nós.

Permita que o Espírito Santo reacenda a esperança em seu coração. Esteja atento aos sinais da obra renovadora de Deus em sua vida. Aquele que abre caminhos no deserto e faz brotar riachos no ermo está movendo-se agora mesmo, pronto para transformar seus desafios em oportunidades de crescimento e seus testes em testemunho.

Senhor, pelo poder do teu Espírito Santo, abra meus olhos para ver o novo que estás fazendo em minha vida. Ajuda-me a reconhecer tua mão mesmo em lugares improváveis. Renova minha esperança e guia-me pelos caminhos que estás abrindo, para que eu também seja teu instrumento para outros. Em nome de Jesus, amém.

anotações

PARA A GLÓRIA DE DEUS

30 MAIO

Porque dele, e por meio dele, e para ele são todas as coisas. A ele seja a glória para sempre. Amém!

ROMANOS 11.36, NAA

@devocional.palavrasdesabedoria | @marcelotoschi

A verdadeira adoração a Deus é algo que nunca deve esfriar ou se tornar uma prática comum em nossa vida. Fomos criados para glorificar a Deus em todos os momentos, em todas as situações e com toda intensidade. A adoração não se limita ao que fazemos durante o culto, quando levantamos as mãos ou cantamos uma linda canção. Trata-se de um estilo de vida, refletido em nossa atitude, palavras e relacionamentos cotidianos.

Adorar a Deus envolve muito mais do que rituais. É demonstrar o amor e a obediência a ele em tudo o que fazemos. Por exemplo, homens glorificam a Deus ao tratar suas esposas com o mesmo amor sacrificial que Cristo tem pela igreja. Mulheres louvam ao Senhor ao honrar seus maridos com o mesmo respeito que têm por Deus. Filhos adoram ao Senhor quando obedecem e honram seus pais, como ensinado no primeiro mandamento com promessa.

A verdadeira adoração não está apenas em momentos de oração, leitura da Palavra ou cânticos, mas em viver segundo os princípios de Deus em todas as áreas da vida. Quando obedecemos e praticamos seus ensinamentos, adoramos a Deus de forma plena. Essa adoração genuína traz consigo a abundância de vida que ele promete.

Lembre-se de que cada momento é uma oportunidade de adorar a Deus. Que sua vida reflita a glória de Deus em tudo o que você faz.

Senhor, ajuda-me a viver de maneira que minha vida te glorifique em cada detalhe. Que minha adoração vá além de palavras e canções, chegando a refletir-se em minhas atitudes, relacionamentos e obediência aos teus mandamentos. Em nome de Jesus, amém.

anotações

BASE INABALÁVEL

O justo nunca será derrotado pelas dificuldades da vida, e sempre se lembrarão dele. Ele não tem medo de más notícias porque o seu coração confia totalmente no Senhor, e ele tem uma base firme para sua vida.

SALMOS 112.6-7, NBV

@devocional.palavrasdesabedoria | @marcelotoschi

Ao iniciar o seu dia, qual foi a primeira notícia que você recebeu? Talvez tenha sido uma mensagem no WhatsApp, um alerta no canal de notícias ou uma atualização nas redes sociais sobre economia, política ou outros acontecimentos. Muitas pessoas passam grande parte do tempo absorvendo essas informações e, por vezes, ficam presas a elas. No entanto, o salmo 112 nos oferece uma nova perspectiva sobre como lidar com as notícias, sejam boas ou ruins.

Esse salmo afirma que o justo não teme as más notícias, mas isso não significa que ele estará livre de enfrentar dificuldades, problemas ou momentos difíceis. A diferença está na confiança que ele deposita no Senhor. O justo não se abala diante das más notícias, porque seu coração está ancorado em Deus. Ele sabe que, independentemente do que aconteça ao seu redor, sua base é firme e inabalável.

A vida do justo será lembrada, não por causa de suas conquistas, mas pela atitude que ele assume em meio às adversidades. Enquanto muitos podem se desesperar ou serem dominados pelo medo diante de más notícias, a confiança daquele que confia no Senhor se torna um exemplo para os outros. Sua paz e firmeza em tempos de incerteza servem de inspiração.

É importante manter-se informado sobre acontecimentos mundiais. No entanto, escolha com sabedoria as suas fontes de notícias. Mesmo as mais confiáveis podem trazer desconforto ou preocupação. Nesses momentos, o justo se distingue ao permanecer firme em sua confiança em Deus, sabendo que, do Céu, sempre virão boas-novas. Deus é a nossa fonte de esperança e nele podemos confiar.

Senhor, ajuda-me a confiar totalmente em ti, independentemente das circunstâncias ou das notícias que recebo. Que meu coração permaneça firme, sabendo que minha confiança está em Cristo. Em nome de Jesus, amém.

anotações

"

O perdão libera nosso coração e nos abre para a graça de Deus. Não permita que um conflito não resolvido impeça suas orações de serem atendidas ou atrapalhe seu relacionamento com Deus."

JUNHO

MAIS QUE VENCEDORES EM CRISTO

Mas em todas essas coisas somos mais que vencedores por meio daquele que nos amou.

ROMANOS 8.37

@devocional.palavrasdesabedoria | @marcelotoschi

Essa declaração nos eleva a um patamar de vitória que vai além de mera superação. Quando Paulo diz "em todas essas coisas", ele se refere a desafios e provações que podemos enfrentar em nossa jornada de fé: tribulação, angústia, perseguição, fome, nudez, perigo ou espada. O impacto dessa passagem é ainda maior com a afirmação de que somos "mais que vencedores". No grego, a palavra usada significa "vencedores em grau supremo",[1] sugerindo uma vitória que transcende a sobrevivência; implica triunfar de tal maneira que saímos da batalha mais fortes, sábios e parecidos com Cristo.

A chave para essa vitória não está em nossa própria força ou determinação. Paulo afirma que a vitória é "por meio daquele que nos amou", referindo-se a Jesus Cristo, cujo amor sacrificial na cruz nos redimiu e nos concedeu essa posição. Esse amor enfrentou a cruz, venceu a morte e nos reconciliou com Deus; é o que nos sustenta nas provações e nos fortalece nas fraquezas.

Em vez de nos vermos como vítimas das circunstâncias, somos chamados a nos enxergar como mais que vencedores em Cristo. Isso não significa que não enfrentaremos dificuldades, mas que temos, através de Cristo, os recursos necessários para triunfar magnificamente sobre elas. Viver como "mais que vencedores" implica uma confiança inabalável no amor e no poder de Deus.

Essa vitória é um dom recebido por meio de nossa união com Cristo. Que sua vida a testemunhe, inspirando outros a confiarem no amor divino, que nos torna mais que vencedores em todas as coisas.

Senhor, obrigado por me fazeres mais que vencedor por meio do teu amor. Ajuda-me a confiar em ti, mesmo em momentos de dificuldade, pois em Cristo tenho tudo o de que preciso para triunfar. Em nome de Jesus, amém.

[1] STRONG, James. **Léxico Hebraico, Aramaico e Grego de Strong.** 2. ed. Barueri: Sociedade Bíblica do Brasil, 2002.

anotações

PROTEGIDO EM DEUS

O SENHOR é a minha luz e a minha salvação; a quem temerei?
O SENHOR é o meu forte refúgio; de quem terei medo?

SALMOS 27.1

A maneira como você responde à pergunta "Quem é Deus para mim?" revela muito sobre onde está seu coração. Ele não nos criou para vivermos no medo, mas quando o pecado entrou no mundo, o medo se tornou uma realidade, porque ele age como uma sombra, tentando ofuscar a paz, a esperança e a segurança que encontramos em Deus. É uma arma que quer nos paralisar e nos afastar da confiança no Senhor.

Davi, ao escrever o salmo 27, fez uma declaração poderosa: "O Senhor é minha luz e salvação; a quem temerei?" Ele sabia, por meio de suas inúmeras experiências, que Deus era seu escudo e refúgio. Desde a juventude, ao defender suas ovelhas de leões e ursos, até enfrentar o gigante Golias e as perseguições do rei Saul, Davi sabia que o Senhor estava ao seu lado. O segredo de Davi não era a sua força, mas sua inabalável confiança em Deus como seu protetor.

E você, o que tem causado medo em sua vida? Muitas vezes, somos bombardeados por sentimentos que tentam nos desestabilizar, mas o Senhor nos convida a confiar nele como nossa luz e fortaleza. Mesmo que as circunstâncias ao seu redor gritem o contrário, você pode escolher confiar no Senhor. Ele ilumina o caminho na escuridão e protege em tempos de incerteza. Portanto, decida fazer de Deus o seu protetor. Declare em fé que o Senhor é sua luz e salvação, e que não há espaço para o medo em sua vida.

Senhor, obrigado porque tu és a minha luz, salvação e fortaleza. Ajuda-me a confiar completamente na tua graça, sabendo que és meu protetor em todas as circunstâncias. Em nome de Jesus, amém.

anotações

03 JUN

CONFIANDO NO AMOR VERDADEIRO DE DEUS

E assim conhecemos o amor que Deus tem por nós e confiamos nesse amor. Deus é amor. Todo aquele que permanece no amor permanece em Deus, e Deus, nele.

1JOÃO 4.16

@devocional.palavrasdesabedoria | @marcelotoschi

A essência de nossa vida é o relacionamento com Deus, e a base dele é o amor. O apóstolo João nos faz refletir sobre a profundidade do amor do Pai, que vai muito além de um simples sentimento. O amor divino é uma decisão, uma escolha consciente. Deus demonstrou seu amor ao enviar Cristo para morrer por nós, não porque merecíamos, mas porque ele escolheu nos amar, mesmo quando ainda éramos pecadores.

Esse amor não é algo que apenas "sentimos", mas que "sabemos", provado de forma concreta através do sacrifício de Jesus. Nosso relacionamento com Deus se torna verdadeiro quando confiamos em seu amor, e essa confiança só nasce através de uma intimidade diária com ele. Assim como não confiamos em alguém que não conhecemos bem, não podemos confiar no Pai sem um relacionamento profundo com ele. É preciso buscá-lo diariamente, não apenas nos cultos, mas em cada momento da vida. À medida que conhecemos mais de Deus, mais experimentamos seu cuidado, sabedoria e amor.

O verdadeiro amor vai além de palavras; ele se expressa em cuidado e em fazer com que o outro viva algo extraordinário. Deus nos convida a experimentar esse amor diariamente, rendendo nossa vida a Jesus e permitindo que ele nos guie. Reflita sobre a profundidade do amor de Deus por você. Você tem experimentado esse amor em sua vida diária? Decida hoje render-se a Jesus e permita que o Espírito Santo o guie e dirija. Somente assim você poderá experimentar a plenitude de vida que ele preparou para você.

Pai amoroso, agradeço pelo imenso amor demonstrado por Jesus. Ajuda-me a confiar mais e a render completamente minha vida ao teu cuidado. Em nome de Jesus, amém.

anotações

CHAMADOS PARA SER SANTOS

04 JUN

Porque Deus não nos chamou para a impureza, mas para a santidade.
1TESSALONICENSES 4.7

@devocional.palavrasdesabedoria | @marcelotoschi

Muitas pessoas se sentem frustradas ao ouvir sobre santidade, vendo-a como algo legalista ou impossível de ser alcançada. No entanto, essa não é a visão que Deus tem para nós. Ao olharmos para a palavra de Deus, percebemos que a santidade é um desejo divino para nossa vida, intimamente ligado à nossa nova identidade em Cristo.

O apóstolo Paulo nos lembra de que Deus nos chamou para viver separados. E isso não é algo que podemos alcançar por nós mesmos; é um reflexo da obra redentora de Cristo em nós. Ao sermos salvos, o Pai nos deu uma nova identidade: não somos mais escravos do pecado, mas filhos e filhas santos, chamados a viver conforme seu caráter.

A impureza é a marca que o pecado deixou na humanidade, mas, em Cristo, somos libertos dessa escravidão. Isso significa que, através de Jesus, recebemos a capacidade de viver em santidade. Essa é nossa nova identidade, e podemos vivê-la porque Deus nos capacita. Santidade não é um fardo, mas uma expressão da nova vida que recebemos em Cristo.

Muitas vezes, a frustração surge porque olhamos para uma vida santa como um alvo inatingível. Porém, quando entendemos que ela faz parte da nossa identidade em Deus e que ele nos capacita a viver de forma santa, percebemos que podemos caminhar em santidade todos os dias. Assim, santidade é um chamado para sermos quem realmente somos em Cristo.

Senhor, obrigado por me chamares a uma vida de santidade. Ajuda-me a lembrar que, em Cristo, eu tenho uma nova identidade e posso viver de acordo com o teu chamado. Dá-me forças para resistir à impureza e refletir tua santidade ao mundo. Em nome de Jesus, amém.

anotações

AVANCE EM OBEDIÊNCIA

"Vá, pois, agora; eu o envio ao faraó para tirar do Egito o meu povo, os israelitas". Moisés, porém, respondeu a Deus: "Quem sou eu para apresentar-me ao faraó e tirar os israelitas do Egito?".

ÊXODO 3.10-11

@devocional.palavrasdesabedoria | @marcelotoschi

Moisés foi chamado diretamente por Deus em uma experiência extraordinária através de uma sarça ardente que não se consumia. Mesmo diante de uma manifestação tão poderosa, Moisés tentou fugir do seu chamado, apresentando várias desculpas, como suas limitações, seu passado e sua falta de habilidades. Ele chegou a pedir que Deus escolhesse outra pessoa para aquela missão.

Quantas vezes agimos como Moisés? Deus nos dá uma missão clara, mas somos tomados pelo medo, insegurança ou desculpas. Ficamos paralisados, presos em nossas limitações, delegando a outros o que ele confiou a nós. Assim, deixamos de avançar e de viver os planos que o Senhor preparou para nossa vida.

Mas aqui está uma verdade poderosa: Deus não se engana quando nos chama. Ele conhece nossas fraquezas e, ainda assim, escolhe nos usar. Se Deus lhe deu uma direção, um sonho ou um propósito, confie nele e avance em obediência. Sua disposição para obedecer abrirá portas de crescimento, oportunidades e bênçãos que você nunca imaginou. Não se prenda às limitações. Confie no Deus que o chamou e veja o extraordinário acontecer em sua vida.

Senhor, reconheço que muitas vezes me sinto inseguro e incapaz diante do chamado que o Senhor colocou sobre mim. Hoje, eu escolho confiar em ti e avançar em obediência, sabendo que me fortaleces e capacitas. Em nome de Jesus, amém.

anotações

....

....

....

JULGAMENTO OU ANÁLISE?

06 JUN

Semelhantemente, toda árvore boa dá frutos bons [...] assim, pelos seus frutos vocês o reconhecerão.

MATEUS 7.17A-20

@devocional.palavrasdesabedoria | @marcelotoschi

Existe uma diferença crucial entre julgamento e análise, e compreender isso pode transformar sua vida. Como seres humanos, muitas vezes somos rápidos em julgar os outros, mas a Bíblia nos alerta sobre os perigos disso. Quando julgamos as intenções de alguém, usurpamos o papel que pertence unicamente a Deus. Só ele conhece o coração humano em profundidade. Julgar pode trazer grandes prejuízos, tanto para nós quanto para os outros.

Quantas vezes deixamos de nos aproximar de pessoas que Deus colocou em nosso caminho para nos abençoar simplesmente porque emitimos um julgamento prematuro? Esse erro comum nos afasta de boas oportunidades. Por outro lado, a palavra de Deus nos instrui a analisar os frutos das pessoas. Em Mateus 7.16-17, somos ensinados a identificar o que está no coração de alguém pelos frutos que produz. Não temos o direito de julgar, mas somos chamados a analisar se os frutos que alguém está dando são bons ou maus. Ao mesmo tempo, devemos fazer uma autoanálise quanto aos frutos produzidos por nós mesmos. Ao observar sua própria vida, o que vê? Frutos de amor, alegria, paz e bondade, ou frutos amargos de ressentimento, raiva e amargura?

Se você está produzindo bons frutos, louve a Deus por isso. Se perceber que seus frutos não são agradáveis a Deus, arrependa-se e peça ao Espírito Santo que transforme seu coração. Faça uma autoanálise sincera. Quais são os frutos que você tem produzido?

Senhor, ajuda-me a produzir bons frutos e perdoa-me pelas vezes em que julguei os outros, agindo sem amor e honestidade. Em nome de Jesus, amém.

anotações

VIVENDO CHEIO DO ESPÍRITO

Não apaguem o Espírito.
1TESSALONICENSES 5.19

@devocional.palavrasdesabedoria | @marcelotoschi

Na luta que constantemente enfrentamos entre a carne e o espírito, uma das estratégias mais sutis do Inimigo é nos fazer ignorar a presença e o poder do Espírito Santo. Muitos acreditam que ele não age mais com o mesmo poder de antes, que os dons e as manifestações divinas não são para os nossos dias. Quando caímos nessa armadilha, perdemos a chance de experimentar a manifestação da presença divina em nossa rotina.

Porém, a verdade é que o Espírito Santo deseja se relacionar com você! Ele não é uma força distante, mas o próprio Deus que habita dentro de nós, ensinando-nos a verdade, guiando-nos e agindo em nossa vida com liberdade e poder. Ele fala conosco, intercede por nós e nos convence quando erramos. É nosso consolador e amigo fiel, sempre ao nosso lado.

Quantas vezes entristecemos o Espírito com nossas atitudes e palavras? Na realidade, somos nós que definimos o nível de nossa intimidade com ele. O Espírito Santo sempre está pronto para agir, mas cabe a nós escolhermos buscar essa proximidade.

Hoje, meu convite é simples: aprofunde sua relação com o Espírito Santo. Basta que você se entregue e permita que ele guie cada área de sua vida. Não permita que nada apague essa chama, e viva cheio do poder e da direção divina.

Pai, agradeço pelo dom do Espírito Santo que habita em mim. Perdoa-me pelas vezes em que o ignorei ou entristeci. Hoje, escolho me render completamente à tua presença, para ser guiado e fortalecido pelo teu Espírito. Em nome de Jesus, amém.

anotações

O DERRAMAR DO ESPÍRITO

08 JUN

E acontecerá, depois disso, que derramarei o meu Espírito sobre toda a humanidade. Os filhos e as filhas de vocês profetizarão [...]

JOEL 2.28, NAA

@devocional.palavrasdesabedoria | @marcelotoschi

Essa promessa divina proclama poderosamente uma nova era na relação entre Deus e a humanidade. Ela apontava para um futuro em que a presença do Espírito de Deus não seria limitada a poucos escolhidos, mas se estenderia a todos os crentes, independentemente de idade, gênero ou posição social. A frase "derramar o meu Espírito" evoca a imagem de uma abundância transbordante, sugerindo uma intimidade e comunhão com Deus que vai além do que era conhecido no Antigo Testamento, quando o Espírito vinha apenas sobre indivíduos específicos para propósitos particulares.

A expressão "sobre toda a carne" é revolucionária! Ela quebra barreiras e distinções humanas, indicando que o Espírito de Deus não faz acepção de pessoas. Jovens e idosos, homens e mulheres, ricos e pobres — todos estão incluídos na promessa divina. A menção de "filhos e filhas" é particularmente significativa, afirmando a igualdade espiritual entre gêneros em uma sociedade patriarcal, onde as mulheres eram marginalizadas.

Essa profecia se cumpriu no dia de Pentecostes, em Atos 2, quando o Espírito Santo foi derramado sobre os primeiros cristãos. No entanto, sua aplicação se estende à Igreja de Cristo de todas as eras, uma vez que todo aquele que crê em Jesus como Senhor e Salvador torna-se templo do Espírito de Deus. Que grande privilégio temos em sermos batizados pelo Espírito Santo através da fé em Jesus! Devemos viver, portanto, plenamente conscientes dessa maravilhosa realidade.

Senhor, que privilégio é saber que teu Espírito habita em mim. Ajuda-me a viver em constante busca pela tua presença, sendo sensível à tua direção. Em nome de Jesus, amém.

anotações

A FORÇA DA COMUNHÃO

Pois no dia da adversidade ele me guardará protegido em sua habitação; no seu tabernáculo me esconderá e me porá em segurança sobre um rochedo. Então triunfarei sobre os inimigos que me cercam.

SALMOS 27.5-6A

@devocional.palavrasdesabedoria | @marcelotoschi

Há algo especial e poderoso em estar na casa de Deus, em comunhão com os irmãos. Os cultos não são apenas encontros sociais, são refúgios onde experimentamos a presença de Deus juntos. O salmista nos lembra de que, nesses momentos, encontramos segurança e proteção em meio às adversidades. A igreja não é apenas um prédio que frequentamos, é uma família espiritual.

Infelizmente, há uma crescente tendência de desvalorizar a importância da igreja, como se fosse uma criação humana, ou atacar os pastores e as instituições. Porém, a Palavra claramente revela que a igreja foi estabelecida por Deus como um presente para seu povo. Ela é o corpo perfeito de Cristo, uma manifestação viva da graça de Deus, onde cada membro tem um papel fundamental.

Participar da vida da igreja vai além de ocupar um espaço físico; é pertencer a uma família que acolhe e apoia, especialmente em momentos difíceis. Com diferentes dons, todos precisamos uns dos outros, e é assim que o corpo de Cristo cresce e cumpre os propósitos de Deus na Terra.

Quando enfrentamos desafios, a igreja é o lugar de abrigo e fortalecimento. Não despreze a importância de estar em comunhão com os irmãos, participar dos cultos e viver como parte dessa família espiritual. Isso certamente trará bênçãos para a sua vida.

Senhor, obrigado por nos dares a igreja, um lugar de comunhão, abrigo e crescimento, como presente divino. Ajuda-me a valorizar cada momento em tua casa e a viver em união com meus irmãos, edificando e sendo edificado. Em nome de Jesus, amém.

anotações

OCUPE SUA MENTE COM O QUE É BOM

10 JUN

Por que você repara no cisco que está no olho do seu irmão, mas não se dá conta da viga que está no seu próprio olho?

MATEUS 7.3

@devocional.palavrasdesabedoria | @marcelotoschi

Quando Jesus nos alerta sobre o perigo de julgar os outros, ele está nos ensinando a focar no que realmente importa. A intromissão na vida alheia não vem do amor, mas de uma mente desocupada, que desvia sua atenção dos próprios desafios. Um ditado popular diz: "Mente vazia, oficina do Diabo". E, embora essa frase não esteja nas Escrituras, o princípio que ela carrega reflete uma verdade: uma mente sem propósito tende a se desviar e ocupar-se com coisas que não edificam. Por isso, Filipenses 4.8 nos orienta a pensar em tudo o que é bom, puro, louvável e excelente.

Deus nos deu uma mente brilhante, capaz de realizar coisas grandiosas. Quando não usamos esse potencial para o bem, desperdiçamos nosso tempo com ociosidade e preocupações desnecessárias, como julgar os outros. Jesus sabiamente nos adverte a olhar para nossos próprios erros antes de nos preocuparmos com os defeitos dos outros. Em vez de focar nas falhas alheias, deveríamos nos ocupar com o que é nobre e construtivo.

Tome um tempo para avaliar como você tem gasto sua energia mental e emocional. Você está ocupando sua mente com pensamentos que edificam ou desgastando-se com críticas e julgamentos? Desafie-se a focar em bons pensamentos e ações, que o ajudem a crescer. Quanto mais se concentrar em melhorar a si mesmo, menos será tentado a julgar os outros.

Senhor, ajuda-me a povoar minha mente com o que é bom e edificante. Perdoa-me pelas vezes em que foquei nos erros dos outros em vez de olhar para os meus próprios desafios. Dá-me sabedoria para me concentrar em crescer e amadurecer na fé. Em nome de Jesus, amém.

anotações

A SANTIDADE NO MATRIMÔNIO

Não cometa adultério.

ÊXODO 20.14, NAA

@devocional.palavrasdesabedoria | @marcelotoschi

Na perspectiva bíblica, o casamento é mais do que um contrato social; é uma aliança espiritual que reflete o relacionamento entre Cristo e a Igreja (cf. Efésios 5.31-32). Portanto, a fidelidade no casamento não é apenas uma questão de moralidade pessoal, mas um testemunho vivo do amor e da fidelidade de Deus.

Jesus expandiu esse mandamento, afirmando que até mesmo o olhar com intenção impura já constitui adultério no coração (cf. Mateus 5.27-28). Isso nos lembra que a fidelidade começa na mente e no coração, não apenas nas ações externas. O adultério é tão maligno que pode destruir famílias, ferir gerações e desestabilizar comunidades inteiras.

Esse mandamento nos chama à integridade pessoal e ao compromisso com a verdade em todos os relacionamentos. A fidelidade no casamento reflete a mesma em outras áreas da vida. Na era digital, a ordenança ganha novas formas de dimensões, desafiando-nos a também considerar a fidelidade nas interações online e no uso de redes sociais. Ela não é apenas uma proibição, mas um convite para nutrirmos relacionamentos saudáveis, baseados em confiança e respeito mútuos.

Portanto, invista tempo para fortalecer seu relacionamento conjugal. Estabeleça limites saudáveis com os outros, esteja atento aos seus pensamentos e mantenha uma comunicação honesta com seu cônjuge. Se necessário, busque aconselhamento e apoio espiritual.

Senhor, obrigado pelo presente do casamento e pela beleza da intimidade dentro dessa aliança sagrada. Perdoa-me pelas vezes em que não o honrei em pensamento ou ação. Dá-me graça para ser fiel e evitar situações de tentação. Que meu casamento (ou futuro casamento) seja um reflexo do teu amor e fidelidade. Em nome de Jesus, amém.

anotações

O VALOR DO TRABALHO

12 JUN

As mãos preguiçosas empobrecem o homem,
porém as mãos diligentes lhe trazem riqueza.

PROVÉRBIOS 10.4

@devocional.palavrasdesabedoria | @marcelotoschi

Cada novo dia é um presente de Deus, repleto de oportunidades e bênçãos. Se refletirmos bem, reconheceremos diversas razões pelas quais agradecer: o presente de acordar, ter uma família, desfrutar de uma refeição ou até mesmo de uma noite de sono tranquila. Para outros, a bênção de uma gravidez esperada há anos ou o simples fato de viver. Há uma infinidade de motivos para sermos gratos!

Contudo, curiosamente, há muitos que não incluem o trabalho em sua lista de bênçãos. Muitos o veem como um fardo a ser suportado, não como um presente dado por Deus. Essa visão pode fazer com que estagnem. Ao não reconhecerem o trabalho como uma dádiva, deixam de enxergar o propósito e as oportunidades que Deus oferece através dele.

Provérbios 10.4 nos ensina que o trabalho é, de fato, uma bênção. É o meio pelo qual Deus nos permite prosperar e avançar. Não há segredos ou atalhos para o sucesso — a diligência e o esforço são os caminhos para a prosperidade. Os preguiçosos que apenas reclamam do trabalho, sem valorizar o que têm, permanecerão estagnados.

Que tal mudar sua perspectiva hoje? Agradeça a Deus pela oportunidade de trabalhar e glorifique-o através de suas ações. Lembre-se de que o local onde você trabalha é abençoado, pois Deus está ao seu lado.

Senhor, ajuda-me a valorizar o meu trabalho, como uma bênção, e a usá-lo como uma forma de glorificar a Cristo. Que eu seja diligente, agradecido e dedicado em tudo o que fizer. Em nome de Jesus, amém.

anotações

O ABRAÇO DO PAI

O SENHOR está perto dos que têm o coração quebrantado e salva os de espírito abatido.

SALMOS 34.18

Você já se sentiu como se seu coração estivesse partido em mil pedaços? Talvez quando seu sonho mais almejado tenha desmoronado diante de seus olhos. Nesses momentos de dor profunda, é fácil sentir-se sozinho, como se ninguém pudesse compreender seu sofrimento. O peso da tristeza parece esmagar o peito, e o futuro se torna uma névoa cinzenta e incerta. É precisamente nesses instantes que esse salmo se torna um bálsamo para a alma ferida, lembrando que, quando o coração está em pedaços, Deus não se afasta. Pelo contrário, ele se aproxima ainda mais.

Imagine uma criança que cai e se machuca. O que faz um pai amoroso? Ele corre, abraça-a, limpa o ferimento e oferece conforto. Da mesma forma, nosso Pai Celestial se aproxima quando estamos emocionalmente feridos. Pense no dia em que você se sentou no chão do banheiro, chorando em silêncio, ou naquela noite em que encarou o teto, incapaz de dormir por causa da ansiedade. Nesses momentos, mesmo que não tenha percebido, Deus estava ali, ao seu lado, compartilhando sua dor. Ele não apenas observa nossa luta, mas estende sua mão para nos resgatar.

Se você sente seu coração partido, sofrendo a dor de um divórcio, de uma doença crônica ou de um fracasso, saiba que não está sozinho. O Criador escolhe estar perto de você em sua fragilidade. Portanto, não tente se esconder dele. Seja vulnerável ao divino e, então, acolhido e curado com todo o amor que ele oferece.

Pai amoroso, em meus momentos de dor e desespero, lembra-me de tua presença constante. Quando meu coração estiver quebrantado, ajuda-me a sentir teu abraço reconfortante. Cura minhas feridas, restaura minha esperança e renova meu espírito. Em nome de Jesus, amém.

anotações

A JUSTIÇA DE DEUS

14 JUN

Aquele que vai me declarar justo está bem perto;
quem se atreve a lutar contra mim? Vamos juntos à presença
do Juiz! Quem é o meu acusador? Que ele me enfrente!

ISAÍAS 50.8, NBV

@devocional.palavrasdesabedoria | @marcelotoschi

Você já observou que muitas vezes, ficamos tentando nos justificar diante dos outros para agradar familiares, amigos ou colegas? Essa busca por validação desgasta, fazendo-nos constantemente explicar nossos atos ou pensamentos às pessoas. Se pararmos para pensar, quanto mais procuramos nos justificar, mais nos complicamos.

O texto de Isaías nos traz uma verdade poderosa, que precisamos sempre trazer à memória: quem nos justifica é o Senhor. Temos de entender que, quando vivemos com integridade e retidão, não precisamos correr atrás de aprovação humana. É Deus quem nos declara justos. Nosso foco deve estar em agradar o coração de Deus, não em conquistar a aceitação dos outros.

Viver para agradar a Deus significa alinhar nossas ações ao propósito divino para nossa vida, e isso é o que realmente importa. Quando colocamos Deus em primeiro lugar e seguimos suas instruções, é ele quem nos traz reconhecimento e nos faz prosperar. Com o tempo, as pessoas ao redor perceberão que nossa vida é dedicada para a glória e honra de Deus, e não para a opinião alheia.

Senhor, obrigado porque tu és meu justificador. Ajuda-me a viver de acordo com teu propósito, sem buscar a aprovação dos outros. Que minhas ações sejam para te agradar e honrar o nome de Cristo. Em nome de Jesus, amém.

anotações

15 JUN

DESCANSO EM MEIO À JORNADA

Ele me faz repousar em pastos verdejantes.
Leva-me para junto das águas de descanso.

SALMOS 23.2, NAA

@devocional.palavrasdesabedoria | @marcelotoschi

O salmo 23 é uma das passagens mais amadas das Escrituras. No versículo mencionado, há uma bela imagem de cuidado e provisão divina, pintada com as cores vívidas da natureza e da serenidade. Davi, o salmista, usa a metáfora de um pastor cuidando de suas ovelhas para descrever o relacionamento entre Deus e seus filhos. Assim como as ovelhas são vulneráveis e dependentes, somos convidados a reconhecer nossa própria dependência de Deus e confiar em sua liderança.

A frase "Ele me faz repousar" é profundamente significativa. Em uma sociedade agitada, onde o estresse e a ansiedade predominam, a ideia de verdadeiro descanso pode parecer vago. No entanto, o versículo nos lembra que o descanso não é uma pausa física, mas um estado que Deus deseja para nós, restaurando a alma, e renovando o espírito. Assim também, os "pastos verdejantes" trazem a ideia de abundância, nutrição e satisfação. Isto é, Deus não apenas nos proporciona um lugar para repousar, mas também nos nutre com sua palavra. A menção das "águas de descanso" representa refresco e purificação. O Bom Pastor não nos guia a águas perigosas, mas a águas tranquilas, onde somos saciados com paz.

Que possamos, diante das pressões da vida, lembrar que nosso Bom Pastor deseja nos conduzir a lugares de descanso e renovação. Ele nos convida a confiar em sua liderança e encontrar paz em sua presença.

Senhor, obrigado por que tu és meu Bom Pastor e por me conduzires a lugares de descanso. Ajuda-me a confiar em ti e a ser renovado por tua paz. Em nome de Jesus, amém.

anotações

RECOMEÇAR

16 JUN

O Senhor é compassivo e bondoso; tardio em irar-se e rico em bondade. Não repreende perpetuamente, nem conserva para sempre a sua ira. Não nos trata segundo os nossos pecados, nem nos retribui conforme as nossas iniquidades.

SALMOS 103.8-10, NAA

@devocional.palavrasdesabedoria | @marcelotoschi

Já parou para pensar em como seria nossa vida sem a misericórdia de Deus? A verdade é que apenas não recebemos o que merecemos por causa do imenso amor e compaixão do Senhor. A Bíblia nos lembra que dentro de nós existe uma batalha constante: a carne luta contra o Espírito. Nossos desejos carnais frequentemente se opõem ao que Deus quer realizar em nossa vida.

Mesmo sendo restaurados e justificados em Cristo, ainda enfrentamos nossa natureza humana e, por vezes, erramos. Todos nós falhamos, mesmo sabendo que temos o Espírito Santo habitando em nós. E é nessas horas que o Inimigo tenta nos acusar, lançando-nos pensamentos de culpa e condenação. A Bíblia fala sobre os "dardos inflamados" que ele lança, tentando nos desanimar e afastar de Deus. Mas lembre-se: a voz do Espírito Santo nos corrige e admoesta com amor, não com acusação. Ele quer nos conduzir ao arrependimento e à restauração, não à culpa.

Jesus Cristo é nosso advogado diante do Pai. A misericórdia de Deus é tão grande, que se renovam a cada dia, garantindo que não sejamos consumidos por nossos erros. Por isso, hoje é dia de celebrar a bondade de Deus! Rejeite toda acusação que tenta desanimá-lo e alegre-se nas novas oportunidades que o Senhor lhe dá. Cada dia é uma chance de recomeçar e ser renovado pela graça de Deus.

Senhor, obrigado por tuas misericórdias que se renovam a cada manhã. Ajuda-me a rejeitar as acusações do Inimigo e a viver em plena confiança no teu amor e perdão. Em nome de Jesus, amém.

anotações

17 JUN

CONFLITOS NÃO RESOLVIDOS

E, quando estiverem orando, se tiverem alguma coisa contra alguém, perdoem-no, para que também o Pai celestial perdoe os seus pecados.

MARCOS 11.25

@devocional.palavrasdesabedoria | @marcelotoschi

Conflitos fazem parte da vida de todos nós. Seja por diferenças de criação, valores ou pequenas divergências no dia a dia, é impossível viver sem enfrentar algum tipo de desentendimento. O que realmente importa é como lidamos com eles. Ignorá-los não resolve nada; na verdade, pode até piorar a situação, criando espaço para mágoas.

No versículo de hoje, Jesus nos ensina algo maravilhoso: o perdão. Ele nos instrui a perdoar quem nos machucou para que também sejamos perdoados por Deus. Isso não é uma sugestão, mas um mandamento. O perdão não depende de quem estava certo ou errado; é uma atitude que devemos tomar, reconhecendo que também precisamos do perdão divino.

Segurar mágoas nos prende emocional e espiritualmente. Por isso, pergunte a si mesmo: estou disposto a perdoar? Se sim, esse é o primeiro passo. O perdão libera nosso coração e nos abre para a graça de Deus. Não permita que um conflito não resolvido impeça suas orações de serem atendidas ou atrapalhe seu relacionamento com Deus.

Ore e peça que o Senhor revele quem você precisa perdoar. Ao lembrar-se dessas pessoas, faça uma oração pedindo a Deus que o perdoe por não as ter liberado antes. Em seguida, busque entrar em contato com elas e trate de reconciliar-se, para que possa testemunhar do poder de Deus em sua vida.

Senhor, obrigado por teu perdão que me alcança todos os dias. Ajuda-me a perdoar aqueles que me feriram, assim como me perdoas em Cristo. Dá-me coragem e humildade para buscar a reconciliação, pedindo perdão ou perdoando. Em nome de Jesus, amém.

anotações

CONFIANÇA INABALÁVEL

18 JUN

Eu, porém, confio no teu amor leal;
o meu coração exulta em tua salvação.

SALMOS 13.5

No turbilhão da vida, quando as circunstâncias parecem conspirar contra nós, o salmista nos oferece uma verdade eterna: a confiança no amor inabalável de Deus. O versículo nos convida para uma jornada de intimidade profunda com o Criador, pois confiar no amor divino é uma decisão consciente de voltar nosso coração a ele. Mesmo quando Deus parece estar em silêncio e não sentimos sua doce presença, confiar no amor dele refina nossa fé, como quem diz: "Pai, mesmo que eu não entenda seus propósitos, confio em seu amor por mim".

A alegria mencionada pelo salmista não é uma emoção superficial, mas uma profunda satisfação que brota do conhecimento da salvação de Deus. Trata-se de uma alegria que transcende as circunstâncias, lançando a âncora de nossa identidade e paz na rocha do amor eterno de Deus por nós. Assim, para cultivá-la, precisamos buscar intencionalmente a presença de Deus. Portanto, não deixe de reservar momentos diários para estar a sós com ele, abrindo seu coração em honesta oração. Lembre-se, Deus deseja um relacionamento pessoal e próximo com você. Ele não é uma pessoa distante, mas um pai amoroso que se deleita na comunhão com seus filhos.

Desafie-se a dar um passo em direção a uma maior intimidade com Deus. Permita que a confiança no seu amor e a alegria de sua salvação sejam o fundamento sobre o qual você constrói sua intimidade com o Pai Celestial.

Senhor, obrigado pelo teu amor constante e fiel. Mesmo quando as circunstâncias são difíceis, eu escolho confiar em ti. Ajuda-me a lembrar da alegria que vem da salvação e a descansar na tua presença. Em nome de Jesus, amém.

anotações

A FORÇA SILENCIOSA DO ESPÍRITO

Então, respondeu e me disse: Esta é a palavra do SENHOR a Zorobabel, dizendo: Não por força, nem por poder, mas pelo meu Espírito, diz o SENHOR dos Exércitos.

ZACARIAS 4.6

@devocional.palavrasdesabedoria | @marcelotoschi

É interessante como temos visto nestes dias a celebração da autossuficiência e até da força bruta, mas as Escrituras nos lembram da verdadeira fonte de realização e sucesso. A mensagem entregue pelo profeta Zacarias desafia as noções sobre como as coisas são realizadas no Reino de Deus. Zorobabel enfrentava a difícil tarefa de reconstruir o templo em Jerusalém após o exílio babilônico. Diante de obstáculos e oposições aparentemente insuperáveis, era tentador confiar apenas em estratégias e recursos humanos. No entanto, Deus intervém com uma mensagem que redefine o paradigma de sucesso.

"Não por força, nem por poder" — essa frase desconstrói a tendência de confiar em nossa própria força. Quantas vezes, tentamos forçar situações ou dependemos de nossas habilidades para conseguir algo? Deus nos lembra de que esses elementos não são a fonte primária do verdadeiro sucesso. "Mas pelo meu Espírito" — aqui está o cerne da mensagem. O Espírito de Deus é a força motriz por trás de todo empreendimento bem-sucedido no Reino de Deus. E sua ação, muitas vezes, opera sutilmente, transformando corações, renovando mentes e capacitando os fracos a realizarem o extraordinário.

A Palavra, portanto, convida-nos à humildade e à dependência de Deus. Ela nos chama a confiar não em recursos externos ou em nossa própria capacidade, mas no poder invisível, porém infalível, do Espírito Santo. De fato, essa mensagem é relevante para nós hoje. Em desafios pessoais, projetos na igreja ou relacionamentos complexos, o princípio permanece o mesmo: o verdadeiro sucesso ocorre através da operação do Espírito de Deus em e através de nós.

Senhor, ajuda-me a confiar mais no teu Espírito e menos em minhas próprias forças. Reconheço que sem ti, sou limitado. Que o teu Espírito Santo opere em mim e através de mim para a tua glória. Em nome de Jesus, amém.

anotações

CAMINHANDO NAS ALTURAS

20 JUN

O Senhor, o Soberano, é a minha força; ele faz os meus pés como os do cervo e faz-me andar nos meus lugares altos.

HABACUQUE 3.19

@devocional.palavrasdesabedoria | @marcelotoschi

A imagem do cervo descrita no versículo de hoje é particularmente muito significativa. Esses são animais conhecidos por sua agilidade e destreza em terrenos rochosos e íngremes. Ao comparar nossos pés aos desse animal, o versículo sugere que Deus nos equipa não apenas para sobreviver, mas para prosperar em circunstâncias desafiadoras. Ele nos dá a capacidade de navegar com graça e confiança através dos terrenos acidentados da vida.

A promessa de "andar em lugares altos" é poderosa. Esses lugares representam conquistas jamais imaginadas por nós, que só vamos alcançar pelo poder de Deus. Ou seja, ele não apenas nos ajuda a superar obstáculos, mas nos leva a novos patamares de crescimento espiritual e realização pessoal. Para experimentar essa realidade não há outra maneira a não ser cultivando uma busca íntima da presença de Deus. Comece seu dia reconhecendo sua dependência dele, pratique a oração contínua e medite nas Escrituras, para ser transformado pela renovação do entendimento.

Portanto, dê um passo de fé em direção a lugares elevados, enfrentando medos, perseguindo sonhos e confiando em Deus. E nessa jornada, lembre-se: sua escalada não é solitária, pois o Senhor é a sua força.

Senhor, obrigado porque tu és a minha força e por me capacitares a enfrentar os desafios da vida com confiança, mesmo quando o caminho é íngreme. Que eu ande nas alturas que o Senhor preparou para mim. Em nome de Jesus, amém.

anotações

O SENHOR LUTA POR NÓS

O Senhor lutará por vocês; tão-somente acalmem-se.

ÊXODO 14.14

@devocional.palavrasdesabedoria | @marcelotoschi

Por meio desse verso, somos transportados para um momento importante na história do povo de Israel. Recém-libertos da escravidão no Egito, eles se encontravam encurralados entre o Mar Vermelho e o exército do faraó que os perseguia. Nesse momento de pânico, Moisés pronuncia tais palavras, evocando profunda confiança e segurança em Deus.

A afirmação "o Senhor lutará por vocês" expressa o compromisso de Deus e nos lembra de que, em nossas maiores batalhas, não estamos sozinhos. Deus não nos observa passivamente, mas nos defende ativamente. E o Espírito Santo nos capacita a confiar nisso, mesmo quando as batalhas rugem alto. Afinal, o Deus que nos fez sair vitoriosos em batalhas passadas seguirá nos acompanhando nas que enfrentamos atualmente.

A segunda parte, "tão-somente acalmem-se", é igualmente profunda. Em hebraico, pode ser traduzida como "fiquem quietos" ou "mantenham-se em silêncio", significando um convite à confiança e à rendição tranquila ao Senhor. Devemos aquietar nossos medos e deixar de tentar controlar a situação. Em meio ao caos e à ansiedade, é o Espírito quem nos traz a paz que "excede todo o entendimento" (cf. Filipenses 4.7). Ele nos ajuda a soltar o controle e confiar plenamente na intervenção de Deus. Logo, confie plenamente que o Senhor lutará em sua defesa e, assim, encontre a força para se acalmar.

Senhor, que o teu Espírito Santo me ajude a acreditar completamente em ti, especialmente nos momentos em que a batalha ruge alto. Em nome de Jesus, amém.

anotações

A VERDADEIRA LIBERDADE

Agora, porém, que vocês foram libertos do pecado e se tornaram escravos de Deus, o fruto que colhem leva à santidade, e o seu fim é a vida eterna.

ROMANOS 6.22

A Bíblia nos ensina que foi para a liberdade que Cristo nos libertou. Quando compreendemos essa verdade, entendemos que o poder do pecado não nos controla mais. Isso traz um profundo senso de alegria e alívio, pois agora podemos viver uma vida plena. Contudo, com a liberdade vem também a responsabilidade, isto é, a escolha de permanecer livre está em nossas mãos. Embora tenham sido livres, há muitos que decidem retornar à escravidão do pecado.

O fruto dessa liberdade é a santidade, e o resultado é a vida eterna. Buscar o que agrada a Deus é mais do que uma obrigação, é um privilégio, pois a santidade nos traz imensas bênçãos. Ao contrário do que muitos pensam, abster-se do pecado não é uma proibição rígida de Deus para impedir nossa felicidade, mas uma proteção amorosa. Deus deseja que vivamos livres da escravidão do pecado, experimentando a liberdade que Jesus conquistou para nós.

Assim como um pai protege seus filhos de decisões que podem prejudicá-los, o Senhor nos guia por um caminho de santidade que conduz à vida eterna. Ele sabe o que é melhor para nós e nos chama a viver uma vida extraordinária de liberdade e vitória, tanto agora quanto na Eternidade.

Senhor, obrigado pela liberdade que Cristo conquistou para mim. Ajuda-me a permanecer firme nela, escolhendo sempre aquilo que te agrada. Guia-me no caminho da santidade e protege-me de voltar à escravidão do pecado. Em nome de Jesus, amém.

anotações

O ANTÍDOTO PARA A ANSIEDADE

Não andem ansiosos por coisa alguma, mas em tudo, por meio da oração e da súplica, com ação de graças, apresentem os seus pedidos a Deus. Então, a paz de Deus, que excede todo o entendimento, guardará o coração e os pensamentos de vocês em Cristo Jesus.

FILIPENSES 4.6-7

@devocional.palavrasdesabedoria | @marcelotoschi

O mundo constantemente alimenta a ansiedade: preocupações com o futuro, pressões do trabalho, desafios familiares e problemas de saúde. Essa lista, na verdade, é interminável. No entanto, a palavra de Deus nos oferece um caminho para a paz que desafia a lógica humana. O apóstolo Paulo, escrevendo aos filipenses, não minimiza nossas preocupações, mas nos oferece uma alternativa: a oração.

Paulo afirma que não há preocupação pequena ou grande demais para levarmos a Deus. Seja uma decisão importante de vida ou uma inquietação aparentemente insignificante, somos convidados a transformar cada ansiedade em oração. A receita de Paulo para combater a ansiedade é tripla: 1) Oração, em uma conversa íntima com Deus. 2) Súplica, um clamor da alma com pedidos específicos. 3) Ação de graças, expressando gratidão e lembrando-se de vitórias passadas para ter esperança.

O resultado dessa prática é uma paz que "excede todo o entendimento". Não é uma paz superficial ou temporária, mas uma tranquilidade profunda que permanece mesmo quando as circunstâncias não mudam. Essa paz age como um exército, protegendo nosso coração e mente, mantendo nosso foco em Cristo. Portanto, ao se deparar com preocupações, pare e transforme-as em oração, compartilhando seu coração com Deus. Assim, poderá experimentar a paz que excede a compreensão humana.

Senhor, entrego-te todas as minhas preocupações e ansiedades. Ajuda-me a confiar mais em ti, para que meu coração e minha mente sejam guardados em Cristo Jesus. Em nome de Jesus, amém.

anotações

ESPÍRITO DE CORAGEM

24 JUN

Pois Deus não nos deu espírito de covardia,
mas de poder, de amor e de equilíbrio.

2TIMÓTEO 1.7

@devocional.palavrasdesabedoria | @marcelotoschi

Em meio às tempestades da vida, quando os ventos do medo e da incerteza sopram forte, as palavras do apóstolo Paulo ressoam como um farol de esperança. Ele nos lembra de que, como filhos amados de Deus, fomos dotados de um espírito que transcende nossas fragilidades humanas. Não é um espírito de timidez ou covardia que habita em nós, mas uma força divina que nos impulsiona a enfrentar os desafios com coragem inabalável.

Imagine-se diante de uma montanha intransponível. O medo sussurra que é impossível escalá-la, mas o espírito de Deus fala mais alto. É o Espírito de poder que nos ergue quando nos sentimos fracos, dando-nos força para dar mais um passo quando pensamos que não podemos continuar. Contudo, esse espírito não se manifesta apenas como poder, mas também como amor — um amor tão profundo que nos impele a estender a mão aos outros, mesmo enquanto lutamos nossas próprias batalhas. É o amor que nos faz ver além de nossas necessidades, dando-nos coragem para servir, perdoar e perseverar. Além disso, Deus nos presenteia com equilíbrio — a capacidade de manter a calma em meio ao caos e de tomar decisões sábias sob pressão. Essa clareza mental nos permite discernir entre o certo e o errado, o importante e o urgente.

Hoje, quando você se deparar com situações que fazem seu coração hesitar, lembre-se: você carrega dentro de si um espírito de poder, amor e equilíbrio. Não se encolha diante dos desafios; erga-se na confiança de que Deus o equipou para este momento. Você tem tudo o que precisa para avançar com coragem.

Senhor, obrigado por me dares um espírito de poder, amor e equilíbrio. Ajuda-me a confiar em ti quando o medo tenta tomar conta do meu coração. Capacita-me a enfrentar cada desafio com coragem e a estender amor aos outros. Em nome de Jesus, amém.

anotações

FORÇA PARA CONTINUAR

Não há nada oculto que não venha a ser manifesto,
nem escondido que não venha a ser conhecido e revelado.
LUCAS 8.17, NAA

@devocional.palavrasdesabedoria | @marcelotoschi

Talvez você esteja buscando o último fio de motivação para seguir em frente. São tantos sonhos e projetos, mas um sentimento de incapacidade tem apertado seu coração, possivelmente causado por uma injustiça que está enfrentando. Pode ser que pessoas ao seu redor não compreendam suas escolhas ou, pior, levantem-se contra você por inveja ou maldade. O Inimigo muitas vezes utiliza essas situações para tentar paralisar seu coração, mas lembre-se: Deus deseja prosperidade e bênçãos sobre sua vida. Ele já sabia que essas lutas viriam e, por isso, aconselhou-nos a ter bom ânimo.

No texto de Lucas 8.17, Jesus nos traz uma grande verdade: "Nada do que está oculto permanecerá assim". Ou seja, tudo o que é injusto será revelado no tempo certo. Portanto, quero compartilhar algumas dicas práticas para enfrentar essas adversidades.

Primeiro, não retribua o mal com o mal. Mesmo que alguém o trate de forma injusta, você não precisa agir da mesma maneira. Seja movido pelo Espírito Santo e pelos princípios da palavra de Deus, para reagir como Jesus. Segundo, não permita que essas situações o paralisem. Em Deus, você encontrará forças para continuar vencendo. Há pessoas ao seu redor que dependem de você, e seu desânimo pode afetar não só seu desempenho, mas também a vida delas. Por último, não desista. Siga em frente, pois momentos difíceis não duram para sempre.

Senhor, em meio às lutas e injustiças, ajuda-me a não desanimar. Que eu não seja paralisado pelos desafios, mas encontre em Cristo a motivação e a força para seguir em frente. Em nome de Jesus, amém.

anotações

EXPERIMENTANDO A BONDADE DE DEUS

26 JUN

Provem e vejam como o Senhor é bom.
Como é feliz o homem que nele se refugia!
SALMOS 34.8

@devocional.palavrasdesabedoria | @marcelotoschi

Há uma diferença significativa entre saber algo intelectualmente e experimentá-lo pessoalmente. Podemos ler sobre o sabor de uma fruta exótica, mas nada se compara a realmente prová-la. É essa experiência pessoal que o salmista nos convida a ter com Deus. "Provem e vejam" — é um convite à experiência, não apenas ao conhecimento teórico. O salmista nos encoraja a experimentarmos a bondade de Deus, por nós mesmos.

Provar a bondade do Senhor pode incluir buscar sua presença em oração, falando com ele e ouvindo-o; meditar em sua palavra, refletindo profundamente e permitindo que ela penetre o coração; observar sua obra em nossa vida, reconhecendo suas mãos nas bênçãos diárias que desfrutamos; confiar em suas promessas, mesmo quando não vemos resultados imediatos; e adorar com todo o coração, expressando gratidão e louvor, porque o amamos. Ou seja, quando realmente "provamos" a bondade de Deus, algo maravilhoso acontece: vivemos experiências e encontros divinos que nos sustentarão nos dias maus.

A segunda parte do versículo revela o resultado natural de experimentar a bondade de Deus: felicidade. Refugiar-se em Deus não significa escapar da realidade, mas encontrar força, conforto e orientação naquele que é maior que qualquer gigante que enfrentemos. Portanto, experimente intencionalmente a bondade de Deus, pois esse convite está aberto a todos nós, todos os dias.

Senhor, ajuda-me a experimentar tua bondade de forma real e profunda, encontrando refúgio em Cristo todos os dias. Em nome de Jesus, amém.

anotações

27 JUN

TRANSFORMANDO REALIDADES

Pois ele liberta os pobres que pedem socorro, os oprimidos que não têm quem os ajude. Ele se compadece dos fracos e dos pobres e os salva da morte.

SALMOS 72.12-13

@devocional.palavrasdesabedoria | @marcelotoschi

Como é abençoador saber que o Senhor escuta o clamor dos oprimidos, socorre os pobres e estende a mão para os desamparados. O nosso Deus age com compaixão e poder, trazendo livramento e salvação. Ele é capaz de intervir de maneira sobrenatural, enviando seus anjos e sua provisão para aqueles que precisam. Contudo, ele escolhe nos usar como suas mãos e braços para transformar realidades ao nosso redor.

Ou seja, Deus nos abençoa e nos faz prosperar não apenas para o nosso benefício próprio, mas para que sejamos canais de bênção na vida dos outros. Conforme somos levantados e honrados pelo Senhor, é nossa responsabilidade agir em favor dos necessitados. Somos chamados a refletir o caráter de Deus, cuidando dos fracos, oprimidos e angustiados.

Pense no que você pode fazer para aliviar a dor de alguém hoje. Talvez seja algo simples, como oferecer um sorriso, um abraço ou palavras de conforto. Às vezes, uma pequena atitude pode mudar o dia — ou mesmo a vida — de alguém. Ao ajudar, ouvindo com atenção ou oferecendo seu tempo, você demonstra o amor de Deus de forma prática. Que você seja um instrumento de socorro para aqueles que estão ao seu redor.

Senhor, obrigado porque tu és o Deus que socorre os oprimidos e liberta os que clamam por ajuda. Usa minha vida para ser um canal de bênção, levando esperança e alívio aos que precisam. Ajuda-me a enxergar as oportunidades para transformar realidades ao meu redor. Em nome de Jesus, amém.

anotações

PLENITUDE NA PRESENÇA DIVINA

28 JUN

Quanto a mim, bom é estar perto de Deus. Fiz do Soberano SENHOR o meu refúgio; proclamarei todos os teus feitos.

SALMOS 73.28

@devocional.palavrasdesabedoria | @marcelotoschi

Enquanto as vozes do mundo competem por nossa atenção, o salmista nos oferece uma verdade profunda: a bondade reside na proximidade com Deus. Essa não é uma declaração feita levianamente, mas uma conclusão alcançada após reflexão e experiência pessoal. "Bom é estar perto de Deus" revela o segredo de uma vida plena, cuja proximidade é um estado do coração. É um convite para cultivarmos uma intimidade profunda e contínua com nosso Criador. Quando nos aproximamos de Deus, descobrimos que ele é a fonte de toda paz, alegria, propósito e amor incondicional.

Ao declarar o Senhor como seu refúgio, o salmista nos lembra de que, em Deus, encontramos segurança. Em um mundo cheio de perigos, Deus é um abrigo infalível. Esse refúgio não é uma fuga da realidade, mas uma fortaleza que nos capacita a enfrentar os desafios da vida com coragem. A decisão de proclamar os feitos de Deus é uma resposta natural à experiência de sua bondade e proteção.

Desafie-se a fazer de Deus seu primeiro recurso, não o último. Nos momentos de alegria, compartilhe-as em louvor. Nas dificuldades, corra para ele em busca de conforto e força. Cada momento na presença de Deus é um investimento para a Eternidade. Ao experimentar a doçura de estar perto dele, você se tornará um testemunho vivo de sua bondade, inspirando outros a buscarem essa mesma intimidade transformadora.

Senhor, ajuda-me a permanecer perto de ti em todos os momentos. Que eu sempre te busque como meu refúgio, confiando em tua bondade e proclamando teus feitos com alegria. Em nome de Jesus, amém.

anotações

HONESTIDADE QUE TRANSFORMA

Não furte.

ÊXODO 20.15, NAA

Esse mandamento estabelece um princípio fundamental para a convivência humana: o respeito pela propriedade alheia. Vai além da mera proibição do roubo, abrangendo comportamentos éticos relacionados à honestidade e integridade. O furto, em sua essência, é uma violação da confiança e uma negação do direito do outro. Reflete uma mentalidade de ganância e egoísmo, contrária ao amor ao próximo que Deus nos chama a praticar. Quando furtamos, ferimos a dignidade e o bem-estar emocional da pessoa lesada.

Trata-se, portanto, de um mandamento intrinsecamente ligado ao conceito de justiça. Deus, sendo justo, espera que seu povo reflita essa justiça em todas as suas interações, incluindo as transações econômicas e o respeito pela propriedade dos outros. Além do furto literal, essa ordem divina nos desafia a considerar formas mais sutis de desonestidade: fraude, sonegação de impostos, plágio e uso indevido de propriedade intelectual. Todas essas ações violam o princípio de respeito pela propriedade do outro.

Jesus expandiu esse conceito, chamando-nos não apenas a evitar o mal, mas a praticar o bem. Ele nos chama a ser generosos, a compartilhar com os necessitados e a usar nossos recursos para o bem dos outros (cf. Lucas 3.11). Afinal, tudo o que temos pertence a Deus. Somos chamados a ser administradores fiéis dos recursos que ele nos confiou, usando-os de maneira que o honre e beneficie outros. Assim, aprender a estar contente é um antídoto poderoso contra a tentação do furto: veja o que você já tem através das lentes do contentamento divino, pois recebemos mais do que merecíamos.

Senhor, obrigado por tudo o que tens me confiado. Ajuda-me a ser fiel e íntegro em tudo o que faço, honrando a Cristo e respeitando os outros. Perdoa-me pelas vezes em que falhei em ser honesto. Em nome de Jesus, amém.

anotações

A SABEDORIA DE FICAR EM SILÊNCIO

30 JUN

Até o insensato passa por sábio quando fica calado;
de boca fechada, até parece inteligente.

PROVÉRBIOS 17.28, NVT

@devocional.palavrasdesabedoria | @marcelotoschi

Você já se viu em uma situação em que disse algo na hora errada e, então, acabou magoando alguém? Às vezes, nossa intenção é boa, mas a maneira e o momento que escolhemos para falar não são adequados. O livro de Provérbios nos ensina repetidamente sobre a importância de saber falar, incluindo o tempo certo para fazê-lo.

A primeira atitude que devemos tomar ao refletirmos sobre esse versículo é a autoavaliação: como estão nossas palavras? Temos sido mais cuidadosos e sábios em nossas conversas? Esse provérbio nos lembra que a sabedoria não está apenas no que dizemos, mas também em saber o momento certo de falar. Muitas vezes, agimos por impulso, justificando nossa falha como "sinceridade" ou "dizer a verdade".

A Bíblia nos oferece uma orientação prática e coerente: muitas vezes, o melhor que podemos fazer é ficar em silêncio. Pode parecer difícil, mas, em momentos de estresse, raiva ou irritação, devemos resistir à tentação de "falar a verdade" ou nos justificar. O silêncio, nesses casos, pode ser um sinal de maior sabedoria. Controlar a língua e discernir o momento certo para falar é um grande desafio, mas também um sinal de maturidade espiritual.

Peça ao Espírito Santo que guie suas palavras, para que você seja conhecido pelo que fala e pela prudência em saber reconhecer quando falar ou permanecer em silêncio.

Senhor, ajuda-me a controlar minhas palavras e a ser sábio em meus momentos de fala. Dá-me discernimento para saber quando devo ficar em silêncio e quando é a hora certa de falar. Em nome de Jesus, amém.

anotações

“

Se você quer crescer,
é necessário colocar
a mão na massa,
enfrentar os desafios
e perseverar,
mesmo quando
as circunstâncias
parecem difíceis.”

JULHO

1º JUL

REFLEXO DO AMOR DE DEUS

Amados, amemos uns aos outros, pois o amor procede de Deus. Aquele que ama é nascido de Deus e conhece a Deus. Quem não ama não conhece a Deus, porque Deus é amor.

1JOÃO 4.7-8

@devocional.palavrasdesabedoria | @marcelotoschi

O apóstolo João nos lembra de uma verdade fundamental sobre quem é Deus e o nosso chamado como seus filhos. Ele nos chama de "amados", enfatizando que somos profundamente acolhidos. Como receptores do amor divino, somos desafiados a expressá-lo aos outros.

João ensina que o amor verdadeiro não vem de nós mesmos, mas de Deus. Amar é um reflexo da natureza divina em nós. Se conhecemos a Deus, esse mesmo sentimento se manifestará em nossas atitudes e relacionamentos, sendo prova de um vínculo transformador com ele.

Por outro lado, João adverte que a falta de amor indica que ainda não o conhecemos, pois "Deus é amor". Não se trata apenas de uma de suas qualidades, mas da própria natureza divina. Toda expressão genuína de amor no mundo é um reflexo dessa natureza. Para o cristão, amar não é uma opção, mas uma evidência da conexão com Deus. E isso transcende palavras ou sentimentos superficiais. Ele nos desafia a amarmos de maneira sacrificial, perdoarmos sem esperar nada em troca, e sermos pacientes e compassivos com todos, até com quem nos causa desconforto.

O amor de Deus transforma tanto nossa vida quanto as dos que estão ao nosso redor. Quando o praticamos, não só obedecemos ao mandamento de Deus, como também nos tornamos um reflexo vivo de quem ele é. Cada ato de amor nos aproxima mais do seu coração e nos ajuda a entender seu caráter.

Senhor, obrigado pelo teu amor incondicional que transformou minha vida. Ajuda-me a refleti-lo a todos ao meu redor, mesmo quando for difícil. Em nome de Jesus, amém.

anotações

TEMPOS DIFÍCEIS

Então o rei de Israel partiu com os reis de Judá e de Edom. Depois de uma marcha de sete dias, já havia acabado a água para os homens e para os animais.

2REIS 3.9

A caminhada cristã frequentemente começa com entusiasmo e fé renovada. Contudo, com o tempo, deparamo-nos com desertos — períodos desafiadores que testam a fé. Esses momentos podem incluir a perda de um ente querido, dificuldades financeiras, doenças ou desemprego. O deserto é inevitável na vida cristã. Jesus nos alertou que, neste mundo, teríamos aflições. No entanto, isso não deve ser motivo de desânimo, pois cada deserto pode, na verdade, ser palco dos maiores milagres de Deus em nossa vida.

Em 2Reis 3.9, Jorão, rei de Israel, e Josafá, rei de Judá, enfrentaram uma situação crítica quando ficaram sem água no deserto. A caminhada que parecia promissora se transformou em uma luta por sobrevivência. Da mesma forma, podemos passar por situações em que parece que tudo está secando ao nosso redor. A grande questão, porém, não é se enfrentaremos desertos, mas como reagiremos a eles.

O deserto pode ser um lugar de crise, onde a fé esfria, ou um lugar de milagres, onde Deus se revela poderosamente. Depende da nossa atitude e confiança nele. Se buscarmos ajuda divina, descobriremos que o deserto pode ser o lugar onde viveremos experiências extraordinárias com o Senhor. Portanto, se você está passando por um hoje, tenha bom ânimo: Deus nunca nos abandona. Ele é capaz de fazer brotar água no deserto. O pior momento pode ser o cenário para o maior milagre.

Senhor, nos desertos da vida, ajuda-me a confiar em Cristo. Que os momentos mais desafiadores se tornem oportunidades para viver milagres. Em nome de Jesus, amém.

anotações

03 JUL

DESEJO DO CORAÇÃO

Uma coisa pedi ao SENHOR, e a procuro: que eu possa viver na casa do SENHOR todos os dias da minha vida, para contemplar a bondade do SENHOR e buscar sua orientação no seu templo.

SALMOS 27.4

@devocional.palavrasdesabedoria | @marcelotoschi

Com tantas distrações e desejos passageiros ao nosso redor, Davi nos surpreende com a simplicidade de sua busca: estar continuamente na presença de Deus. Ele não pede riquezas ou reconhecimento, mas anseia por algo maior e eterno — a presença do Senhor.

"Uma coisa pedi ao Senhor" revela um coração centrado, que encontrou o tesouro supremo. Davi mostra uma mente focada, que entende que a única necessidade essencial é viver em comunhão com o Senhor. Quantas vezes nos distraímos com outras coisas, quando o que realmente precisamos é estar perto dele? Viver na casa do Senhor não significa frequentar um lugar físico, mas buscar uma comunhão íntima com Deus. Davi desejava estar em contato com o Senhor em todos os momentos, reconhecendo que, na sua presença, há segurança, paz e transformação.

Contemplar a bondade de Deus é maravilhar-se com seu amor e graça. Quanto mais o contemplamos, mais somos transformados, permitindo que a fidelidade divina molde nosso caráter. Buscar a orientação de Deus diariamente revela nossa dependência à sabedoria do alto, que nos ensina a lidar com desafios e tomar boas decisões.

Para aplicar essa verdade, é importante reorganizar as prioridades e colocar Deus em primeiro lugar. Mantenha seu compromisso de um tempo diário para estar na presença dele — em oração, em leitura da Bíblia ou em silêncio. Viva cada dia ciente da presença de Deus em cada detalhe da sua vida.

Senhor, que meu maior desejo seja estar em tua presença todos os dias da minha vida. Ajuda-me a contemplar tua bondade e confiar na tua orientação. Em nome de Jesus, amém.

anotações

O VALOR DO DESCANSO

04 JUL

Lembre-se do dia de sábado, para o santificar. Seis dias você trabalhará e fará toda a sua obra, mas o sétimo dia é o sábado dedicado ao SENHOR, seu Deus. Não faça nenhum trabalho nesse dia, nem você, nem o seu filho, nem a sua filha, nem o seu servo, nem a sua serva, nem o seu animal, nem o estrangeiro das suas portas para dentro.

ÊXODO 20.8-10, NAA

@devocional.palavrasdesabedoria | @marcelotoschi

Esse mandamento estabelece um princípio fundamental na relação entre Deus e a humanidade: o ritmo sagrado do trabalho e do descanso. Entre os Dez Mandamentos, ele é o mais longo e detalhado, enfatizando sua importância no plano divino. O mandamento começa com "lembre-se", indicando que o conceito de sábado não era novo, mas algo que precisava ser trazido à memória. Isso nos remete à criação, onde Deus trabalhou por seis dias e descansou no sétimo, estabelecendo um padrão para a humanidade.

A santificação do sábado implica em separar esse dia como especial e dedicado a Deus. É mais que apenas uma pausa no trabalho, é a oportunidade de reorientar a vida para o Criador, renovando a relação com ele e refletindo sobre suas obras. Hoje, aplicamos esse princípio no domingo, porque é dia da ressureição do nosso Senhor e porque domingo era o dia em que a igreja primitiva se reunia para cultuar a Deus. Numa época em que o trabalho invade todos os aspectos da vida, esse mandamento oferece um contraponto vital, pois nos lembra que não somos definidos pelo que fazemos, mas por nossa relação com Deus. Além disso, ao pararmos de trabalhar, demonstramos fé de que Deus proverá, mesmo quando não estamos produzindo ativamente.

Para viver esse princípio, defina um dia para descansar e adorar a Deus, se possível em família, e prepare-se com antecedência para que suas responsabilidades não atrapalhem esse tempo de descanso. Durante esse período, desconecte-se de distrações tecnológicas e foque em Deus. Use esse tempo para fortalecer seu espírito por meio de oração, leitura da Palavra e reflexão.

Senhor, obrigado por me lembrar da importância do descanso. Ensina-me a valorizar esse tempo e a colocá-lo em prática, dedicando um dia para estar na tua presença, demonstrando minha confiança em Cristo. Em nome de Jesus, amém.

anotações

05 JUL

CULTIVANDO UMA FÉ ATIVA

E tudo o que pedirem em oração,
se crerem, vocês receberão.

MATEUS 21.22

@devocional.palavrasdesabedoria | @marcelotoschi

Nas palavras de Jesus, encontramos uma promessa que pode revolucionar nossa vida de oração. "Tudo o que pedirem em oração, se crerem, vocês receberão". Essa declaração é um convite não apenas para falarmos com Deus, mas para desenvolvermos uma fé ativa, capaz de transformar as circunstâncias e trazer respostas que não encontraríamos sozinhos.

Imagine o vasto horizonte de possibilidades abrindo-se diante de você. Nada é insignificante ou grandioso demais para compartilhar com o Pai celestial. Essa abertura reflete o coração de um Deus que se importa profundamente com cada detalhe de nossa vida. No entanto, o segredo dessa promessa está em crer. A fé é o alicerce da oração eficaz, mais do que um simples pensamento positivo; é uma confiança inabalável no caráter e no poder de Deus, que nos ama e age em nosso favor.

Para desenvolver essa fé, é essencial que nos mantenhamos firmes na Palavra, alimentando o espírito com as promessas de Deus. Cada resposta às nossas orações aumenta nossa confiança. É preciso ser perseverante: mesmo quando a resposta demora, nossa fé se fortalece na espera. Assim como um músculo, a fé se desenvolve com a prática da oração contínua. Portanto, alinhe seus pedidos com a vontade de Deus, buscando primeiro o seu Reino e sua justiça. Lembre-se: o propósito da oração não é conseguir o que pedimos, mas alinhar nosso coração ao de Deus.

Senhor, ajuda-me a crer em tuas promessas com uma fé inabalável. Que eu te busque com confiança, crendo que me ouves e respondes. Em nome de Jesus, amém.

anotações

ABRIGO SEGURO

06 JUL

O Senhor é bom, um refúgio em tempos de angústia.
Ele protege os que nele confiam.
NAUM 1.7

@devocional.palavrasdesabedoria | @marcelotoschi

Em meio às dificuldades da vida, é comum nos sentirmos desamparados ou questionar a presença de Deus. Contudo, o profeta Naum nos lembra de uma verdade vital: o Senhor é bom e um refúgio seguro em momentos de aflição. Mais do que proteção, ele nos fortalece quando depositamos nossa confiança nele.

A bondade de Deus é inabalável e não depende das nossas circunstâncias. Mesmo quando tudo parece desmoronar, podemos nos ancorar na certeza de que ele é bom. O Senhor nunca muda, e seu caráter fiel nos sustenta nos dias mais sombrios. Deus também é o nosso refúgio. Pense em um abrigo seguro em meio a uma tempestade: assim é a presença dele em nossa vida. Ele nos oferece paz em meio ao caos e força quando nos sentimos fracos. Não importa quão feroz seja a tempestade, podemos correr para ele e encontrar segurança.

Naum nos assegura que Deus protege aqueles que confiam nele. Essa proteção vai além do físico, é uma proteção da alma. Isso não significa que não enfrentaremos desafios, mas que não os enfrentaremos sozinhos. Sua proteção nos envolve como um escudo, sustentando-nos através das provações. E para experimentar essa verdade em sua vida, você precisa cultivar fé em Deus. À medida que refletir na fidelidade divina ao longo da jornada, sua confiança nele crescerá.

Senhor, eu confio em tua bondade e corro para ti como meu refúgio em tempos de dificuldade. Fortalece minha fé para que eu viva em paz, confiando que estás sempre comigo. Em nome de Jesus, amém.

anotações

07 JUL

TUDO SE FEZ NOVO

Portanto, se alguém está em Cristo, é uma nova criação. As coisas antigas já passaram; eis que se fizeram novas.

2CORÍNTIOS 5.17

@devocional.palavrasdesabedoria | @marcelotoschi

Viver com Jesus é ter uma certeza inabalável: ele nos vê a partir da cruz, e não pelos nossos erros do passado. Enquanto o mundo e o Inimigo tentam nos nomear por nossas falhas passadas, Jesus nos chama de santos, justificados e remidos. Ele não nos define pelo que fizemos de errado, mas por aquilo que fez por nós.

Nosso passado pode ser cheio de cicatrizes, traumas, abusos, traições ou perdas. Se você ainda sente dores por eventos difíceis que viveu, saiba que Jesus conhece cada ferida e oferece cura completa. Ele transforma lembranças dolorosas em marcas de gratidão, apagando o poder dessas experiências sobre nossa vida.

A fé nos convence de que, em Cristo, tudo se faz novo. Embora não vejamos essa transformação com os olhos físicos, o Espírito Santo nos dá a certeza de que somos novas criaturas. A obra de Cristo nos libertou do passado, permitindo que vivamos com confiança e alegria, sabendo que nenhuma dor, erro ou pecado nos prende mais. Mesmo com cicatrizes, elas são lembranças de que Jesus fez algo extraordinário: trouxe cura e liberdade, além de nos dar uma nova história. Tudo se fez novo!

Celebre sua nova vida em Cristo. Entregue ao Senhor as dores e traumas do passado. As cicatrizes podem ficar, mas não serão mais motivo de tristeza, e sim de gratidão pela obra de Jesus. Declare de todo o coração: "Eu sou uma nova criação em Cristo. O meu passado não define mais quem eu sou!".

Senhor, agradeço porque, em Cristo, sou uma nova criação. As coisas antigas já passaram e a minha vida foi renovada. Ajuda-me a viver sem carregar as dores do passado. Em nome de Jesus, amém.

anotações

RENOVANDO A ESPERANÇA EM DEUS

08 JUL

Por que você está assim tão triste, ó minha alma? Por que está assim tão perturbada dentro de mim? Ponha a sua esperança em Deus! Pois ainda o louvarei; ele é o meu Salvador e o meu Deus.

SALMOS 43.5

@devocional.palavrasdesabedoria | @marcelotoschi

Onde você tem depositado sua esperança para dias melhores? Talvez esteja aguardando a realização de um sonho material, como a quitação da casa própria ou a chegada da tão desejada aposentadoria. Você pode estar em busca de uma solução financeira ou uma mudança através de um evento político. No entanto, se sua esperança não estiver firmada em Deus, ela falhará. Somente o Senhor é capaz de nos sustentar verdadeiramente em meio às incertezas da vida. É o único que nunca nos desapontará.

No salmo 43, a palavra "perturbada" significa "barulho interior, alvoroço"[1] no original hebraico. Muitas vezes, mesmo sem lágrimas, nosso interior pode estar em tumulto, como o choro desesperado de uma criança. As pessoas ao nosso redor podem não perceber nossa angústia, mas Deus, como uma mãe que reconhece o choro do filho, conhece profundamente nosso coração. Ele vê, importa-se e age a nosso favor, sempre atento ao nosso sofrimento e pronto para nos consolar.

Hoje, o convite é para que você renove sua esperança nele. Quando sua alma estiver inquieta e o coração pesado, lembre-se: se você confiar no Pai, ainda o louvará! Ele é o seu Salvador e a sua força. Não importa o tamanho da sua luta ou o caos ao seu redor; Deus nunca o deixará ou decepcionará. Coloque sua confiança totalmente nele, que sempre cuida de nós com amor e sabedoria.

Senhor, deposito minha esperança em ti. Quando minha alma estiver perturbada, ajuda-me a lembrar que tu és meu Salvador e auxílio, em quem encontro paz, força e segurança. Em nome de Jesus, amém.

[1] STRONG, James. *Léxico Hebraico, Aramaico e Grego de Strong*. 2. ed. Barueri: Sociedade Bíblica do Brasil, 2002.

anotações

O FUNDAMENTO DA NOSSA SALVAÇÃO

Pois vocês são salvos pela graça, por meio da fé, e isto não vem de vocês, é dom de Deus; não por obras, para que ninguém se glorie.

EFÉSIOS 2.8-9

@devocional.palavrasdesabedoria | @marcelotoschi

Quando Paulo afirma que somos "salvos pela graça", ele apresenta uma verdade essencial para compreendermos o Evangelho. A graça é o favor imerecido de Deus, seu amor e bondade estendidos a nós não porque fazemos jus a eles, mas porque ele escolheu nos amar. É uma declaração que contradiz qualquer ideia de que podemos ganhar ou merecer nossa salvação, lembrando-nos que nossa redenção é inteiramente obra de Deus.

O texto também diz que a graça é recebida "por meio da fé". A fé é nossa resposta à oferta da graça de Deus. Não é uma obra que realizamos, mas uma confiança que depositamos nele e no que foi realizado por nós através de Jesus Cristo. Paulo enfatiza que nem mesmo nossa capacidade de ter fé é algo que geramos por nós mesmos. É um dom, uma dádiva do Pai e, portanto, não temos mérito algum nela.

O apóstolo continua: "não por obras, para que ninguém se glorie", destruindo a ideia de que podemos ganhar o favor de Deus através de nossas boas ações. Nossas obras, por melhores que sejam, nunca poderiam ser suficientes para nos salvar. A salvação por graça remove toda base para a vanglória humana, pois ela é inteiramente uma obra divina, do início ao fim. É sua graça que nos alcança, capacita-nos a crer e nos transforma. Nossas boas obras são uma resposta, não um meio de alcançá-la.

Ao vivermos a verdade da salvação pela graça, através da fé, somos libertos para viver em gratidão, serviço e confiança em Deus. Descanse diariamente nessa graça maravilhosa, permitindo que ela molde suas atitudes e relacionamentos para a glória de Deus.

Senhor, obrigado pela tua graça que me trouxe salvação. Que minha vida reflita a tua bondade e que eu sempre confie no teu amor imutável. Em nome de Jesus, amém.

anotações

Então vocês clamarão a mim,
virão orar a mim, e eu os ouvirei.
JEREMIAS 29.12

No verso de hoje, encontramos uma das promessas mais reconfortantes das Escrituras: um convite pessoal do Criador para um diálogo íntimo com ele. Imagine, por um momento, que o Deus que formou as galáxias e que sustenta a vida está expectante de ouvir sua voz.

O texto começa com uma urgência nas palavras. Clamar não é apenas falar; é expressar-se com todo o coração, emoção e sinceridade. Deus não se intimida com nossas emoções ou com a honestidade crua de nossas súplicas. Pelo contrário, ele as acolhe.

A oração é uma busca intencional. Não é algo casual, mas um ato deliberado que tomamos ao nos aproximarmos do Pai, reconhecendo nossa necessidade dele e desejando estar em sua presença. O Deus do Universo promete não apenas estar disponível, mas ouvir-nos atentamente. Não há fila de espera. Quando clamamos, ele nos ouve atenta, compassiva e amorosamente. Assim, a oração não é um monólogo, mas um diálogo. Não falamos para o vazio, mas para um pai amoroso que se inclina para ouvir cada palavra. Mesmo quando nos sentimos indignos ou distantes, Deus ouve. Ele ouve até mesmo os gemidos inexprimíveis do coração.

Seja honesto em suas orações. Deus não busca eloquência, mas sinceridade. Compartilhe suas alegrias, medos, dúvidas e sonhos. Oração não é feita para impressionar o Senhor, mas conectar-se com ele. O Eterno deseja ouvir sua voz. Não hesite em falar com ele.

Senhor, obrigado porque tu me ouves. Ajuda-me a buscar tua presença com sinceridade e fé. Que eu sempre me lembre de que, quando clamo, tu me ouves com amor e compaixão. Em nome de Jesus, amém.

anotações

O SEGREDO DO CONTENTAMENTO

Não cobice a casa do seu próximo. Não cobice a mulher do seu próximo, nem o seu servo, nem a sua serva, nem o seu boi, nem o seu jumento, nem coisa alguma que pertença ao seu próximo.

ÊXODO 20.17, NAA

@devocional.palavrasdesabedoria | @marcelotoschi

Esse mandamento final é diferente dos outros, pois aborda diretamente o coração. Ao contrário dos outros, a cobiça começa na mente e no coração antes de se manifestar em ações. Trata-se de um desejo excessivo por algo que pertence a outra pessoa, não apenas o anseio por melhorias ou novos objetivos, mas uma insatisfação que corrói e gera inveja.

Deus nos proíbe de cobiçar para lidarmos com a raiz de muitos pecados. A cobiça pode levar a outros pecados, como o adultério, roubo ou mentira. Tiago 1.14-15 nos ensina que o desejo incontrolado, se não tratado, leva-nos ao pecado e à morte. Ademais, além de alertar contra o desejo errado, esse mandamento nos convida a uma vida de contentamento. Paulo, em Filipenses 4.11-12, fala sobre aprender a estar contente em qualquer situação. O contentamento não é complacência, mas confiança plena em Deus e em sua provisão. Quando nos sentimos satisfeitos com o que temos, nosso coração se acalma e vivemos em paz.

Por outro lado, a cobiça nos rouba essa paz, faz-nos duvidar da bondade de Deus e leva a comparações. Ao cobiçar, questionamos se ele realmente nos deu o que é melhor. No entanto, o Pai sabe exatamente o de que precisamos e nos convida a confiar nele como nosso provedor. Em vez de cobiçar, somos chamados a celebrar as bênçãos dos outros e a cultivar a gratidão pelas nossas próprias. Devemos reconhecer que, em Cristo, já recebemos a maior de todas as bênçãos: a salvação. Portanto, pratique a gratidão, reconhecendo diariamente as dádivas de Deus. Peça ao Senhor um coração satisfeito e celebre as bênçãos dos outros.

Pai, reconheço que tenho tudo o que preciso em Cristo. Perdoa-me quando cobicei o que não era meu e me esqueci da tua generosidade. Ajuda-me a ter um coração satisfeito e a confiar na tua provisão. Em nome de Jesus, amém.

anotações

VENTOS DE OPORTUNIDADES

12 JUL

Então Moisés estendeu a mão sobre o mar, e o SENHOR afastou o mar e o tornou em terra seca, com um forte vento oriental que soprou toda aquela noite. As águas se dividiram, e os israelitas atravessaram pelo meio do mar em terra seca, tendo uma parede de água à direita e outra à esquerda.

ÊXODO 14.21-22

@devocional.palavrasdesabedoria | @marcelotoschi

Na jornada da vida, enfrentamos diferentes tipos de ventos. Alguns nos levam a questionar nosso caminho, enquanto outros nos trazem oportunidades de crescimento e avanço. Discernir esses ventos é crucial para tomarmos decisões sábias e não deixarmos passar as oportunidades que Deus coloca diante de nós.

Existem ventos de tempestade, que surgem para nos testar e frequentemente nos paralisam com medo. Nesses momentos, devemos confiar no Senhor, que promete estar ao nosso lado nas adversidades. Há também ventos de calmaria, que nos oferecem tempo para refletir, fortalecer nossas bases e nos preparar para o que está por vir.

Além desses, há ventos de avanço, que trazem novas oportunidades e nos impulsionam a um novo nível. Esses momentos decisivos nos oferecem a chance de içar as velas e avançar com determinação. Porém, muitas vezes, nós os confundimos com tempestades e, por medo, perdemos a chance de conquistar o que Deus está nos oferecendo. Em Êxodo, por exemplo, vemos o povo de Israel encurralado entre o Mar Vermelho e o exército do faraó. Mas o Senhor, em sua infinita sabedoria, enviou um forte vento que dividiu o mar e abriu um caminho de livramento e vitória. O que parecia ser um obstáculo intransponível se transformou em uma oportunidade de avanço.

Da mesma forma, Deus pode estar enviando ventos de avanço em sua vida hoje. O que parece uma tempestade à primeira vista pode ser a oportunidade que você precisa para conquistar algo novo e alcançar um novo nível.

Senhor, ajuda-me a discernir os ventos que sopram sobre minha vida, para que eu não os confunda com tempestades. Dá-me sabedoria e coragem para içar as velas e seguir em frente quando me abres um caminho. Em nome de Jesus, amém.

anotações

13 JUL

FORÇA NA FRAQUEZA

Da mesma maneira também o Espírito ajuda as nossas fraquezas; porque não sabemos orar como convém, mas o mesmo Espírito intercede por nós com gemidos inexprimíveis.

ROMANOS 8.26, NAA

@devocional.palavrasdesabedoria | @marcelotoschi

É profundamente reconfortante saber que o Espírito Santo nos auxilia em momentos de fragilidade. Todos nós, em algum ponto, os enfrentamos. Às vezes, isso se reflete na nossa dificuldade de orar. Paulo nos lembra que não saber orar "como convém" não é uma falha, mas uma expressão de nossa natureza humana limitada. Quantas vezes nos encontramos sem palavras diante de Deus, incertos sobre como expressar nossos pensamentos mais profundos, necessidades mais urgentes ou gratidão mais sincera?

Nesse ponto de vulnerabilidade é onde exatamente o Espírito Santo intervém de maneira poderosa. Quando ficamos sem palavras diante de Deus, o Espírito Santo entra em cena, intercedendo por nós com "gemidos inexprimíveis", comunicando a profundidade do nosso coração ao Pai. Esses gemidos revelam que o Espírito entende nossas necessidades íntimas e as apresenta a Deus, mesmo quando não conseguimos verbalizá-las.

É consolador entender que não precisamos ser perfeitos em nossa vida de oração. Mesmo em fraquezas, o Espírito nos acompanha, intercedendo por nós com perfeita precisão e transformando nossa vulnerabilidade em intimidade com Deus. Da mesma forma, o Espírito não apenas nos observa em nossas lutas espirituais, mas se envolve ativamente nelas, tornando-se o elo entre o nosso coração e o coração do Pai. Isso nos dá liberdade e confiança para sermos honestos em nossa caminhada de fé, sabendo que nunca estamos sozinhos.

Senhor, agradeço porque, mesmo em fraqueza, o teu Espírito me ajuda a orar. Quando não tiver palavras, confio que intercederá por mim. Em nome de Jesus, amém.

anotações

VIDA ORGANIZADA

Mas tudo deve ser feito com decência e ordem.

1CORÍNTIOS 14.40

Você já parou para pensar como a organização afeta sua vida diária? Se você tem dificuldade em encontrar coisas, chega atrasado nos compromissos ou procrastina constantemente, talvez seja momento de reorganizar áreas de sua vida.

É interessante notar que, muitas vezes, somos competentes em nossos trabalhos, mas deixamos a organização pessoal de lado. A desordem, embora pareça simples, pode roubar tempo, energia e até oportunidades. A Bíblia nos ensina, em 1Coríntios 14.40, a fazer tudo com decência e ordem. Esse princípio divino se aplica não apenas à vida espiritual, mas também à pessoal, na prática diária.

A organização vai além de manter as coisas no lugar; ela nos permite fluir com mais eficiência e menos estresse. Pense em quantas vezes você se desgastou emocionalmente porque não encontrou algo valioso ou perdeu uma oportunidade por falta de preparo. Deus nos instrui a manter a ordem porque isso reflete o cuidado que temos com as bênçãos que ele nos dá.

Talvez seja hora de fazer uma pausa e colocar em ordem sua mesa de trabalho, aquela gaveta bagunçada ou até mesmo seus projetos pessoais inacabados. A organização é uma ferramenta divina para prosperarmos e crescermos.

Senhor, obrigado por me ensinares que a ordem é parte do teu plano para minha vida. Ajuda-me a identificar as áreas em que preciso de mais organização, para que eu viva de maneira mais eficiente e com menos estresse. Em nome de Jesus, amém.

anotações

15 JUL

CORAGEM PARA AVANÇAR

Desde os dias de João Batista até agora, o Reino dos céus é tomado à força, e os que usam de força se apoderam dele.

MATEUS 11.12

@devocional.palavrasdesabedoria | @marcelotoschi

Vivemos numa era em que a rapidez é valorizada. As pessoas buscam soluções imediatas, dietas milagrosas e formas de sucesso que prometem resultados rápidos com o mínimo de esforço. No entanto, o Reino de Deus e os avanços significativos da vida espiritual, emocional e física não acontecem instantaneamente. Eles exigem esforço contínuo e perseverança.

O versículo de Mateus nos lembra de que aqueles que desejam se apoderar das promessas de Deus precisam agir com determinação. Avançar na vida cristã, superar desafios e alcançar novos níveis de maturidade espiritual requer uma atitude de ousadia. Não podemos esperar resultados sem nos esforçarmos. Se você quer crescer, é necessário colocar a mão na massa, enfrentar os desafios e perseverar, mesmo quando as circunstâncias parecem difíceis. Se você deseja mudanças, precisa estar disposto a enfrentar as dificuldades e manter-se firme no caminho que Deus planejou.

Crescer pode ser doloroso, mas os frutos desse esforço são grandiosos. Seja em sua saúde, relacionamentos ou vida espiritual, o segredo está em manter-se firme, fazendo a sua parte e confiando que Deus lhe dará a força necessária para alcançar o que ele preparou.

Senhor, ajuda-me a ter coragem e determinação para enfrentar os desafios da vida com esforço e fé, sabendo que todo avanço requer dedicação e confiando que me ajudarás a alcançar tudo o que tens para mim. Em nome de Jesus, amém.

anotações

ESCOLHIDOS DESDE A ETERNIDADE

16 JUL

Todo louvor seja a Deus, o Pai de nosso Senhor Jesus Cristo, que nos abençoou em Cristo com todas as bênçãos espirituais nos domínios celestiais. Mesmo antes de criar o mundo, Deus nos amou e nos escolheu em Cristo para sermos santos e sem culpa diante dele.

EFÉSIOS 1.3-4, NVT

@devocional.palavrasdesabedoria | @marcelotoschi

Esses versículos de Efésios revelam uma verdade transformadora sobre nossa identidade em Cristo. Primeiramente, Paulo nos convida a louvar a Deus, e esse louvor não é apenas uma resposta emocional, mas um reconhecimento profundo de sua graça e bondade. O motivo desse louvor é que fomos abençoados com "todas as bênçãos espirituais". Isso significa que, em Cristo, temos acesso a uma riqueza espiritual que vai além das circunstâncias terrenas.

O mais impressionante é que esse amor de Deus por nós existia antes mesmo de o mundo ser criado. Muito antes de existirmos, o Senhor já nos amava e nos escolheu em Cristo, não por mérito nosso, mas por seu soberano e imutável amor. Essa escolha não foi aleatória, mas intencional, para que fôssemos santos e irrepreensíveis diante dele. Essa santidade, no entanto, não é algo que alcançamos por nossos próprios esforços, mas algo que Cristo conquistou por nós. Em Jesus, fomos purificados e perdoados, capacitados a viver uma vida dedicada a ele.

É uma verdade que nos chama a uma aplicação prática. Devemos começar cada dia agradecendo pelas bênçãos que recebemos de Deus. A gratidão deve ser uma prática constante, lembrando-nos de que, em Cristo, temos mais do que precisamos espiritualmente. Além disso, viver conforme nossa identidade nele transforma nossa percepção de nós mesmos e como nos relacionamos com os outros. Viver como escolhidos de Deus nos desafia a crescer em santidade e a fazer escolhas diárias que o honrem e agradem.

Pai, obrigado pelo teu amor eterno que me escolheu antes da criação do mundo. Sou grato por cada bênção espiritual que me concedes em Cristo. Que minha vida seja um louvor constante à tua glória. Em nome de Jesus, amém.

anotações

17 JUL

ARMAS PODEROSAS EM DEUS

As armas com as quais lutamos não são humanas; ao contrário, são poderosas em Deus para destruir fortalezas.

2CORÍNTIOS 10.4

@devocional.palavrasdesabedoria | @marcelotoschi

Deus nos concede a capacidade de aprender e desenvolver habilidades ao longo da vida. Essas conquistas são valiosas, mas, ao entregarmos nossa vida a Jesus, todo o nosso ser, incluindo nossa vida profissional, passa a ter um propósito divino. Não há separação entre o "secular" e o "sagrado" em nossa caminhada com Cristo. Em qualquer lugar onde estivermos — no trabalho, na faculdade ou na igreja —, estamos exercendo o chamado de Deus para nossa vida.

Além do conhecimento técnico e das habilidades humanas, precisamos aprender a utilizar as armas espirituais que o Senhor nos oferece, para crescermos e vencermos os desafios diários. Essas armas são capazes de destruir fortalezas e nos capacitam a enfrentar o Inimigo que tenta impedir o cumprimento dos propósitos de Deus em nossa vida.

Devemos buscar essas ferramentas celestiais, que são mais poderosas do que qualquer habilidade humana. Ao buscar a direção de Deus em nossas decisões do dia a dia, lembramos que a luta que enfrentamos vai além das circunstâncias visíveis. Com a ajuda de Deus, podemos conquistar vitórias extraordinárias.

Quanto mais mergulhamos na nossa vida espiritual, mais vemos as fortalezas caírem. Deus nos equipa para cada batalha e, ao utilizarmos as armas corretas, podemos vencer qualquer obstáculo. O Senhor nos dá os recursos para lutar, crescer e nos destacar em tudo o que fazemos, pois sua capacitação vai além do que o mundo pode oferecer.

Senhor, agradeço pelas armas espirituais que colocas à minha disposição. Ajuda-me a usá-las com sabedoria, sabendo que a minha força vem de ti, e não dos meus próprios esforços. Em nome de Jesus, amém.

anotações

ROCHA INABALÁVEL

18 JUL

Não há ninguém santo como o SENHOR; não há outro além de ti; não há rocha alguma como o nosso Deus.

1SAMUEL 2.2

@devocional.palavrasdesabedoria | @marcelotoschi

Quando pensamos em santidade, muitas vezes imaginamos alguém completamente puro, sem falhas. O versículo de hoje nos leva a refletir sobre a santidade de Deus, que é única e incomparável. Ele é descrito como uma rocha, um fundamento sólido e seguro, lembrando-nos de que não existe outro alicerce confiável para nossa vida além do Senhor.

Vivemos cercados por inúmeras vozes que nos encorajam a confiar em nós mesmos, no dinheiro, no trabalho ou em outras coisas materiais. No entanto, todas essas bases são falíveis e temporárias. Apenas Deus, em sua santidade e perfeição, pode ser a verdadeira rocha sobre a qual podemos construir nossa vida e futuro. Sua santidade nos assegura que ele nunca falhará e que podemos avançar com confiança.

Confiar no Senhor como nosso fundamento não só nos dá segurança nesta vida, mas também nos faz esperar pela Eternidade. A santidade de Deus nos mostra quão grande ele é e, como consequência, mantém-se fiel a todas as suas promessas, enchendo-nos de uma viva esperança. Em meio às incertezas, podemos nos alegrar, pois nossa confiança está em um Deus que é santo, perfeito e inabalável.

Senhor, obrigado porque és minha rocha e fundamento seguro. Ajuda-me a confiar em ti todos os dias e construir minha vida sobre a tua santidade. Em nome de Jesus, amém.

anotações

LIBERTAÇÃO NAS AFLIÇÕES

Muitas são as aflições do justo,
mas o SENHOR de todas o livra.

SALMOS 34.19, NAA

As aflições são inevitáveis, mas a libertação divina é certa. O justo, aquele que busca viver conforme os princípios de Deus, não está imune às dificuldades. Na verdade, ele pode enfrentar ainda mais desafios por seguir um caminho de integridade em um mundo que frequentemente vai na direção oposta.

A primeira parte do versículo nos lembra que a vida cristã não é isenta de lutas. As aflições fazem parte da caminhada. Ser fiel a Deus não elimina os problemas, mas nos oferece uma perspectiva mais profunda para enfrentá-los. As aflições do justo não são sinal de abandono divino, mas parte da realidade de viver em um mundo caído.

A segunda parte, porém, traz uma promessa que transforma tudo: "mas o Senhor de todas o livra". Deus é fiel e, em meio às dificuldades, ele está ao nosso lado, pronto para nos livrar. Essa libertação pode acontecer de várias maneiras. Às vezes, Deus remove o problema; em outras, ele nos fortalece para suportá-lo; e, muitas vezes, ele transforma a situação para o nosso crescimento e testemunho.

O versículo não define um prazo específico para essa libertação. Ela pode ser imediata ou exigir paciência e fé. No entanto, a certeza da libertação permanece, pois o Senhor é fiel à sua palavra. Portanto, ao enfrentarmos dificuldades, devemos lembrar que não estamos sozinhos. Deus está presente em cada desafio, pronto para nos fortalecer e, no seu tempo perfeito, livrar-nos.

Senhor, obrigado pela promessa de que estás comigo em cada aflição. Ajuda-me a confiar na tua fidelidade, mesmo quando as dificuldades parecerem grandes. Dá-me força para perseverar e paciência para esperar o teu livramento. Em nome de Jesus, amém!

anotações

FIEL NAS PEQUENAS COISAS

20 JUL

Levantando-se de madrugada, Davi deixou o rebanho com outro pastor, pegou a carga e partiu, conforme Jessé lhe havia ordenado.

1SAMUEL 17.20A

@devocional.palavrasdesabedoria | @marcelotoschi

Nesse texto, vemos Davi recebendo uma missão de seu pai: levar suprimentos aos seus irmãos no campo de batalha e trazer notícias de volta. Mesmo já ungido como o futuro rei de Israel, Davi ainda cuidava fielmente das ovelhas de seu pai. Esse cuidado, embora parecesse pequeno, demonstrava sua responsabilidade em tudo o que fazia.

Ao receber a nova missão, Davi não abandonou suas responsabilidades anteriores. Ele deixou outro pastor cuidando das ovelhas, ou seja, antes de avançar para novos desafios, certificou-se de que suas tarefas seguiriam sendo cumpridas. Essa atitude reflete a mentalidade de alguém que é fiel no pouco e, por isso, está pronto para o muito. Sua responsabilidade nas pequenas coisas o preparou para enfrentar grandes desafios, como lutar contra Golias.

Deus nos ensina que quem é fiel no pouco será fiel no muito. Às vezes, desejamos novos patamares ou grandes bênçãos, mas não estamos sendo responsáveis com o que já temos. A prosperidade não se resume a ter mais, mas a ser grato com o que já temos, vivendo com responsabilidade e diligência. Quando somos fiéis ao que Deus nos confia, preparamos o caminho para receber mais.

Senhor, ajuda-me a ser fiel e responsável nas pequenas tarefas que colocas em minhas mãos. Que eu valorize e cuide com diligência do que já me deste, sabendo que a fidelidade no pouco prepara o caminho para o muito. Em nome de Jesus, amém.

anotações

INTIMIDADE COM DEUS

Então ouvi a voz do Senhor, conclamando: "Quem enviarei? Quem irá por nós?" E eu respondi: "Eis-me aqui. Envia-me!".

ISAÍAS 6.8

Esse versículo captura o momento em que o profeta Isaías tem um encontro transformador com Deus, um momento de entrega e disponibilidade total ao chamado divino. O que fascina nesse diálogo é a intimidade que Isaías tem com o Senhor. Ele ouve claramente a voz de Deus e responde imediata e corajosamente, algo que só é possível porque Isaías mantinha um relacionamento profundo e íntimo com o Eterno.

Ao longo das Escrituras, vemos inúmeros exemplos de homens e mulheres que experimentaram transformações poderosas devido à sua proximidade com o Senhor. Abraão foi chamado amigo de Deus, Moisés falava com ele face a face, Davi era conhecido como homem segundo o coração de Deus. Todos tinham algo em comum: um relacionamento pessoal e constante com o Pai.

Da mesma forma, Deus deseja falar diretamente com você, revelar seus planos e conduzi-lo pelos caminhos que preparou. No entanto, para ouvir a sua voz com clareza, é necessário desenvolver uma vida de intimidade com ele, dedicando-se ao estudo das Escrituras, à oração e à meditação. Deus está sempre pronto para se comunicar conosco, mas precisamos silenciar o barulho ao nosso redor e aquietar nosso coração para escutá-lo. Quanto mais nos aproximarmos dele, mais discerniremos sua vontade e direção, assim como Isaías.

Senhor, obrigado porque sempre falas comigo. Ajuda-me a ter um coração sensível à tua voz e a desenvolver um relacionamento profundo e íntimo contigo, assim como foi com Isaías, que disse: "Eis-me aqui, envia-me". Em nome de Jesus, amém.

anotações

Pensem nas coisas do alto, não nas coisas da terra.

COLOSSENSES 3.2

@devocional.palavrasdesabedoria | @marcelotoschi

Imagine-se preso em um engarrafamento. Carros buzinando impacientemente, calor sufocante e você atrasado para um compromisso importante. Em momentos assim, é fácil ser absorvido pela frustração e pelo estresse. Mas e se, em vez de olhar para o carro à sua frente, você olhasse para cima e notasse o céu azul, as nuvens deslizando suavemente, um pássaro planando com graça? De repente, a perspectiva muda.

Esse é o convite que Paulo nos faz. Em meio às demandas da vida, somos chamados a elevar os pensamentos e a focar no que é eterno e significativo. Pense em como seu dia se desenrola. Talvez você acorde checando as notificações do celular, chegue ao trabalho preocupado com prazos e metas, passe a tarde resolvendo conflitos ou lidando com contas a pagar, e termine o dia exausto, caindo no sofá para um curto tempo de entretenimento antes de dormir. Onde está o espaço para "pensar nas coisas que são de cima"?

Focar nas coisas do Céu muda nossa visão e nos dá novas lentes. Uma discussão no trabalho se torna uma oportunidade de demonstrar o amor de Cristo. O trânsito se transforma em momentos de oração e reflexão. As dificuldades financeiras nos lembram de confiar na provisão divina. Viver assim não significa estar com a cabeça nas nuvens, desconectado da realidade, mas com a mente na realidade eterna. Portanto, quando passar momentos de ansiedade, tentação ou desânimo, eleve seus pensamentos a Cristo, nossa âncora e esperança.

Senhor, ajuda-me a manter meus pensamentos fixos em ti e em tuas promessas. Ensina-me a ver minha vida através da perspectiva do Céu e a viver de maneira que te honre em todas as minhas ações. Em nome de Jesus, amém.

anotações

23 JUL

O CAMINHO DA PROSPERIDADE

Obedeça às ordens do Senhor, seu Deus, e siga os caminhos dele. Guarde os decretos, mandamentos, estatutos e preceitos escritos na lei de Moisés, para que seja bem-sucedido em tudo que fizer e por onde quer que for.

1REIS 2.3, NVT

@devocional.palavrasdesabedoria | @marcelotoschi

A obediência sempre foi um tema central na nossa caminhada com Deus. Muitas vezes, buscamos o caminho mais fácil ou soluções rápidas, mas é a obediência que nos leva a uma vida próspera e cheia de propósito. Um exemplo disso é a nossa tendência de buscar "fórmulas mágicas" para resolver problemas rapidamente, como as inúmeras promessas de emagrecimento ou sucesso instantâneo.

É certo que a vontade de Deus é de que sejamos prósperos em todas as áreas da nossa vida — família, trabalho e, principalmente em nosso esforço para o avanço do Evangelho. No Reino de Deus, porém, não há atalhos para uma prosperidade verdadeira e duradoura.

A obediência aos princípios de Deus é o caminho para a prosperidade plena. Não se trata de seguir regras, mas de entender que os mandamentos de Deus são para o nosso bem, para darmos frutos e deixarmos um legado de fé e caráter para as próximas gerações.

Quando escolhemos seguir os princípios que ele estabeleceu, experimentamos sua mão bondosa nos guiando e abençoando.

Senhor, ajuda-me a viver em obediência aos teus caminhos. Que eu siga cada um dos teus ensinamentos com um coração disposto e submisso. Em nome de Jesus, amém.

anotações

O AMOR IMENSURÁVEL DE DEUS

24 JUL

O Senhor é misericordioso e compassivo;
longânimo e assaz benigno.

SALMOS 103.8, ARA

A misericórdia de Deus é sua compaixão em ação, uma manifestação do amor divino que se estende mesmo que não mereçamos e nos permite nos aproximarmos de Deus, ainda quando falhamos. Somos lembrados pelas Escrituras que Deus é compassivo, isto é, há uma empatia profunda que o move a agir em nosso favor. Ele não observa nossas lutas à distância, mas se identifica com nosso sofrimento e deseja nos confortar.

O terceiro atributo mencionado é a longanimidade, que demonstra sua infinita paciência conosco, sua disposição de esperar que cresçamos, aprendamos e nos arrependamos. É um lembrete de que Deus não desiste de nós, mesmo quando tropeçamos. Ademais, o versículo nos diz que ele é "benigno". A palavra "assaz" significa "em alto grau", enfatizando a extensão da bondade de Deus. Sua benignidade não é ocasional ou condicional, mas abundante e constante, superando nossas expectativas e compreensão.

Juntos, esses quatro atributos revelam um Deus cujo amor é multifacetado e inesgotável. É um amor que perdoa, compreende, persevera e abençoa, que não depende de nossa perfeição, mas nos aceita como somos. Trata-se de um amor que sempre nos chama para mais perto. Quando nos sentimos indignos, a misericórdia do Pai nos assegura que somos aceitos. Quando sofremos, sua compaixão nos conforta. Quando falhamos, sua longanimidade nos dá esperança. E em todas as circunstâncias, sua bondade nos sustenta. Assim, ao nos espelharmos no amor divino, seremos transformados e impactaremos as pessoas ao nosso redor.

Senhor, obrigado pela tua misericórdia, compaixão, paciência e bondade. Ajuda-me a refletir esses atributos em meus relacionamentos, para que outros vejam teu amor através de mim. Em nome de Jesus, amém.

anotações

25 JUL

APROFUNDANDO A CONFIANÇA EM DEUS

Os que conhecem o teu nome confiam em ti, pois tu,
SENHOR, jamais abandonas os que te buscam.

SALMOS 9.10

@devocional.palavrasdesabedoria | @marcelotoschi

Nesse belo versículo, encontramos uma verdade profunda que pode transformar nossa caminhada de fé: a confiança genuína em Deus nasce de um conhecimento íntimo de quem ele é. Portanto, a confiança no Altíssimo não é cega ou ingênua, mas fundamentada na experiência pessoal com o caráter dele.

"Os que conhecem o teu nome" nos mostra que conhecer a Deus é mais do que saber seu nome; trata-se de entender seu caráter, justiça, bondade e fidelidade. Quando o conhecemos, experimentamos a essência da identidade divina: misericórdia, justiça e amor.

Esse conhecimento se desenvolve por meio do tempo investido na presença do Senhor, meditando em sua Palavra, desfrutando de íntima oração e reconhecendo sua obra em nossa vida. Como resultado, confiamos. "Confiam em ti" revela que, ao percebermos a fidelidade sobre nós, depositamos nele toda a nossa confiança, que não deve depender das circunstâncias, mas da certeza da imutável fidelidade divina.

Por fim, a promessa que sustenta essa confiança é clara: "tu, Senhor, jamais abandonas os que te buscam". Deus é presente e fiel àqueles que o buscam de todo coração. Mesmo em meio às lutas, dúvidas ou incertezas, ele nunca nos abandona. Essa é a verdade que nos sustenta para enfrentar adversidades.

Senhor, agradeço porque és fiel e nunca me abandonas. Ajuda-me a te conhecer mais profundamente e a confiar em Cristo, não importando as circunstâncias. Em nome de Jesus, amém.

anotações

A HUMILDADE COMO ESCUDO

26 JUL

Por isso, aquele que pensa estar em pé veja que não caia.
1CORÍNTIOS 10.12, NAA

@devocional.palavrasdesabedoria | @marcelotoschi

Imagine um equilibrista caminhando sobre uma corda bamba. Cada passo é calculado, cada movimento é crucial. Momentos de excessiva confiança ou perda de concentração correspondem ao maior perigo que pode vivenciar, como adverte o versículo mencionado. Os perigos do orgulho e a importância da vigilância constante são lembretes divinos para nós.

Quando Paulo diz "aquele que pensa estar em pé", ele se refere àqueles que se sentem seguros em sua fé, acreditando ter alcançado um nível de maturidade espiritual. Essa sensação de segurança pode ser enganosa, pois todos nós somos vulneráveis. Não importa há quanto tempo estamos na fé, quão profundo é nosso conhecimento bíblico ou quantas "vitórias" espirituais tivemos. Ninguém está imune às tentações e às quedas. Assim, somos chamados à humildade e à vigilância. Reconhecer nossa vulnerabilidade é o primeiro passo para evitar a queda. Devemos nos manter atentos às armadilhas espirituais e cultivar a humildade, que nos mantém dependentes de Deus. Dessa maneira, buscar apoio em uma família de fé e manter-nos em oração são atitudes essenciais para estarmos alinhados com sua vontade.

É importante notar que o versículo não deve nos paralisar com medo, mas nos motivar à vigilância. Lembre-se: mesmo os "gigantes" da fé tiveram seus momentos de fraqueza. Davi, um homem segundo o coração de Deus, caiu em pecado. Pedro, o discípulo fervoroso, negou Jesus. Contudo, a graça de Deus os restaurou, assim como pode nos restaurar.

Pai eterno, ajuda-me a caminhar em humildade, reconhecendo minha constante necessidade de ti. Guarda-me do orgulho e da autoconfiança excessiva. Em nome de Jesus, amém.

anotações

FORÇA NAS TENTAÇÕES

Não sobreveio a vocês nenhuma tentação que não fosse humana; mas Deus é fiel e não permitirá que vocês sejam tentados além do que podem suportar; pelo contrário, juntamente com a tentação proverá livramento, para que vocês a possam suportar.

1CORÍNTIOS 10.13, NAA

@devocional.palavrasdesabedoria | @marcelotoschi

Esse versículo nos dá consolo diante de tentações que enfrentamos. Primeiramente, lembra-nos de que as tentações são uma realidade comum a todos. Portanto, não devemos nos isolar ou nos envergonhar. A tentação faz parte da experiência humana, mas a boa notícia é que Deus não nos deixa enfrentá-las sozinhos.

A fidelidade de Deus é o centro dessa promessa. Em meio às nossas fraquezas, a fidelidade de Deus permanece inabalável. Ele não nos abandona quando somos tentados. Ele é fiel e não permitirá que enfrentemos algo que não possamos suportar. Isso significa que, em sua sabedoria, Deus conhece nossos limites melhor do que nós mesmos. Não permitirá que a pressão seja maior do que nossa capacidade de resistir, pois já providenciou um escape.

O versículo também nos chama à ação. Embora Deus sempre nos ofereça escapes e saídas contra as tentações, cabe a nós escolhermos o bom caminho. A tentação em si não é pecado; é nossa resposta à tentação que determina o resultado. Isto é, a Bíblia não promete uma vida livre de tentações, mas garante que, com Deus, temos os recursos necessários para superá-las. Não estamos à mercê de nossas fraquezas ou circunstâncias; com Deus ao nosso lado, nenhuma tentação será maior do que nossa capacidade de vencer. Através da fidelidade divina, encontramos força, mesmo nos momentos mais difíceis.

Senhor, obrigado pela tua fidelidade e por nunca me deixares sozinho nas tentações. Ajuda-me a enxergar as saídas que já preparaste e a escolher o caminho que te honra. Em nome de Jesus, amém.

anotações

NÃO PERCA O MOMENTO

28 JUL

Busquem o Senhor enquanto se pode achá-lo;
clamem por ele enquanto está perto.
ISAÍAS 55.6

@devocional.palavrasdesabedoria | @marcelotoschi

Isaías nos faz um chamado urgente e cheio de esperança: buscar a Deus de forma imediata. Esse versículo não é uma sugestão, mas um apelo apaixonado para que nos voltemos a ele sem demora, de maneira intencional, vendo-o como o tesouro precioso de nossa alma. Buscar a Deus requer envolvimento profundo do coração, mente e alma.

O trecho "enquanto se pode achá-lo" traz um senso de urgência. Deus está sempre presente, mas há momentos específicos em nossa jornada em que nosso coração está mais aberto e sensível à sua voz. São oportunidades que não podemos desperdiçar. Não devemos esperar para buscar a Deus em tempos de aflição; a hora de buscá-lo é agora.

"Clamem por ele" nos chama a uma oração sincera e intensa, demonstrando nossa total dependência de Deus. Clamar é reconhecer nossa necessidade dele, confessando que, sem ele, estamos perdidos. Esse clamor deve partir de um lugar de humildade, onde compreendemos que nossa força não é suficiente. Assim também, a afirmação "enquanto está perto" nos conforta, lembrando-nos de que Deus está próximo de nós, sempre disposto a nos acolher. Ele nos convida a experimentarmos sua graça e presença de maneira real e transformadora. Não há barreiras entre nós e Deus; Cristo é o caminho.

Para tanto, desenvolva o hábito de buscar a Deus diariamente, em oração, meditação ou adoração. O Deus do Universo o está convidando para uma intimidade transformadora. O momento é agora, enquanto ele está perto.

Senhor, reconheço a importância de te buscar em todos os momentos. Ajuda-me a não adiar essa busca, mas a perseguir essa doce presença com sinceridade e fervor. Em nome de Jesus, amém.

anotações

29 JUL

ESCOLHAS QUE HONRAM A DEUS

Daniel, porém, decidiu não se contaminar com a comida e o vinho que o rei lhes tinha dado. Pediu permissão ao chefe dos oficiais para não comer esses alimentos, a fim de não se contaminar.

DANIEL 1.8, NVT

@devocional.palavrasdesabedoria | @marcelotoschi

A santidade é parte essencial do caráter de Deus, e ele nos convida a vivê-la não como uma obrigação, mas como uma escolha de amor. Assim como Daniel, temos a liberdade de decidir como vamos viver, mas não podemos esperar colher os frutos de uma vida consagrada a Deus se não estivermos dispostos a obedecê-lo. Ao optar por não se contaminar com os alimentos oferecidos pelo rei, Daniel reafirmou seu compromisso de viver com integridade, separado para Deus.

Decidir viver em santidade faz com que nos destaquemos entre os outros. Essa escolha pode incomodar as pessoas ao nosso redor; ao agir de maneira diferente e recusar comportamentos que não agradam a Deus, podemos enfrentar críticas ou afastamentos. Contudo, lembre-se: seu testemunho sempre será uma referência quando as pessoas ao seu redor passarem por dificuldades. Eles se lembrarão de você, que escolheu ser diferente, vivendo com paz e segurança em Deus.

Quando vivemos para a glória do Senhor, nossas atitudes refletem sua luz e podem inspirar outros a buscar a paz e alegria que temos. A decisão tomada por Daniel, de andar em santidade, não apenas influenciou os que estavam ao seu redor, mas também cumpriu os propósitos de Deus em sua vida. Suas escolhas também podem impactar as pessoas ao seu redor e abrir portas para que você seja um instrumento de Deus em seu contexto, seja no trabalho, na escola ou em qualquer lugar.

Senhor, assim como Daniel, quero viver uma vida que te agrada, dedicada à tua glória. Ajuda-me a tomar decisões que reflitam a tua santidade. Em nome de Jesus, amém.

anotações

O SUSSURRO NA TEMPESTADE

30 JUL

O Senhor lhe disse: "Saia e fique no monte, na presença do Senhor, pois o Senhor vai passar".

1REIS 19.11A

@devocional.palavrasdesabedoria | @marcelotoschi

Após sua fuga e exaustão, Elias foi chamado por Deus para um encontro transformador e crucial. Esse convite para "sair" simboliza mais do que um simples movimento físico; é um chamado para deixarmos nossos esconderijos emocionais de medo, dúvida e desânimo e nos colocarmos diante de sua presença.

Ficar no monte representa a importância de permanecermos em Deus, elevando nossos pensamentos e expectativas acima das circunstâncias. Quando somos chamados a estar no "monte", somos convidados a um lugar de comunhão mais profunda com o Pai, onde nossa percepção e fé podem ser elevadas. A promessa de que "o Senhor vai passar" traz uma mistura de expectativa e reverência. Embora possa haver momentos em que Deus se revela por meio de manifestações grandiosas, como em um vento forte ou um terremoto, ele frequentemente se revela de forma sutil e suave, como em um sussurro. Assim como fez com Elias, o Senhor nos ensina a valorizar os momentos tranquilos, onde sua presença é percebida de maneira silenciosa, mas profunda.

Às vezes, estamos tão acostumados com o barulho da vida que perdemos os sussurros do Pai. Aprenda a encontrar o Senhor no silêncio, em momentos de quietude. Portanto, reserve um momento nesta semana para "subir ao monte" — para estar em silêncio com o Senhor, orando e meditando em sua palavra. Identifique uma área na sua vida em que você tem se escondido e dê um passo de fé para sair, confiando que Deus se revelará a você.

Senhor, assim como com Elias, chama-me para fora dos meus esconderijos de medo e dúvida. Ajuda-me a subir ao monte e estar na tua presença, atento à tua voz suave no meio do caos. Em nome de Jesus, amém.

anotações

SEDE QUE TRANSFORMA

A minha alma tem sede de Deus, do Deus vivo.
Quando poderei entrar para apresentar-me a Deus?

SALMOS 42.2

@devocional.palavrasdesabedoria | @marcelotoschi

O salmista expressa uma sede profunda, não de água, mas da presença de Deus. No contexto bíblico, especialmente no Oriente Médio, a falta de água era uma ameaça constante. Viajar por desertos áridos, onde a água era escassa e valiosa, tornava a sede uma questão de vida ou morte. Para o salmista, essa sede por Deus era igualmente vital.

Hoje, em um país com abundância de água, muitas vezes esquecemos o valor de algo tão essencial. A sede física é facilmente suprida, mas e a sede da nossa alma? Estamos direcionando nossa sede para as coisas corretas? O mundo oferece muitas opções para saciar nossa sede — bens materiais, luxúria e reconhecimento —, mas nenhuma delas pode preencher o vazio que apenas Deus pode ocupar. Assim como o salmista reconhecia que a presença divina era a única fonte capaz de saciar sua sede mais profunda, somos chamados a ter essa mesma percepção. Deus nos criou com um propósito: adorá-lo e desfrutar de sua presença. Quando direcionamos nossa sede para ele, encontramos verdadeira satisfação, paz e propósito.

Portanto, a pergunta é: do que sua alma tem sede? Se não for de Deus, talvez seja hora de realinhar suas prioridades e reconhecer que, sem a presença divina, permanecerá um vazio que nada neste mundo pode preencher. A presença de Deus é essencial, uma questão de vida ou morte espiritual. Anseie por ele com a mesma intensidade que o salmista, buscando sua presença diariamente e encontrando nele a verdadeira fonte de vida eterna.

Senhor, minha alma tem sede de ti. Ajuda-me a direcionar meus desejos e anseios para a tua presença, reconhecendo que só tu podes saciar minha sede de amor e satisfação. Em nome de Jesus, amém.

anotações

"

Mesmo em lágrimas, você pode escolher confiar em Deus e louvá-lo. Não espere as circunstâncias mudarem para reconhecer que ele é o seu Salvador."

AGOSTO

1º AGO

PLENA CONSAGRAÇÃO

Estou dizendo isso para o próprio bem de vocês; não para impor restrições, mas para que possam viver de maneira correta, em constante devoção ao Senhor, livre de distrações.

1CORÍNTIOS 7.35

@devocional.palavrasdesabedoria | @marcelotoschi

Paulo, ao escrever aos coríntios, apresenta a intenção de suas instruções: promover o bem-estar espiritual e a liberdade em Cristo, não impondo restrições. Ele enfatiza que a verdadeira consagração ao Senhor não é um fardo, mas um caminho para viver de forma plena e significativa.

Viver em consagração significa dedicar nossa vida ao propósito de Deus, refletindo nosso compromisso em escolhas diárias. Paulo nos lembra de que essas decisões não são tomadas para nos limitar, mas para nos libertar das distrações que nos afastam de uma vida centrada em Deus. Para isso, precisamos examinar nossas prioridades e alinhar nossas ações com o coração divino, o que pode exigir a renúncia de hábitos ou atitudes que não contribuem para o crescimento espiritual. Essa renúncia é, na verdade, um ganho, pois nos aproxima de uma vida mais plena em Cristo.

A consagração ao Senhor é um convite à intimidade com ele. Ao nos dedicarmos a Deus, abrimos espaço para que sua presença transforme nosso coração e mente, impactando positivamente aqueles ao nosso redor, à medida que refletimos o amor e a graça divinos. É importante lembrar que a consagração não é um estado de perfeição, mas um processo contínuo de crescimento espiritual. À medida que caminhamos com ele, aprendemos a confiar mais em sua direção e a depender menos de nossa própria força.

Assim, a jornada de consagração é única para cada um, mas todos somos chamados a viver para honrarmos a Deus, seja servindo aos outros, buscando justiça ou vivendo com integridade. O importante é que nossas ações sejam guiadas pelo desejo de agradar ao Senhor.

Senhor, ajuda-me a entender que a verdadeira liberdade está em viver para Cristo. Que minhas escolhas diárias reflitam minha consagração e que eu experimente a plenitude e a alegria de uma vida dedicada ao teu propósito. Em nome de Jesus, amém.

anotações

COMUNICAÇÃO TRANSFORMADORA

02 AGO

As multidões ficaram maravilhadas com o ensino de Jesus, porque ele ensinava como alguém que tinha grande autoridade e não como os mestres da lei.

MATEUS 7.28-29, NBV

@devocional.palavrasdesabedoria | @marcelotoschi

A comunicação eficaz é uma das ferramentas mais poderosas que podemos desenvolver, especialmente para quem exerce liderança. Todos nós, de alguma forma, lideramos — seja no trabalho, em casa, na igreja ou na comunidade. Nossas palavras e ações influenciam os outros e, por isso, temos a responsabilidade de nos comunicar com clareza e intencionalidade.

Jesus é o exemplo supremo de um comunicador eficaz. Ele não apenas realizava milagres e maravilhas, mas também cativava multidões com suas palavras. As pessoas ficavam admiradas com seus ensinamentos porque ele falava com autoridade e simplicidade, trazendo verdades espirituais profundas através de exemplos do cotidiano.

Assim, o desafio é que sigamos esse exemplo. Quantas vezes nos deparamos com problemas que poderiam ser evitados com uma exposição mais clara? Brigas e mal-entendidos surgem frequentemente por falta de clareza em nossas expectativas. A chave está em sermos intencionais em nossas palavras e comunicar-nos de maneira que os outros compreendam plenamente o que queremos transmitir. Isso não significa usar palavras rebuscadas ou ser um grande orador, mas expor com clareza, honestidade e empatia.

Ao seguir o exemplo de Jesus, podemos desenvolver uma comunicação que edifica, aproxima e resolve conflitos, tornando-nos líderes mais eficazes em todas as áreas da vida.

Senhor, ajuda-me a seguir o exemplo de Jesus em minha comunicação. Que eu seja claro ao falar, transmitindo tuas verdades com sabedoria e amor, e lidere segundo teus princípios. Em nome de Jesus, amém.

anotações

PEQUENOS DETALHES

Ou, qual é a mulher que, possuindo dez dracmas e, perdendo uma delas [...].

LUCAS 15.8

@devocional.palavrasdesabedoria | @marcelotoschi

Na parábola da dracma perdida, Jesus nos fala sobre uma mulher que, mesmo possuindo nove moedas, decidiu procurar diligentemente a dracma que havia desaparecido. Para encontrá-la, acendeu uma lâmpada e varreu toda a casa até recuperar o que havia se perdido, demonstrando uma importante lição: não devemos desprezar os pequenos detalhes.

É fácil negligenciar algo que parece pequeno ou insignificante. A mulher ainda tinha nove dracmas; então, por que se preocupar tanto com apenas uma? Jesus nos ensina que até o "pouco" tem valor. Ignorar pequenas perdas pode levar a consequências maiores no futuro. Problemas, como o divórcio, muitas vezes são resultados de detalhes que foram ignorados ao longo do tempo. Da mesma forma, o esfriamento espiritual não ocorre de repente, mas por pequenos passos em direção ao pecado.

Jesus nos convida a prestar atenção aos detalhes que podem parecer irrelevantes, mas que são cruciais para nosso bem-estar espiritual e emocional. Pode haver aspectos em sua vida que você deixou de lado por julgá-los pouco importantes. Assim como a mulher da parábola, é hora de acender a "candeia", olhar com cuidado e recuperar o que foi perdido.

Hoje, decida valorizar os pequenos detalhes. Examine o que pode ter sido esquecido e trabalhe para restaurá-lo. É nos pequenos gestos e atitudes que construímos relacionamentos saudáveis, uma vida espiritual forte e traçamos uma caminhada íntegra com Deus.

Senhor, ajuda-me a não desprezar os pequenos detalhes em minha vida. Dá-me sabedoria e discernimento para reconhecer o valor das coisas que parecem pequenas, mas que são importantes aos teus olhos. Em nome de Jesus, amém.

anotações

COLHENDO O QUE PLANTAMOS

04 AGO

Semelhantemente, toda árvore boa dá frutos bons, mas a árvore ruim dá frutos ruins. Uma árvore boa não pode dar frutos ruins, tampouco uma árvore ruim pode dar frutos bons.

MATEUS 7.17-18

@devocional.palavrasdesabedoria | @marcelotoschi

Quando buscamos nosso devocional diário, esperamos palavras de ânimo e conforto, e isso é importante. No entanto, também precisamos de exortações que nos desafiem a refletir sobre nossas ações. Muitas vezes, caímos na armadilha de querer uma fórmula mágica que nos conduza à prosperidade, acreditando que há atalhos que guiam à riqueza. Porém, o texto de hoje nos ensina algo mais profundo: o fruto que colhemos é o reflexo do tipo de árvore que somos.

Pergunto: que tipo de fruto você está produzindo? O que está fluindo de sua vida diariamente? Assim como uma árvore de mangas não pode produzir jabuticabas, nossas atitudes, palavras e ações revelam a qualidade da árvore que somos. Se de nossa boca saem reclamações, murmurações e negatividade, não podemos esperar colher abundância. Para viver frutiferamente, a prosperidade deve fluir de dentro de nós, independentemente das circunstâncias.

Assim, a verdadeira transformação começa com a mudança de mente e coração. Ao renovar nossos pensamentos e atitudes, nossas palavras e ações inevitavelmente seguirão o mesmo caminho. Ao final de cada dia, pergunte-se: "Que frutos eu constatei em mim hoje? Foram bons ou maus?". Se perceber que os frutos não são bons, lembre-se de que é possível mudar a essência de quem você é. Quando nossa vida está alicerçada em Deus, o que produzimos refletirá sua natureza.

Senhor, transforma meu coração e mente. Ajuda-me a produzir frutos bons em todas as áreas da minha vida, refletindo tua graça e amor. Em nome de Jesus, amém.

anotações

O PODER DA PALAVRA

Mas Josafá perguntou: "Será que não há aqui profeta do SENHOR, para que possamos consultar o SENHOR por meio dele?" Um conselheiro do rei de Israel respondeu: "Eliseu, filho de Safate, está aqui. Ele era auxiliar de Elias". Josafá prosseguiu: "A palavra do SENHOR está com ele". Então o rei de Israel, Josafá e o rei de Edom foram falar com ele.

2REIS 3.11-12

@devocional.palavrasdesabedoria | @marcelotoschi

Nesse trecho, vemos Josafá, em um momento de deserto e incerteza, buscando alguém que tivesse a palavra de Deus. Eliseu, discípulo e sucessor de Elias, foi chamado, pois "a palavra do Senhor estava com ele". Esse detalhe carrega uma grande lição: para vencer os desafios, precisamos saber onde encontrar a palavra de Deus.

Hoje, não precisamos mais buscar um profeta para ouvir a voz de Deus, pois temos livre acesso à presença dele por meio de Jesus. Certamente, no tempo oportuno, ele envia mensageiros que proclamam sua palavra com fé, coragem e ousadia. No entanto, a verdade a refletir é que a palavra de Deus já está disponível para todos nós. Temos a Bíblia, a Palavra Viva e inspirada, muitas vezes negligenciada, mas é por meio dela que Deus nos guia e fortalece.

A Bíblia não é apenas um livro a ser lido de vez em quando; é o manual da vida, a direção que precisamos para tomar decisões sábias, mesmo passando pelo deserto. Quando temos a Palavra de Deus em nosso coração, profetizamos bênçãos, cura e vitória sobre nossa vida e a vida dos outros. Sem ela, ocorre o contrário, murmuramos e reclamamos. Portanto, valorize a Palavra. Leia, medite e memorize as Escrituras para ser transformado.

Senhor Deus, obrigado por dares a mim a tua Palavra, que é viva, eficaz e poderosa. Ajuda-me a valorizá-la e a me alimentar dela diariamente, a fim de que habite ricamente em meu coração. Em nome de Jesus, amém.

anotações

ALICERCES SÓLIDOS

06 AGO

Como pode o jovem manter pura o seu caminho?
Vivendo de acordo com a tua palavra.

SALMOS 119.9

@devocional.palavrasdesabedoria | @marcelotoschi

Vivemos em uma era de informações abundantes, onde, com apenas um toque na tela, temos acesso a notícias, imagens e opiniões do mundo todo. Essa superexposição, especialmente nas redes sociais, está moldando a mente de muitos, especialmente dos jovens e crianças, gerando confusão e incertezas. Sem uma base sólida, muitos acabam trocando princípios eternos por modismos passageiros.

Os alicerces que sustentam nossa conduta são fundamentais e se originam na palavra de Deus. É na família e na vivência dos princípios bíblicos que esses fundamentos são fortalecidos. No entanto, em vez de se apoiar nesses alicerces sólidos, muitos se deixam influenciar por conteúdos superficiais de influencers e tendências online.

Salmos 119.9 pergunta: "Como o jovem pode manter-se puro?". A resposta é direta e poderosa: vivendo de acordo com a palavra de Deus. A Bíblia nos ensina, nos guia e nos transforma. Ela oferece uma base firme para nossas decisões, pensamentos e ações. No meio da correria e do bombardeio constante de informações, é essencial reservar tempo para meditar na Palavra, assim como você está fazendo agora.

Somente as Escrituras podem alinhar o coração, renovar a mente e nos manter no caminho da pureza e da integridade. É através delas que encontramos sabedoria para vivermos para glorificar a Deus, de modo que as bênçãos cheguem à nossa vida.

Senhor, obrigado pela tua Palavra, que é lâmpada para os meus pés e luz para o meu caminho. Ajuda-me a não ser distraído pelas vozes ao meu redor, mas a viver de acordo com os teus princípios. Em nome de Jesus, amém.

anotações

LEALDADE TOTAL

Nenhum servo pode servir a dois senhores; porque irá odiar um e amar o outro ou irá se dedicar a um e desprezar o outro. Vocês não podem servir a Deus e à riqueza.

LUCAS 16.13, NAA

@devocional.palavrasdesabedoria | @marcelotoschi

Jesus nos apresenta aqui uma verdade fundamental sobre a natureza da devoção humana e as prioridades espirituais. Ele usa a metáfora de um servo para ilustrar a impossibilidade de dividir lealmente nossa devoção entre dois mestres opostos. A palavra "servir" implica uma dedicação total. Jesus está falando sobre o que controla nosso coração, decisões e valores fundamentais.

A menção específica de "Deus e à riqueza" (em algumas traduções, "Deus e Mamom") não é acidental. Jesus identifica o dinheiro e as posses materiais como um dos principais rivais de Deus na vida das pessoas. A riqueza, quando se torna o foco principal, pode se transformar em um ídolo, competindo com Deus por nossa devoção e confiança. Ela em si não deve ser condenada, mas devemos manter um alerta no coração e não permitir que ocupe o lugar central em nossa vida. Jesus nos chama a examinar nossas prioridades e a fonte de nossa segurança. A declaração de Jesus é absoluta: "Vocês não podem servir a Deus e à riqueza". Não há meio-termo. É uma chamada para uma decisão inequívoca sobre o que nos governará.

Considere se suas ações, decisões e aspirações são motivadas pelo amor a Deus ou pelo desejo de ganho material. Cristo nos convida a uma vida de devoção singular, onde Deus ocupa o lugar supremo. Portanto, examine suas prioridades, desenvolva uma perspectiva eterna, seja um administrador fiel e gerencie suas finanças generosa e cuidadosamente.

Senhor, reconheço que és o único digno de minha devoção. Perdoa-me pelas vezes em que permiti que outras coisas se tornassem ídolos no meu coração. Em nome de Jesus, amém.

anotações

TOME A INICIATIVA

Acabe perguntou: — Por meio de quem se dará isto? Ele respondeu: — Assim diz o SENHOR: "Pelos servos dos chefes das províncias". Acabe perguntou: — Quem começará a batalha? E o profeta respondeu: — Você!

1REIS 20.14, NAA

@devocional.palavrasdesabedoria | @marcelotoschi

Quantas vezes você já ouviu uma mensagem poderosa e imediatamente pensou em alguém que precisaria ouvi-la? Talvez tenha pensado: "Essa palavra é perfeita para fulano" ou "Essa mensagem se encaixa na situação de ciclano". Embora isso aconteça com frequência, esse pensamento pode impedi-lo de receber a direção pessoal de Deus para seu crescimento.

No texto de hoje, há uma situação semelhante. O profeta trouxe a Acabe, rei de Israel, uma palavra de vitória, afirmando que Deus entregaria o exército inimigo nas mãos de Israel. A resposta do rei foi uma pergunta direta: "Quem começará a batalha?" E o profeta respondeu: "Você!".

Esse mesmo princípio se aplica a nós. Deus nos dá sonhos, ideias e direções claras, mas em vez de avançarmos, hesitamos, pensando que não somos as pessoas certas ou que o desafio é grande demais. No entanto, Deus nos chama a começar a batalha. Às vezes, tudo o de que precisamos é dar o primeiro passo e tomar a iniciativa.

Qual é a batalha em que Deus está chamando você para se engajar hoje? Pode ser uma mudança de atitude, um novo projeto ou um desafio pessoal. Não fuja. Seu sucesso e conquista podem estar apenas esperando que você se levante e comece a agir. Deus já deu a direção, agora é hora de dar o próximo passo e iniciar o combate.

Senhor, ajuda-me a entender e a aceitar o chamado que tens para minha vida. Dá-me coragem para iniciar as batalhas que colocaste diante de mim e força para perseverar em cada uma delas. Em nome de Jesus, amém.

anotações

09 AGO

ESPERANÇA EM MEIO À ANGÚSTIA

Por que você está assim tão triste, ó minha alma? Por que está assim tão perturbada dentro de mim? Ponha a sua esperança em Deus! Pois ainda o louvarei; ele é o meu Salvador e o meu Deus.

SALMOS 42.5-6A

@devocional.palavrasdesabedoria | @marcelotoschi

A Bíblia apresenta relatos sinceros e transparência de muitos salmistas. Deus, em sua sabedoria, deixou-nos exemplos de homens e mulheres que experimentaram diferentes emoções, como tristeza, angústia e até desespero. O salmo 42 reflete isso quando o salmista, em dor, pergunta: "Por que você está assim, minha alma?". E em seguida, nos dá a chave para enfrentar momentos de aflição: colocar a esperança em Deus. Ele não esperou a tempestade passar para louvar a Deus, mas adorou em meio à dificuldade.

Se você está enfrentando dias difíceis, onde a tristeza parece dominar seu coração, lembre-se de que, assim como o salmista, você pode chamar sua alma à razão. Mesmo em lágrimas, você pode escolher confiar em Deus e louvá-lo. Não espere as circunstâncias mudarem para reconhecer que ele é o seu Salvador.

Lembre-se de que a dor tem seu tempo contado. A Bíblia nos ensina que o choro pode durar uma noite, mas a alegria vem pela manhã. Se você está lamentando a perda de algo ou alguém, saiba que Deus pode renovar suas forças. Este é o momento de declarar um novo tempo sobre sua vida, confiando que um ciclo repleto de esperança está prestes a começar.

Senhor, mesmo em meio às dificuldades e aflições, escolho colocar a minha esperança em ti. Fortalece-me, renova minhas forças e ajuda-me a confiar que o teu amor e misericórdia se renovam sobre mim a cada dia. Em nome de Jesus, amém.

anotações

A FONTE DA VERDADEIRA FELICIDADE

10 AGO

Como são felizes as pessoas que fazem do Senhor a sua força e resolvem em seu coração seguir os retos caminhos de Deus!

SALMOS 84.5, NBV

@devocional.palavrasdesabedoria | @marcelotoschi

O verso de hoje nos revela um segredo profundo sobre a verdadeira felicidade. Não se trata de uma felicidade passageira, mas genuína e duradoura, que nasce de uma vida centrada em Deus. O verso começa nos ensinando que felizes são os que fazem do Senhor a sua força. Quando confiamos apenas em nossas próprias habilidades e recursos, sentimo-nos cansados e sobrecarregados. Mas quando depositamos nossa confiança no Senhor, encontramos uma força que vai além das circunstâncias. O Espírito Santo é quem nos ensina a reconhecer nossa necessidade de Deus, dando-nos poder para viver com confiança, pois Deus é nossa fortaleza.

A segunda parte fala sobre a escolha consciente de seguir os caminhos de Deus. Não é suficiente apenas conhecer a sua vontade; é necessário um compromisso firme de viver de acordo com seus princípios. O Espírito Santo nos guia diariamente nesses "caminhos retos" e nos revela a palavra de Deus, ensinando-nos a discernir o que é certo.

Portanto, somos convidados a refletir: onde buscamos nossa força? Estamos tomando decisões que honram a Deus e que trazem verdadeira felicidade? A verdadeira alegria, conforme o salmista nos diz, vem quando fazemos do Senhor a nossa força e decidimos seguir seus caminhos.

Hoje, o Espírito Santo nos chama a entregar nossa vida completamente ao Pai, confiando nele como nossa única fonte de força. Ele nos encoraja a fazer escolhas conscientes e seguir os seus caminhos, sabendo que isso trará a genuína e duradoura felicidade.

Senhor, reconheço que a verdadeira felicidade vem de ti e de reconhecê-lo como a força da minha vida. Que o teu Espírito Santo me guie e fortaleça, a fim de viver essa verdade. Em nome de Jesus, amém.

anotações

SANTA VOCAÇÃO

Que nos salvou e nos chamou com uma santa vocação, não em virtude das nossas obras, mas por causa da sua própria determinação e graça. Essa graça nos foi dada em Cristo Jesus desde os tempos eternos.

2TIMÓTEO 1.9

@devocional.palavrasdesabedoria | @marcelotoschi

Ao refletir sobre esta passagem, somos lembrados de uma verdade profunda: fomos salvos e chamados para uma santa vocação, não por nossos méritos, mas pela graça abundante de Deus. Não foi nosso esforço que nos garantiu esse chamado, mas o plano divino, pois fomos amados desde antes da criação do mundo, separados para viver uma vida plena em Cristo.

Essa graça, derramada sobre nós em Cristo Jesus, não é apenas para nossa salvação, mas para que possamos viver segundo o propósito eterno de Deus. Isso significa que em cada área de nossa vida — na família, no trabalho, nos estudos ou nos relacionamentos — Deus providenciou tudo para que possamos viver plenamente, cumprindo sua vontade.

Então, o que nos impede de viver essa plenitude? Muitas vezes, permitimos que dúvidas, medos e limitações nos paralisem. Deus nos lembra de que já fomos abençoados com toda sorte de bênçãos espirituais e ele nos deu tudo para avançarmos e vivermos o extraordinário. Nossa parte é crer e ser fiel ao que já recebemos, confiando que, ao tomarmos posse desse chamado, viveremos o melhor que Deus preparou para nós.

Seja encorajado a lembrar que você foi chamado para algo grande, e isso não depende de sua perfeição ou desempenho, mas da graça de Deus. Viva confiante nesse chamado e permita que ele transforme cada área de sua vida.

Senhor, agradeço pela graça que me alcançou e porque fui chamado para uma santa vocação. Ajuda-me a confiar em ti e a tomar posse do teu propósito para minha vida. Em nome de Jesus, amém.

anotações

COMPROMISSO COM A VERDADE

12 AGO

Seja o seu "sim", "sim", e o seu "não", "não";
o que passar disso vem do Maligno.

MATEUS 5.37

A palavra de Deus nos traz um conselho prático e poderoso: seja verdadeiro em todas as suas palavras. Em um mundo onde muitos recorrem a artifícios e mentiras para obter vantagem, Deus nos chama para um caminho diferente — o caminho da simplicidade e da integridade. O versículo de Mateus nos ensina que nossa palavra deve ser direta: um "sim" que verdadeiramente signifique "sim" e um "não" que seja realmente "não".

Na busca do sucesso, seja profissional, familiar ou espiritual, é comum nos depararmos com promessas e métodos que apelam para nossa ganância. Ideias rápidas para enriquecer, atalhos para o sucesso ou fórmulas milagrosas que podem nos afastar da verdade e dos princípios de Deus. A tentação de cair nessas armadilhas é real, mas devemos lembrar que a base de uma vida próspera e alinhada com Deus está na obediência. Ao tentar agradar a todos ou manipular situações com falsas promessas, arriscamos nossa credibilidade. Essa advertência também se aplica dentro de casa, na criação dos filhos ou no trato com os demais. Quando as palavras são voláteis ou mudam sem razão, perdemos a confiança daqueles que esperam nossa integridade.

Deus nos convida a abraçar a verdade plenamente. A honestidade é o caminho que nos distingue em meio a um mundo repleto de inverdades. Ser claro e sincero em nossas decisões e palavras cria uma base sólida para relacionamentos duradouros e para uma vida que reflete a verdade de Cristo. A partir de hoje, que seu "sim" seja firme, e seu "não" seja inabalável.

Senhor, ajuda-me a viver uma vida marcada pela verdade. Que meu "sim" seja sempre verdadeiro e meu "não" seja firme, sem mentiras ou manipulações, manifestando sua integridade. Em nome de Jesus, amém.

anotações

ABRIGO INABALÁVEL

Deus é o nosso refúgio e a nossa fortaleza,
auxílio sempre presente nas adversidades.

SALMOS 46.1

@devocional.palavrasdesabedoria | @marcelotoschi

Imagine-se em meio a uma tempestade muito severa: ventos fortes, chuva intempestiva, trovões e raios ao redor. De repente, você avista um abrigo. Ao entrar, a sensação de alívio é imediata. O barulho da tempestade se torna distante, e você se sente protegido, a salvo da fúria lá fora. Essa é a imagem que o salmista nos apresenta de Deus. Em um mundo repleto de incertezas e perigos, ele é nosso refúgio infalível e fortaleza segura.

Pense naquela noite em que você recebeu uma notícia devastadora — um diagnóstico médico preocupante, a perda de um ente querido ou o fim de um relacionamento importante. O mundo parecia desmoronar. Ou lembre-se daquele dia em que a ansiedade parecia sufocá-lo — as contas, as pressões no trabalho e os conflitos familiares se intensificando. Em meio ao caos emocional, a presença de Deus se fez sentir como um porto seguro, um "socorro bem presente", oferecendo paz em meio à tormenta.

Esse versículo não promete uma vida sem problemas. Pelo contrário, reconhece a realidade da angústia em nossa vida. Porém, oferece a garantia reconfortante de que, não importa quão difíceis sejam as circunstâncias, temos um Deus que está sempre presente e pronto para nos socorrer. Ele não é um conceito distante ou uma ideia abstrata. É uma presença real e tangível, um socorro imediato em todos os momentos de necessidade.

Hoje, ao enfrentar seus próprios desafios e lutas, permita-se buscar abrigo nesse Deus que é refúgio e fortaleza. Deixe que sua presença acalme seus medos, fortaleça seu coração e renove sua esperança. Não importa o que você esteja enfrentando, lembre-se de que não está sozinho. O socorro está bem presente, agora e sempre.

Senhor, obrigado porque tu és meu refúgio seguro em meio às tempestades da vida. Ajuda-me a confiar em ti quando os problemas surgirem e a buscar tua presença como minha fortaleza. Em nome de Jesus, amém.

anotações

....

....

....

Mostra-me, SENHOR, como é breve meu tempo na terra; mostra-me que meus dias estão contados e que minha vida é passageira.

SALMOS 39.4, NVT

O tempo é um conceito difícil de definir. Sua percepção varia conforme as fases da vida: um adolescente vê o tempo como abundante, um jovem como uma oportunidade de descoberta, um adulto sente-o acelerado, enquanto um idoso o percebe com urgência. Contudo, há uma verdade universal: o tempo que passa não volta, as palavras ditas e as oportunidades perdidas ficam no passado. Isso nos lembra quão valioso é o tempo.

O salmista, ao pedir a Deus para lhe mostrar o número de seus dias, não está apenas em busca de uma resposta literal sobre quanto tempo ainda tem de vida. Está expressando uma busca por sabedoria, pedindo que Deus lhe ensine a importância de aproveitar bem o tempo. A maturidade nos faz perceber o valor do tempo e a importância de vivê-lo de maneira sábia e intencional.

Hoje, faça o mesmo pedido ao Senhor. Que ele lhe dê discernimento para valorizar o tempo presente e viver de forma a honrá-lo pela dádiva de cada dia de vida. Embora o passado esteja fora do nosso controle, podemos escolher usar o tempo que temos de maneira sábia e proveitosa, buscando sempre a direção de Deus para cada passo.

Senhor, ajuda-me a valorizar o tempo que me deste. Ensina-me a viver de forma sábia e intencional, aproveitando cada oportunidade que tens colocado diante de mim. Que eu aprenda a contar meus dias e viva de maneira que reflita tua graça em tudo o que faço. Em nome de Jesus, amém.

anotações

ARMA PODEROSA

Pois a palavra de Deus é viva e eficaz, e mais afiada que qualquer espada de dois gumes; ela penetra até o ponto de dividir alma e espírito, juntas e medulas, e julga os pensamentos e as intenções do coração.

HEBREUS 4.12

@devocional.palavrasdesabedoria | @marcelotoschi

O verso de hoje apresenta uma analogia interessante, comparando a Palavra de Deus a uma arma de guerra — uma espada afiada de dois gumes. Ele nos transporta para o campo de batalha, evocando as espadas romanas, conhecidas por sua eficiência e precisão. Ao contrário de outras espadas, essas eram precisas e mortais, habilidosamente usadas pelos soldados.

Da mesma forma, a Palavra de Deus é viva, eficaz e afiada. Ela não apenas toca a superfície, mas penetra profundamente a nossa alma e espírito, discernindo pensamentos e intenções. Ela nos revela, transforma-nos e desafia-nos a viver de acordo com os princípios divinos. Assim como uma espada nas mãos de um guerreiro bem treinado pode ser usada para alcançar grandes vitórias, a palavra de Deus, quando manejada com sabedoria, pode mudar completamente nossa vida. No entanto, assim como qualquer arma, ela deve ser usada corretamente. A palavra de Deus é repleta de princípios que podem ser aplicados para o bem ou para o mal, produzindo frutos de vida ou danos e manipulação. Como na história da Torre de Babel, as pessoas, embora estivessem fora da vontade de Deus, usaram o princípio da unidade para tentar alcançar um objetivo errado.

Hoje, você tem em mãos uma arma poderosa: a palavra de Deus. Ela não só tem o poder de defender, mas também de transformar, curar e trazer sabedoria. Portanto, assim como um soldado habilidoso maneja sua espada, você também deve mergulhar na Palavra com diligência e fé, permitindo que ela trabalhe poderosamente em sua vida.

Senhor, obrigado por tua Palavra, que é viva, eficaz e poderosa. Ajuda-me a manuseá-la com sabedoria e permitir que ela penetre meu coração e transforme minha vida. Em nome de Jesus, amém.

anotações

Pois desejo misericórdia, e não sacrifícios;
conhecimento de Deus em vez de holocaustos.
OSEIAS 6.6

Imagine um jardim exuberante. De longe, parece perfeito — flores coloridas, folhagem verde e viçosa. Mas, ao se aproximar, você percebe que é tudo artificial. Belo, mas sem vida. Sem aroma. Sem a essência real de um jardim. Essa imagem reflete como Deus vê rituais vazios e sacrifícios sem coração. Nesse versículo poderoso, ele revela o que realmente anseia de nós: misericórdia e conhecimento íntimo dele.

A misericórdia que Deus deseja não é um sentimento fugaz de compaixão. É um amor ativo, que se estende aos outros com graça e perdão. Trata-se de ver o mundo através dos olhos de Deus, reconhecendo o valor em cada pessoa. Quanto ao conhecimento de Deus, não se resume a informações, mas a uma intimidade profunda. É como conhecer o sorriso de um amigo querido — uma jornada de descoberta constante. Muitas vezes, caímos na armadilha de pensar que Deus está mais interessado em nossas ações externas: o quanto doamos, quantas vezes vamos à igreja, se seguimos bem as regras. Mas então, ele nos lembra que o que realmente busca é nosso coração.

Esse versículo nos convida a uma adoração autêntica, que começa no coração e transborda em atos de amor e compaixão. Hoje, em vez de se preocupar com rituais ou obrigações religiosas, busque conhecer mais profundamente o coração de Deus. Deixe que sua misericórdia flua através de você para os outros. O Criador do Universo não está interessado em performances perfeitas; ele deseja um relacionamento real com você.

Pai amoroso, perdoa-me pelas vezes em que priorizei rituais vazios. Ajuda-me a te conhecer mais profundamente. Que tua misericórdia flua através de mim, tocando vidas ao meu redor. Em nome de Jesus, amém.

anotações

O PODER DE COMPARTILHAR

Não me envergonho do evangelho, porque é o poder de Deus para a salvação de todo aquele que crê: primeiro, do judeu e, depois, do grego.

ROMANOS 1.16

@devocional.palavrasdesabedoria | @marcelotoschi

Compartilhar o Evangelho é uma oportunidade poderosa, não uma obrigação penosa. Muitas vezes, podemos enxergar a responsabilidade de testemunhar sobre Jesus como algo pesado, com medo de, se falharmos, sermos julgados. No entanto, Paulo nos ensina a ver de forma diferente. Ele afirma com convicção que não se envergonha do Evangelho, pois é o próprio poder de Deus para salvar todos os que creem.

Já parou para pensar que, em algum momento, alguém compartilhou a boa notícia de Jesus com você? Por meio da palavra de Deus, você foi alcançado, transformado e teve a oportunidade de experimentar a graça e o amor de Deus. Da mesma forma, você agora carrega essa mensagem de esperança que pode transformar outras vidas. Não é um fardo, mas um privilégio extraordinário ser parte do plano de Deus para levar salvação às pessoas.

O Evangelho que você compartilha não apenas transforma quem o ouve, mas também renova sua própria vida. Quanto mais você o compartilha, mais se torna um "rio", fluindo na presença e na graça de Deus. Assim como um rio corre e se enche de águas puras, você será continuamente renovado e fortalecido pelo Espírito Santo, à medida que permite que o poder de Deus flua através de você. Cada palavra semeada com amor gera frutos que, por sua vez, produzirão novas sementes, impactando ainda mais vidas.

Senhor, agradeço por me permitires ser um portador da tua Palavra. Dá-me coragem e ousadia para compartilhar o Evangelho sem medo ou vergonha, confiando no teu poder para transformar vidas. Em nome de Jesus, amém.

anotações

PAZ VERDADEIRA

18 AGO

Deixo com vocês a paz; a minha paz dou a vocês. Não a dou como o mundo a dá. Não se perturbe o coração de vocês nem tenham medo.

JOÃO 14.27

@devocional.palavrasdesabedoria | @marcelotoschi

Que versículo tremendo do Evangelho de João. Jesus, dando suas últimas instruções aos seus discípulos, presenteia-nos com uma paz incomparável, diferente de qualquer coisa que o mundo pode oferecer. Quando ele nos dá essa paz, não há espaço para medo ou ansiedade. Muitos de nós enfrentamos momentos de inquietação, em que o medo tenta nos paralisar e impedir nosso progresso. Mas a paz que Jesus promete não é passageira, superficial ou condicionada a situações; é uma paz profunda, que nos sustenta em meio a qualquer circunstância.

O Espírito Santo é quem opera essa paz em nosso coração, trazendo uma tranquilidade que supera o entendimento humano. Mesmo quando o mundo ao redor parece caótico ou desmorona, a paz de Cristo permanece firme dentro de nós, guiando-nos e fortalecendo-nos para seguirmos em frente.

Confie que Deus está cuidando de cada detalhe de sua vida. Lance sobre ele toda a sua ansiedade e permita que a paz que excede todo entendimento guarde o seu coração e a sua mente. Não permita que a inquietação ou o medo o impeçam de avançar. Lembre-se: Deus está no controle e, portanto, o melhor ainda está por vir!

Senhor Jesus, obrigado pela paz que me dás, uma paz que o mundo não pode oferecer. Ajuda-me a lançar fora toda a ansiedade e confiar plenamente em teu cuidado. Em nome de Jesus, amém!

anotações

19 AGO

O PODER TRANSFORMADOR DO AMOR

O amor é paciente, o amor é bondoso. Não inveja, não se vangloria, não se orgulha. Não maltrata, não procura seus interesses, não se ira facilmente, não guarda rancor. O amor não se alegra com a injustiça, mas se alegra com a verdade. Tudo sofre, tudo crê, tudo espera, tudo suporta.

1CORÍNTIOS 13.4-7

@devocional.palavrasdesabedoria | @marcelotoschi

Nessa passagem, o apóstolo Paulo nos apresenta um retrato vívido e desafiador do amor. Longe de ser uma emoção fugaz, o amor é retratado como uma força poderosa capaz de moldar nosso caráter e nossas ações. Paulo inicia descrevendo o amor como paciente e bondoso, qualidades que formam a base de todo relacionamento saudável. A paciência nos permite suportar as imperfeições dos outros, enquanto a bondade nos move a agir com gentileza e compaixão.

O amor não inveja, não se vangloria, não se orgulha, frutos estes do egoísmo e da insegurança. O amor verdadeiro é seguro e generoso, capaz de celebrar o sucesso dos outros sem se sentir ameaçado. Além disso, ele não é abusivo, ensinando-nos a controlar a raiva e praticar o perdão. Firmado sobre a integridade e justiça, o amor autêntico não é cego aos erros, mas busca sempre o que é certo e verdadeiro.

Paulo conclui com quatro poderosas declarações: o amor tudo sofre, tudo crê, tudo espera, tudo suporta. Essas palavras revelam a natureza resiliente e duradoura do amor real, que persevera através das dificuldades, mantém a fé, espera o melhor e permanece forte diante dos desafios.

Esse retrato do amor é, sem dúvida, um ideal elevado. Pode parecer impossível de alcançá-lo. No entanto, devemos lembrar que ele não é apenas um conjunto de regras a serem seguidas, mas um reflexo do próprio caráter de Deus e, portanto, dependemos das aulas do Espírito Santo para nos ensinar a manifestá-lo a todas as pessoas.

Senhor, ensina-me a amar como tu amas. Capacita-me, pelo teu Espírito Santo, a viver um amor que tudo sofre, tudo crê, tudo espera e tudo suporta. Que minha vida seja um testemunho do teu amor transformador. Em nome de Jesus, amém.

anotações

PERFUME DA SANTIDADE

20 AGO

Adorem o SENHOR em todo o seu santo esplendor;
toda a terra trema diante dele.

SALMOS 96.9, NVT

@devocional.palavrasdesabedoria | @marcelotoschi

A santidade de Deus exerce um poder que nos atrai e nos leva naturalmente à adoração. Eu já vivi essa experiência diversas vezes, seja em momentos congregacionais de louvor ou em meu tempo a sós com Deus. Quando me encontro com a majestade e santidade de Deus, não consigo evitar a rendição; as lágrimas fluem e meu coração se inclina em reverência.

Gosto de comparar a santidade de Deus a uma flor que exala seu perfume. Assim como flores atraem abelhas e outros insetos com seu aroma, a santidade de Deus nos atrai para mais perto dele. Ao nos aproximarmos dessa santidade, somos transformados, assim como abelhas que, após se aproximarem da flor, saem carregadas de pólen e polinizam outras flores, espalhando vida e abundância. Da mesma forma, ao sermos tocados pela santidade de Deus, levamos esse toque divino a outros ao nosso redor, gerando crescimento espiritual e abundância de vida.

A adoração ao Senhor, no esplendor de sua santidade, é mais do que um ato; é uma disposição de coração. Quanto mais nos aproximamos do Pai, mais essa santidade nos envolve e transforma. Ao sairmos desse contato íntimo, levamos conosco o favor divino, espalhando graça e bênçãos por onde passamos. Portanto, permita-se ser atraído pela santidade de Deus. Que a adoração ao Senhor seja parte constante da sua vida e que, em cada passo, você reflita o perfume da presença dele, abençoando todos ao seu redor.

Senhor, obrigado por tua santidade. Ajuda-me a adorar-te com sinceridade, sendo transformado pela tua presença. Que a minha adoração seja contínua, em cada momento do meu dia. Em nome de Jesus, amém.

anotações

CLAREZA PARA O FUTURO

"O que você quer que eu faça?", perguntou-lhe Jesus. O cego respondeu: "Mestre, eu quero ver!"

MARCOS 10.51

@devocional.palavrasdesabedoria | @marcelotoschi

Quando somos crianças, frequentemente nos perguntam o que queremos ser quando crescermos. As respostas variam, desde profissões tradicionais, como médico, até sonhos mais aventureiros, como ser astronauta ou jogador de futebol. Contudo, muitas vezes essas respostas refletem a imaturidade de quem ainda está descobrindo o mundo e a si mesmo. O problema surge quando, já adultos, ainda não sabemos ao certo o que queremos para o nosso futuro.

Jesus, ao passar por Bartimeu, o cego de Jericó, fez uma pergunta direta: "O que você quer que eu faça?". Bartimeu, sem hesitar, respondeu com clareza: "Mestre, eu quero ver!". Ele não titubeou. Diante de uma oportunidade única, sabia exatamente o que precisava e o que pedir a Jesus. Sua determinação em buscar o milagre, mesmo em meio à multidão, é um exemplo de clareza e fé. Essa história nos desafia a refletir sobre nossa própria vida. Sabemos realmente o que queremos de Deus? Muitas vezes, ele abre portas e nos apresenta oportunidades, mas nossa indecisão nos impede de agarrá-las. É essencial saber o que desejamos e traçar um caminho para chegar lá, sempre guiados por Deus.

O que queremos para o futuro não deve ser deixado ao acaso. Precisamos ser intencionais, buscando a direção de Deus para ter uma visão clara de onde queremos chegar. A falta de decisão nos faz ser moldados pelas circunstâncias ou decisões de outros, enquanto Deus nos chama a tomar posse da vida que ele planejou para nós. Façamos como Bartimeu: ele sabia o que queria e foi direto ao ponto.

Senhor, dá-me clareza para enxergar o propósito que tens para a minha vida. Que eu não perca as oportunidades que colocas diante de mim. Em nome de Jesus, amém.

anotações

MANTENHA O FOCO NO ALVO

22 AGO

Prossigo para o alvo, a fim de ganhar o prêmio do chamado celestial de Deus em Cristo Jesus.

FILIPENSES 3.14

@devocional.palavrasdesabedoria | @marcelotoschi

Muitos desistem de seus sonhos e projetos porque focam na escassez, em vez de direcionarem sua atenção para a abundância. Elas se prendem às perdas momentâneas e acabam duvidando das vitórias que podem ser alcançadas no futuro. O imediatismo é uma característica marcante da nossa geração; muitos esperam resultados e recompensas imediatos, sem considerar que o sucesso exige um processo e dedicação a longo prazo. Quando não veem resultados rápidos, acabam abandonando o caminho.

Assim como os atletas olímpicos treinam incansavelmente, focados na recompensa, nós também devemos manter os olhos no prêmio eterno. Eles treinam horas e horas diariamente porque enxergam o valor da recompensa. Como cristãos, também somos chamados a seguir com perseverança, focados na recompensa eterna.

O apóstolo Paulo nos ensina, em Filipenses, a prosseguir para o alvo, a buscar o prêmio que nos espera em Cristo Jesus. Ele também nos admoesta, em Gálatas 6.9, a não desanimarmos, pois, no tempo certo, colheremos os frutos do nosso esforço. Por isso, não deixe que a mentalidade de escassez ou imediatismo guie suas decisões. Desenvolva uma mentalidade de abundância, perseverando em cada etapa do caminho e acreditando na prosperidade que Deus tem reservado para você.

Senhor, ajuda-me a manter o foco em teu propósito para minha vida. Ensina-me a perseverar com uma mentalidade de abundância, confiando que a recompensa virá no tempo certo. Em nome de Jesus, amém!

anotações

23 AGO

OUVINDO A VOZ DO ESPÍRITO SANTO

Quando vocês se desviarem para a direita ou para a esquerda, ouvirão atrás de vocês uma palavra, dizendo: Este é o caminho; andem nele.

ISAÍAS 30.21, NAA

@devocional.palavrasdesabedoria | @marcelotoschi

Recentemente, em uma viagem a São Francisco, EUA, precisei alugar um carro e usar um navegador para me guiar em um lugar desconhecido. Ao contrário de quando estou em um lugar familiar, dessa vez deixei o som do *GPS* ligado, pois precisava ouvir cada instrução para não me perder. Essa experiência me fez lembrar do papel essencial do Espírito Santo na vida cristã.

Muitas vezes, tratamos o Espírito Santo da mesma forma. Quando achamos que conhecemos o caminho, tornamo-nos autossuficientes e "silenciamos" a voz do nosso guia. Achamos que podemos seguir nossas próprias rotas e, ao nos distrairmos, acabamos perdendo o caminho e precisamos recalcular a rota. Nesse momento, percebemos a importância de ouvir as orientações do Espírito.

O apóstolo Paulo nos adverte: "Não apaguem o Espírito". Isso significa que podemos, de fato, ignorar os alertas do Espírito Santo e distanciar-nos da rota que Deus planejou para nós. O Espírito Santo é o nosso guia. Ele nos alerta sobre o momento certo para agir, parar, esperar e acelerar, assim como um navegador GPS.

Se não estivermos atentos à voz divina, poderemos perder a direção e o propósito de Deus. Por isso, hoje é dia de ajustar os ouvidos para ouvir o nosso ajudador. Ele quer nos guiar, direcionar e auxiliar a fim de tomarmos as melhores decisões. Se você percebe que tem andado por caminhos incertos ou desviado do que Deus planejou, pare um momento e peça ao Espírito Santo para recalibrar a sua jornada. Ele está sempre pronto para guiar aqueles que estão dispostos a ouvi-lo.

Espírito Santo, reconheço que preciso da tua constante direção. Perdoa-me por ignorar a tua voz e tentar seguir meu próprio caminho. Reacenda em mim a vontade de seguir tuas direções. Em nome de Jesus, amém.

anotações

VENDO ALÉM DA DOR

24 AGO

Ao vê-la, o Senhor se compadeceu dela e disse: "Não chore".

LUCAS 7.13

@devocional.palavrasdesabedoria | @marcelotoschi

É comum que nossa mente, em momentos de tensão, crie cenários piores do que realmente são. Por exemplo, quando somos chamados para uma reunião inesperada no trabalho, nossa mente imediatamente considera o que fizemos de errado. Ou, quando alguém que estimamos passa apressado e não nos cumprimenta, logo imaginamos que algo está errado. Esses pensamentos negativos ocupam a mente e, na maioria das vezes, são infundados. Vivemos presos em suposições e preocupações, deixando de perceber o que Deus está fazendo ao nosso redor.

A história da mulher viúva em Lucas 7 é um belo exemplo do cuidado e compaixão de Jesus. Ela havia acabado de perder seu único filho e estava tomada pela dor. Quando Jesus a viu, sentiu sua dor, compadeceu-se dela e fez o impossível: trouxe seu filho de volta à vida. Jesus demonstrou que aquela mulher tinha valor e que sua dor importava, e então lhe devolveu esperança.

Antes de realizar o milagre, Jesus disse a ela: "Não chore". Ele a instruiu a parar de chorar, pois, se continuasse presa em sua tristeza, poderia não enxergar o milagre acontecendo diante de seus olhos. Da mesma maneira, podemos estar tão absorvidos por medos, inseguranças e dores, que não conseguimos ver o amor de Jesus se manifestando.

Hoje, Jesus lhe diz o mesmo: "Não chore". Limpe suas lágrimas para ver o que ele está fazendo ao seu redor. O amor divino por você é imenso. Cristo se importa com sua dor. Levante seus olhos e contemple a esperança ressurgindo.

Senhor Jesus, obrigado por teu amor e compaixão. Ajuda-me a tirar os olhos das minhas preocupações e medos para enxergar os milagres que estás realizando ao meu redor. Em nome de Jesus, amém.

anotações

A GRAÇA MANIFESTA

Porque a graça de Deus se manifestou trazendo salvação a todos.

TITO 2.11, NAA

@devocional.palavrasdesabedoria | @marcelotoschi

A graça de Deus não é um conceito abstrato, mas uma realidade viva que se manifesta de forma plena e perfeita na pessoa de Jesus Cristo. Em sua vida, morte e ressurreição, vemos o amor incondicional do Pai se revelando de maneira tangível e transformadora. Jesus, o Verbo que se fez carne, é a personificação da graça divina. Através dele, Deus estendeu sua mão de reconciliação a toda a humanidade. Não há barreira que essa graça não possa transpor, nem abismo que não possa cruzar. Em Cristo, a salvação é oferecida a todos, independentemente de origem, status ou passado.

Embora a graça seja universal, é o Espírito Santo quem opera o convencimento nos corações. Ele revela nossa necessidade de um Salvador e nos atrai para a verdade do Evangelho, iluminando nossa compreensão e permitindo-nos receber o dom gratuito da salvação em Cristo. Ao contemplarmos a maravilhosa graça, devemos dar uma resposta a ela. Não podemos ser indiferentes a um amor tão profundo. Devemos abraçá-la e vivê-la diariamente, sendo transformados até nas mínimas atitudes.

Ao aplicar essa meditação em sua vida, você experimentará uma renovação contínua pela ação do Espírito Santo. Sua compreensão sobre a graça se aprofundará, levando-o a uma gratidão sincera e a um desejo real de compartilhar o amor divino com outros. Centrado em Cristo e guiado pelo Espírito, você se tornará um canal mais eficaz da graça de Deus.

Senhor, obrigado por tua graça que se manifestou em Jesus. Ajuda-me a compreender cada vez mais o teu amor e a viver de acordo com ele. Em nome de Jesus, amém.

anotações

OBEDIÊNCIA TOTAL

26 AGO

Então, não dificulte; não seja teimoso quando eu te levar para onde você nunca esteve antes. Não me faça rebocá-lo e empurrá-lo adiante. Apenas venha comigo!

SALMOS 32.9, NVP

@devocional.palavrasdesabedoria | @marcelotoschi

A história de Israel nos revela como a teimosia e a rebeldia podem nos afastar dos planos de Deus. Repetidamente, o Senhor buscava uma conexão íntima com seu povo, para levá-los a lugares de prosperidade e paz, mas eles insistiam em seguir seus próprios caminhos, adorando outros deuses e se desviando da vontade divina. O objetivo de Deus sempre foi claro: proporcionar-nos abundância e bênção, assim como ele deixou registrado através dos profetas. Jeremias declarou que Deus tem pensamentos de paz e não de mal, e Isaías revelou que os planos e caminhos do Senhor são mais altos e melhores do que os nossos.

Nesse salmo de Davi, logo após sua confissão de pecado, encontramos uma lição importante. Deus quer nos conduzir a novos lugares, lugares que nunca experimentamos antes, para nos abençoar e fazer avançar. No entanto, muitas vezes agimos como o povo de Israel: teimosos, resistimos à vontade de Deus e complicamos o processo. A falta de confissão e arrependimento nos impede de seguir as instruções divinas. Somente quando confessamos nossos pecados e nos rendemos completamente à sua direção, podemos avançar e experimentar tudo o que ele tem para nós.

Talvez você esteja lutando para confessar algo, pensando que seu erro é grande demais para ser perdoado. No entanto, a verdade é que o único prejudicado em não confessar é você mesmo. Não há pecado que o Senhor não possa perdoar. Portanto, arrependa-se, confesse e viva em liberdade.

Senhor, reconheço que, muitas vezes, resisto à tua direção. Ajuda-me a confessar meus erros e a me arrepender verdadeiramente. Que eu possa obedecer e confiar em teus planos, que sempre são melhores do que os meus. Em nome de Jesus, amém.

anotações

BRILHE SUA LUZ

Assim brilhe também a luz de vocês diante dos outros, para que vejam as boas obras que vocês fazem e glorifiquem o Pai de vocês, que está nos céus.

MATEUS 5.16, NVT

@devocional.palavrasdesabedoria | @marcelotoschi

Imagine um farol solitário em uma costa rochosa, sua luz penetrando a escuridão da noite, guiando navios para um porto seguro. Essa é a imagem que Jesus compartilha: somos chamados a sermos faróis de esperança em um mundo sombrio e escuro. Carregamos uma luz única, uma centelha divina que tem o poder de iluminar os cantos mais escuros do mundo. Essa luz não é algo que criamos; ela não se origina em nós, mas é um presente dos Céus, um reflexo da glória de Deus que nos foi entregue quando nos rendemos a Jesus.

Quando escolhemos viver em amor, estendemos a mão para ajudar alguém em necessidade e compartilhamos palavras de encorajamento, permitimos que essa luz brilhe. Cada ato de bondade, sorriso sincero e perdão oferecido é como acender uma vela em um quarto escuro — de repente, as sombras recuam e a esperança floresce. O brilho dessa luz não é para nossa própria glória. Somos como a lua que reflete a luz do Sol. Nossa bondade, compaixão, integridade apontam para a fonte verdadeira de toda luz: o Pai Celestial.

Hoje, você tem a mesma oportunidade. Em cada interação e decisão, você pode deixar sua luz brilhar. Mesmo através de pequenos gestos, nunca subestime o poder da luz divina resplandecendo em um mundo perdido. Lembre-se: sua luz importa. Ela tem o poder de guiar, aquecer, confortar e inspirar outros. Não a esconda. Não a diminua. Deixe a luz de Jesus brilhar através de você, e veja como o mundo ao seu redor se ilumina com a glória de Deus.

Pai amado, acenda em mim a chama do teu amor. Ajuda-me a brilhar com coragem e compaixão, iluminando o caminho para outros. Em nome de Jesus, amém.

anotações

O PODER DA OBEDIÊNCIA

Porque nisto consiste o amor a Deus: obedecer aos seus mandamentos. E os seus mandamentos não são pesados.

1JOÃO 5.3

@devocional.palavrasdesabedoria | @marcelotoschi

O Evangelho, que significa "Boas-Novas", carrega uma mensagem de amor incondicional e redenção através de Jesus Cristo. No entanto, existe uma diferença entre ouvir sobre esse amor e se posicionar em resposta a ele. Muitos ouvem a mensagem e simpatizam com a ideia de um Deus amoroso, mas a verdadeira transformação ocorre através da escolha de obedecer a ele e viver de acordo com seus mandamentos.

Quando lemos que o amor ao Senhor se revela por meio da obediência a ele, somos confrontados com o fato de que esse amor deve ser ativo, e não passivo. Deus não deseja que apenas simpatizemos com seus mandamentos, ele deseja nossa obediência e entrega total, assim como Cristo se entregou por amor. Obediência é um reflexo prático do nosso amor.

Pense no relacionamento de um pai com seu filho. Um pai amoroso estabelece regras e orientações para o bem e segurança de seu filho. Da mesma maneira, Deus nos dá mandamentos que não são pesados, mas que existem para nosso crescimento, proteção e destino espiritual. Quando o obedecemos, vivemos em paz e proximidade com o Pai. Hoje, Deus nos chama a uma posição de obediência, que abrirá o caminho para que vivamos plenamente o destino profético que Deus desenhou para nós.

Senhor, obrigado por teu amor e por teus mandamentos que me guiam ao propósito dos Céus. Ajuda-me a viver uma vida de obediência plena à tua Palavra, confiando que cada instrução vem para o meu bem e me aproxima do destino que preparaste para mim. Em nome de Jesus, amém!

anotações

29 AGO

CONFIE NA DIREÇÃO DE DEUS

Disse o Senhor a Moisés: "Diga aos israelitas que mudem o rumo e acampem perto de Pi-Hairote, entre Migdol e o mar. Acampem à beira-mar, defronte de Baal-Zefom. O faraó pensará que os israelitas estão vagando confusos, cercados pelo deserto".

ÊXODO 14.1-3

@devocional.palavrasdesabedoria | @marcelotoschi

Segundo o texto bíblico, Deus orienta o povo de Israel a mudar de direção durante sua saída do Egito. Mesmo após saírem, Deus os conduz para um lugar que, aos olhos humanos, parecia ser um beco sem saída, à beira do mar. Moisés, que conhecia a região, talvez tivesse em mente outra rota, uma mais "segura", mas Deus tinha um plano muito maior. Ele queria glorificar seu nome através do que estava prestes a acontecer e mostrar aos egípcios que apenas ele é o Senhor.

Assim como com Israel, Deus frequentemente muda nossa rota. Talvez você já tenha planejado seus próximos passos, mas, de repente, Deus lhe diz: "Siga para outra direção, mostrarei o caminho que deve seguir!". Nesse momento, o que você fará? Muitos, por não discernirem a voz de Deus, acreditam que seguir essa direção seria algo negativo e, portanto, acabam desobedecendo e perdendo a oportunidade de vivenciar grandes milagres.

Deus nos dá direções específicas em meio às pressões e perseguições da vida. Para ouvi-lo claramente, precisamos ter um relacionamento íntimo com ele, conhecer seu caráter e confiar em sua sabedoria. Muitas vezes, o que Deus pede de nós não faz sentido à nossa lógica, mas aí entra a obediência. Devemos deixar de tentar controlar tudo e simplesmente seguir a orientação divina, que sabe o que é melhor para nós. Se hoje você sente que Deus está mudando o rumo da sua vida, não tenha medo. Confie que ele está no controle e que, assim como fez com Israel, abrirá o mar para você, trazendo vitória.

Senhor, ajuda-me a confiar em tua direção, mesmo quando parecer que estou em um beco sem saída. Dá-me um coração obediente e sensível à tua voz, para que eu siga o teu caminho e viva em vitória. Em nome de Jesus, amém.

anotações

FIDELIDADE NAS PEQUENAS COISAS

Quem é fiel no pouco também é fiel no muito; e quem é injusto no pouco também é injusto no muito. Portanto, se vocês não forem fiéis na aplicação da riqueza injusta, quem lhes confiará a verdadeira riqueza?

LUCAS 16.10-11, NAA

Na passagem bíblica mencionada, Jesus estabelece um princípio fundamental sobre integridade e fidelidade. Ele nos ensina que o caráter se revela não apenas nas grandes decisões da vida, mas também, e talvez principalmente, nas pequenas escolhas diárias. A fidelidade "no pouco" refere-se à nossa conduta em momentos aparentemente insignificantes, quando ninguém nos está observando. Essa fidelidade nas pequenas coisas é um indicador confiável de como agiremos em situações de maior importância.

Esse princípio se aplica a todas as áreas da vida: trabalho, relacionamentos, finanças e vida espiritual. A maneira como lidamos com tarefas pequenas ou recursos limitados revela muito sobre nosso caráter e capacidade de administrar responsabilidades maiores. Então, Jesus conecta a fidelidade nas coisas materiais com as espirituais, afirmando que nossa administração dos recursos terrenos é um teste para determinar se somos confiáveis para receber bênçãos espirituais. A expressão "riqueza injusta" não implica que o dinheiro seja inerentemente mau, mas que os recursos materiais muitas vezes são obtidos de maneira injusta. Jesus ensina seus seguidores a usarem esses recursos com justiça.

Portanto, cultive a integridade nas pequenas coisas; busque a excelência em cada tarefa; e seja um administrador fiel do dinheiro, tempo e talentos que Deus lhe confiou, independentemente da quantidade.

Senhor, agradeço por confiares a mim os recursos e responsabilidades que tenho. Perdoa-me pelas vezes em que fui infiel ou negligente com as coisas que considerei pequenas ou insignificantes. Que eu seja um administrador sábio e fiel de tudo o que me confias. Em nome de Jesus, amém.

anotações

O "NÃO" DE DEUS

Aquele que não poupou o seu próprio Filho, mas o entregou por todos nós, como não nos dará graciosamente com ele todas as coisas?

ROMANOS 8.32

@devocional.palavrasdesabedoria | @marcelotoschi

Você já pediu algo que desejava muito a seus pais, e mesmo sabendo que tinham condições de atender, recebeu um "não"? O sentimento imediato pode ser de frustração, ou até de pensar que seus pais não se importam. Mas, se você é pai ou mãe, certamente entende que, muitas vezes, o "não" é uma demonstração de cuidado e amor.

Agora, pense em sua relação com Deus. Quantas vezes você orou por prosperidade, avanço ou alguma bênção desejada, mas não recebeu a resposta esperada? Assim como uma criança pode questionar o amor dos pais, você pode se perguntar: se Deus tem todo o poder, por que não atendeu ao meu pedido?

É importante entender que o "não" de Deus sempre será uma resposta de proteção, preparação e cuidado sobre seus filhos. Como pais que negam algo a seus filhos, Deus sabe o que é melhor para nós em cada momento. Ele pode ter um plano maior ou perceber que ainda não estamos prontos para o que pedimos. Assim como um pai deseja o bem de seus filhos, Deus também deseja o nosso bem-estar espiritual, emocional e físico.

Quando Deus lhe responder "não", confie ainda mais no caráter e no amor divino, que são perfeitos. O Senhor que entregou o próprio Filho por você, certamente o ama e conhece os caminhos pelos quais você precisa caminhar. Lembre-se: o amor de Deus é profundo, sábio e sempre busca o nosso melhor, ainda que não o compreendamos.

Senhor, ajuda-me a entender que teus "nãos" são respostas de amor e cuidado por mim. Dá-me paciência e confiança para esperar pelo teu tempo e para saber que tudo o que fazes é para o meu bem. Em nome de Jesus, amém.

anotações

“

Nossa mente pode nos levar a grandes conquistas ou nos prender em limitações, dependendo dos pensamentos que escolhemos alimentar.”

SETEMBRO

DEUS SEMPRE PRESENTE

Sejam fortes e corajosos. Não tenham medo nem fiquem apavorados por causa delas, pois o SENHOR, o seu Deus, vai com vocês; nunca os deixará, nunca os abandonará.

DEUTERONÔMIO 31.6

@devocional.palavrasdesabedoria | @marcelotoschi

"Sejam fortes e corajosos". Assim começa a instrução que Moisés deu ao povo de Israel em Deuteronômio 31.6. Essas palavras ecoam como um chamado àqueles que estão enfrentando desafios, para que não recuem, mas avancem em fé. Ser forte não é apenas ter capacidade física ou emocional; é ter uma força que vem do alto, que nos capacita. Essa força permitiu a Josué atravessar o Jordão e a Davi enfrentar Golias. Deus nos chama a enfrentar o desconhecido confiando nele.

"Não tenham medo nem fiquem apavorados por causa delas". Quantas vezes o medo nos paralisa? Moisés sabia que os israelitas enfrentariam inimigos poderosos e que a tendência natural seria temer. Porém, Deus nos desafia a não ceder ao medo, pois ele já tem um plano. Não se trata de negar os desafios, mas de reconhecer que nosso Deus é maior do que qualquer obstáculo. Quando Josafá enfrentou um exército invencível, Deus lhe disse: "Não tenham medo nem fiquem desanimados por causa desse exército enorme, pois a batalha não é de vocês, mas de Deus" (2Crônicas 20.15).

"Pois o SENHOR, o seu Deus, vai com vocês; nunca os deixará, nunca os abandonará". Essa é a promessa que nos sustenta. Deus não é um comandante que envia seus soldados para o campo de batalha e fica para trás. Ele vai conosco! Em cada luta, ele está presente. Jesus reiterou essa promessa: "E eu estarei sempre com vocês, até o fim dos tempos" (Mateus 28.20), permitindo-nos seguir em frente, em fé. Deus nos chama a sermos fortes e corajosos, não por nossa própria força, mas porque ele está ao nosso lado. Devemos ancorar nossa vida nessa promessa.

Senhor, ajuda-me a ser forte e corajoso diante das adversidades. Que eu confie em tua presença constante, para não deixar o medo me paralisar. Em nome de Jesus, amém!

anotações

CONFIANÇA APESAR DO MEDO

02 SET

Quando eu estiver com medo, confiarei em ti. Em Deus, cuja palavra eu louvo, em Deus eu confio e não temerei. Que poderá fazer-me o simples mortal?

SALMOS 56.3-4

O medo tem um poder paralisante. Quantas oportunidades perdemos por senti-lo? Ele nos impede de avançar, experimentar o novo e viver plenamente o que Deus tem preparado para nós. Mas sentir medo é humano, e o salmista sabia disso; ele não se apresentou como alguém imune ao temor, mas escolheu confiar no Senhor.

"Quando eu estiver com medo, confiarei em ti". O salmista não diz que nunca sentiria medo, mas mostra que o caminho para lidar com ele é colocar nossa confiança em Deus, intencionalmente. Isso nos ensina que não é o medo em si que nos define, mas como reagimos a ele. O salmista nos convida a usá-lo como um trampolim para a fé, confiando naquele que é maior do que qualquer circunstância.

"Em Deus, cuja palavra eu louvo, em Deus eu confio e não temerei". O segredo da confiança do salmista está na palavra de Deus. Ele sabia que as promessas divinas são verdadeiras e dignas de confiança. Essa confiança, fundamentada na Palavra, é o que nos permite vencer o medo. Quando escolhemos confiar em Deus, o medo perde seu poder paralisante, e colocamos Deus em seu devido lugar como nossa segurança.

"Que poderá fazer-me o simples mortal?". Essa pergunta nos lembra de que, diante da grandeza de Deus, o que os outros podem fazer contra nós é insignificante. Quando confiamos em Deus, temos a certeza de que ele está conosco, o que nos dá coragem para enfrentar qualquer desafio. Portanto, reflita: quais áreas da sua vida têm sido dominadas pelo medo? Onde você precisa confiar mais no Senhor? Coloque sua confiança nele e seja cheio da paz divina.

Senhor, ajuda-me a confiar em ti quando o medo tentar me paralisar. Que eu possa me lembrar das tuas promessas e direcionar meu olhar ao Céu, sabendo que és a minha segurança. Em nome de Jesus, amém.

anotações

ALICERÇADO NA ROCHA

E desceu a chuva, e correram rios, e assopraram ventos, e combateram aquela casa, e não caiu, porque estava edificada sobre a rocha.

MATEUS 7.25, ARC

@devocional.palavrasdesabedoria | @marcelotoschi

Todos desejamos crescer, prosperar e ter sucesso. Graças a Deus por isso! Se você não tem esse desejo, talvez algo não esteja indo bem com a sua percepção para o futuro. O Deus geracional a quem servimos deseja que experimentemos suas bênçãos ao longo de toda a nossa jornada, e não só nós, mas também nossa descendência, a fim de que recebam como fonte de inspiração aquilo que vivemos em nossa intimidade com Deus.

Mas como garantir isso? Há muitas pessoas que têm testemunhos e experiências de sucesso passado, mas que hoje vivem em caos, fracasso e desesperança. Onde erraram? Alguns culpam a economia, o governo, doenças, as traições ou os traumas sofridos. Porém, ouso dizer que a grande questão está no fundamento.

O texto nos ensina que, quando agimos sobre um alicerce firme, mesmo que a tempestade ou os ataques venham, prevaleceremos. Se estivermos sobre a rocha, nada nos abalará. E essa rocha é Jesus! Não há outro fundamento sobre o qual possamos alicerçar a vida para viver algo extraordinário e excepcional. Portanto, busque o Senhor com intensidade hoje e todos os dias. Reflita sobre os alicerces da sua vida: estão firmados em Jesus? Peça que ele revele áreas que precisam ser reforçadas e entregue suas preocupações a Cristo.

Senhor, agradeço porque és a minha rocha firme. Ajuda-me a confiar em ti em todas as áreas da minha vida. Que minha fé seja inabalável, mesmo diante das tempestades. Em nome de Jesus, amém.

anotações

Então, o anjo do Senhor apareceu a Gideão e lhe disse: "O Senhor está com você, poderoso guerreiro".

JUÍZES 6.12

O anjo do Senhor apareceu a Gideão enquanto ele malhava trigo em um tanque de prensar uvas, um local inadequado e apertado, longe dos olhos dos midianitas. Gideão trabalhava enquanto os israelitas estavam escondidos nas montanhas, temendo os inimigos. Esse detalhe revela muito sobre quem era: mesmo diante da opressão, não se entregou ao medo!

É interessante notar que ele não se via como um "poderoso guerreiro". Na verdade, ele estava paralisado pelo medo, escondendo-se dos midianitas. Mas o Senhor viu algo que nem ele mesmo conseguia enxergar. Deus o chamou pelo que ele poderia se tornar, não pelo que aparentava naquele momento. Aos olhos humanos, Gideão era um homem comum, lutando para sobreviver, mas aos olhos de Deus, ele era um líder, um libertador. Isso nos ensina que Deus não olha para nossas circunstâncias limitadas ou fraquezas aparentes, mas vê nosso potencial e o plano que tem para cada um de nós.

Assim como Gideão, muitas vezes nos vemos apenas como pessoas comuns, limitadas pelo medo. Mas Deus nos conhece profundamente e sabe o futuro que tem reservado para nós. Ele nos chama de acordo com o propósito que já estabeleceu e nos convida a confiar nele, mesmo quando não nos sentimos capazes. O segredo está em confiar e seguir suas direções, pois ele sabe exatamente onde quer nos levar.

Deus nos vê como guerreiros, capazes de cumprir o propósito divino. Aceitar o chamado de Deus requer fé, requer acreditar que, se ele está conosco, somos capazes de realizar o que nos pede. Assim como Gideão, somos chamados a dar o primeiro passo, confiando que Deus está ao nosso lado em cada momento da jornada.

Senhor, ajuda-me a enxergar em mim o que tu vês.
Que eu confie em teu chamado e não seja paralisado pelo medo.
Dá-me coragem para avançar. Em nome de Jesus, amém.

anotações

O QUE DEUS QUER DE NÓS

Ele mostrou a você, ó homem, o que é bom e o que o Senhor exige de você: que pratique a justiça, ame a lealdade e ande humildemente com o seu Deus.

MIQUEIAS 6.8

@devocional.palavrasdesabedoria | @marcelotoschi

Deus sempre revela sua vontade e desejo para nossa vida; ele é um Deus relacional. Ele falou ao povo de Israel através do profeta Miqueias, mostrando o que é bom e o que espera de nós. Deus não exige rituais vazios ou sacrifícios sem sentido, mas atitudes que reflitam seu coração.

"Que pratique a justiça". Deus nos chama a sermos agentes de justiça em um mundo marcado pela desigualdade e opressão. Praticar a justiça é mais do que apenas evitar o mal; é se comprometer a fazer o bem, defender o que é correto e tratar os outros com equidade. É uma atitude ativa que demonstra o caráter de Deus através de nossas ações diárias. "Ame a lealdade". O Senhor deseja que sejamos fiéis e que amemos a fidelidade, uma característica divina fundamental. Isso significa ser constante e leal, refletindo o amor de Deus que nunca falha. Ao vivermos dessa forma, mostramos quem ele é ao mundo.

O verso também fala sobre humildade, a chave para um relacionamento sincero com Deus. Andar humildemente significa reconhecer que não somos autossuficientes, que precisamos da graça e da direção do Senhor em cada passo que damos. Ao andarmos com Deus em humildade, abrimos espaço para que ele nos guie e transforme nossa vida segundo o seu propósito.

Praticar a justiça, amar a fidelidade e andar humildemente não são apenas exigências do Senhor, mas também coisas que nos fazem bem. A vontade de Deus é sempre boa, perfeita e agradável. Quando obedecemos ao Senhor, estamos vivendo de acordo com o que nos fará verdadeiramente plenos e realizados.

Senhor, ensina-me a praticar a justiça, a amar a fidelidade e a andar humildemente contigo. Que eu viva de acordo com a tua vontade, sabendo que ela é sempre boa, perfeita e agradável. Em nome de Jesus, amém.

anotações

A FONTE DA VERDADEIRA ALEGRIA

Busque no SENHOR a sua alegria, e ele lhe dará os desejos de seu coração.

SALMOS 37.4, NVT

Em um mundo que nos bombardeia com promessas de felicidade através de conquistas, posses e relacionamentos, esse versículo nos apresenta uma perspectiva radicalmente diferente sobre a verdadeira fonte de alegria e realização. O salmista nos convida a "buscar no Senhor a nossa alegria". Essa não é uma busca passiva, mas um convite para fazer de Deus o centro de nossa vida, o foco principal de nossos afetos. É um chamado para encontrarmos satisfação não nas coisas que ele pode nos dar, mas no próprio Deus, cultivando intimidade com ele.

A segunda parte do versículo é frequentemente mal interpretada. Não é uma promessa de que Deus nos dará tudo o que queremos, como um gênio da lâmpada. Na verdade, quando buscamos nossa alegria em Deus, algo maravilhoso acontece: nossos desejos começam a se alinhar com os dele. Quanto mais nos aproximamos de Deus, mais somos transformados e começamos a desejar o que ele deseja. Portanto, nossas prioridades mudam e descobrimos que os desejos mais profundos de nosso coração são aqueles que Deus coloca em nós.

Isso não significa que nunca enfrentaremos decepções, mas que encontraremos uma alegria que transcende as circunstâncias, ancorada em algo — ou melhor, alguém — que é eterno e imutável. Viver assim é libertador, pois não dependemos das circunstâncias ou da aprovação dos outros para nossa felicidade. Encontramos uma fonte inesgotável de alegria e propósito no relacionamento com nosso Criador. Portanto, considere: você a está procurando no lugar certo?

Senhor, ajuda-me a buscar minha verdadeira alegria em ti, e não nas coisas passageiras deste mundo. Transforma o meu coração, para que meus desejos se alinhem com os teus. Em nome de Jesus, amém.

anotações

A PROMESSA DE RESTAURAÇÃO

Se o meu povo, que se chama pelo meu nome, se humilhar e orar, buscar a minha face e se afastar dos seus maus caminhos, dos céus eu o ouvirei, perdoarei o seu pecado e curarei a sua terra.

2CRÔNICAS 7.14

@devocional.palavrasdesabedoria | @marcelotoschi

Embora originalmente dirigida ao povo de Israel, essa mensagem carrega uma verdade universal sobre o coração de Deus e seu desejo de restaurar nações inteiras. O chamado à humildade, oração, busca sincera e arrependimento é um convite amoroso para um relacionamento mais profundo com o Senhor. Jesus exemplificou perfeitamente essa postura de humildade e comunhão íntima com o Pai, ensinando-nos a orar e buscar primeiro o Reino de Deus.

Quando nos voltamos para o Senhor em humildade, o Espírito Santo nos convence do pecado, guiando-nos à verdade, e nos capacita a viver uma vida que honra a Deus. É através da obra transformadora do Espírito que podemos verdadeiramente nos afastar dos maus caminhos e buscar a face do Criador. A promessa de Deus de ouvir, perdoar e curar é um testemunho de sua graça infinita em nós e pode também impactar toda uma nação. Jesus veio para trazer o Reino de Céus à Terra e, como seus filhos, somos chamados a sermos agentes dessa nova vida, resplandecendo a luz de Cristo.

Assim, vemos que a transformação de uma nação começa pelo coração de seu povo, que, respondendo a esse chamado, torna-se canal da graça transformadora de Deus para o mundo. Portanto, que o Espírito Santo nos capacite a viver vidas de arrependimento contínuo e obediência amorosa. À medida que permitimos que Deus opere em nós e através de nós, podemos confiar que ele trará cura e restauração para nossa vida e para o mundo.

Pai, ajuda-me a me humilhar, a buscar tua presença e a abandonar tudo o que não te agrada. Usa-me como um instrumento de transformação. Em nome de Jesus, amém.

anotações

ALEGRIA INCONDICIONAL

08 SET

Ainda que a figueira não floresça e não haja frutos nas videiras, ainda que a colheita de azeitonas não dê em nada e os campos fiquem vazios e improdutivos, ainda que os rebanhos morram nos campos e os currais fiquem vazios, mesmo assim me alegrarei no SENHOR exultarei no Deus da minha salvação! O SENHOR Soberano, é a minha força!

HABACUQUE 3.18-19, NVT

@devocional.palavrasdesabedoria | @marcelotoschi

Habacuque encerra o seu livro com uma declaração de fé inabalável em Deus. Antes desse momento, ele havia passado por questionamentos intensos com o Senhor, onde expressou sua angústia em relação às dificuldades que o povo de Judá enfrentava. O livro retrata a honestidade de um profeta que não entende o porquê das dificuldades, mas que decide confiar em Deus, independentemente das respostas.

Nesse fechamento, Habacuque nos ensina que, mesmo quando tudo parece desmoronar, podemos encontrar alegria no Senhor. Ele diz: “mesmo assim me alegrarei no Senhor”. A presença de Deus é suficiente. O profeta não se alegra nas bênçãos, colheitas ou conquistas, mas no Deus da sua salvação. Isto é, Habacuque encontrou uma alegria que não estava baseada em circunstâncias favoráveis, mas em um relacionamento profundo com Deus.

A alegria verdadeira não está condicionada ao que Deus nos proporciona, mas a quem Deus é. Habacuque declara: “O Senhor, o Soberano, é a minha força”. Mesmo sem frutos ou gado, a presença do Senhor é suficiente. Esta é a essência da fé: encontrar alegria em Deus, independentemente das circunstâncias. Habacuque nos convida a confiar no que sabemos sobre Deus. Ele é fiel, soberano e nossa força em meio às dificuldades. Portanto, confie na suficiência de Deus e se alegre nele, mesmo quando seus olhos não virem os resultados esperados.

Senhor, ajuda-me a encontrar minha alegria em ti, mesmo quando as circunstâncias não são favoráveis. Que eu confie na tua suficiência e exulte em tua presença, sabendo que és a minha força e o Deus da minha salvação. Em nome de Jesus, amém.

anotações

FÉ QUE VÊ O INVISÍVEL

Pela fé, Moisés abandonou o Egito, não ficando amedrontado com a ira do rei, pois permaneceu firme como quem vê aquele que é invisível.

HEBREUS 11.27, NAA

@devocional.palavrasdesabedoria | @marcelotoschi

Moisés tinha uma convicção profunda de quem Deus era. O verso de Hebreus 11 nos mostra que ele possuía uma fé tão firme, como se enxergasse o invisível. Essa passagem sempre me desafia, pois reflete uma confiança sobrenatural que inspira a aprofundar o relacionamento com o Senhor.

A intimidade de Moisés com Deus era única; ele conversava com ele face a face, como um amigo. Essa proximidade permitiu que Moisés conhecesse o coração de Deus de uma forma especial, tornando-se um líder capaz de conduzir o povo de Israel com coragem e determinação. Sua fé inabalável foi fruto dessa comunhão, de uma vida de diálogo e entrega ao Senhor. Quando conhecemos a ele dessa forma, nossa fé se torna mais sólida e somos capazes de enfrentar qualquer desafio, pois temos a convicção de que o próprio Deus está ao nosso lado.

Conhecer o Pai vai muito além de entender seu poder ou ler os textos sagrados. A Palavra nos traz conhecimento, mas é necessário mergulhar em um relacionamento profundo com ele. Quando vivemos essa relação, a Palavra se torna viva em nós, fortalecendo nossa fé, levando-nos a experimentar o sobrenatural. Seguir a Jesus é viver algo extraordinário. Quando renovamos nossa paixão por ele a cada dia, experimentamos um crescimento em fé que nos faz ver o invisível, assim como Moisés.

Senhor, ajuda-me a aprofundar meu relacionamento contigo, para que minha fé seja tão firme que eu veja o invisível. Em nome de Jesus, amém.

anotações

O ALÍVIO DO FARDO

10 SET

Entregue as suas preocupações ao Senhor, e ele o susterá; jamais permitirá que o justo venha a cair.

SALMOS 55.22

@devocional.palavrasdesabedoria | @marcelotoschi

Entregar as preocupações ao Senhor não é apenas uma sugestão, mas um compassivo comando. Deus sabe que não fomos projetados para carregar o peso esmagador da ansiedade e, portanto, ele nos convida a transferi-lo para seus ombros infinitamente capazes. Pense nas preocupações que você carrega agora: a incerteza sobre o futuro, a ansiedade sobre as finanças, o medo de uma doença ou a angústia sobre um relacionamento problemático. Cada uma dessas preocupações é como uma pedra em sua mochila, pesando e desacelerando-o.

A promessa que acompanha esse convite é: "ele o susterá". A palavra "suster" implica mais do que apenas manter-nos de pé. Sugere apoio, nutrição e cuidado contínuo. Quando entregamos as preocupações a Deus, colocamo-nos sob seu cuidado amoroso. O verso oferece uma garantia adicional: "jamais permitirá que o justo venha a cair". Isso não significa que nunca enfrentaremos dificuldades, mas que o Senhor não permitirá que sejamos destruídos. Ele está comprometido em nos manter firmes até o fim.

Quais são suas principais preocupações atuais? Seja específico e, para cada item da lista, faça uma oração curta, entregando-o conscientemente ao Pai. Depois, escolha uma ação prática que demonstre sua confiança em Deus para cada uma delas: por exemplo, se você está preocupado com finanças, talvez possa dar um passo de generosidade, confiando na provisão divina. Por fim, finalize seu dia agradecendo a Deus por seu cuidado sustentador, mesmo que você ainda não veja a resolução de seus problemas.

Senhor, reconheço que carrego fardos que não foram projetados para meus ombros. Hoje, entrego todas as minhas preocupações a ti, sabendo que teu cuidado é constante e teu amor infalível. Em nome de Jesus, amém.

anotações

11 SET

A VERDADE QUE LIBERTA E EDIFICA

Não dê falso testemunho contra o seu próximo.

ÊXODO 20.16, NAA

@devocional.palavrasdesabedoria | @marcelotoschi

Esse mandamento trata a integridade nas palavras e a importância de ser honesto em todas as relações. Não se limita apenas à proibição de mentir, mas nos desafia a viver de maneira transparente em cada conversa, seja no trabalho, nas interações pessoais ou nas redes sociais. No contexto original, "falso testemunho" [1] se referia a mentir em um ambiente judicial, algo que poderia causar grandes injustiças. Porém, o princípio vai além, chamando-nos à honestidade em todas as áreas da vida.

A Bíblia nos lembra de que Deus é a própria verdade (cf. João 14.6) e, como seres criados à sua imagem, devemos refletir essa verdade em nossas palavras e ações. A mentira, por outro lado, é associada ao diabo, descrito como o "pai da mentira" (cf. João 8.44). Quando não somos honestos, prejudicamos os outros e destruímos a confiança nos relacionamentos, impedindo o crescimento saudável da sociedade.

Além disso, as palavras carregam um poder tremendo. Provérbios 18.21 nos diz que "a morte e a vida estão no poder da língua". Isso significa que temos a escolha de usar as palavras para abençoar e edificar ou para causar destruição e dor. Jesus nos ensina que a verdade deve estar em nosso coração, fazendo com que um simples "sim" ou "não" seja suficiente (cf. Mateus 5.37). Além disso, ser honesto significa falar a verdade em amor (cf. Efésios 4.15). A verdade, sem compaixão, pode ser dolorosa e cruel, mas, quando falada com amor, tem o poder de transformar vidas.

Senhor, ajuda-me a ser um exemplo de verdade e integridade. Perdoa-me pelas vezes em que minhas palavras não foram honestas ou causaram dor aos outros. Dá-me sabedoria para usar minha língua para abençoar. Em nome de Jesus, amém.

[1] STRONG, James. **Léxico Hebraico, Aramaico e Grego de Strong**. 2. ed. Barueri: Sociedade Bíblica do Brasil, 2002.

anotações

VERDADE E GRAÇA

Não dê falso testemunho contra o seu próximo.

ÊXODO 20.16, NAA

Continuando nosso devocional, esse mandamento nos chama a viver em verdade e integridade em todas as áreas da vida. Ele vai além de evitar mentir em situações formais; é um convite para refletir a natureza de Deus em cada palavra e atitude.

Em um mundo conectado e digital, somos desafiados a sermos cuidadosos com o que compartilhamos nas redes sociais. Espalhar desinformação ou *fake news* é uma forma moderna de falso testemunho. No trabalho, a honestidade é fundamental para manter a confiança e a credibilidade. Pequenas mentiras ou omissões podem erodir relacionamentos pessoais e profissionais.

O falso testemunho muitas vezes surge de motivações como medo, orgulho, inveja ou ganância. Ao reconhecer essas motivações, somos desafiados a cultivar a honestidade. Deus é descrito como "cheio de graça e de verdade" (cf. João 1.14), e somos chamados a imitar esse equilíbrio — falando a verdade com amor e compaixão. A verdade deve sempre ser dita com humildade e misericórdia, reconhecendo que todos somos falhos e dependemos da graça de Deus. Como agentes de cura e reconciliação, devemos construir relações baseadas em confiança e respeito.

De maneira prática, aplique a verdade e a honestidade em sua vida. Reflita se está sendo honesto consigo mesmo e com os outros. Admita erros e limitações, pois a humildade facilita a honestidade. Ouça atentamente, a fim de evitar mal-entendidos e promova um ambiente seguro para que a verdade seja dita. Também não deixe de perdoar os outros quando falharem, pois todos precisamos da graça.

Senhor, ajuda-me a valorizar a verdade acima da conveniência. Que eu seja conhecido como alguém confiável e verdadeiro. Em nome de Jesus, amém.

anotações

ESPERANÇA VIVA

Logo depois, Jesus foi a uma cidade chamada Naim, e com ele iam os seus discípulos e uma grande multidão. Ao se aproximar da porta da cidade, estava saindo o enterro do filho único de uma viúva; e uma grande multidão da cidade estava com ela.

LUCAS 7.11-12

@devocional.palavrasdesabedoria | @marcelotoschi

Nessa passagem, vemos uma viúva que, além de perder o marido, agora levava seu único filho para ser enterrado. Naquela época, o sustento de uma viúva dependia dos seus filhos e, sem eles, ela ficava completamente desamparada. Essa mulher não apenas enfrentava a dor da perda de seu único filho, mas também o temor de um futuro incerto e solitário.

Imagino que ela sentia que tudo estava perdido, sem solução para sua vida. Talvez você se sinta assim hoje, achando que não há mais esperança para seu casamento, suas emoções ou seus sonhos. Quem sabe esteja preso às lembranças do passado, drenando sua força e alegria, e tenha até desistido de sonhar.

Mas aprenda algo com essa mulher de Naim: ela não desistiu, mesmo diante de tanta dor. Quando Jesus chegou, tudo mudou. Ele trouxe vida onde havia morte, e esperança onde havia desesperança. Então, lembre-se: Jesus pode reverter qualquer situação. Não há nada que a sua doce presença não possa transformar.

Por isso, prossiga! Sua situação pode ser revertida pelo poder de Jesus. Não desista do seu casamento, da sua família, dos seus sonhos e dos planos que Deus colocou em seu coração. Você foi chamado para vencer. Continue fazendo o que está ao seu alcance, pois quem persiste experimenta a vitória. Lembre-se: quem desiste jamais vence.

Senhor, ajuda-me a não desistir mesmo quando tudo parecer perdido. Renova minha esperança e dá-me força para continuar acreditando nos planos que tu tens para mim. Em nome de Jesus, amém.

anotações

A ALEGRIA CONSTANTE NO SENHOR

14 SET

Alegrem-se sempre no Senhor.
Direi novamente: Alegrem-se!
FILIPENSES 4.4

@devocional.palavrasdesabedoria | @marcelotoschi

O apóstolo Paulo nos apresenta um dos mandamentos mais desafiadores e libertadores da vida cristã, com repetição enfática — "Direi novamente" — que destaca a importância crucial dessa instrução para a jornada da fé.

À primeira vista, pode parecer impossível nos alegrarmos sempre, especialmente em um mundo cheio de dificuldades. A chave está em "no Senhor". Paulo não nos chama a uma alegria superficial, mas a uma alegria verdadeira, cuja fonte é o próprio Deus e está ancorada em quem ele é e no que ele fez por nós.

Quando o apóstolo escreveu essas palavras, ele estava preso. Mesmo em meio a adversidades, ele encontrou motivos para se alegrar no Senhor. A verdadeira alegria cristã, portanto, é uma escolha, uma atitude do coração que reconhece a soberania de Deus sobre todas as coisas. Implica focar nas promessas eternas, sabendo que nossa esperança contempla a Eternidade com Deus. É cultivar gratidão, reconhecendo as bênçãos recebidas, grandes e pequenas. E, por fim, é praticar a presença de Deus, buscando comunhão constante com ele por meio da oração e meditação em sua Palavra.

Essa alegria diz: "Eu não entendo teus planos, mas confio em ti, Senhor". Praticá-la exige intencionalidade, como um exercício espiritual diário. Portanto, quando enfrentar desafios, torne a somar as razões para se alegrar no Senhor. Assim, verá na prática que a alegria não é um sentimento, é uma decisão cristã.

Senhor, ajuda-me a encontrar minha alegria em ti, independentemente das circunstâncias. Que minha vida seja um testemunho do teu amor. Em nome de Jesus, amém.

anotações

O CAMINHO DA JUSTIÇA

Mas a vereda dos justos é como a luz do alvorecer, que vai brilhando mais e mais até ser dia claro.

PROVÉRBIOS 4.18, NAA

@devocional.palavrasdesabedoria | @marcelotoschi

Assim como o amanhecer gradualmente ilumina o mundo, dissipando a noite, a vida do justo é marcada por um crescimento contínuo em sabedoria, virtude e proximidade com Deus. Jesus, a luz do mundo, é o exemplo perfeito disso. Sua vida terrena foi uma manifestação constante de amor e retidão, iluminando o caminho para todos que o seguem. Ele nos ensinou que somos chamados a ser luz do mundo, refletindo sua verdade.

O Espírito Santo desempenha um papel crucial nesse processo. À medida que nos rendemos à sua orientação, experimentamos uma transformação gradual e profunda. Nosso entendimento se expande, nossa fé se fortalece e nossa capacidade de amar e servir aos outros aumenta. Logo, somos lembrados que o crescimento espiritual é um processo. Assim como o dia não amanhece instantânea, mas gradualmente, nossa caminhada com Deus é marcada por um progresso constante. Haverá momentos de escuridão, mas a promessa diz que a luz seguirá brilhando, até ser dia perfeito.

Caminhamos em direção a um futuro glorioso, onde a luz de Deus brilhará em sua plenitude e não haverá mais escuridão. Cada passo de obediência e ato de fé nos aproximam daquele dia perfeito. À medida que caminhamos nessa vereda iluminada, tornamo-nos faróis de esperança em um mundo muitas vezes obscurecido pelo desespero. Nossa luz não só ilumina nosso caminho, mas também guia outros em direção ao amor de Deus. Portanto, abrace com alegria esse caminho de luz crescente, assemelhando-se a Jesus e glorificando a Deus.

Senhor, ajuda-me a caminhar no teu caminho de luz, crescendo em sabedoria e amor. Que eu reflita a tua luz em tudo o que eu fizer. Em nome de Jesus, amém.

anotações

GRATIDÃO QUE TRANSFORMA

Deem graças em todas as circunstâncias, pois esta é a vontade de Deus para vocês em Cristo Jesus.

1TESSALONICENSES 5.18

@devocional.palavrasdesabedoria | @marcelotoschi

Muitos desejam prosperar e conquistar grandes coisas, mas esquecem que isso não é possível com um coração cheio de amargura e egoísmo. Ao reclamar e murmurar sobre as situações, acabam emprestando suas palavras ao diabo, cultivando mentiras, fofocas e intrigas. Agem como Adão e Eva no Éden, culpando os outros por seus erros. No entanto, você precisa ir na contramão disso! Não permita que seu coração seja contaminado pela ingratidão. Pelo contrário, desenvolva um coração bondoso e grato.

O apóstolo Paulo nos ensina a sermos gratos em todas as circunstâncias, até mesmo nas que não nos agradam. Ser agradecido quando uma porta se fecha ou quando recebemos notícias ruins é um exercício de fé. Tente fazer uma lista de todas as bênçãos e livramentos que recebeu do Senhor e expresse essa gratidão em oração e louvor. Hebreus 10.23 nos lembra de que ele é fiel em todas as suas promessas.

Seja grato também às pessoas ao seu redor. Muitas delas o ajudam, fortalecem, oram e torcem por você. Quantas vezes você expressou gratidão a elas? Aqui vai um desafio: externe sua gratidão hoje! Agradeça ao seu cônjuge, filhos, colegas de trabalho ou da faculdade. Demonstre bondade e reconhecimento por meio de palavras e ações. Quando você desenvolve um coração bondoso e grato, prepara-se para alcançar grandes conquistas!

Senhor, ajuda-me a ter um coração sempre grato, reconhecendo teus cuidados em cada detalhe da minha vida. Que eu demonstre bondade e gratidão com aqueles ao meu redor, abrindo portas para maiores bênçãos. Em nome de Jesus, amém.

anotações

DE TODO O CORAÇÃO

Vocês me procurarão e me acharão quando me procurarem de todo o coração.

JEREMIAS 29.13

@devocional.palavrasdesabedoria | @marcelotoschi

Em uma era de gratificação instantânea e soluções rápidas, esse versículo nos convida a uma jornada profunda e transformadora. Ele nos fala de uma busca que envolve todo o nosso ser. A promessa aqui é simples e profunda: Deus se deixará encontrar. Não há labirintos complexos ou rituais elaborados. A chave para encontrar o Senhor está na fé! Não há pré-requisitos de conhecimento teológico, status social ou realizações pessoais.

A frase "de todo o coração" é crucial. Ela envolve um compromisso total, uma busca que abrange não apenas nossa mente, mas também emoções, vontade e ações. É um convite para sairmos de nossa zona de conforto espiritual e nos lançarmos em uma busca apaixonada por Deus. Essa promessa foi dada ao povo de Israel no exílio, um tempo de crise e questionamento. Mesmo em meio à dúvida, Deus assegura que ele pode ser encontrado. Isso nos lembra de que, não importa quão distantes possamos nos sentir, ele sempre está ao alcance daqueles que o buscam.

Assim, devemos reavaliar nossas prioridades e centralizar nossa vida em torno da busca pelo Senhor. Somente dessa maneira, nossa perspectiva mudará, nossas prioridades se realinharão e começaremos a ver o mundo e a nós mesmos através dos olhos de Deus. Imagine por um momento: e se hoje você decidisse levar essa promessa a sério? E se, em meio à agitação da vida, você fizesse uma pausa para realmente buscar a Deus com todo o seu coração? Esse versículo sussurra uma verdade poderosa: há mais. Há um Deus que não apenas permite ser encontrado, mas deseja se revelar a você.

Senhor, decido te buscar de todo o meu coração. Que eu te encontre em meio às minhas lutas e que essa busca transforme meu ser. Em nome de Jesus, amém.

anotações

CAMINHO ILUMINADO

18 SET

Pois o mandamento é lâmpada, a instrução é luz, e as advertências da disciplina são o caminho que conduz à vida.

PROVÉRBIOS 6.23

@devocional.palavrasdesabedoria | @marcelotoschi

Muitas pessoas acreditam que buscar uma vida de santidade significa viver preso a limites e renúncias, como se isso nos privasse de coisas que nos trazem prazer. Mas a verdade é que a santidade é o caminho para vivermos toda a plenitude que Deus tem para nós. Dentro de cada um de nós há uma batalha constante entre a carne e o espírito — uma luta bem descrita pelo apóstolo Paulo em Gálatas 5. A boa notícia é que Deus nos deu a sua Palavra como luz e guia.

A palavra de Deus se descreve como "lâmpada" e "luz", pois, quando podemos ver claramente, somos capazes de fazer escolhas melhores e mais seguras. Se você sabe onde está colocando os seus pés e enxerga o caminho à sua frente, fica muito mais fácil escolher seguir o caminho que trará vida e paz. A luz da Palavra nos mostra por onde devemos andar, orientando-nos a viver em santidade.

Mesmo com essa luz, é natural que nosso coração seja tentado a escolher o que não é bom. Por isso, a disciplina se torna uma aliada essencial para nos manter no caminho da vida. Disciplina não é algo que nos restringe, mas que fortalece para nos fazer continuar caminhando na direção certa. Quando escolhemos viver de acordo com a luz da Palavra, experimentamos a verdadeira abundância que Deus preparou. Portanto, decida trilhar o caminho iluminado pela palavra de Deus, permitindo que a santidade guie suas escolhas e o leve a experimentar a vida plena que Deus tem para você.

Senhor, ajuda-me a enxergar o caminho que devo seguir através da luz da tua Palavra. Fortalece-me na disciplina e guia meus passos na santidade. Em nome de Jesus, amém.

anotações

A COMPAIXÃO DE DEUS NO CANSAÇO

[...] Sentou-se debaixo dele e orou, pedindo a morte:
"Já tive o bastante, SENHOR [...]"

1REIS 19.4

@devocional.palavrasdesabedoria | @marcelotoschi

Depois de uma vitória espetacular no Monte Carmelo, Elias se encontrava exausto e decidiu fugir em um momento de grande vulnerabilidade. Seu clamor revela um esgotamento físico, emocional e espiritual. Todos nós já passamos por algo assim, não é? Seja depois de um longo período de trabalho, lutas pessoais ou até mesmo após uma conquista que nos deixou vazios. O cansaço de Elias nos lembra da nossa fragilidade.

Ele, que era um homem de grande fé, chega a pedir a morte, mostrando que até os mais fortes têm seus momentos de fraqueza. O mais importante, porém, é a resposta de Deus. Ele não repreende Elias por sua honestidade, mas responde com compaixão e cuidado. É muitas vezes nos momentos de maior desespero que experimentamos Deus de maneira nova. Quando admitimos nossa fraqueza, abrimos espaço para que sua força se manifeste em nós. A história do profeta nos lembra de que Deus não espera que sejamos invencíveis; ele entende nossos limites e acolhe nossa vulnerabilidade.

Assim como Elias, podemos ser honestos com o Senhor. Ele nos convida a não esconder nossa dor ou esgotamento, mas a entregá-los em suas mãos divinas, sabendo que seremos recebidos com amor e compreensão. De maneira prática, reserve um tempo para compartilhar com Deus como você realmente se sente, expondo suas dores e cansaço. Permita que ele cuide de você, entregando suas necessidades e buscando renovação espiritual através da oração, leitura da Palavra ou simplesmente contemplando a criação.

Pai, muitas vezes me sinto cansado e sem forças, assim como Elias. Ajuda-me a ser sincero contigo, confiando que me acolhes com compaixão. Renova minhas forças e restaura minha alma. Em nome de Jesus, amém.

anotações

REFÚGIO E FORTALEZA

20 SET

Direi do SENHOR: Ele é o meu refúgio e a minha fortaleza, o meu Deus, em quem confio.

SALMOS 91.2

@devocional.palavrasdesabedoria | @marcelotoschi

No salmo 91, o salmista expressa uma declaração poderosa sobre Deus: "Direi do Senhor". Essa afirmação não é apenas uma crença interna, mas uma confissão de fé, um ato de coragem que reforça sua confiança. Falar sobre quem Deus é em nossa vida fortalece nosso coração e ajusta nosso foco nas verdades divinas.

Quando ele diz: "ele é o meu refúgio e a minha fortaleza," evoca a imagem de proteção e segurança. Nos tempos bíblicos, as fortalezas eram estruturas imponentes, muralhas intransponíveis que protegiam os habitantes de ataques inimigos. Assim, ao afirmar que Deus é sua fortaleza, o salmista reconhece que em Deus encontra proteção inviolável, um abrigo seguro em tempos de adversidade.

Além disso, a ideia de Deus como "refúgio" nos lembra de buscar abrigo em momentos difíceis. Assim como encontramos um abrigo seguro em uma tempestade forte, somos chamados a nos refugiarmos nele, onde encontramos paz e tranquilidade, mesmo em meio ao caos ao nosso redor. "O meu Deus, em quem confio" revela que a confiança é o elemento central do versículo. O salmista nos ensina que é somente através da confiança plena no Senhor que podemos experimentar verdadeira paz e segurança. Não devemos confiar nas circunstâncias, em nossas próprias forças ou nas promessas deste mundo, mas depositar toda nossa confiança em Deus, que é digno dela. Quando confiamos nele, encontramos paz, independentemente do que acontece ao nosso redor.

Hoje, ao enfrentar suas tempestades, lembre-se: Deus é seu refúgio e fortaleza. Confie nele de todo o coração e permita que essa confiança lhe traga paz e segurança.

Senhor, és meu refúgio e minha fortaleza. Ajuda-me a confiar em ti em todos os momentos, especialmente nas tempestades da vida. Em nome de Jesus, amém.

anotações

CORAGEM QUE VENCE

Davi disse a Saul: "Ninguém deve ficar com o coração abatido por causa desse filisteu; teu servo irá e lutará com ele".

1SAMUEL 17.32

@devocional.palavrasdesabedoria | @marcelotoschi

O pastor Craig Groeschel, da Life Church, afirma que "nossa vida está sempre se movendo na direção dos nossos pensamentos mais fortes",[1] e isso destaca a importância da mentalidade que cultivamos. Nossa mente pode nos levar a grandes conquistas ou nos prender em limitações, dependendo dos pensamentos que escolhemos alimentar. Por isso, é fundamental desenvolver uma mentalidade de vencedor, que nos leva a superar desafios e viver o extraordinário.

A história de Davi e Golias ilustra perfeitamente essa mentalidade. Davi não recebeu um chamado direto para enfrentar o gigante, mas ao ouvir o desafio de Golias, viu uma oportunidade para confiar em Deus e agir com coragem. Ele se colocou à disposição, demonstrando iniciativa e fé.

Davi já era um vencedor em seu dia a dia, sendo fiel às tarefas que lhe foram confiadas como pastor de ovelhas. Sua mentalidade de vencedor o levava a cuidar das coisas pequenas com excelência. Quem é fiel no pequeno, é preparado para o grande. Assim, somos chamados a desenvolver essa mentalidade vitoriosa nas pequenas coisas antes de enfrentarmos grandes desafios.

Hoje, encorajo você a buscar essa mentalidade de vencedor em Deus. Não espere por uma oportunidade grandiosa; comece sendo excelente naquilo que está em suas mãos agora. Enfrente cada desafio com confiança, sabendo que Deus está ao seu lado. Quando você fizer isso, experimentará o sucesso e a realização que ele planejou para sua vida.

Senhor, desejo desenvolver uma mentalidade de vencedor. Que eu seja fiel em cada pequena tarefa e tenha a coragem de enfrentar os desafios que vierem, sabendo que estás comigo. Em nome de Jesus, amém.

[1] GROESCHEL, Craig. **Vença a guerra na sua mente:** mude o seu pensamento, mude a sua vida. Edição Kindle, p. 8.

anotações

O CONVITE PARA UMA PARCERIA

22 SET

Lancem sobre ele toda a sua ansiedade,
porque ele tem cuidado de vocês.

1PEDRO 5.7

@devocional.palavrasdesabedoria | @marcelotoschi

Pedro nos apresenta uma visão revolucionária de nossa relação com Deus, onde somos convidados a compartilhar ativamente nossa vida com ele. A palavra "lançar" [1] sugere um ato intencional e contínuo. Não é algo que fazemos uma vez e esquecemos, mas um exercício constante de confiança e vulnerabilidade. Cada vez que escolhemos lançar nossa ansiedade sobre Deus, reafirmamos nossa dependência dele e fortalecemos nossa conexão com o coração divino.

Quando lemos que "ele tem cuidado de vocês", entendemos que isso não é uma obrigação relutante, mas uma expressão do amor apaixonado do Pai por nós. O mesmo Deus que criou o Universo se preocupa com os detalhes da nossa vida, o que é verdadeiramente incrível! Essa parceria com Deus não elimina nossas responsabilidades, mas transforma a maneira como as enfrentamos, dando-nos sabedoria.

Além disso, o versículo nos desafia a ver nossa ansiedade a partir de uma nova perspectiva. Em vez de serem fardos, tornam-se pontos de contato com Deus — oportunidades para aprofundar nossa intimidade com ele e experimentar seu cuidado de maneiras tangíveis. Portanto, torne sua conversa com ele um hábito contínuo, compartilhando suas preocupações ao longo do dia, assim como faria com um amigo. Identifique algo que esteja causando ansiedade, escreva em um papel e coloque-o simbolicamente em sua Bíblia, no capítulo de 1Pedro, para orar a respeito. Reflita sobre os momentos em que já experimentou o cuidado divino e compartilhe esses testemunhos com alguém que precise de encorajamento.

Pai amoroso, obrigado por me convidares a lançar sobre ti todas as minhas ansiedades. Ajuda-me a enxergar cada situação difícil como uma oportunidade de me aproximar mais de ti. Em nome de Jesus, amém.

[1] Strong, 2002.

anotações

CORRIDA COM PROPÓSITO

Portanto, também nós, uma vez que estamos rodeados por tão grande nuvem de testemunhas, livremo-nos de tudo que nos atrapalha e do pecado que nos envolve, e corramos com perseverança a corrida proposta para nós, tendo os olhos fitos em Jesus, autor e consumador da nossa fé.

HEBREUS 12.1-2A

@devocional.palavrasdesabedoria | @marcelotoschi

No capítulo anterior ao citado, o autor de Hebreus nos apresenta a galeria dos heróis da fé, pessoas que, por meio da fé, conquistaram grandes feitos e permaneceram fiéis a Deus. Esses homens e mulheres são como uma nuvem de testemunhas ao nosso redor, lembrando-nos de que é possível vencer desafios e manter-se firme, mesmo diante das dificuldades.

A metáfora do corredor é especialmente forte. Assim como atletas nos Jogos Olímpicos, somos convidados a nos despir de todo peso e do pecado que nos envolve. É importante notar que nem tudo o que nos atrapalha é pecado; há coisas que, embora não sejam erradas, podem se tornar um peso desnecessário, atrasando nosso progresso. Isso pode incluir hábitos, distrações ou preocupações que nos afastam do propósito que Deus tem para nós.

Hoje, que tal pedir ao Espírito Santo que revele em quais áreas você precisa tomar decisões? Pergunte-se: que pesos você está carregando que estão dificultando sua corrida de fé? Identificar e abandonar essas coisas é crucial para que possamos avançar na jornada e cumprir o que Deus nos chamou a fazer.

Além disso, somos chamados a manter nossos olhos fixos em Jesus, o autor e consumador da nossa fé. Ele é nosso exemplo perfeito. Quando olhamos para ele, encontramos força e direção. Jesus nos ensina a correr com perseverança e fé. Ele é a razão pela qual corremos e nosso destino.

Senhor, ajuda-me a identificar e abandonar os pesos e embaraços que têm me atrapalhado na caminhada de fé. Que eu corra com perseverança, mantendo meus olhos firmes em Jesus, o autor e consumador da minha fé. Em nome de Jesus, amém.

anotações

A MELHOR PARTE

24 SET

Respondeu o Senhor: "Marta! Marta! Você está preocupada e inquieta com muitas coisas; todavia apenas uma é necessária [...]".

LUCAS 10.41-42

@devocional.palavrasdesabedoria | @marcelotoschi

Jesus, como amigo íntimo da família, sempre visitava sua casa em Betânia. Na passagem, vemos Marta ocupada e ansiosa com as tarefas domésticas, enquanto Maria se assenta aos pés de Jesus, absorvendo suas palavras e desfrutando de sua presença. Nela, somos ensinados que a presença de Jesus é o que há de mais importante e que precisamos aprender a escolher a melhor parte todos os dias.

Esse princípio de "apenas uma coisa ser necessária" não se aplica apenas à nossa vida espiritual, mas se estende a outras áreas também. Quantas vezes nos sobrecarregamos com muitas atividades? Tentamos ser multifocais, abraçar o mundo, e acabamos deixando tantas coisas inacabadas. Talvez você esteja se sentindo assim agora — tentando iniciar um novo projeto, ou até cinco ao mesmo tempo, sem conseguir finalizar nenhum. Deseja concluir sua graduação, mas também se inscreveu em outros cursos online; deseja se comprometer com a academia, mas também com o jiu-jitsu, ciclismo e corrida. Com tantos projetos iniciados, nenhum é concluído.

Jesus nos lembra, através desse ensinamento, que precisamos focar no que é essencial. O que é prioridade para você agora? Foque em uma coisa por vez para concluir suas tarefas e alcançar seu objetivo, priorizando sempre a presença de Cristo. É aos pés dele que você encontrará direção, força e paz para seguir em frente.

Senhor, ajuda-me a focar no que realmente importa. Que eu priorize tua presença acima de tudo e aprenda a colocar cada coisa em seu devido lugar. Dá-me sabedoria para definir minhas prioridades e perseverança para concluí-las. Em nome de Jesus, amém.

anotações

25 SET

A BUSCA APAIXONADA POR DEUS

Ó Deus, tu és o meu Deus, eu te busco intensamente; a minha alma tem sede de ti! Todo o meu ser anseia por ti como em uma terra seca, exausta e sem água.

SALMOS 63.1

@devocional.palavrasdesabedoria | @marcelotoschi

O salmista não apenas reconhece a Deus, mas declara um relacionamento pessoal e íntimo com ele: "tu és o meu Deus". Essa afirmação estabelece o tom de uma busca apaixonada, como a sede em uma terra árida. Como o corpo clama por água no deserto, o salmista clama pelo Senhor.

O Espírito Santo desempenha um papel crucial nessa busca. Ele desperta em nós o desejo ardente pelo Pai. Romanos 8.26 diz que o Espírito intercede por nós "com gemidos inexprimíveis", expressando o anseio profundo por Deus que, muitas vezes, não conseguimos articular. Essa busca envolve não apenas nossa mente e emoções, mas todo o nosso ser — corpo, alma e espírito. O Espírito Santo nos capacita a alinhar todos os aspectos da nossa vida em direção ao Eterno. Essa sede, embora possa ser dolorosa, é, na verdade, um sinal de saúde espiritual. Indica que reconhecemos nossa necessidade e não estamos satisfeitos com substitutos superficiais.

Em um mundo cheio de distrações e satisfações temporárias, o versículo nos desafia a cultivar uma busca intencional e apaixonada por Deus, examinando: nossa busca por ele é tão intensa quanto a sede em um deserto? Estamos permitindo que o Espírito Santo desperte e intensifique nosso desejo por ele?

Hoje, somos convidados a renovar nossa busca por Deus. Ele nos chama a deixar de lado as distrações e focar nossa atenção e desejo no único que pode verdadeiramente satisfazer nossa alma. Que possamos, guiados pelo Espírito, cultivar uma sede insaciável pelo Senhor, buscando-o com todo o nosso ser e encontrando nele a satisfação que tanto desejamos.

Senhor, és o meu Deus e eu te busco intensamente. Que o teu Espírito desperte em mim uma sede ainda maior por ti, guiando-me em uma busca apaixonada e contínua da tua presença. Em nome de Jesus, amém.

anotações

O DEUS DA ABUNDÂNCIA

O auxiliar de Eliseu perguntou: "Como poderei servir isso a cem homens?" Eliseu, porém, respondeu: "Sirva a todos, pois assim diz o SENHOR: 'Eles comerão, e ainda sobrará'". Então ele serviu a todos e, conforme a palavra do SENHOR, eles comeram e ainda sobrou.

2REIS 4.43-44

@devocional.palavrasdesabedoria | @marcelotoschi

Muitas pessoas conhecem as histórias das multiplicações de pães e peixes realizadas por Jesus, onde milhares foram alimentados com apenas cinco pães e dois peixes. No entanto, esse não foi o primeiro milagre de provisão registrado nas Escrituras. Deus já havia operado outros milagres de multiplicação, como o azeite na botija da viúva e a farinha que não se acabou. No texto de hoje, vemos uma situação semelhante, em que vinte pães foram trazidos a Eliseu para serem servidos a mais de cem homens.

O profeta ordena que o servo sirva os pães, mas seu ajudante, diante da quantidade limitada, questiona como isso poderia ser suficiente. Eliseu, com fé e confiança na palavra de Deus, declara que todos comeriam e ainda sobraria. E assim aconteceu: o servo obedeceu e, enquanto os pães eram distribuídos, o Senhor operou a multiplicação.

Ele é especialista em multiplicar o pouco que temos, pois é o Deus da abundância, que deseja nos dar mais do que precisamos. Mas, para experimentar essa fartura, é preciso ter fé e obediência. A diferença entre viver na escassez e experimentar o sobrenatural está na nossa disposição de crer e agir conforme a Palavra, que produzirá o milagre.

Se você ainda não experimentou essa fartura, talvez seja hora de ampliar sua fé e confiar na provisão divina. Ele é o Deus do "mais que abundante". Confie e obedeça a palavra de Deus, e então verá o extraordinário inundando suas circunstâncias.

Senhor, agradeço porque tu és o Deus da abundância. Ajuda-me a confiar mais em ti e a ter fé para obedecer à tua Palavra, mesmo quando minhas circunstâncias parecem limitadas. Em nome de Jesus, amém.

anotações

O VALOR DA HONRA

Honre o seu pai e a sua mãe, para que você tenha uma longa vida na terra que o SENHOR, seu Deus, lhe dá.

ÊXODO 20.12, NAA

@devocional.palavrasdesabedoria | @marcelotoschi

Esse primeiro mandamento com promessa estabelece um princípio fundamental para a estrutura familiar e social, enfatizando a importância do respeito e da honra nas relações intergeracionais. A palavra "honrar"[1] implica respeitar, valorizar, cuidar e demonstrar consideração, algo que deve estender-se por toda a vida, incluindo a maneira como tratamos nossos pais quando envelhecem. É interessante notar que esse mandamento não faz distinção entre pais "bons" ou "ruins". A honra deve ser dada independentemente das imperfeições dos pais, reconhecendo o papel fundamental que desempenharam em nossa existência e formação.

A promessa associada a esse mandamento sugere que honrar os pais contribui para uma sociedade mais estável e harmoniosa, o que naturalmente promoverá uma vida mais longa e próspera. Além disso, pode ser entendida como uma bênção divina ligada à obediência a esse princípio. Aprender a honrar os pais prepara o terreno para o respeito às autoridades em geral, contribuindo para a manutenção da ordem social. No contexto cristão, ele ganha uma dimensão adicional, refletindo a relação com Deus como nosso Pai Celestial. A maneira como honramos nossos pais terrenos pode ser um reflexo de como honramos a Deus.

De maneira prática, demonstre respeito usando palavras e ações, mesmo em meio a desacordos. Pratique a gratidão, expressando-a por tudo o que seus pais fizeram por você. Se seus pais estão envelhecendo, cuide deles e encontre maneiras de apoiá-los. Ore por eles e perdoe suas falhas.

Pai amado, obrigado pelo dom da vida que recebi através dos meus pais. Ajuda-me a honrá-los de forma que te agrade. Dá-me sabedoria para demonstrar respeito e cuidado em todas as suas fases de vida. Em nome de Jesus, amém.

[1] STRONG, 2002.

anotações

PUREZA QUE PROTEGE

28 SET

Entre vocês não deve haver nem sequer menção de imoralidade sexual como também de nenhuma espécie de impureza e de cobiça; pois essas coisas não são próprias para os santos.

EFÉSIOS 5.3

A palavra de Deus nos traz tantas orientações sobre santidade que pode parecer exagero. Na verdade, isso revela como o Senhor nos conhece profundamente e quer nos proteger das consequências do pecado. O salmista diz que Deus conhece nossas palavras antes mesmo que as expressemos. Jesus afirmou que nem precisamos cometer fisicamente um ato de traição — apenas pensar nisso já é considerado adultério, pois Espírito Santo vê o coração e os pensamentos.

Quando Paulo escreve aos crentes de Éfeso, orienta não haver entre eles sequer menção de imoralidade sexual, impureza ou cobiça, mostrando a seriedade com que devemos tratar esses assuntos. O Espírito de Deus quer nos lembrar que vale a pena investir em nossa identidade de santidade e buscar viver de forma íntegra, sendo exemplos vivos do caráter de Cristo.

O foco divino não é proibir experiências, mas nos proteger e nos preservar. A vida de pureza nos guarda das consequências destrutivas da imoralidade. Deus nos chama a viver de modo que a imoralidade sexual não seja nem mencionada em nosso meio, porque ele sabe o dano que isso pode causar. Em um mundo repleto de estímulos e tentações, especialmente dirigidos aos jovens, essa mensagem se torna ainda mais relevante. Que nossas palavras, ações e escolhas reflitam a vocação santa que temos em Cristo.

Senhor, ajuda-me a viver em pureza e santidade. Que minhas palavras e atitudes sejam dignas da vocação que me deste em Cristo, e minha vida seja um reflexo da tua santidade. Em nome de Jesus, amém.

anotações

O VALOR DO TRABALHO

O preguiçoso morre desejando, porque as suas mãos se recusam a trabalhar.

PROVÉRBIOS 21.25, NAA

@devocional.palavrasdesabedoria | @marcelotoschi

Esse provérbio nos oferece uma reflexão clara sobre as consequências da preguiça e o valor do trabalho diligente. A imagem do "preguiçoso que morre desejando" é impactante, mostrando como o desejo sem ação nunca leva a resultados. A pessoa descrita passa a vida ansiando por realizações, mas se recusa a fazer o esforço necessário para alcançá-las.

A lição aqui é direta: apenas desejar algo não é suficiente. Precisamos transformar desejos em ação, trabalhando e perseverando para que os objetivos se tornem realidade. A preguiça impede o progresso e leva a uma vida frustrada, na qual os sonhos permanecem inalcançáveis. Ademais, como nos ensina o verso, trabalhar não é apenas uma forma de obter resultados, mas faz parte de viver uma vida significativa e plena. Ao nos esforçarmos, mostramos responsabilidade pessoal e honramos o potencial que Deus colocou em nós.

Porém, vale lembrar que o objetivo aqui não é estimular o excesso de trabalho ou medir nosso valor pela produtividade. O Senhor nos convida a sermos diligentes e disciplinados, mas também a encontrarmos equilíbrio. O trabalho deve ser uma expressão dos dons que recebemos, para a glória de Deus e a edificação dos outros. Portanto, reflita sobre as áreas em que você pode estar apenas "desejando" sem agir e trace passos concretos para alcançar seus objetivos.

Pai amado, obrigado por tua Palavra que me ensina o valor do trabalho diligente. Perdoa-me pelas vezes em que deixei a preguiça impedir meu progresso. Que minha vida seja marcada pelo teu propósito e realização. Em nome de Jesus, amém.

anotações

Escreva: O ímpio está envaidecido; seus desejos não são bons; mas o justo viverá por sua fidelidade.

HABACUQUE 2.4

Fidelidade é a base para o crescimento e alcance de tudo aquilo que Deus tem para nossa vida. O profeta Habacuque mostra um contraste claro entre o ímpio e o justo. O ímpio é guiado pelo orgulho e pelos desejos egoístas, buscando riquezas e conquistas segundo motivações erradas. Ele é altivo, envaidecido e, mesmo que acumule muitas coisas, amontoa apenas o que é passageiro. A palavra de Deus nos alerta que tudo o que ele ajuntar se perderá.

Por outro lado, o justo vive de forma diferente, direcionado pelo Espírito Santo e guiado pela fidelidade. A fidelidade não é algo restrito à nossa relação com Deus, mas deve ser aplicada em todas as áreas da vida: no casamento, no trabalho, nos relacionamentos, e em todas as nossas atitudes. Quando escolhemos viver de maneira fiel, escolhemos construir sobre um alicerce firme, que nos sustenta e protege.

O salmo 91 nos lembra de que a fidelidade de Deus é um escudo que nos protege. Assim como ele é fiel, ele nos chama a sermos fiéis também. Quando decidimos viver em fidelidade, experimentamos a proteção e a bênção que só o Senhor pode nos dar. Que suas palavras e suas ações sejam sempre marcadas por fidelidade e, assim, você verá a mão de Deus trazendo multiplicação e prosperidade sobre sua vida.

Senhor, ajuda-me a ser fiel em todas as áreas da minha vida. Que minhas palavras e atitudes reflitam tua fidelidade e eu viva de acordo com o teu Espírito. Em nome de Jesus, amém.

anotações

“Não podemos nos esquecer de onde Deus nos tirou e para onde ele nos levou. Fomos libertos das trevas, do pecado, da vida sem propósito, e agora vivemos na luz de Cristo. Isso é motivo de alegria e deve ser compartilhado! Somos portadores de Boas-Novas!”

OUTUBRO

ORAÇÃO ALINHADA

Esta é a confiança que temos ao nos aproximarmos de Deus: se pedirmos alguma coisa de acordo com a vontade de Deus, ele nos ouvirá. E, se sabemos que ele nos ouve em tudo o que pedimos, sabemos que temos o que dele pedimos.

1JOÃO 5.14-15

@devocional.palavrasdesabedoria | @marcelotoschi

Muitas vezes, pedimos algo em oração e nos frustramos quando não recebemos a resposta esperada. Isso pode nos levar a questionar nossa fé e caminhada com Deus. O versículo de hoje nos lembra de algo muito importante: nossas orações precisam estar alinhadas com a vontade de Deus.

Não adianta pedir com fé se nossas motivações forem egoístas ou carnais. Podemos até parecer espirituais e usar palavras bonitas, mas Deus não se impressiona com a aparência. Ele vê o coração e a verdadeira motivação por trás do nosso pedido. Quando oramos, precisamos colocar Deus no centro, buscando sua glória, não apenas nossos próprios interesses.

Jesus nos ensinou a orar colocando Deus e sua vontade em primeiro lugar: "Pai nosso [...] seja feita a tua vontade". Isso nos lembra que nosso foco não deve estar em nós mesmos, mas no Reino de Deus. A vontade do Senhor é sempre boa, perfeita e agradável, e quando nossas orações estão alinhadas com ela, podemos ter confiança de que ele nos ouvirá.

Se você deseja ver suas orações respondidas, ajuste seu coração à vontade do Pai. Abandone os pedidos egoístas e faça da vontade dele seu maior desejo. O propósito da oração é o relacionamento com Deus e glorificá-lo em tudo. Quando nos alinhamos a esse propósito, experimentamos a verdadeira paz e confiança em nossas petições.

Senhor, alinhes meu coração à tua vontade. Que minhas orações não sejam movidas pelo egoísmo, mas pelo desejo de te glorificar e de ver o teu Reino crescer. Em nome de Jesus, amém.

anotações

O ganancioso provoca brigas, mas quem confia no SENHOR prosperará.

PROVÉRBIOS 28.25

Já presenciei cenas de vergonha alheia, como pessoas brigando por coisas insignificantes e discutindo por razões irrelevantes. Quando agimos assim, perdemos a verdadeira essência. O texto de hoje nos desafia a refletir: como você reage às situações? Você briga por qualquer coisa? Se a confusão está sempre ao seu redor, a Bíblia alerta que isso revela ganância no coração.

Essa ganância não está ligada apenas ao dinheiro ou aos bens materiais; é uma atitude do coração, que gera caos e prejuízos às nossas relações familiares, ao trabalho e à comunhão com Deus. A Palavra nos orienta a confiar no Senhor. Muitas vezes, precisamos abrir mão de certos direitos e entregar nossos prejuízos ao Pai, confiando que ele cuidará de tudo. Ao fazer isso, preservamos nosso coração da amargura e mantemos a paz, pois nossa alegria não está nas coisas materiais, mas no Senhor.

Dependa dele e aja de acordo com essa confiança. Quando deixamos as disputas de lado e confiamos em Deus, somos recompensados por ele, que não apenas supre nossas necessidades, mas também restaura aquilo que perdemos. Onde houve vergonha, ele trará dupla honra. Esse é o princípio da verdadeira prosperidade!

Deixe a ganância e as brigas por coisas pequenas. A Bíblia nos ensina: "No que depender de vós, tende paz com todos os homens" (Romanos 12.18). Nossa essência vem do Altíssimo, e deve se manifestar onde estivermos. Que a paz em nosso coração seja compartilhada ao nosso redor.

Senhor, ajuda-me a confiar em ti em todas as situações, e que eu não seja movido por ganância, mas pela paz divina. Em nome de Jesus, amém.

anotações

O DEUS ETERNO

Antes de nascerem os montes e de criares a terra e o mundo, de eternidade a eternidade tu és Deus.

SALMOS 90.2

O verso de hoje apresenta uma verdade profunda e reconfortante sobre a natureza eterna de Deus. Em tempos de constante mudança, onde tudo parece transitório, somos lembrados da imutabilidade e eternidade do nosso Criador. A linguagem poética usada aqui — "antes de nascerem os montes" — é poderosa. As montanhas, que para nós parecem tão antigas e imutáveis, são retratadas como jovens em comparação a Deus. Antes que as formações geológicas mais duradouras da Terra viessem a existir, ele já se encontrava ali.

A perspectiva da eternidade nos convida a refletir sobre nossa própria existência. Em contraste com a divina, nossa vida é como um sopro. No entanto, é nesse breve espaço de tempo que somos chamados a conhecer e experimentar o Eterno. O Espírito Santo nos revela a grandeza e imortalidade de Deus, permitindo-nos vislumbrar, mesmo que parcialmente, a imensidão do ser divino. Através da sua presença em nós, começamos a entender que Deus é "de eternidade a eternidade".

Essa verdade não é apenas um conceito teológico abstrato, mas tem implicações práticas profundas: ela proporciona estabilidade em um mundo instável. Quando tudo muda, podemos nos ancorar na imutabilidade de Deus. Nossas dificuldades, por mais intensas que sejam, são momentâneas à luz da eternidade. E isso nos traz conforto, pois sabemos que, da mesma maneira, o amor divino por nós é eterno.

Portanto, eleve seus olhos e coração ao Eterno. Seja guiado pelo Espírito para encontrar paz e propósito na verdade de um Deus que transcende o tempo e que, ao mesmo tempo, escolhe se relacionar conosco em nossa temporalidade.

Senhor, fico maravilhado com tua eternidade e grandeza. Agradeço porque, embora sejas o Deus eterno, decidiu me amar. Em nome de Jesus, amém.

anotações

OUVINDO A VOZ DO BOM PASTOR

04 OUT

As minhas ovelhas ouvem a minha voz;
eu as conheço, e elas me seguem.
JOÃO 10.27

@devocional.palavrasdesabedoria | @marcelotoschi

O capítulo 10 de João nos apresenta uma das imagens mais belas de Jesus: o Bom Pastor. Ele é aquele que cuida, protege e conduz suas ovelhas, trazendo vida em abundância (cf. João 10.10). Jesus não abandona suas ovelhas diante do perigo; como bom pastor, ele dá a sua vida por elas, revelando o profundo amor por cada um que faz parte de seu rebanho.

Ele afirma: "as minhas ovelhas ouvem a minha voz". Isso implica um relacionamento e intimidade. Para conhecer a voz do Bom Pastor, é preciso ouvi-lo e se relacionar com ele. Pense em um contato próximo, como entre marido e esposa. Devido à nossa intimidade e convivência, eu conheço a voz da minha esposa e reconheço os tons que ela usa quando está feliz, empolgada, preocupada ou triste. Da mesma forma, só conseguimos reconhecer a voz de Jesus quando passamos tempo com ele, ouvindo sua Palavra, orando e vivendo em comunhão com o Espírito Santo.

Jesus também diz: "eu as conheço". Ele entende, de maneira profunda e pessoal, cada alegria, dor, medo e sonho que temos. Essa é a beleza do relacionamento com o Bom Pastor: não somos um número para ele, somos conhecidos individualmente e chamados pelo nome. Como suas ovelhas, também podemos reconhecer sua voz e segui-la em obediência. Portanto, desenvolva um relacionamento de intimidade com Jesus. Passe tempo em sua presença, ouça sua voz e leia sua Palavra. Ele nos conduz a águas tranquilas, a pastos verdejantes e nos dá uma vida plena e abundante.

Senhor Jesus, obrigado porque tu és o Bom Pastor que me conhece e protege. Ajuda-me a desenvolver um relacionamento profundo contigo, ouvindo tua voz e seguindo-a com confiança. Em nome de Jesus, amém.

anotações

05 OUT

PERFEITO AMOR

Pois estou convencido de que nem morte nem vida, nem anjos nem demônios, nem o presente nem o futuro, nem quaisquer poderes, nem altura nem profundidade, nem qualquer outra coisa na criação será capaz de nos separar do amor de Deus que está em Cristo Jesus, nosso Senhor.

ROMANOS 8.38-39

@devocional.palavrasdesabedoria | @marcelotoschi

O apóstolo Paulo não apenas nos encoraja a perseverar nas tribulações, mas também nos assegura que o grandioso e profundo amor de Deus sempre estará conosco. Ele faz uma lista das coisas que jamais poderão nos afastar do amor divino: nem morte, nem vida, nem qualquer força espiritual ou poder terreno, nem o presente ou o futuro.

Em Efésios 3.18-19, somos convidados a conhecer a largura, o comprimento, a altura e a profundidade do amor de Cristo, que excede todo entendimento. Esse amor é vasto, incomensurável e inabalável. João também nos lembra de que nós amamos porque ele nos amou primeiro (cf. 1João 4.19). Não há nada que fizemos para merecer esse amor constante, fiel e imutável, pois Deus nos amou enquanto ainda éramos pecadores (cf. Romanos 5.8).

O amor do Pai é maior do que a morte, maior do que o seu passado e maior do que qualquer desafio que enfrente hoje. Nenhuma tribulação, luta ou adversidade pode nos separar desse amor perfeito que está em Cristo Jesus. Mesmo nas situações mais difíceis, quando nos sentimos sozinhos ou desamparados, podemos ter a certeza de que o amor de Deus é maior e está sempre presente.

Descanse em Deus e confie que o seu amor não mudará com o "passar do tempo", pois ele é a nossa âncora e segurança em meio às tempestades. Nada poderá separar sua vida do amor que há em Cristo Jesus. Em tempestades, Deus está presente, sustentando-o e cuidando de você.

Senhor, obrigado pelo teu amor que nunca falha. Ajuda-me a confiar e descansar nesse cuidado, mesmo em meio às tribulações. Em nome de Jesus, amém.

anotações

....

....

....

O PODER DAS PALAVRAS

06 OUT

Porque todas as promessas de Deus têm nele o "sim".
Por isso, também por meio dele se diz o "amém"
para glória de Deus, por meio de nós.

2CORÍNTIOS 1.20, NAA

@devocional.palavrasdesabedoria | @marcelotoschi

Deus nos deu uma ferramenta poderosa: nossas palavras. Em Tiago, a Bíblia nos ensina que a língua, embora pequena, tem o poder de causar grandes impactos, tanto positivos quanto negativos. Assim como uma pequena fagulha pode incendiar uma grande floresta, as palavras que pronunciamos têm o poder de construir ou destruir. A fé não se limita apenas a participar de cultos ou devocionais diários; ela deve ser expressa em nossas palavras, declarações e atitudes.

Hoje, reflita sobre o que você tem falado. Muitas vezes, oramos, buscamos a Deus e pedimos a realização de suas promessas, mas nos esquecemos de um princípio importante: a declaração de fé. A Palavra nos diz que as promessas de Deus já receberam o "*sim*" em Cristo. No entanto, precisamos fazer nossa parte, que é declarar o "*amém*", afirmando essas promessas sobre nossa vida.

Em meio a desafios de saúde, profissionais ou familiares, você tem reclamado das dificuldades ou proclamado a vitória que Jesus já conquistou? Suas palavras determinam a maneira como você enfrenta seus problemas. Em vez de se entregar ao desânimo, escolha declarar as promessas de Deus. Levante-se e diga: "Hoje será um dia de vitória, pois as promessas de Deus já estão firmadas em Cristo, e eu creio no "*sim*" de Deus sobre minha vida!".

Não importa o que as circunstâncias digam, mas que, em Cristo, todas as promessas já foram confirmadas. A partir de hoje, abra sua boca para proclamar a bênção e o favor de Deus sobre todos os seus dias.

Senhor, obrigado porque através de Cristo já temos o "sim" para as promessas de Deus. Ajuda-me a usar minha boca para proclamar tua verdade, e não para reclamar ou mostrar desânimo. Em nome de Jesus, amém.

anotações

AVANCE SEM PARAR

Esforcem-se para ter uma vida tranquila, cuidar das coisas que lhes dizem respeito e trabalhar com as próprias mãos, como nós os instruímos; a fim de que andem decentemente aos olhos dos que são de fora e não dependam de ninguém.

1TESSALONICENSES 4.11-12

Há muitos extremos na sociedade moderna e todos são perigosos, pois nos afastam do equilíbrio e nos impedem de viver a abundância que Deus nos reservou. Quando acreditamos em mentiras e nos comparamos aos outros, corremos o risco de achar que merecemos mais simplesmente porque outros têm mais, desconhecendo o esforço e o legado que eles construíram. Alguns chegam a dizer: "Fulano nunca fez nada na vida, o que tem é por herança". No entanto, alguém trabalhou para deixar esse legado.

A Bíblia nos ensina que o homem justo se esforça para deixar uma herança (cf. Provérbios 13.22). Em vez de olharmos para o que os outros possuem, devemos buscar no Senhor a capacidade de crescer, desenvolver e gerar riqueza com as nossas próprias mãos. Prosperidade não é medida pela quantidade de bens que acumulamos, mas pelo estilo de vida que escolhemos viver com o que Deus já nos deu. E aquilo que temos pode ser multiplicado, não por ganância, mas porque ele nos dá a capacidade de avançar, crescer e abençoar outros ao nosso redor.

Paulo, escrevendo aos cristãos de Tessalônica, incentiva-os a se esforçarem, cuidarem dos negócios e trabalharem. Portanto, avance, não pare! Há muito que você pode conquistar e oferecer. Talvez ainda esteja no anonimato, mas lembre-se: o anonimato é um lugar valioso, onde podemos errar, aprender e nos preparar para desafios futuros. Cuide de si mesmo, dos seus negócios, e desenvolva suas habilidades, porque Deus está ao seu lado, instruindo-o e capacitando-o para crescer e prosperar.

Senhor, ajuda-me a confiar em ti e a desenvolver tudo o que colocaste em minhas mãos. Que eu cresça e prospere para a tua glória, sem inveja ou comparação. Em nome de Jesus, amém.

anotações

A FORÇA NA FRAQUEZA

Ele, porém, me disse: "A minha graça é suficiente para você, pois o meu poder se aperfeiçoa na fraqueza". Portanto, eu me gloriarei ainda mais alegremente nas minhas fraquezas, para que o poder de Cristo repouse em mim.

2CORÍNTIOS 12.9

O apóstolo Paulo nos revela uma profunda verdade paradoxal do Reino de Deus: nossa fraqueza pode ser o palco para a manifestação do poder divino. Paulo, que enfrentava um "espinho na carne", uma aflição não especificada, compartilha a resposta que recebeu do Senhor ao suplicar por cura.

A resposta de Deus a ele — e a nós — é surpreendente e reconfortante. Ele não promete remover nossas fraquezas ou dificuldades, mas oferece algo infinitamente mais valioso: sua graça suficiente. E ela não é apenas um conceito, mas o próprio poder divino operando em nossa vida, especialmente em momentos de vulnerabilidade. Normalmente, como humanos, buscamos força, competência e autossuficiência. No entanto, Deus nos convida a abraçar nossas fraquezas, não como falhas a serem escondidas, mas como oportunidades para experimentar seu poder de maneira mais plena.

Paulo vai além da mera aceitação de suas fraquezas; ele se gloria nelas alegremente, entendendo que suas limitações são portais para a manifestação do poder de Cristo. Ao aplicar essa verdade em sua vida, você descobrirá uma nova fonte de força e paz. Suas fraquezas, em vez de serem motivo de vergonha ou desânimo, tornar-se-ão testemunhos vivos do poder e da graça de Deus. Essa mudança de perspectiva não apenas transformará sua relação com Deus, mas também impactará positivamente seus relacionamentos e sua abordagem perante os desafios da vida. Você experimentará uma liberdade renovada, não baseada em sua própria força, mas na suficiência da graça de Cristo.

Senhor, obrigado pela tua graça, que é suficiente para mim. Obrigado pela oportunidade de experimentar teu poder manifesto em minhas fraquezas. Em nome de Jesus, amém.

anotações

....

....

....

FÉ QUE MOVE

Sem fé é impossível agradar a Deus, pois quem dele se aproxima precisa crer que ele existe e que recompensa aqueles que o buscam.

HEBREUS 11.6

@devocional.palavrasdesabedoria | @marcelotoschi

No início de Hebreus 11, o autor nos traz uma definição clara de fé: "Ora, a fé é a certeza daquilo que esperamos e a prova das coisas que não vemos" (Hebreus 11.1). Fé é a convicção de que Deus está no controle, mesmo quando não podemos ver. É mais do que um pensamento positivo ou uma sensação de esperança. Fé é se lançar nas mãos de Deus, confiando plenamente que ele estará do outro lado para nos segurar. É a confiança absoluta no caráter de Deus, em suas promessas e no seu cuidado constante por nós.

O versículo de Hebreus 11.6 nos mostra que ela é um requisito essencial para agradar a Deus. Não se trata apenas de acreditar em algo superior, mas de confiar que ele existe e que se importa conosco. A fé nos leva a uma relação íntima com o Senhor, pois não podemos nos aproximar dele sem crer na sua existência e na sua disposição em nos recompensar quando o buscamos. Ele está sempre disponível para aqueles que o buscam com sinceridade e fé.

Jesus, durante seu ministério, muitas vezes ficou maravilhado com a fé de algumas pessoas. Quando curou o centurião, disse: "Em verdade vos digo que nem mesmo em Israel encontrei tamanha fé" (Mateus 8.10). A fé é poderosa e chama a atenção de Deus. O tamanho dela não precisa ser grande; Jesus mesmo nos assegura de que, se for como um grão de mostarda, já será suficiente para mover montanhas (cf. Mateus 17.20).

Que seu pedido hoje seja igual ao do pai que desejava crescer em fé: "Eu creio, ajuda-me a vencer minha incredulidade" (Marcos 9.24b). Confie mais em Deus, sabendo que ele recompensa aqueles que o buscam.

Senhor, aumenta a minha fé. Ajuda-me a confiar em ti de todo o coração, sabendo que estás sempre ao meu lado e recompensas aqueles que te buscam. Em nome de Jesus, amém.

anotações

FÉ RESILIENTE

10 OUT

Em tudo somos atribulados, porém não angustiados; ficamos perplexos, porém não desanimados; somos perseguidos, porém não abandonados; abatidos; somos derrubados, porém não destruídos.

2CORÍNTIOS 4.8-9, NAA

@devocional.palavrasdesabedoria | @marcelotoschi

O apóstolo apresenta um contraste marcante entre os desafios enfrentados e a força interior que os crentes possuem em Cristo, usando uma série de antíteses para ilustrar a tensão entre as circunstâncias externas e a condição espiritual interna dos seguidores de Jesus. Cada frase começa com uma adversidade, mas é imediatamente seguida por uma afirmação de esperança e resistência.

As tribulações são uma realidade na vida cristã, mas não devem nos esmagar. Há uma força interior que nos sustenta, impedindo que sejamos consumidos pela angústia. Haverá momentos de confusão e incerteza, mas isso não nos levará ao desespero. A fé nos dá uma âncora de esperança mesmo quando não entendemos completamente nossas circunstâncias. Podemos enfrentar oposição e hostilidade, mas nunca estaremos sozinhos; Deus sempre está conosco! Podemos ser derrubados, mas não ficaremos fora da luta.

A fonte da nossa resiliência como cristãos não é inerente, mas provém da graça de Deus operando em nós. É o poder do Espírito Santo que nos capacita a perseverar. Paulo está dizendo que não importa o que a vida nos apresente, temos recursos espirituais que nos permitem suportar e até mesmo prosperar em meio às dificuldades. Essa passagem também avisa que nossas circunstâncias externas não precisam definir nossa condição espiritual. Mesmo em lutas externas, podemos desfrutar de paz interna. Há sempre uma esperança, sempre uma saída, sempre um novo amanhecer.

Portanto, mude sua perspectiva sobre as dificuldades. Em vez de ver as provações como algo negativo, comece a vê-las como oportunidades para experimentar a força e a graça de Deus de maneiras novas e profundas.

Senhor, obrigado pela tua graça e poder que se manifestam em minha fraqueza. Ajuda-me a enxergar as dificuldades como oportunidades de crescimento e a confiar que nunca estarei sozinho. Em nome de Jesus, amém.

anotações

11 OUT

A VITÓRIA GARANTIDA EM CRISTO

Mas graças a Deus, que nos dá a vitória por meio de nosso Senhor Jesus Cristo.

1CORÍNTIOS 15.57

@devocional.palavrasdesabedoria | @marcelotoschi

Paulo inicia a passagem com "mas graças a Deus", uma expressão de profunda gratidão. Isso é um reconhecimento sincero de que toda vitória em nossa vida espiritual provém do Pai. É um lembrete de que não podemos nos vangloriar, mas sempre atribuir o mérito ao Senhor.

A palavra "vitória" é significativa. Em 1Coríntios 15, Paulo está discutindo a ressurreição de Cristo e suas implicações para os crentes. A vitória mencionada, portanto, não se refere apenas a triunfos cotidianos, mas à vitória suprema sobre o pecado e a morte que Cristo conquistou através de sua morte e ressurreição. É importante notar que Paulo usa o presente do indicativo quando diz que Deus "nos dá" a vitória. Isto é, não é algo que apenas receberemos no futuro ou foi recebido no passado, mas uma dádiva contínua, uma realidade presente na vida de cada cristão.

A frase "por meio de nosso Senhor Jesus Cristo" é crucial para entender como essa vitória se torna nossa. É através de nossa união com Cristo e fé nele em sua obra redentora que participamos dessa vitória. Somos lembrados, portanto, que a vitória cristã sobre o pecado não é algo que alcançamos por nossos próprios esforços, pois é um dom gracioso de Deus através de Jesus. Essa vitória não se limita apenas ao triunfo final sobre a morte, mas se estende a todos os aspectos da vida aqui e agora.

Viva sob a luz dessa verdade, agradecendo a Deus pela vitória que ele nos concede em Cristo. Que sua gratidão se manifeste em uma vida de fé ativa, amor abnegado e esperança inabalável.

Pai, obrigado pela vitória dada a nós todos os dias por meio de Jesus. Que eu viva cada momento com gratidão e confiança, sabendo que em ti sou mais do que vencedor. Em nome de Jesus, amém.

anotações

COMO UMA CRIANÇA

12 OUT

Chamando uma criança, colocou-a no meio deles, e disse: "Eu lhes asseguro que, a não ser que vocês se convertam e se tornem como crianças, jamais entrarão no Reino dos céus".

MATEUS 18.2-3

@devocional.palavrasdesabedoria | @marcelotoschi

Jesus nos chama a ter um coração semelhante ao de uma criança. Isso pode parecer um desafio, mas é um convite para redescobrirmos a pureza e a simplicidade da fé. As crianças têm uma capacidade única de confiar plenamente, de perdoar sem reservas e de viver com o coração leve. É isso que Jesus deseja que cultivemos em nosso relacionamento com ele.

Crianças podem se desentender, gritar e até brigar, mas, em poucos minutos, voltam a brincar juntas novamente. Essa capacidade de perdoar e seguir em frente é um reflexo do coração puro que Jesus valoriza. Ele não quer que fiquemos presos a mágoas ou ressentimentos, mas que perdoemos e confiemos.

Jesus também nos ensina a depender de Deus com a mesma confiança que uma criança deposita em seus pais. Elas confiam sem questionar, acreditando que seus pais cuidarão delas. Da mesma forma, precisamos confiar em nosso Pai Celestial, sabendo que ele é amoroso, cuida de nós em cada detalhe e tem o melhor para nossa vida. Aceite esse chamado de Jesus e permita que seu coração seja purificado, para amar, perdoar e confiar. Viva com uma fé simples e profunda, sabendo que Deus sempre estará ao seu lado, guiando e protegendo-o.

Senhor, ajuda-me a ter um coração como o de uma criança, puro, pronto para perdoar e cheio de confiança em ti. Que eu entregue todas as minhas preocupações e confie completamente em teu cuidado e amor. Em nome de Jesus, amém.

anotações

CHAMADOS PARA A LUZ

Vocês, porém, são geração eleita, sacerdócio real, nação santa, povo exclusivo de Deus, para anunciar as grandezas daquele que os chamou das trevas para a sua maravilhosa luz.

1PEDRO 2.9

Que versículo lindo! O apóstolo Pedro nos lembra de quem somos em Cristo: uma geração eleita, escolhidos para fazer parte do plano divino. Somos um povo exclusivo de Deus, separados por ele e para ele, chamados para viver em santidade. Assim como nosso Pai é santo, somos chamados a refleti-la na vida diária. Viver em santidade significa viver uma vida separada, pura e que honra a Deus.

Pedro também nos revela nossa função tríplice como seguidores de Cristo. Somos sacerdotes, reis e profetas. Como sacerdotes, somos aqueles que intercedem perante Deus pelo povo, com livre acesso à presença do Pai. Como reis, somos chamados a reinar e governar, exercendo influência e autoridade espiritual neste mundo. E como profetas, somos convocados a anunciar as grandezas de Deus, compartilhando a verdade e o amor de Deus com aqueles ao nosso redor.

Nossa missão é clara: anunciar as grandezas daquele que nos chamou das trevas para a sua maravilhosa luz. Não podemos nos esquecer de onde Deus nos tirou e para onde ele nos levou. Fomos libertos das trevas, do pecado, da vida sem propósito, e agora vivemos na luz de Cristo. Isso é motivo de alegria e deve ser compartilhado! Somos portadores de Boas-Novas!

Assuma sua posição como porta-voz do Evangelho. Anuncie a grandeza e a graça de Deus para alguém. Pode ser um amigo, um colega de trabalho, ou até mesmo alguém que você encontre no caminho. Lembre-se de que você é parte de uma geração eleita, é um sacerdote real e um profeta da graça.

Senhor, obrigado por me chamares para ser parte do teu povo, um sacerdote real e um porta-voz da tua verdade. Que a tua luz brilhe em mim e através de mim. Em nome de Jesus, amém.

anotações

TESTEMUNHO DE GRAÇA E RENOVAÇÃO

Depois que Jó orou por seus amigos, o SENHOR o tornou novamente próspero e lhe deu em dobro tudo o que tinha antes.

JÓ 42.10

A jornada de Jó é um testemunho poderoso da fidelidade divina e do poder transformador da graça. Sua história nos oferece vislumbres profundos sobre a natureza de Deus e seu relacionamento com a humanidade, mostrando-nos que, mesmo em meio às provações mais severas, Deus permanece soberano e fiel. Esse versículo nos apresenta a intersecção entre a misericórdia divina e a obediência humana, resultando em uma grande restauração.

A restauração dupla de Jó não é apenas uma recompensa por sua fidelidade, mas uma demonstração da bondade e generosidade inerentes ao caráter de Deus. Ela nos lembra de que o Senhor é capaz não apenas de restaurar, mas de exceder nossas expectativas, transformando nossas perdas em ganhos maiores do que poderíamos imaginar. Somos chamados a manter nossa fé firme e a confiar no processo de Deus, mesmo quando não compreendemos a razão das circunstâncias que enfrentamos.

Jó manteve sua integridade e confiança em Deus, mesmo quando não compreendia o propósito de seu sofrimento. Sua restauração nos oferece uma poderosa lição sobre o perdão e a reconciliação. Ao orar por aqueles que o haviam julgado erroneamente, Jó demonstra maturidade e reflete o coração do próprio Deus. É o Espírito Santo quem nos capacita a cultivar esse mesmo perdão e amor, permitindo-nos superar mágoas e restaurar relacionamentos quebrados.

Como Jó, enfrente suas próprias provações com a mesma fé e integridade, confiante de que Deus o acompanhará em cada passo do caminho.

Senhor, ajuda-me a confiar em ti em todos os momentos, especialmente em tempos difíceis. Que eu tenha um coração disposto a perdoar e orar pelos outros, mesmo quando injustiçado. Em nome de Jesus, amém.

anotações

CORAÇÃO GUARDADO

Acima de tudo, guarde o seu coração,
pois dele depende toda a sua vida.

PROVÉRBIOS 4.23

@devocional.palavrasdesabedoria | @marcelotoschi

A Bíblia nos ensina sobre a importância do nosso coração, e esse provérbio nos lembra que precisamos guardá-lo acima de tudo. O coração é a fonte de onde fluem nossas emoções, reações, sonhos e decisões. Quando ele está machucado ou abalado, sofremos graves consequências. Assim como protegemos aquilo que é valioso em nossa casa, precisamos cercá-lo, pois ele é essencial para a nossa vida espiritual, emocional e relacional. A vida é um presente e, mesmo diante das adversidades e desafios, continua sendo uma bênção, uma dádiva dos céus. Precisamos viver da melhor forma possível, glorificando a Deus com tudo o que fazemos.

Guardar o coração também significa vigiar as nossas reações diante das situações difíceis e das ações dos outros. Não podemos controlar o que as pessoas farão ou dirão, mas podemos escolher como agir e reagir. Podemos optar por manter nosso coração protegido, não permitindo que as circunstâncias roubem nossa paz ou nos afastem do propósito de Deus. Quando escolhemos confiar no Senhor e permitir que ele guarde o nosso coração, nós nos colocamos no lugar onde há verdadeira proteção e cura.

Talvez você esteja com o coração ferido, abalado e em pedaços, por causa de mágoas, decepções, perdas ou situações difíceis que enfrentou. Contudo, há um ambiente seguro para ele, e esse lugar é na rocha inabalável: Jesus. Cristo é o único capaz de restaurar um coração quebrado. Quando nos entregamos a ele, recebemos a sabedoria, a unção e as bênçãos necessárias para viver em intimidade com Deus e para que sua paz flua em todas as áreas da vida.

Senhor, ajuda-me a guardar meu coração em ti. Que eu confie em tua proteção e receba cura e direção para minha vida. Em nome de Jesus, amém.

anotações

A PRESENÇA CONSTANTE DE DEUS

O próprio Senhor irá à sua frente e estará com você; ele nunca o deixará nem o abandonará. Não tenha medo! Não desanime!
DEUTERONÔMIO 31.8

Moisés está se dirigindo ao povo de Israel, preparando-os para entrar na Terra Prometida. Nesse momento crucial, ele reafirma a presença constante e o cuidado infalível de Deus com seu povo. A promessa começa com uma declaração impressionante: “O próprio Senhor irá à sua frente”, lembrando-nos de que Deus não apenas nos acompanha, mas vai adiante de nós, preparando o caminho. Essa verdade é profundamente reconfortante, pois significa que não enfrentamos nenhuma situação que já não tenha sido prevista. É o Espírito Santo quem nos guia, conforta e dá discernimento para reconhecer a mão do Pai operando em nossa vida.

A ênfase na fidelidade de Deus é reforçada com as palavras “ele nunca o deixará, nunca o abandonará”. Essa dupla negativa serve para sublinhar a absoluta confiabilidade de Deus. Não importa o que enfrentemos, ele permanece fiel. O Espírito Santo nos lembra constantemente dessa verdade, especialmente quando nos sentimos sozinhos ou abandonados: “Não tenha medo! Não desanime!”. É uma consequência natural da promessa anterior. Se Deus está conosco, indo à nossa frente, então não há razão para medo ou desânimo.

O Espírito Santo transforma essa verdade teológica em uma realidade experiencial, infundindo-nos coragem e esperança. Portanto, somos desafiados a refletir sobre várias questões: 1) Estamos verdadeiramente conscientes da presença constante de Deus em nossa vida? 2) Como podemos cultivar uma maior sensibilidade à orientação do Espírito Santo? 3) Em que áreas de nossa vida precisamos aplicar a exortação “Não tenha medo! Não desanime!”?

Pai, agradeço por tua promessa de estar sempre comigo. Reconheço que estás à minha frente, preparando o caminho. Fortalece-me para enfrentar os desafios sem medo e desânimo, confiando em tua fidelidade. Em nome de Jesus, amém.

anotações

CERTEZA DA BONDADE

Apesar disso, esta certeza eu tenho:
viverei até ver a bondade do Senhor na terra.
SALMOS 27.13

@devocional.palavrasdesabedoria | @marcelotoschi

Ter certeza significa não ter dúvidas. No entanto, usamos essa palavra como força de expressão, sem a convicção verdadeira que ela representa. Quando Davi diz que tem certeza, ele não está tentando convencer a si ou aos outros, ele está expressando uma profunda convicção sobre Deus, baseada em sua própria caminhada com ele.

Davi desenvolveu uma intimidade com o Senhor desde a sua juventude. Ele não se contentou em ouvir sobre Deus através de seu pai ou de outras pessoas, mas buscou experiências pessoais, mergulhando em um relacionamento profundo com o Eterno. Ao fazer isso, ele viu a bondade e o cuidado divinos em sua vida, desde o início, e isso fortaleceu sua fé. Sua certeza não era teórica; nascia de uma experiência diária e real com seu criador.

Quando Davi diz: “Viverei até ver a bondade do Senhor na terra”, não está apenas falando de uma expectativa para si mesmo, mas desejando que a bondade de Deus se manifeste ao seu redor, impactando o ambiente onde vive. Se você adotar essa mesma certeza e aplicá-la em sua vida, começará a testemunhar essa benignidade em diferentes áreas: provisão, milagres e transformação.

Davi vivenciou grandes feitos divinos porque tinha plena confiança de que o Senhor estava com ele e de que sua bondade o cercava. Tenha também essa certeza: Deus é bom! Mergulhe em um relacionamento profundo com ele e você verá sua bondade se manifestando e influenciando tudo ao seu redor.

Senhor, dá-me a mesma certeza que Davi tinha da tua bondade, e ajuda-me a viver de forma que ela se manifeste em minha vida e na vida daqueles ao meu redor. Em nome de Jesus, amém.

anotações

AMAR COMO DEUS AMA

Quem não ama não conhece a Deus,
porque Deus é amor.
1JOÃO 4.8

João, o apóstolo do amor, apresenta-nos uma verdade transformadora: Deus é amor. Essa declaração simples tem implicações enormes para nossa compreensão de sua pessoa e para a maneira como vivemos a fé. Ao afirmar isso, João não está apenas descrevendo uma característica de Deus, mas definindo a própria natureza divina. O amor não é apenas algo que ele faz ou sente, mas quem de fato é. Cada ação e aspecto do caráter do Eterno é uma expressão de seu infinito amor. Essa verdade deve moldar nossa compreensão de toda a narrativa bíblica, desde a Criação até a Redenção.

O versículo também estabelece uma conexão direta entre amar e conhecer a Deus. Conhecê-lo verdadeiramente vai além do conhecimento teológico; envolve experimentar e refletir seu amor. Aqueles que não amam demonstram que não o conhecem realmente, pois não estão em sintonia com sua natureza essencial. Jesus, como a encarnação do amor do Pai, mostrou-nos como esse amor se parece na prática. Sua vida foi uma demonstração constante de compaixão, perdão, sacrifício e graça.

O chamado para amar como Deus ama é, sem dúvida, desafiador. Requer que superemos egoísmo, incertezas e medos. No entanto, é um chamado que traz consigo a promessa de uma vida mais plena e significativa. Quanto mais amamos, mais nos aproximamos do Senhor e mais experimentamos a alegria e a paz que vêm do coração do Pai. Assim, abrace o chamado de andar em amor, pois é nele que encontramos o verdadeiro significado de nossa existência e a expressão mais pura de nossa fé.

Pai amado, obrigado por tua natureza de amor e porque me chamas a vivê-la. Ajuda-me a amar como tu amas. Que minha vida seja um reflexo do teu amor para aqueles ao meu redor. Em nome de Jesus, amém.

anotações

SEGURANÇA EM DEUS

O SENHOR firma os passos de um homem, quando a conduta deste lhe agrada; ainda que tropece, não cairá, pois o SENHOR o sustenta pela mão.

SALMOS 37.23-24

@devocional.palavrasdesabedoria | @marcelotoschi

Em dias quando as pessoas são tão expostas às redes sociais, é natural desejar sermos vistos e reconhecidos. Contudo, as críticas e comentários negativos das mesmas redes também podem nos ferir. Isso não é diferente no trabalho, nos estudos ou em outras áreas da vida. Lembro-me de enfrentar descontentamentos e críticas no início do meu ministério, o que geravam incertezas. No entanto, minha motivação sempre foi agradar ao Senhor, e isso me dava força para seguir adiante. Nesse contexto, o salmo 37 se tornou um grande conselheiro e fonte de conforto para mim.

Talvez hoje você esteja se sentindo assim — desanimado por uma crítica ou pela rejeição diante de algo que fez com tanto esforço e dedicação. Minha palavra para você é: não desista! Deus está firmando seus passos. Mesmo que tropecemos, não cairemos, pois ele nos segura com sua firme e doce mão.

O filho obediente sempre crescerá e prosperará. Quando abraçamos os princípios da palavra de Deus e vivemos em integridade, amor e esperança, mesmo que enfrentemos tropeços, não ficaremos prostrados. Que hoje a sua tristeza se transforme em confiança, não por palavras de aprovação de outros, mas pela certeza de que Deus escolheu segurar sua mão. Tome a decisão de dar o seu melhor neste dia, confiando que o Senhor está contigo e não o deixará prostrado.

Senhor, ajuda-me a confiar em ti, mesmo diante das críticas que receber. Que meus passos sejam firmados em Cristo, e que eu busque agradar teu coração, sem jamais desistir. Em nome de Jesus, amém.

anotações

COISAS GRANDIOSAS

Não tenha medo, ó terra; regozije-se e alegre-se.
O SENHOR tem feito coisas grandiosas!
JOEL 2.21

@devocional.palavrasdesabedoria | @marcelotoschi

Como é maravilhoso saber que Deus tem grandes coisas preparadas para nós! Esse versículo nos encoraja a prosseguir e não desistir diante dos desafios. Muitas vezes, falamos sobre a importância de não temer e isso pode até parecer repetitivo, mas é algo que precisamos ouvir constantemente. A própria palavra de Deus aborda repetidas vezes o tema do medo, pois o Senhor sabe que, diante das incertezas e do futuro desconhecido que se apresenta diante de nós, é humanamente comum nos sentirmos inseguros.

Contudo, Deus nos chama a não ter medo! Ele conhece nossos desafios e já está presente em cada um deles. Quando percebemos a grandiosidade do que Deus tem para realizar, mas insistimos em observar nossas circunstâncias atuais, nosso coração pode ficar temeroso, mas a mensagem do Senhor é clara: não desista e não tema! Ele é fiel para nos sustentar e nos ajudar a atravessar cada dificuldade.

Além disso, o Senhor nos convida a nos alegrarmos. Não importa o que enfrentamos, nossa alegria não deve depender das circunstâncias, mas da confiança no Deus que faz coisas grandiosas. Jesus nos prometeu uma paz que excede todo entendimento, e essa paz permite que nos alegremos mesmo quando tudo parece difícil. Nossa alegria está firmada no caráter fiel e amoroso do Pai, e não em nossas situações. Portanto, não espere um sentimento para celebrar; alegre-se hoje, seja grato, pois o Senhor tem feito coisas maravilhosas e fará ainda mais!

Senhor, ajuda-me a não temer diante dos desafios e a confiar em tuas promessas. Que eu me alegre sempre em Cristo, confiante das grandes coisas que viverei nele. Em nome de Jesus, amém.

anotações

RENOVAÇÃO DIÁRIA

Por isso não desanimamos. Pelo contrário, mesmo que o nosso ser exterior se desgaste, o nosso ser interior se renova dia a dia.

2CORÍNTIOS 4.16, NAA

Em nossa jornada pela vida, enfrentamos desafios que podem desgastar nosso corpo e mente. As preocupações do dia a dia e as responsabilidades e as lutas que enfrentamos podem nos deixar exaustos. No entanto, o apóstolo Paulo nos lembra de uma verdade preciosa: embora nosso ser exterior se desgaste, há uma renovação constante acontecendo em nosso interior.

Essa renovação não é algo que fazemos por conta própria; trata-se de um trabalho divino em nós. Quando nos voltamos para Deus, buscando sua presença e sua Palavra, ele nos fortalece por dentro. É como uma fonte inesgotável de água viva que flui continuamente, refrescando nossa alma e limpando as lentes de nossa perspectiva de vida.

Pense por um momento: quantas vezes você se sentiu cansado, desanimado, pronto para desistir, mas então experimentou um toque de Deus que renovou suas forças? Talvez tenha sido através de uma palavra de encorajamento, um momento de oração, ou simplesmente a paz que vem ao descansar em sua presença. Essa renovação diária é um lembrete constante do amor e da graça divinos. Ele não nos abandona em nossos momentos de fraqueza.

Hoje, não importa o que esteja enfrentando, lembre-se: você tem acesso à fonte de renovação. Não desanime diante dos desafios; antes, volte seu coração para Deus. Permita que ele renove sua mente, fortaleça seu espírito e o encha de esperança. Cada dia é uma oportunidade para experimentar a bondade divina.

Pai Celestial, obrigado por tua promessa de renovação diária. Ajuda-me a não focar apenas no desgaste exterior, mas a buscar constantemente a renovação que vem de ti. Em nome de Jesus, amém.

anotações

....

....

....

OLHANDO ALÉM DO VISÍVEL

Porque a nossa leve e momentânea tribulação produz para nós um eterno peso de glória, acima de toda comparação, na medida em que não olhamos para as coisas que se veem, mas para as que não se veem. Porque as coisas que se veem são temporais, mas as que não se veem são eternas.

2CORÍNTIOS 4.17-18, NAA

Na jornada da fé, frequentemente nos deparamos com desafios que parecem insuperáveis. Problemas de saúde, dificuldades financeiras, relacionamentos conturbados e tribulações que pesam sobre os ombros. No entanto, o apóstolo Paulo nos convida a olhar além do visível, tangível e imediato. Ele nos desafia a ver nossas tribulações como "leves e momentâneas" quando comparadas à glória eterna que nos aguarda. Não se trata de uma negação do sofrimento que experimentamos, mas de um chamado para elevar nossos olhos à Eternidade.

Imagine que você está escalando uma montanha. O caminho é íngreme, suas pernas doem, o ar fica mais pesado a cada passo. Se você mantiver os olhos fixos apenas nas pedras sob seus pés, poderá se sentir desanimado e tentado a desistir. Mas se você levantar os olhos e vislumbrar o pico majestoso à sua frente, encontrará uma nova motivação para continuar. Da mesma forma, quando enfrentamos tribulações, temos uma escolha. Podemos focar apenas nas dificuldades imediatas ou podemos, pela fé, fixar os olhos nas realidades eternas que Deus promete. Essa mudança de foco não remove as lutas e o caminho íngreme sob nossos pés, mas nos dá uma nova perspectiva, permitindo-nos ver como Deus usa até mesmo as dificuldades para produzir algo glorioso e eterno em nós.

Hoje, em meio às suas lutas, permita-se olhar além. Busque a presença de Deus e peça-lhe que amplie sua visão. Deixe que a promessa de uma glória eterna renove sua esperança e fortaleça sua determinação. Lembre-se: o que você está passando agora está produzindo algo de valor inestimável e eterno.

Pai, obrigado por me lembrares que minhas tribulações são temporárias, mas que produzem uma glória eterna. Ajuda-me a manter meus olhos fixos em ti e nas realidades eternas, mesmo quando as circunstâncias ao meu redor parecem avassaladoras. Em nome de Jesus, amém.

anotações

SEGREDOS DE DEUS

O Senhor me contou e eu fiquei sabendo; tu me mostraste o que eles estavam planejando.

JEREMIAS 11.18, NAA

@devocional.palavrasdesabedoria | @marcelotoschi

Gosto muito do profeta Jeremias. Ele foi chamado por Deus antes mesmo de nascer para ser um profeta para as nações (cf. Jeremias 1.5). Jeremias tentou argumentar com Deus, alegando que não sabia falar, mas o Senhor respondeu que colocaria as palavras em sua boca. Que tremenda verdade! Deus não só escolheu Jeremias, mas também o capacitou a fazer aquilo para o qual o chamou.

Em Jeremias 11.18, o profeta diz: "o Senhor me contou". Isso nos mostra a profundidade do relacionamento que ele tinha com o Eterno. Deus não apenas falou com Jeremias, mas compartilhou coisas ocultas, segredos. Da mesma forma, o Senhor deseja ter esse tipo de relacionamento conosco, onde nos conta seus planos e nos guia através de sua voz. "Eu fiquei sabendo". Essas palavras me lembram o que Jesus disse aos discípulos: "Eu já não os chamo servos, porque o servo não sabe o que o seu senhor faz; em vez disso, eu os tenho chamado amigos, porque tudo o que ouvi de meu Pai eu lhes tornei conhecido" (João 15.15). Jesus nos chama de amigos e compartilha seus planos conosco.

"Tu me mostraste". Deus não age de forma oculta para com os seus servos. Amós 3.7 nos diz que "certamente o Senhor Soberano não faz coisa alguma sem revelar o seu plano aos seus servos, os profetas". Deus sempre quis revelar seus planos aos que o buscam, aos que têm um coração disposto a ouvir. Assim também, ele deseja nos revelar seus segredos, compartilhar suas intenções e nos guiar em cada passo da nossa jornada. Isso, porém, é fruto de intimidade com ele.

Portanto, busque desenvolver um relacionamento mais íntimo com o Pai, em que ouça a sua voz e conheça seus segredos.

Senhor, obrigado por desejares um relacionamento de intimidade comigo. Ajuda-me a buscar a tua presença todos os dias, a ouvir a tua voz e a conhecer os teus segredos. Em nome de Jesus, amém.

anotações

CAMINHO CERTO

24 OUT

Eu ouvi o Senhor dizendo: "Eu estarei próximo de você, instruindo-o e guiando-o por todo o caminho da sua vida. Eu te aconselharei pelo caminho e o levarei adiante com os meus olhos como guias".

SALMOS 32.8, NVP

@devocional.palavrasdesabedoria | @marcelotoschi

O pecado nos afasta de Deus, gerando culpa e vergonha que destroem a intimidade com ele. Foi assim com Adão no Jardim do Éden, quando, após pecar, escondeu-se e teve seu relacionamento com o Criador quebrado. Como Isaías declara, "suas maldades separaram vocês do seu Deus; os seus pecados esconderam de vocês o rosto dele, e por isso ele não os ouvirá". O pecado cria um abismo entre nós e o Senhor.

No entanto, o salmo 32 nos ensina uma poderosa lição por meio da vida de Davi. Após cometer pecado com Bate-Seba e tentar esconder seu erro, Davi foi confrontado. Mas Deus, em sua graça e misericórdia, confrontou-o não para condená-lo, mas para levá-lo ao arrependimento e à transformação. Quando Davi se humilhou e confessou seu pecado, encontrou perdão e restauração. Isso nos mostra que, mesmo quando erramos, Deus está disposto a nos dar uma nova chance, desde que estejamos dispostos a nos arrepender sinceramente e buscar sua face.

E, então, Deus promete a quem se arrepende: "Eu estarei próximo de você". Que promessa maravilhosa! Após confessarmos nossos pecados e nos arrependermos, ele se aproxima de nós para nos instruir, guiar e aconselhar. O Pai deseja nos guiar, conduzindo-nos com sua graça e sabedoria. Talvez você tenha se sentido preso, sem conseguir avançar em algumas áreas da vida. Pode ser que a chave para a libertação seja confessar e se render a Deus, permitindo que ele se aproxime e o guie pelo caminho certo.

Senhor, reconheço que o pecado me afasta de ti, por isso ajuda-me a confessar e abandonar tudo o que entristece o teu coração. Quero sentir a tua proximidade, ser guiado por teus olhos e viver de acordo com a tua vontade. Obrigado pelo teu amor e por sempre me buscares para restauração. Em nome de Jesus, amém.

anotações

A FÉ QUE VENCE O MUNDO

Todo aquele que é nascido de Deus vence o mundo.
E esta é a vitória que vence o mundo: a nossa fé.

1JOÃO 5.4

@devocional.palavrasdesabedoria | @marcelotoschi

O apóstolo do amor, João, lembra-nos de que nossa posição como filhos de Deus nos coloca em uma situação de vitória sobre o mundo. A expressão "nascido de Deus" refere-se à nova natureza em Cristo. Através da fé em Jesus, somos regenerados espiritualmente, tornando-nos participantes da natureza divina, um dom gratuito de Deus.

A vitória não é uma conquista parcial, mas uma realidade constante e perfeita. O verbo "vence"[1] no original grego está no tempo presente, indicando uma ação contínua. Isso significa que nossa vitória sobre o mundo não é um evento único, mas um estado permanente. O "mundo"[2] não diz respeito ao planeta ou à criação de Deus, mas ao sistema de valores, pensamentos e comportamentos que se opõem a Deus.

A chave para essa vitória é a nossa fé em Jesus Cristo como o Filho de Deus. Essa fé nos conecta à fonte da vida eterna e nos capacita a superar as tentações, os desafios e as pressões do mundo. Nossa identidade como filhos de Deus e a realidade de nossa vitória em Cristo são fundamentais para a jornada de fé, pois transforma a maneira como enfrentamos os desafios diários, as tentações e as influências do mundo ao nosso redor.

Ao abraçarmos plenamente essa verdade, experimentamos uma confiança renovada e uma perspectiva transformada. Nossa fé em Jesus se torna não apenas um conjunto de crenças, mas uma força viva que nos permite superar as pressões e valores do mundo. Assim, viva sob a luz dessa verdade, reconhecendo sua identidade em Cristo e a vitória que já é sua através da fé. Seja um testemunho vivo do poder transformador de Cristo, inspirando outros a confiarem nele e a experimentarem a mesma vitória sobre o mundo.

Pai, agradeço por me fazeres teu filho e pela vitória em Cristo. Ajuda-me a viver essa verdade diariamente, confiando em ti. Em nome de Jesus, amém.

---

[1] STRONG, James. *Léxico Hebraico, Aramaico e Grego de Strong*. 2. ed. Barueri: Sociedade Bíblica do Brasil, 2002.

[2] Ibid.

anotações

Por isso não tema, pois estou com você; não tenha medo, pois sou o seu Deus. Eu o fortalecerei e o ajudarei; eu o segurarei com a minha mão direita vitoriosa.

ISAÍAS 41.10

A Bíblia, por diversas vezes, repete a frase “não temas”. Vemos, por exemplo, Deus encorajando Josué a ser forte e corajoso, garantindo que estaria com ele por onde quer que fosse (cf. Josué 1.9). Em Ageu 2.4, o Senhor anima Zorobabel e o povo a serem fortes, lembrando-lhes de que está com eles. Essas palavras mostram que o medo é algo inerente ao ser humano. É natural que, em certas situações, sintamos medo, mas o sobrenatural é nos lançarmos confiadamente ao cuidado divino, mesmo quando estamos atemorizados.

O segredo para vencer o medo está em saber quem é Deus. Em Isaías 41.10, ele próprio nos diz: “não tenha medo, pois sou o seu Deus”. Ele é quem nos fortalece nos dias difíceis; ele é quem nos ajuda em meio às aflições; ele é quem nos segura com a sua mão direita vitoriosa quando estamos prestes a cair. Isso significa que, por mais que enfrentemos situações de incerteza e dificuldade, o Senhor está ao nosso lado.

Não sei qual adversidade você está enfrentando hoje. Pode ser uma crise financeira, dificuldades no trabalho, problemas familiares ou um diagnóstico médico preocupante. Seja qual for o desafio, o Senhor o convida a não temer e a confiar plenamente em sua graça e amor. O medo pode ser natural, mas a confiança em Deus é sobrenatural. Ele não apenas promete estar ao nosso lado, mas também nos garante que sua mão poderosa estará sempre estendida para nos erguer. Portanto, não tenha medo, lance-se em confiança, pois ele é o seu ajudador, que o sustenta, conduz e dá a vitória, guiando seus passos.

Senhor, ajuda-me a não temer, pois sei que estás comigo.
Que eu confie em tua graça e amor em todos os momentos,
especialmente em dias de aflição. Em nome de Jesus, amém.

anotações

ANDAR COMO ELE ANDOU

Aquele que afirma que permanece nele,
deve andar como ele andou.

1JOÃO 2.6

@devocional.palavrasdesabedoria | @marcelotoschi

Você já deve ter ouvido a expressão: "o que você está fazendo grita tão alto que eu não consigo ouvir o que está dizendo". 1João 2.6 se refere exatamente a isso. De nada adianta dizermos que permanecemos em Cristo se nossas ações não refletem o modo como ele viveu. Não é suficiente apenas afirmar que somos seguidores de Jesus; nossas atitudes devem demonstrar essa verdade.

O capítulo 2 de 1João é um convite à obediência e ao amor. João nos exorta a seguirmos os mandamentos do Senhor e vivermos em amor. Ele explica que aqueles que dizem conhecer a Deus, mas não obedecem aos seus mandamentos, estão se enganando. O versículo 6 vem como uma síntese poderosa: se dizemos que permanecemos em Cristo, então nossa vida precisa refletir o caráter de Jesus. Precisamos viver de forma coerente, imitando o exemplo que ele nos deixou. Jesus andou em amor, em obediência ao Pai, em compaixão e em justiça. Ele não apenas falou sobre o amor, ele o demonstrou em cada ação. Jesus nos ensinou que "quem me ama obedece aos meus mandamentos" (João 14.15). O verdadeiro discípulo é aquele que busca viver como Cristo viveu, que se esforça para amar, perdoar, servir e obedecer, assim como ele fez.

Faça uma análise da sua caminhada. Quais áreas da sua vida ainda não refletem a Cristo? Quais atitudes precisam ser ajustadas para que as pessoas ao seu redor vejam Jesus em você? Lembre-se de que não é suficiente dizer que somos cristãos; precisamos andar como ele andou, para que o mundo veja a luz de Cristo através de nós.

Senhor, ajuda-me a andar como Jesus andou. Que minhas atitudes e palavras sejam coerentes com o que eu digo acreditar. Mostra-me as áreas da minha vida que precisam mudar, e dá-me forças para obedecer aos teus mandamentos e refletir o teu amor ao mundo. Em nome de Jesus, amém.

anotações

SERVINDO A CRISTO EM TUDO

28 OUT

Tudo o que fizerem, façam de todo o coração, como para o Senhor, não para os homens, sabendo que receberão do Senhor a recompensa da herança, pois é a Cristo, o Senhor, a quem vocês servem.

COLOSSENSES 3.23-24

@devocional.palavrasdesabedoria | @marcelotoschi

Enquanto somos estimulados pelo mundo a fazer apenas o mínimo necessário, as palavras do apóstolo Paulo nos desafiam a uma vida de excelência. Devemos ver cada tarefa e responsabilidade como uma oportunidade de adoração e serviço a Deus. O versículo começa dizendo que não há distinção entre tarefas sagradas e seculares para quem reconhece Jesus como Senhor e Salvador. Seja lavando pratos, cuidando de crianças, trabalhando em um escritório ou pregando em uma igreja, todas as nossas ações podem e devem ser feitas "como para o Senhor".

Mas o que significa fazer algo "de todo o coração"? Significa dedicação, entusiasmo e excelência. Não é uma questão de perfeição, mas de motivação. É dar o melhor de si, não por obrigação ou vanglória, mas por amor e devoção a Deus. A excelência o honra e inspira as pessoas. Assim, Paulo nos lembra de que, em última análise, não estamos trabalhando para chefes terrenos ou para ganhar aplausos humanos. Nossa verdadeira audiência é o Senhor, e isso muda completamente nossa perspectiva sobre o trabalho e as tarefas diárias. Além disso, somos lembrados de que há uma recompensa eterna esperando por aqueles que servem fielmente.

A frase final coloca tudo em perspectiva. Não importa qual seja nossa ocupação terrena, nossa verdadeira vocação é servir a Cristo. Isso eleva o significado de tudo o que fazemos. Imagine como seria se vivêssemos cada dia com essa mentalidade: o jovem que estuda para honrar a Deus com suas notas; o empregado que trabalha para glorificar o Senhor com sua ética; o pai ou mãe que cuida da família para adorar ao Pai Celestial; isso elimina a falsa dicotomia entre o sagrado e o secular, permitindo-nos experimentar a presença de Deus em cada aspecto de nossa vida.

Senhor, ajuda-me a servir-te de todo o coração, a fim de que minhas atitudes sejam uma expressão de devoção a ti. Em nome de Jesus, amém.

anotações

AMOR INABALÁVEL

Quando ele vir os seus filhos, a obra das minhas mãos, no meio deles, proclamará o meu santo nome; reconhecerá a santidade do Santo de Jacó [...].

ISAÍAS 29.23

Quando observamos o contexto de Isaías 29, percebemos como, muitas vezes, o povo de Deus se desviava, permitindo que seus corações esfriassem e se afastassem do Pai. Isso geralmente acontece quando não desenvolvemos um relacionamento profundo com ele, falhando em reconhecer nossa identidade de filhos amados.

Quanto mais nos aproximamos de Deus, mais experimentamos a manifestação de sua presença e santidade. Ele não deseja que passemos por tempos de esfriamento, mas é confortante saber que, mesmo quando nos afastamos, o amor dele permanece inabalável e ele não desiste de nós. Seu amor é tão profundo que ele sempre nos busca, nos chama de volta e nos recebe com braços abertos, independentemente de quão longe fomos. Ele é um Pai amoroso que se importa com cada detalhe de nossa vida e está sempre pronto a nos ouvir e ajudar, mesmo quando pensamos que não somos dignos de sua atenção — o que, de fato, procede.

Talvez você sinta que seu coração está mais distante de Deus ou talvez esteja orando por alguém que se encontra nessa situação. A Palavra nos assegura de que somos obra das mãos do Senhor e que ele deseja que reconheçamos sua santidade, seu favor e sua paternid.ade. Deus nunca desiste de nós. Reconheça a santidade do Senhor e busque viver em intimidade e comunhão com ele hoje, confiando que sempre estará disposto a nos restaurar e renovar nossa fé.

Senhor, ajuda-me a reconhecer tua santidade e paternidade. Que meu coração esteja sempre próximo de ti e que eu nunca me esqueça do teu amor inabalável. Em nome de Jesus, amém.

anotações

DEUS É MINHA FORÇA E SALVAÇÃO

30 OUT

Deus é a minha salvação; terei confiança e não temerei. O SENHOR, sim, o SENHOR é a minha força e o meu cântico; ele é a minha salvação.

ISAÍAS 12.2

@devocional.palavrasdesabedoria | @marcelotoschi

Quando enfrentamos momentos difíceis, é essencial lembrar que nossa salvação não vem de habilidades pessoais ou circunstâncias. A verdadeira salvação vem de Deus. Ele nos resgata, concede-nos propósito e nos oferece esperança. Podemos descansar no fato de que Deus está sempre presente para nos ajudar.

Talvez você esteja enfrentando uma semana cheia de desafios. Mesmo assim, somos chamados a confiar em Deus. Essa confiança não é baseada nas circunstâncias, mas no caráter divino, que é fiel e digno de confiança. Quando decidimos confiar no Senhor, encontramos uma paz que excede o entendimento. Essa confiança também nos permite declarar: não temerei! O medo é um sentimento comum, especialmente quando nos deparamos com o desconhecido ou com situações fora do nosso controle. Mas Isaías nos lembra de que, como Deus é nossa salvação, podemos escolher não temer. Ele está conosco e sua presença amorosa afasta o medo.

Isaías enfatiza que é o próprio Senhor quem nos sustenta. Ele não delega nosso cuidado a outros. O próprio Deus, o Criador do Universo, é quem nos fortalece e salva. Isso deve nos trazer grande conforto, pois não estamos nas mãos de alguém incapaz, mas nas mãos do Todo-Poderoso. E Deus não apenas nos fortalece, como também se torna nosso cântico e alegria. Mesmo em tempos difíceis, ele nos dá motivos para cantar. Quando tudo parece sombrio, o Senhor é aquele que traz luz e esperança. Ele é nossa força em momentos de fraqueza e a razão do nosso louvor em tempos de celebração.

Hoje, lembre-se de que Deus é sua força, salvação e cântico. Não importa quão difícil esteja sendo seu dia ou semana, confie no Senhor. Levante a cabeça e tenha ânimo, pois ele o acompanha.

Senhor, obrigado porque tu és a minha salvação, força e cântico. Ajuda-me a confiar em ti em todos os momentos, especialmente quando as dificuldades parecem grandes demais. Em nome de Jesus, amém.

anotações

AMOR EM AÇÃO

"Se vocês me amam, obedecerão aos meus mandamentos".

JOÃO 14.15

@devocional.palavrasdesabedoria | @marcelotoschi

Nesse versículo, Jesus estabelece uma conexão profunda e inseparável entre amor e obediência. Suas palavras nos convidam a refletir sobre a natureza do nosso relacionamento com ele e a autenticidade de nosso amor. O amor a que Jesus se refere não é um sentimento superficial ou uma emoção passageira. É um amor profundo, comprometido e transformador. Isto é, não se trata de uma declaração verbal, mas de uma realidade que se manifesta em ações concretas: em obediência.

Assim, a obediência não é uma conformidade relutante ou um cumprimento legalista de regras. Pelo contrário, é uma resposta alegre e voluntária que brota de um coração transformado pelo amor de Deus. Quando realmente amamos a Jesus, seus mandamentos não são um fardo, mas um caminho para uma vida plena e significativa. Entendemos, portanto, que o cristianismo não é essencialmente apenas uma filosofia ou religião, mas um relacionamento vivo com Jesus Cristo, pautado em amor.

Além disso, a obediência aos mandamentos de Jesus é um testemunho poderoso para o mundo, demonstrando a realidade de nossa fé e a transformação que o Evangelho opera em nossa vida. Através de nossa obediência, tornamo-nos "cartas vivas", como Paulo menciona em 2Coríntios 3.2-3. É importante notar que essa obediência não é a fonte de nossa salvação, mas o fruto dela. Não obedecemos para ganhar o amor de Deus, mas porque já fomos amados por ele. É o Espírito Santo quem derrama o amor de Deus em nosso coração (Romanos 5.5) e nos capacita a viver em obediência aos mandamentos de Cristo.

Senhor, ajuda-me a te amar verdadeiramente, não apenas com palavras, mas com ações. Que minha obediência seja uma expressão sincera do amor que tenho por Cristo. Em nome de Jesus, amém.

anotações

“

A igreja é um lugar extraordinário para desenvolver relacionamentos que nos encorajam e nos tornam melhores. Muitas pessoas escolhem, de forma errada, viver isoladas, mas Deus não nos chamou para isso.”

NOVEMBRO

1º NOV

CORAGEM PARA AVANÇAR

Quando vocês forem à guerra contra os seus inimigos e virem cavalos e carros e um exército maior do que o seu, não tenham medo, pois o SENHOR, o seu Deus, que os tirou do Egito, estará com vocês.

DEUTERONÔMIO 20.1

@devocional.palavrasdesabedoria | @marcelotoschi

Uma mensagem que tenho apresentado nas páginas deste devocional é que todos os dias enfrentamos batalhas e, se desejamos crescer, precisamos estar preparados para elas, pois não há vitória sem luta. Muitas vezes, esses desafios parecem maiores do que podemos suportar. O Inimigo se levanta contra nós e podemos nos sentir amedrontados e paralisados. Nesses momentos, é natural sentir fraqueza e pensar em desistir, mas precisamos lembrar que não estamos sozinhos nessa jornada. Deus está ao nosso lado, e é ele quem nos fortalece quando nossas forças falham. Mesmo quando tudo parece impossível, é a presença do Senhor que nos faz seguir adiante, enfrentando cada etapa com confiança renovada.

Nesse versículo de Deuteronômio, vemos o próprio Deus encorajando seu povo a não temer, dizendo que estaria com eles em cada batalha. Mais adiante, no verso 4, promete que ele mesmo lutaria por eles e lhes daria a vitória. Que promessa maravilhosa! Temos um Deus que peleja conosco, e isso nos dá a confiança necessária para avançar.

Portanto, quais desafios você está enfrentando hoje? Quais situações parecem impossíveis de vencer? Receba agora a confiança, a fé e a coragem para avançar, sabendo que o Senhor é quem está lutando por você.

Senhor, obrigado porque lutas as minhas batalhas. Ajuda-me a confiar em ti e a avançar com coragem, sabendo que não estou sozinho. Fortalece minha fé e me guia em cada desafio. Em nome de Jesus, amém.

anotações

"Coragem, Zorobabel", declara o SENHOR. "Coragem, sumo sacerdote Josué, filho de Jeozadaque. Coragem! Ao trabalho, ó povo da terra!", declara o SENHOR. "Porque eu estou com vocês", declara o SENHOR dos Exércitos.

AGEU 2.4

@devocional.palavrasdesabedoria | @marcelotoschi

Nessa passagem, Deus traz uma mensagem de ânimo e fortalecimento. Por três vezes, ele diz "coragem", encorajando o povo a ser firme e persistente. O Senhor os motiva a prevalecer e nós, hoje, também somos chamados a fazer o mesmo. A coragem e a ousadia que precisamos vêm do Espírito Santo, e a graça de Deus é derramada sobre nós para que possamos seguir em frente, mesmo diante dos desafios.

Se você tem se sentido fraco, lembre-se do que diz Joel 3.10: "Que o fraco diga: 'Eu sou forte'". Deus nos chama a declarar força sobre nós mesmos, confiando que é ele quem nos sustenta. A coragem, porém, não é suficiente por si só. Precisamos também nos dedicar ao trabalho que ele colocou diante de nós. "Ao trabalho!", diz o Senhor. Não é tempo de ficar parado ou de desistir; é tempo de levantar-se e continuar.

O que Deus lhe deu para fazer? Quais projetos ou sonhos estão parados? Talvez, com o fim do ano se aproximando, você tenha pensado em deixar algumas metas para depois, mas o chamado é para que você persista e finalize o que ele lhe confiou.

A parte mais inspiradora desse verso é a promessa que nos motiva a ter coragem e disposição: "Eu estou com vocês", declara o Senhor. Sua presença é nossa maior garantia. Ele vai à nossa frente, abrindo e preparando o caminho. Então, tenha coragem e continue trabalhando, pois o Senhor o acompanhará a cada passo.

Senhor, dá-me coragem para enfrentar os desafios e perseverança para continuar o trabalho que colocaste em minhas mãos. Que eu não me esqueça que estás sempre comigo, fortalecendo-me e guiando-me. Em nome de Jesus, amém.

anotações

EXCELÊNCIA E DEDICAÇÃO

O preguiçoso muito quer e nada alcança, mas os que trabalham com dedicação prosperam.

PROVÉRBIOS 13.4, NVT

@devocional.palavrasdesabedoria | @marcelotoschi

Você conhece alguém que vive sonhando com um futuro ideal? Talvez você mesmo seja um grande sonhador, imaginando um futuro cheio de realizações. Mas eu pergunto: onde seus sonhos já o levaram? Quais projetos você já tirou do papel? Muitas vezes, sonhamos muito, mas fazemos pouco para transformar esses sonhos em realidade. Isso acontece porque sonhar é fácil, mas agir exige esforço e compromisso.

A Bíblia nos ensina que a prosperidade não é alcançada apenas com sonhos, mas através do trabalho dedicado. Sonhar é importante, pois, sem sonhos, não temos direção; mas apenas sonhar não basta. É preciso ação e, mais do que isso, dedicação e perseverança. A prosperidade vem para aqueles que se empenham e se esforçam, mesmo quando as circunstâncias são desafiadoras.

Talvez seja hora de mudar sua mentalidade. Aproveite este momento de reflexão para transformar seus sonhos em ações dedicadas. Não basta apenas tentar; é necessário persistir e fazer o melhor em cada oportunidade. Pessoas que alcançaram o sucesso muitas vezes não conseguiram de primeira, mas permaneceram firmes, trabalhando e se dedicando, mesmo quando tudo parecia difícil.

Declare para si mesmo que você não é preguiçoso, mas alguém que ama o trabalho e está disposto a se dedicar. Quando acordar para ir à faculdade, ao trabalho ou à escola, faça isso com uma atitude positiva. Abandone a preguiça e abrace o trabalho com excelência e dedicação, pois é essa atitude que abre as portas para a prosperidade prometida por Deus.

Senhor, ajuda-me a abandonar a preguiça e a me dedicar ao trabalho que colocaste em minhas mãos. Que eu transforme meus sonhos em ações e realize tudo com excelência, confiando em tuas promessas. Em nome de Jesus, amém.

anotações

LIBERDADE EM CRISTO

04 NOV

Ora, o Senhor é o Espírito e onde está
o Espírito do Senhor há liberdade.

2CORÍNTIOS 3.17

@devocional.palavrasdesabedoria | @marcelotoschi

Fico animado ao ler uma palavra como essa, que nos lembra que o Espírito de Deus nos concede verdadeira liberdade para crescer, prosperar, amar e servir. Essa liberdade é um privilégio e uma oportunidade que nos é dada. Muitas pessoas vivem uma religiosidade aprisionante, marcada por regras e proibições, mas o que o Espírito nos oferece é muito mais do que isso. Se a sua fé é apenas um conjunto de restrições, talvez seja hora de reconsiderar o que crê. Nós, como cristãos, devemos ser reconhecidos não pelo que proibimos, mas pelo amor e alegria que demonstramos. Devemos ser conhecidos como aqueles que celebram a Jesus.

A liberdade que o Espírito Santo nos dá é uma marca poderosa. No entanto, isso não significa que podemos fazer tudo o que quisermos de maneira irresponsável. Como discípulos de Jesus, nossa liberdade é usada para dizer "não" ao que não agrada a Deus e para viver plenamente tudo o que ele tem para nós. Essa liberdade nos permite viver de maneira exponencial, sem precisarmos das coisas passageiras do mundo para encontrar satisfação.

Enquanto muitos buscam alegria no álcool, nas drogas, no poder ou em relacionamentos vazios, nós encontramos a verdadeira alegria que está em Jesus. A liberdade que o Espírito nos dá nos preenche de tal forma que não precisamos buscar compensações nas coisas do mundo. Que hoje você viva essa liberdade poderosa que o Espírito Santo traz e experimente a alegria que só ele pode proporcionar!

Senhor, obrigado pela liberdade que o teu Espírito me concede. Ajuda-me a vivê-la de maneira responsável e a encontrar em ti a verdadeira alegria. Que eu reflita o teu amor e celebre a tua presença todos os dias. Em nome de Jesus, amém.

anotações

ATRAVESSANDO AS ÁGUAS COM DEUS

Quando você atravessar as águas, eu estarei com você; e, quando você atravessar os rios, eles não o encobrirão [...].

ISAÍAS 43.2

@devocional.palavrasdesabedoria | @marcelotoschi

Deus nos faz promessas maravilhosas, oferecendo conforto e segurança em tempos de dificuldade. A linguagem usada nesse versículo é rica em simbolismo e significado, pintando uma imagem vívida da presença constante de Deus em nossa vida, especialmente durante momentos desafiadores.

Na Bíblia, as muitas águas podem simbolizar adversidade, perigo ou tribulação. Rios e águas profundas podem representar situações que ameaçam nos sobrecarregar ou arrastar. No entanto, a promessa de Deus é clara: ele estará conosco mesmo nas águas mais turbulentas da vida. Assim, é importante notar que ele não promete que não haverá águas para atravessar ou rios para cruzar. As dificuldades e os desafios são parte da jornada da vida. O que o Senhor promete, no entanto, é sua presença e proteção durante essas travessias.

O trecho "eu estarei com você" ecoa o nome de Jesus, Emanuel, que significa "Deus conosco". É um lembrete de que não enfrentamos nossas lutas sozinhos. O Criador, o Deus Todo-Poderoso, promete estar ao nosso lado em cada passo do caminho. A segunda parte do versículo, "eles não o encobrirão", garante-nos que, mesmo quando passarmos por águas profundas, não seremos submersos por elas. Deus promete que as dificuldades não nos vencerão.

Essa promessa nos remete ao episódio em que Jesus acalmou a tempestade (cf. Marcos 4.35-41). Mesmo quando os discípulos temiam se afogar, o Mestre estava com eles no barco, pronto para fazer cessar a tempestade. Da mesma forma, ele está conosco em nossas "tempestades" pessoais, capacitando-nos a encontrar paz e segurança.

Senhor, obrigado por tua presença constante em meio às tempestades da vida. Ajuda-me a confiar em ti, mesmo quando as águas estiverem profundas e os desafios forem grandes. Em nome de Jesus, amém.

anotações

CONSTÂNCIA PARA AVANÇAR

Aquele que duvida é semelhante à onda do mar, levada e agitada pelo vento. Não pense tal pessoa que receberá coisa alguma do Senhor, pois tem mente dividida e é instável em tudo o que faz.

TIAGO 1.6B-8

Muitas pessoas acreditam que não estão avançando por falta de oportunidades. No entanto, o sinal está verde para todos nós. Ao olharmos para a Bíblia, vemos claramente que o desejo de Deus é que avancemos e prosperemos. O problema é que, muitas vezes, o medo nos impede de seguir em frente. Existe um medo natural que nos protege, mas há também um outro, espiritual, que quer nos aprisionar e impedir de cumprir os propósitos de Deus. Esse que paralisa e impede de fazer o que precisa ser feito não vem de Deus.

Para avançar e prosperar, é preciso constância. Aquele que frequentemente vive com receios torna-se inseguro, hesitando em tomar decisões firmes e, quando as toma, logo muda de ideia. A Bíblia nos alerta que uma pessoa inconstante tem uma mente dividida e, por isso, não recebe o novo de Deus. Essa falta de firmeza impede o crescimento e o amadurecimento, pois não permite que raízes sejam firmadas. Sem perseverança, não há avanço!

Vejo muitas pessoas dizendo que não gostam de rotina, mas é importante entender que há bênçãos na rotina. Ela nos proporciona estabilidade e nos prepara para coisas maiores. Por isso, ter disciplina e viver uma vida constante é fundamental. Jesus nos ensinou que o nosso "sim" deve ser "sim", e o nosso "não" deve ser "não". Essa firmeza e constância são essenciais para avançarmos no que Deus tem para nós.

Senhor, ajuda-me a ser constante e firme em minhas decisões. Que o medo não me paralise, mas eu avance, sabendo que teu desejo é que eu prospere. Dá-me a disciplina necessária para manter uma vida estável. Em nome de Jesus, amém.

anotações

AJUSTE O ALVO

Que o amor seja o maior alvo [...].

1CORÍNTIOS 14.1, NBV

@devocional.palavrasdesabedoria | @marcelotoschi

Qual é a sua motivação? O que faz você querer ser um cônjuge melhor, um pai ou mãe mais presente, ou um filho ou filha mais dedicada? O que move você a ser um profissional mais comprometido ou um empreendedor mais justo? O que leva você a levantar da cama todos os dias? Alguns buscam riquezas, outros anseiam por reconhecimento e aceitação, e outros mais sonham com ter milhares de seguidores nas redes sociais. No entanto, como temos aprendido, nada disso deve nos impulsionar. A verdadeira prosperidade não é um fim em si mesma; prosperamos para viver os propósitos de Deus e ser instrumentos de bênção, paz e crescimento para as pessoas ao nosso redor.

O versículo de hoje, escrito pelo apóstolo Paulo, ajuda-nos a reajustar o foco: que nosso maior alvo seja o amor — por Deus e pelo próximo. É por isso que fazemos o que fazemos. O amor nos guia, impede-nos de agir impulsivamente e nos leva a viver e expressar o que aprendemos com o Senhor.

Esse amor deve impactar todas as áreas da nossa vida: nossos relacionamentos familiares, trabalho, palavras e ações. Que hoje você ajuste sua motivação, sendo guiado pelo amor perfeito que vem da intimidade com seu Pai Celestial. Que esse seja sempre seu alvo pessoal.

Senhor, que o amor seja sempre meu maior objetivo, minhas palavras e atitudes reflitam teu coração e eu seja um canal de bênção para todos ao meu redor. Em nome de Jesus, amém.

anotações

FORÇA NOS RELACIONAMENTOS

08 NOV

Como o ferro afia o ferro, assim o homem afia o seu companheiro.

PROVÉRBIOS 27.17

@devocional.palavrasdesabedoria | @marcelotoschi

Deus nos chama para sermos transformados diariamente, para que nosso caráter se assemelhe ao de Jesus. Portanto, devemos direcionar nossos esforços para transformar-nos à imagem de Cristo, preservando a individualidade que ele nos concedeu. Cada pessoa é diferente, e essas diferenças fazem parte do plano de Deus, que nos criou de forma única para cumprir propósitos específicos. Às vezes, queremos agradar aos outros mudando quem somos, mas temos de entender que fomos feitos de modo único. Relacionamentos saudáveis surgem quando somos autênticos, aceitando tanto nossas forças quanto nossas fraquezas e permitindo que o Espírito Santo nos transforme.

A igreja é um lugar extraordinário para desenvolver relacionamentos que nos encorajam e nos tornam melhores. Muitas pessoas escolhem, de forma errada, viver isoladas, mas Deus não nos chamou para isso. Ao entregarmos nossa vida a Jesus, somos conectados ao Pai e ao corpo de Cristo — tornamo-nos parte de uma família espiritual. E, como em toda família, há desafios. Famílias têm problemas; às vezes, os irmãos discutem, e os cônjuges precisam ajustar suas expectativas. Tudo isso faz parte do crescimento.

O importante é compreender que, na família de Deus, a divisão não deve ser uma opção. Precisamos conversar, perdoar e seguir em frente. Quando nos permitimos crescer nesses momentos de confronto, é exatamente quando "o ferro afia o ferro". É assim que amadurecemos, fortalecemo-nos e nos preparamos para desafios ainda maiores. Não fuja dos relacionamentos, mesmo que algum deles tenha causado feridas em seu coração no passado.

Senhor, ajuda-me a abraçar os relacionamentos que o Senhor colocar em minha vida. Que eu aprenda a perdoar, crescer e ser transformado através do convívio com os outros. Em nome de Jesus, amém.

anotações

PALAVRA QUE TRANSFORMA

Guardei no coração a tua palavra para não pecar contra ti.

SALMOS 119.11

@devocional.palavrasdesabedoria | @marcelotoschi

Temos refletido ao longo deste ano acerca do constante bombardeio de mensagens, notícias e opiniões a que estamos expostos. Nesse contexto, o salmista nos oferece uma sabedoria atemporal: a importância de guardar a palavra de Deus no coração. Imagine seu coração como um jardim sagrado; cada pensamento e palavra que você permite entrar são sementes plantadas nesse jardim. Quando a palavra de Deus é cultivada em nosso interior, ela se torna uma semente de transformação, germinando e crescendo até mudar nossa perspectiva de vida.

Guardar a Palavra no coração vai além de simples memorização. É um ato que molda quem somos, permitindo que as promessas de Deus ecoem em momentos de dúvida, que seus conselhos guiem nossas decisões diárias, e que seu amor preencha os espaços vazios de nossa alma. Quando enfrentamos tentações, a Palavra mantida em nós se torna um escudo protetor ou um conselheiro em nosso ouvido, sussurrando-nos sabedoria em momentos críticos. Em tempos de relativismo, quando as fronteiras entre certo e errado se confundem, a Palavra armazenada se torna nossa bússola moral. Ela nos orienta com princípios vivos que se adaptam às complexidades da vida moderna.

Essa Palavra abrigada em nosso íntimo é um convite para uma jornada de intimidade com Deus. Cada versículo meditado e cada promessa abraçada nos aproximam mais do coração do Pai. É através dessa Palavra viva que descobrimos não apenas quem Deus é, mas quem somos chamados a ser. Portanto, escolha um versículo por semana e reflita sobre ele em diferentes momentos do dia, permitindo que suas verdades penetrem profundamente em seu ser. Quando enfrentar desafios ou decisões, pare e pergunte-se: “Qual verdade da palavra de Deus se aplica a esta situação?”.

Pai, planta tua Palavra profundamente em meu coração. Que ela crie raízes, cresça e transforme todo o meu ser. Guia-me com tua verdade e mantém-me próximo a ti. Em nome de Jesus, amém.

anotações

....

....

....

SUPERE A PREGUIÇA

10 NOV

O preguiçoso diz: "Lá está um leão no caminho, um leão feroz rugindo nas ruas!" Como a porta gira nas dobradiças, assim o preguiçoso se revira na cama. O preguiçoso mete a mão no prato, mas acha difícil demais levá-la à boca. O preguiçoso considera-se mais sábio do que sete homens que respondem com bom senso.

PROVÉRBIOS 26.13-16

@devocional.palavrasdesabedoria | @marcelotoschi

Esse provérbio nos revela a natureza do preguiçoso: alguém que sempre encontra desculpas para não agir, para evitar o esforço. É como se estivesse constantemente dizendo: "há um leão lá fora!", sempre criando razões para não enfrentar os desafios. O preguiçoso acredita que suas desculpas são mais inteligentes do que a ação e a dedicação de quem trabalha com perseverança.

Quantos de nós já caímos nessa armadilha? O desejo de uma vida melhor está presente, mas o esforço parece grande demais. Deus, no entanto, não nos chamou para uma vida de inércia, mas para uma vida de trabalho, dedicação e realização. É através do nosso empenho que ele nos abençoa e nos faz prosperar.

Se você deseja uma mudança em sua vida, como uma promoção, passar em um concurso, concluir um curso ou qualquer outra meta, é necessário tomar a iniciativa e agir. Pare de criar desculpas que o impedem de avançar e comece a trabalhar com dedicação. Deus honra o esforço sincero e nos capacita a superar os desafios, levando-nos a uma posição de crescimento e destaque.

Lembre-se: a preguiça não nos leva a lugar algum, mas o trabalho honesto, realizado com dedicação e confiança em Deus, conduz-nos ao crescimento e à prosperidade. Deixe de lado as desculpas e comece a agir — o Senhor está com você nesta jornada.

Senhor, ajuda-me a abandonar a preguiça e todas as desculpas que me impedem de crescer. Dá-me força e determinação para trabalhar com afinco e buscar o melhor que tens para minha vida. Em nome de Jesus, amém.

anotações

11 NOV

VIVENDO O FRUTO DO ESPÍRITO

Entretanto, o fruto do Espírito é amor, alegria, paz, paciência, amabilidade, bondade, fidelidade, mansidão e domínio próprio. Contra essas coisas não há lei.

GÁLATAS 5.22-23

@devocional.palavrasdesabedoria | @marcelotoschi

Diferentemente dos dons espirituais, que o Espírito Santo distribui conforme sua vontade para a edificação da igreja, o fruto do Espírito está acessível a todos os crentes. Enquanto os dons revelam o poder de Deus operando por meio de nós, o fruto manifesta o caráter de Jesus em nossa vida.

Ao entregarmos nossa vida a Jesus, todas as qualidades do fruto do Espírito se tornam disponíveis por meio da nossa relação com o Espírito Santo. Amor, alegria, paz, paciência, bondade, fidelidade, mansidão e domínio próprio estão ao nosso alcance. O amor nos move a agir com compaixão, mesmo quando não há retorno; a alegria nos permite viver contentes, independentemente das circunstâncias; a paz nos ajuda a descansar em Deus, mesmo em meio às adversidades. A paciência nos capacita a esperar o tempo de Deus sem murmurar; a bondade e a amabilidade nos levam a tratar todos com gentileza e respeito; a fidelidade nos faz permanecer constantes e comprometidos com Deus; e a mansidão nos ensina a sermos humildes, mesmo quando desafiados.

Contudo, muitas vezes negligenciamos o domínio próprio, deixando-nos levar por desejos carnais ou pensamentos negativos que o Inimigo tenta lançar em nossa mente. ele é essencial para manter o equilíbrio, tornando-nos capazes de dizer "sim" para Jesus e "não" ao pecado, isto é, viver uma vida de santidade. Algumas pessoas justificam suas falhas dizendo que as tentações eram fortes demais, mas, na verdade, o que lhes falta é o exercício desse fruto.

Portanto, decida colocar em prática todas as qualidades do fruto do Espírito que já estão disponíveis para você. Fortaleça sua relação com Deus e permita que o caráter de Cristo seja visível em sua vida.

Senhor, ajuda-me a manifestar o fruto do teu Espírito em todas as áreas da minha vida. Que eu reflita o caráter de Jesus em tudo o que fizer. Em nome de Jesus, amém.

anotações

A TRÍADE ETERNA

12 NOV

Assim, permanecem agora estes três: a fé, a esperança e o amor. O maior destes, porém, é o amor.
1CORÍNTIOS 13.13

@devocional.palavrasdesabedoria | @marcelotoschi

No vasto tapete da vida, onde fios se entrelaçam para formar o tecido de nossa existência, três cores se destacam com um brilho incomparável: a fé, a esperança e o amor. Paulo, em sua sabedoria inspirada, apresenta-nos essa tríade eterna, virtudes que permanecem quando tudo o mais se desvanece.

A fé é como uma âncora lançada no invisível. É a convicção inabalável que nos sustenta quando as tempestades da vida ameaçam nos derrubar. É o olhar que enxerga além do horizonte e a certeza das coisas que não se veem.

A esperança é o nascer do Sol após a noite mais escura. É a promessa de que há um amanhã, e que esse amanhã será melhor. A esperança nos impulsiona adiante, sussurrando em nossos ouvidos que nossas lutas não são em vão.

E, então, há o amor. O amor, diz Paulo, é o maior de todos. Por quê? Porque o amor é a própria essência de Deus. O amor é paciente quando tudo clama por pressa, é bondoso quando a dureza parece mais fácil. O amor persevera quando tudo o mais desiste. É a lente através da qual a fé e a esperança ganham significado. Sem amor, a fé pode se tornar fria e dogmática. Sem amor, a esperança pode se tornar egoísta. Mas quando permeadas pelo amor, a fé e a esperança se tornam forças transformadoras que não apenas mudam nossa vida, como também impactam o mundo ao nosso redor.

Pai, fonte de todo amor, fortalece minha fé para que eu confie em ti mesmo quando não vir o caminho à frente. Renova minha esperança para que eu seja uma luz para aqueles ao meu redor. E inunda meu coração com teu amor, para que eu ame como tu me amas. Em nome de Jesus, amém.

anotações

MANIFESTANDO O CÉU NA TERRA

A criação aguarda, com grande expectativa, que os filhos de Deus sejam revelados.
ROMANOS 8.19

@devocional.palavrasdesabedoria | @marcelotoschi

Deus nos chamou, como seus filhos, para um propósito de liderança e governo. Todos aqueles que creem em Jesus como Senhor e Salvador foram salvos e justificados pelo seu sangue, recebendo um chamado para exercer influência e autoridade. Jesus veio para restaurar todas as coisas, e nos criou à sua imagem e semelhança para que possamos experimentar a abundância do Céu aqui na Terra.

Como discípulos de Jesus, nosso papel não é esperar passivamente pela glória eterna, pelo grande dia em que estaremos com o Senhor. Esse será, sem dúvida, um momento maravilhoso, mas até lá, somos chamados a viver de maneira ativa e comprometida, revelando o Reino de Deus neste mundo. E isso não depende de termos uma posição de destaque na sociedade ou de recursos abundantes; Deus nos chamou para algo maior.

Nós temos um mandato: manifestar o Céu na Terra! Jesus nos ensinou a orar: "Pai, seja feita a Tua vontade aqui na Terra como no Céu". Isso deve inspirar nosso coração a fazer o máximo para que a realidade celestial se manifeste onde estivermos. A cultura do Céu é abundância, paz, alegria, prosperidade e contentamento. Deus quer transformar o mundo através da manifestação da sua glória por meio de nós. Somos chamados a influenciar as diferentes áreas da sociedade — seja no trabalho, na comunidade ou em qualquer outro lugar — levando a justiça, a paz e a cultura do Reino de Deus conosco.

Senhor, ajuda-me a entender o propósito pelo qual me chamaste. Que eu seja um instrumento para manifestar o Céu na Terra, vivendo com coragem e levando tua glória para onde for. Em nome de Jesus, amém.

anotações

CHAMADO PARA SERVIR

14 NOV

Então Jesus disse aos seus discípulos: "Se alguém quiser acompanhar-me, negue-se a si mesmo, tome a sua cruz e siga-me. Pois quem quiser salvar a sua vida, a perderá, mas quem perder a vida por minha causa, a encontrará."

MATEUS 16.24-25

@devocional.palavrasdesabedoria | @marcelotoschi

Servir não é uma atitude que brota naturalmente no ser humano. Nossa tendência é priorizar nossos próprios interesses, devido à natureza egoísta que herdamos do pecado. Basta olhar para uma criança pequena: sem que ninguém a ensine, ela logo aprende a dizer "é meu!" e reluta em dividir seus brinquedos. Precisamos aprender, desde cedo, a combater o egoísmo e a pensar nos outros.

No entanto, ao olharmos para as Escrituras, vemos que o padrão do Reino de Deus é bem diferente. Jesus nos chama a servir da mesma maneira que ele o fez quando esteve entre nós. O serviço não é uma opção; é um chamado divino. Nosso maior exemplo, Jesus, disse que sua verdadeira comida era fazer a vontade do Pai e concluir a obra que lhe havia sido designada (cf. João 4.34). Servir não é apenas uma atitude; é parte de nossa identidade em Cristo. O apóstolo Paulo nos lembra que fomos "criados em Cristo Jesus para boas obras, as quais Deus de antemão preparou para que andássemos nelas" (Efésios 2.10).

Às vezes, podemos sentir que, ao servir, estamos perdendo algo ou não recebendo o suficiente em troca. Contudo, Jesus nos ensina uma verdade contrária ao senso comum: é justamente ao abrir mão de nossa própria vida que a encontramos. Quando deixamos de lado nosso ego e nos dedicamos ao próximo, descobrimos uma alegria profunda e duradoura. Atender a esse chamado é uma bênção, tanto para quem é servido quanto para quem serve.

Como Atos 20.35 ensina: "É mais bem-aventurado dar do que receber". É assim que a família de Deus cresce e a Igreja avança: quando nos colocamos à disposição para servir. O serviço é o caminho para vivermos a plenitude do propósito de Deus.

Senhor, ajuda-me a negar a mim mesmo e a tomar a minha cruz todos os dias. Que eu aprenda a servir como Jesus serviu, colocando o bem do próximo acima dos meus próprios interesses. Em nome de Jesus, amém.

anotações

PRESENÇA CONSTANTE

E eu estarei sempre com vocês, até o fim dos tempos.

MATEUS 28.20B

@devocional.palavrasdesabedoria | @marcelotoschi

Essas palavras de Jesus, ditas momentos antes de sua ascensão, carregam uma das promessas mais poderosas e reconfortantes das Escrituras: nunca estaremos sozinhos. É um lembrete eterno de que, não importa o que enfrentemos nesta vida, nunca seremos abandonados. A profundidade dessa afirmação é surpreendente. O termo "sempre" não permite exceções; não importa se estamos nas alturas da alegria ou nos vales do desespero, Jesus promete estar conosco. Essa garantia "até o fim dos tempos" ultrapassa nossa compreensão temporal, assegurando uma presença que vai além da nossa existência terrena.

Muitas vezes, em nossa jornada de fé, podemos nos sentir solitários ou abandonados. Talvez você esteja passando por um período de dúvida, decisões difíceis, ou circunstâncias esmagadoras. Nesses momentos, as palavras de Jesus ressoam com mais força: "Eu estarei sempre com vocês". Assim, o Espírito Santo, que Jesus prometeu enviar, trabalha ativamente em nossa vida, guiando-nos à verdade, confortando-nos na tristeza, fortalecendo-nos na debilidade e capacitando-nos para o serviço.

Para viver plenamente essa promessa, reconheça a presença de Deus em seu dia a dia, fazendo pausas para dizer: "Jesus, sei que estás aqui comigo"; cultive uma vida de oração constante, conversando com ele como quem fala com um amigo; busque a orientação de Cristo antes de tomar decisões, lembrando que ele é o Maravilhoso Conselheiro; e lembre-se de que, em qualquer tarefa ou chamado, você não está sozinho. Viva cada dia com a consciência de que Jesus está ao seu lado, oferecendo amor, força e direção até o fim dos tempos.

Senhor, sou grato pela tua promessa de estar sempre comigo. Nos momentos em que me sinto sozinho, lembra-me da tua presença constante. Em nome de Jesus, amém.

anotações

DE ESPECTADOR A REALIZADOR

Quem fica observando o vento não plantará,
e quem fica olhando para as nuvens não colherá.
ECLESIASTES 11.4

@devocional.palavrasdesabedoria | @marcelotoschi

Você já refletiu sobre aonde deseja chegar? Muitas vezes, a razão pela qual não conquistamos o que Deus tem para nós é porque ficamos esperando o momento adequado para agir. Desejamos que tudo esteja perfeito, que as condições sejam favoráveis, e assim acabamos paralisados, presos a uma ilusão de que o momento certo baterá à nossa porta. Não é a falta de promessas ou de direção divina que nos impede, mas a falta de coragem para dar o primeiro passo e enfrentar a incerteza com fé e ousadia.

O versículo de Eclesiastes nos alerta sobre o perigo de apenas observar o vento e as nuvens. Muitas vezes, fazemos isso quando sonhamos com algo grande. Ficamos na expectativa, esperando o momento perfeito e, no fim, não plantamos nem colhemos. Deus não nos chamou para sermos espectadores da própria vida, mas protagonistas. Ele deseja que participemos de todo o processo, desde o início até a vitória.

O mesmo Deus que coloca sonhos em nosso coração também nos capacita para realizá-los. Ele nos fornece habilidades, oportunidades e recursos, mas a atitude de colocá-los em prática é nossa. Por isso, não se deixe paralisar pelo medo de errar, pela preguiça ou pela insegurança. Se você continuar esperando pela circunstância perfeita, nunca sairá do lugar. O momento perfeito é agora! Levante-se, avance e confie nas direções que Deus já lhe entregou. O melhor da sua história ainda está por vir, mas depende da sua decisão de ter coragem e seguir em frente.

Senhor, ajuda-me a não esperar por condições perfeitas para agir. Que eu confie em tuas promessas e tenha coragem para dar os passos necessários rumo às conquistas que o Senhor tem para mim. Em nome de Jesus, amém.

anotações

A FORNALHA DA FÉ

[...] "Ó Nabucodonosor, não precisamos defender-nos diante de ti. Se formos atirados na fornalha em chamas, o Deus a quem servimos pode livrar-nos, e ele nos livrará das tuas mãos, ó rei. Mas, se ele não nos livrar, saiba, ó rei, que não serviremos aos teus deuses nem adoraremos a imagem de ouro que mandaste erguer".

DANIEL 3.16B-18

@devocional.palavrasdesabedoria | @marcelotoschi

A verdadeira confiança em Deus é essencial para vivermos no centro da sua vontade. A história dos amigos de Daniel é um exemplo inspirador de uma fé inabalável no Senhor. Sadraque, Mesaque e Abede-Nego foram confrontados com a possibilidade de morte na fornalha ardente por se recusarem a adorar a imagem de ouro erguida pelo rei Nabucodonosor. Esses jovens mantiveram-se fiéis a Deus, mesmo cientes das consequências. Eles declararam com firmeza: "O Deus a quem servimos pode nos livrar, mas, se não o fizer, ainda assim não adoraremos outros deuses". Que exemplo de fé e fidelidade!

Quantas vezes somos encurralados por escolhas que testam nossa fé? Talvez você deva tomar uma decisão importante hoje ou ponderar sobre propostas atraentes, que exigem a negociação de seus princípios cristãos. Pode ser uma oportunidade de lucro rápido que envolve mentiras ou injustiças. Vale a pena arriscar seu futuro, legado e integridade? Certamente, não.

Assim como os amigos de Daniel, somos chamados a confiar no Senhor, independentemente do resultado. O Deus a quem servimos tem poder de nos livrar e abrir portas que jamais imaginamos. Contudo, mesmo que o livramento não venha da maneira como esperamos, devemos continuar confiantes de que ele é fiel e que nossa melhor resposta sempre é ser igualmente fiel. A confiança em Cristo não está baseada apenas nos resultados desta vida, mas na certeza de que Deus está sempre conosco.

Decida hoje não se desviar para a direita ou para a esquerda. Mantenha-se firme nos caminhos do Senhor, e ele agirá em seu favor.

Senhor, ajuda-me a confiar em ti, mesmo nas provações. Que minha confiança não dependa das circunstâncias, mas esteja firmada em teu amor e fidelidade. Em nome de Jesus, amém.

anotações

REFÚGIO PARA OS CANSADOS

18 NOV

Venham a mim todos os que estão cansados e sobrecarregados, e eu darei descanso a vocês.

MATEUS 11.28

@devocional.palavrasdesabedoria | @marcelotoschi

Em um mundo acelerado, onde as demandas nunca cessam, as palavras de Jesus ressoam e oferecem um alívio incomparável: "eu darei descanso a vocês". Observe a profundidade desse convite. O Mestre se dirige a todos que estão "cansados e sobrecarregados", abrange todos que enfrentam o cansaço emocional, mental ou espiritual.

Ele conhece o peso que carregamos, frequentemente em silêncio, temendo parecer fracos ou incapazes. Porém, recebemos dele um convite gentil: "Venham a mim". É um convite para um relacionamento transformador. Jesus não promete remover todos os nossos problemas, mas oferece algo ainda mais valioso: sua presença e seu descanso. O tipo que ele oferece é, além de repouso, um refrigério para a alma. Trata-se da paz que vem de saber que não precisamos carregar nossos fardos sozinhos. Trata-se do alívio de entender que nossa aceitação e valor não dependem de nosso desempenho, mas do amor incondicional de Deus.

Quando ele diz "eu darei descanso a vocês", está oferecendo uma troca: nossa preocupação por sua paz, nossa ansiedade por sua segurança e nossa exaustão por sua força renovadora. Ademais, é importante notar que esse versículo é um convite, não uma imposição. Jesus diz "venham", o que implica uma ação da nossa parte. Precisamos reconhecer nossa necessidade, deixar o orgulho aos pés da cruz e dar um passo em direção a ele. Assim, provaremos a verdadeira força que advém de buscarmos o auxílio divino.

Senhor Jesus, venho a ti hoje, cansado e sobrecarregado. Obrigado pelo teu convite amoroso. Entrego a ti meus fardos e clamo por teu descanso restaurador. Em nome de Jesus, amém.

anotações

19 NOV

ESPERANÇA QUE TRANSFORMA

[...] Estejam sempre preparados para responder a qualquer pessoa que pedir a razão da esperança que há em vocês.

1PEDRO 3.15

@devocional.palavrasdesabedoria | @marcelotoschi

O apóstolo Pedro enfatiza a importância de estarmos sempre prontos para compartilharmos a razão da esperança em Cristo. Ele nos instrui a fazê-lo com mansidão e respeito, evitando debates que dividem e machucam. A intenção não é provocar discussões religiosas ou impor a fé, mas ser uma luz que guia e acolhe. Muitos se afastam de Deus por conta de palavras duras e debates sem sabedoria. Pedro, porém, convida-nos a evitar esse tipo de abordagem.

Em vez disso, somos desafiados a viver de maneira digna, correta e irrepreensível. Devemos ter a Cristo como Senhor e permitir que esse senhorio divino se reflita em nossas atitudes. Quando vivemos em paz, alegria, fé e esperança, mesmo em meio às dificuldades, testemunhamos a Cristo. As pessoas ao nosso redor notarão a luz que resplandecemos e perguntarão: "Por que você tem tanta esperança?". Nesse momento, teremos a oportunidade de apontar para Jesus. Com amor e humildade, podemos compartilhar sobre seu sacrifício, ressurreição e a esperança viva que nos deu. Devemos falar sobre a paz que excede todo entendimento, a certeza da filiação divina e a promessa de vida eterna. Nosso testemunho consiste em mostrar como a Palavra de Deus nos transforma e nos faz melhores em todas as áreas da vida.

Compartilhe essa esperança com um coração sincero, convidando outros a experimentarem um relacionamento verdadeiro com Jesus. Não esconda quem você é em Cristo, mas esteja sempre preparado para compartilhar seu amor por ele, manifestando o poder transformador do Evangelho.

Senhor, ajuda-me a viver de maneira que minha vida seja um reflexo da esperança que é Cristo. Que eu esteja sempre preparado para compartilhar teu amor e manifestar tua graça aos que cruzarem meu caminho. Em nome de Jesus, amém.

anotações

FAZ DE NOVO

20 NOV

Senhor, ouvi falar da tua fama; tremo diante dos teus atos, Senhor. Realiza de novo, na nossa época, as mesmas obras, faz que sejam conhecidas no nosso tempo; na tua ira, lembra-te da misericórdia.

HABACUQUE 3.2

@devocional.palavrasdesabedoria | @marcelotoschi

Como é revigorante meditar na bondade, na graça e na misericórdia de Deus! Seu amor e paternidade nos envolvem como um abrigo seguro. No texto de hoje, o profeta Habacuque nos lembra da grandiosidade do Senhor e de seus atos poderosos.

Frequentemente, sentimo-nos pequenos diante de certas situações. Pense em um arranha-céu: se estamos no último andar e olhamos para baixo, somos tomados por um sentimento de grandeza e pequenez ao mesmo tempo. Ou ao estarmos perto de um animal imponente, como um elefante ou um leão, é natural sentirmo-nos intimidados. A força, a magnitude e o poder da criação são inegáveis.

Lembro-me da história em que Jesus e seus discípulos atravessavam o mar da Galileia. Enquanto uma tempestade furiosa ameaçava o barco, Jesus dormia. Os discípulos, apavorados, pensavam que iriam naufragar. Por que Jesus dormia em meio à tempestade? Porque ele confiava plenamente no poder e na autoridade do Pai. Ele sabia que podia descansar, mesmo em meio às provações do mar da vida. Ao ser despertado, Jesus repreendeu os ventos, e o mar se acalmou, o que maravilhou seus discípulos.

Assim como Habacuque, devemos nos admirar com os feitos do Senhor e desejar ver esses mesmos milagres acontecerem em nossos dias. Anseie pela manifestação da glória de Deus onde estiver, sendo um instrumento de seu poder sobrenatural. Hoje, declare profeticamente sobre sua vida o poder e os feitos extraordinários de Deus. Peça que ele renove suas obras em seu tempo e esteja preparado para vivenciar coisas tremendas!

Senhor, assim como Habacuque, eu também peço que renoves os teus feitos em nossa época. Quero ser um canal da tua manifestação e testemunhar teu poder em minha vida e ao meu redor. Em nome de Jesus, amém.

anotações

21 NOV

COLHENDO COM JÚBILO

Os que com lágrimas semeiam com júbilo ceifarão. Quem sai andando e chorando, enquanto semeia, voltará com júbilo, trazendo os seus feixes.

SALMOS 126.5-6, NAA

Conheço muitas pessoas que dependem da agricultura, o que me faz lembrar que esse trabalho exige esforço constante, paciência e fé. Por isso, a comparação com a agricultura é poderosa. Mesmo que o agricultor faça tudo certo — prepare a terra e plante no tempo adequado — ele ainda dependerá da chuva que vem do céu. Isso nos ensina que, apesar de fazermos nossa parte, o resultado está nas mãos de Deus.

O salmista nos lembra de que o plantio é um processo que envolve dor e perseverança. Semear é um ato que acontece em meio ao cansaço e às adversidades e, muitas vezes, a vontade de desistir surge. Contudo, o tempo da semeadura não espera. Esse princípio se aplica a todos os aspectos da vida — sonhos, relacionamentos, projetos. Cada ação é uma semente, e devemos cuidar da terra para que floresça.

A mensagem do verso 6 é clara: aquele que semeia, mesmo com lágrimas, colherá com alegria. O esforço e a dedicação, quando aliados à dependência do Senhor, resultam em uma ceifa abundante. Deus é fiel para restaurar nossa sorte, e aquilo que plantamos em meio à dor se tornará uma colheita cheia de celebração. Portanto, não desista! Mesmo cansado, continue confiando e trabalhando. O Deus que restaura estará ao seu lado, e você ceifará frutos extraordinários!

Senhor, ajuda-me a ser perseverante na semeadura, mesmo em meio às dificuldades. Que eu nunca desista, mas sempre creia que o Senhor restaurará minha sorte e me dará uma colheita abundante. Em nome de Jesus, amém.

anotações

O VALOR DO CORAÇÃO

22 NOV

O Senhor, contudo, disse a Samuel: "Não considere a sua aparência nem a sua altura, pois eu o rejeitei. O Senhor não vê como o homem: o homem vê a aparência, mas o Senhor vê o coração".

1SAMUEL 16.7

@devocional.palavrasdesabedoria | @marcelotoschi

Enquanto Samuel estava propenso a escolher o próximo rei de Israel pela aparência, Deus deixou claro que seus critérios são diferentes. Ele não vê o exterior, como nós fazemos; ele vê o coração.

O ser humano é naturalmente atraído pelas aparências: nós nos impressionamos com aquilo que vemos. Contudo, a verdadeira essência reside no interior: no caráter, nos valores e nas intenções. Deus conhece o coração de cada um de nós; ele vê nossas vontades, intenções, desejos e motivações mais profundas. Quando nos deixamos levar apenas pelas aparências, corremos o risco de tomar decisões erradas e de nos fecharmos às oportunidades que nos são oferecidas. Uma escolha que parece ótima aos nossos olhos pode não ser o melhor de Deus para nós.

Por isso, precisamos buscar o discernimento do Espírito Santo em todas as decisões — grandes ou pequenas. Cada escolha é uma oportunidade de convidar o Senhor a guiar nosso caminho. Você já pensou em perguntar a ele até sobre detalhes simples, como o que vestir? Deus se importa com cada aspecto de nossa vida e pode usar qualquer situação para nos abençoar.

Ao ouvirmos a voz do Espírito Santo e obedecermos, poderemos viver experiências sobrenaturais, assim como Samuel, que pela direção de Deus, escolheu Davi — aquele que, aos olhos humanos, não tinha aparência de realeza, mas se tornou o maior rei de Israel. Que possamos, como Samuel, estar atentos à voz do Senhor, sempre prontos a enxergar com os olhos de Deus, que veem o verdadeiro valor do coração.

Senhor, ajuda-me a olhar além das aparências, buscando o discernimento do teu Espírito em cada decisão que eu tomar. Que eu veja as pessoas e as situações como vês, com meu coração sempre alinhado ao teu. Em nome de Jesus, amém.

anotações

FORÇA PARA PROCLAMAR

Para isso eu me esforço, lutando conforme a força dele, que atua poderosamente em mim.

COLOSSENSES 1.29

@devocional.palavrasdesabedoria | @marcelotoschi

Algo ardia no coração do apóstolo Paulo: a missão de cumprir seu chamado divino. Nos versículos anteriores, vemos o apóstolo compartilhando sobre o mistério do Evangelho e sua alegria em ver as Boas-Novas sendo anunciadas. Ele trabalhava arduamente para que elas fossem proclamadas plenamente, confiando na força do Senhor. Graças ao seu esforço e legado, essa mensagem chegou até nós e continua a transformar vidas em todo o mundo. Paulo foi incansável em sua missão, enfrentando perseguições, dificuldades e desafios, mas sempre firme, movido pelo poder de Deus e pela convicção de que o Evangelho é a única esperança para a humanidade.

Hoje, convido você a aceitar o mesmo desafio que Paulo abraçou: ser um embaixador do Reino de Deus. Cada um de nós é chamado para levar as boas notícias a quem está ao nosso redor. Existe uma palavra de esperança que o Senhor deseja colocar em seus lábios para ser liberada aos que estão próximos a você. Assim como Paulo, empenhe-se, com o poder do Espírito Santo, para que todos ao seu redor ouçam: "Jesus ama você e tem um plano extraordinário para sua vida!".

Minha oração hoje é para que você esteja aberto e sensível à direção do Espírito Santo, tornando-se um canal das bênçãos de Deus na vida daqueles que cruzarem seu caminho.

Senhor, usa-me como um canal para compartilhar as Boas-Novas do teu amor. Que a tua força atue em mim e que eu seja sensível à orientação do teu Espírito Santo, proclamando teu amor a todos ao meu redor. Em nome de Jesus, amém.

anotações

A MELHOR ESCOLA

24 NOV

Sei que a bondade e a fidelidade me acompanharão todos os dias da minha vida, e voltarei à casa do SENHOR enquanto eu viver.

SALMOS 23.6

@devocional.palavrasdesabedoria | @marcelotoschi

Nesse versículo, Davi expressa algo especial ao dizer "voltarei à casa do Senhor enquanto eu viver". Sabemos que Deus não habita em prédios; ele decidiu habitar em nós, através do seu Espírito. Eu e você somos casa, habitação, templo do Espírito Santo! Quando compreendemos isso, percebemos que adoração não se resume a estar em um prédio com outros irmãos cantando louvores; adoração é um estilo de vida. Tudo o que pensamos, falamos e fazemos para Deus são atos de adoração.

No entanto, há uma grande importância em estarmos reunidos com outros irmãos. Deus instituiu sua Igreja justamente para que, através das reuniões e da unidade, você pudesse não apenas receber as bênçãos que fluem da adoração coletiva, mas também exercer seus dons e talentos em favor do corpo de Cristo. É como nos ensina o autor de Hebreus: "Não deixemos de reunir-nos como igreja, segundo o costume de alguns, mas procuremos encorajar-nos uns aos outros" (Hebreus 10.25). A reunião dos santos é fundamental para o crescimento espiritual do cristão.

Se você ainda não está ativo em sua igreja local, decida hoje se envolver. Participe das atividades, receba e contribua com os dons que Deus lhe deu. Lembre-se: é mais abençoado dar do que receber (cf. Atos 20.35). Ao se envolver na casa de Deus, seja liderando, servindo ou compartilhando o amor de Jesus, você experimentará uma alegria e um propósito incríveis.

Não deixe de congregar; essa é uma escolha vital. Escolha estar na casa do Senhor enquanto viver, assim como Davi.

Senhor, ajuda-me a valorizar e amar a tua Igreja, estando presente e servindo-a com meus dons e talentos. Que eu seja um instrumento de encorajamento e edificação para os meus irmãos da fé. Em nome de Jesus, amém.

anotações

ESPERANÇA INABALÁVEL

Apeguemo-nos com firmeza à esperança que professamos,
pois aquele que prometeu é fiel.

HEBREUS 10.23

@devocional.palavrasdesabedoria | @marcelotoschi

O texto de Hebreus 10.23 nos ensina que a esperança que professamos não está baseada nas circunstâncias ao nosso redor, nem no que conseguimos ver ou tocar. Não está vinculada ao momento político, à economia ou à estabilidade do mundo. Nossa esperança está firmada unicamente em Jesus!

Enquanto muitos depositam sua confiança em coisas palpáveis como um emprego seguro, saúde estável ou uma conta bancária cheia, nós, como filhos de Deus, sabemos que nossa paz vem da fidelidade do Senhor. Ele é fiel para cumprir o que prometeu. Essa certeza transcende qualquer coisa visível, porque se baseia no próprio caráter de Deus, que é imutável e digno de toda confiança. Como diz a Palavra, "Aquele que começou a boa obra em vós há de completá-la" (Filipenses 1.6).

Por isso, apegar-se à esperança não é um ato de simples otimismo, mas um posicionamento fundamentado na fidelidade de Deus. Como o autor de Hebreus nos instrui, precisamos manter essa firmeza, confiando plenamente que Deus está no controle e que ele não falhará em cumprir suas promessas. Portanto, escolha se apegar a essa esperança viva, não confiando nas falácias e coisas passageiras deste mundo, mas no Deus que nunca muda. Aquele que prometeu é fiel, e é nessa certeza que você pode enfrentar cada dia, semana e desafio que vier.

Senhor, ajuda-me a confiar em ti acima de tudo. Que minha esperança esteja firmada na tua fidelidade, e que eu viva cada dia com a certeza de que és fiel para cumprir todas as tuas promessas. Em nome de Jesus, amém.

anotações

CONFIANÇA INABALÁVEL

26 NOV

Alguns confiam em carros e outros em cavalos,
mas nós confiamos no nome do SENHOR nosso Deus.

SALMOS 20.7

@devocional.palavrasdesabedoria | @marcelotoschi

Para a filosofia do mundo, a confiança repousa em coisas tangíveis. Os "carros e cavalos" modernos seriam nossas contas bancárias, títulos acadêmicos, conexões sociais ou avanços tecnológicos. No entanto, o salmista nos chama a enxergarmos sob uma perspectiva radicalmente diferente. Ele nos convida a retirar os olhos das garantias terrenas e fixá-los no Deus eterno, imutável e Todo-Poderoso. Confiar no nome do Senhor é um convite para uma relação íntima e transformadora com o próprio Criador do Universo.

Ao confiar no nome do Senhor, reconhecemos a soberania divina sobre todas as coisas. Isto é, declaramos que sua sabedoria supera nossa compreensão limitada, que seu poder transcende qualquer força terrena e que seu amor por nós é a rocha mais segura onde podemos edificar nossa vida. Trata-se de uma postura ativa de entrega e uma busca constante por sua presença, alinhando nossas prioridades, decisões e ações com sua vontade. Confiar no nome do Senhor nos liberta do medo paralisante do futuro e nos enche de uma paz que supera todo entendimento, trazendo uma esperança que permanece firme mesmo nas tempestades mais violentas da vida.

À medida que cultivamos essa confiança, descobrimos uma verdade profunda: quanto mais confiamos no Senhor, mais o conhecemos intimamente. E quanto mais o conhecemos, mais razões encontramos para confiar nele. É um ciclo virtuoso de fé! Por isso, como o salmista, permita que sua vida testemunhe o efeito poderoso da confiança no Senhor.

Senhor, preciso confiar em ti acima de tudo. Que minha segurança não esteja nas coisas deste mundo, mas no poderoso nome de Cristo. Em nome de Jesus, amém.

anotações

UMA HISTÓRIA ÚNICA

[...] Em amor nos predestinou para sermos adotados como filhos por meio de Jesus Cristo, conforme o bom propósito da sua vontade, para o louvor da sua gloriosa graça, a qual nos deu graciosamente por meio do Amado.

EFÉSIOS 1.4-6

@devocional.palavrasdesabedoria | @marcelotoschi

Quem é você? Essa é uma pergunta aparentemente simples, mas também desafiante. Podemos respondê-la dizendo nosso nome, profissão ou *hobby*, mas essas respostas não definem realmente quem somos. Em muitos momentos, podemos nos sentir perdidos, sem entender nosso propósito. Quando as coisas não acontecem no tempo que idealizamos, a ansiedade e a incredulidade nos cercam, gerando desânimo e desesperança.

Precisamos nos lembrar de que Deus nos criou com um propósito celestial. Ele é fiel e cumprirá o que prometeu. Ao olhar para a vida dos outros, podemos cobiçar viver uma história que não nos pertence, e isso apenas nos afasta do nosso próprio caminho. Deus não nos chamou para imitar o roteiro de outra pessoa, mas para viver a nossa própria jornada de maneira única e significativa.

Por isso, pare de se comparar e tentar viver o que é do outro. Deus preparou uma história única e cheia de propósito para você. Viva com leveza e confiança, sem inveja e sem comparações. Você é amado, escolhido e especial. Deus tem uma história extraordinária para você e sua família. Mantenha seu foco em Jesus, viva seu propósito, e encontre paz e alegria em cada passo dessa jornada.

Senhor, ajuda-me a descansar em teus planos e viver a história que preparaste para mim. Que eu caminhe em paz e sem comparações, confiando no teu amor e graça. Em nome de Jesus, amém.

anotações

VIDA PLENA

28 NOV

O ladrão vem apenas para roubar, matar e destruir;
eu vim para que tenham vida e a tenham plenamente.
JOÃO 10.10

@devocional.palavrasdesabedoria | @marcelotoschi

Jesus nos ensina uma verdade que vai contra a ideia do mundo: ao nos rendermos a ele, não perdemos o melhor da vida, mas recebemos algo infinitamente superior. Alguns pensam que seguir Jesus significa renunciar à alegria e à liberdade, mas, na realidade, o que acontece é exatamente o contrário!

Quando acreditamos que estamos "curtindo a vida", fazendo apenas o que queremos e seguindo nossos desejos pecaminosos, caímos em uma armadilha sutil do Inimigo. O Diabo sugere escolhas e atitudes que, na verdade, têm como objetivo trazer dano e destruição à nossa vida. Ele quer roubar nossa paz, matar nossos sonhos e destruir nosso futuro. Às vezes, isso não acontece de forma imediata, mas pouco a pouco.

Contudo, Jesus, ao afirmar que veio para nos dar vida em abundância, revela o verdadeiro plano de Deus para nós. Ele não veio para nos tirar algo, mas para nos dar tudo o que realmente importa. Jesus nos criou à sua imagem e semelhança, com o objetivo de vivermos na plenitude da sua glória, desfrutando de intimidade com ele. Quando escolhemos servi-lo e adorá-lo, encontramos nosso verdadeiro propósito e passamos a viver de maneira plena e completa.

Rejeite tudo aquilo que o Inimigo quer colocar em seu caminho, mesmo que à primeira vista pareça atraente. Lembre-se: o objetivo do Diabo é destruir, enquanto Jesus deseja dar-nos vida plena, cheia de significado e abundância.

Senhor Jesus, ajuda-me a rejeitar as mentiras do Inimigo e buscar a vida abundante que tens para mim. Que eu viva cada dia em plena comunhão contigo, desfrutando da tua graça e paz. Em nome de Jesus, amém.

anotações

TUDO É POSSÍVEL

"Se podes?", disse Jesus.
"Tudo é possível àquele que crê".

MARCOS 9.23

@devocional.palavrasdesabedoria | @marcelotoschi

Jesus descia do monte da transfiguração com Pedro, Tiago e João, quando se deparou com uma cena delicada: um pai desesperado havia levado seu filho possuído por um espírito maligno aos discípulos, mas eles não conseguiram ajudar. Talvez você se identifique com esse pai, sentindo-se frustrado após ter buscado ajuda e não recebido o apoio esperado.

O pai daquele menino poderia ter desistido, afinal, eram os discípulos de Jesus — homens que caminharam com ele, testemunharam e realizaram milagres. Mas, mesmo após a tentativa fracassada, ele não desistiu. Quantas vezes nós também desistimos por acreditar que a falta de resposta seja a vontade de Deus? No entanto, aquele homem não se deixou vencer pelo fracasso e foi até Jesus, ainda com dúvidas, clamando: "Se podes, faz alguma coisa".

Jesus, então, responde com firmeza: "Se podes? Tudo é possível àquele que crê". E ali, naquele momento, o pai deu um grito desesperado e sincero: "Eu creio, ajuda-me a vencer minha incredulidade!" Ele escolheu combater a incredulidade que o impedia de ver o agir de Deus. E foi por sua fé, mesmo que imperfeita, que algo extraordinário aconteceu: com apenas uma ordem de Jesus, seu filho foi completamente liberto.

Em suas experiências pessoais, lembre-se das palavras de Jesus: tudo é possível para quem crê. Como aquele pai, escolha não desistir. Leve suas dores, perguntas e incredulidade a Jesus e testemunhe o poder da palavra dele realizando milagres em sua vida.

Senhor, ajuda-me a vencer minha incredulidade. Eu creio que tudo é possível para ti. Venho diante de ti e entrego todas as minhas necessidades, confiando em teu poder para realizar milagres. Em nome de Jesus, amém.

anotações

DESCANSE NA BONDADE DE DEUS

O Senhor é bom para com aqueles cuja esperança está nele, para com aqueles que o buscam. Bom é esperar em silêncio pela salvação do Senhor.

LAMENTAÇÕES 3.25-26

É tão bom refletirmos sobre a bondade e fidelidade do Senhor, pois sabemos que tudo o que ele faz é alicerçado em seu amor! A bondade de Deus não está presente apenas nos bons momentos, mas em todas as circunstâncias. Hoje, você tem mais uma oportunidade de declarar sobre si mesmo essa virtude, pois é ela que fará sua esperança se renovar e fortalecer. É a convicção de que o Senhor é bom para aqueles que o buscam que traz paz ao coração atribulado.

Não sei qual é sua situação hoje. Se você está enfrentando um desafio, seja uma cirurgia marcada, um exame importante ou uma entrevista de emprego, lembre-se de que Deus conhece sua situação. Essa certeza nos permite buscá-lo e descansar em sua bondade.

Independentemente das circunstâncias, escolha esperar com tranquilidade no Senhor! Ele é aquele que conhece cada necessidade e vem ao encontro dos anseios dos seus filhos. Busque nele a sabedoria, o discernimento e tudo o de que você precisa! Creia que o Senhor abrirá portas e o presenteará com oportunidades preciosas, e você será bem-sucedido em tudo o que fizer.

Senhor, eu creio na tua bondade e fidelidade. Ajuda-me a confiar e esperar em ti com tranquilidade, sabendo que és bom e cuidas de cada detalhe da minha vida. Em nome de Jesus, amém.

anotações

❝

Na pessoa de Jesus, o Príncipe da Paz, encontramos a reconciliação plena com Deus e a paz que excede todo entendimento. Ela não significa ausência de conflito, mas a presença intensa de shalom — plenitude, integridade e harmonia restaurada."

DEZEMBRO

AQUELE QUE COMPLETA A BOA OBRA

Estou convencido de que aquele que começou boa obra em vocês vai completá-la até o dia de Cristo Jesus.

FILIPENSES 1.6

@devocional.palavrasdesabedoria | @marcelotoschi

Paulo escreve aos filipenses cheio de confiança no Senhor e em sua fidelidade. Ele declara que aquele que começou a boa obra em suas vidas chegará até o fim. Essa é uma mensagem reconfortante, porque muitas vezes, em nossa caminhada, sentimos que estamos longe do objetivo ou que não vemos o progresso desejado. No entanto, o apóstolo nos lembra que é Deus quem está conduzindo esse processo, e ele não descansará até completá-lo.

Em Números 23.19, lemos que "Deus não é homem para que minta, nem filho do homem para que se arrependa. Acaso ele fala e deixa de agir? Acaso promete e deixa de cumprir?". Essa é a garantia que temos: o Eterno é diferente dos homens, não falha em suas promessas, sempre as cumpre! Se ele começou uma obra em sua vida, tenha certeza de que irá completá-la, pois a fidelidade divina é imutável e seu compromisso, inabalável.

Hebreus 11, a galeria dos heróis da fé, mostra-nos homens e mulheres que andaram em fé, esperando a promessa do Senhor. Eles enfrentaram desafios e momentos de dúvida, mas confiaram que Deus cumpriria o que havia prometido. Assim como Abraão, Jacó, Moisés e tantos outros, somos chamados a perseverar e confiar na obra que Deus está fazendo em nós.

Portanto, se você ainda não vê os frutos das promessas divinas, mantenha em mente que ele está trabalhando, mesmo quando não consegue ver. Persevere, confie e continue caminhando em fé. Chegará o dia em que você colherá cada fruto e contemplará a realização das promessas e da obra completa.

Senhor, obrigado porque tu és fiel e sempre cumpres as tuas promessas. Ajuda-me a confiar em ti e a perseverar, mesmo quando não vejo o resultado. Que eu possa lembrar que tu completarás a boa obra que começaste em minha vida. Em nome de Jesus, amém.

anotações

CHAMADOS PARA OBRAS MAIORES

Digo-lhes a verdade: Aquele que crê em mim fará também as obras que tenho realizado. Fará coisas ainda maiores do que estas, porque eu estou indo para o Pai.

JOÃO 14.12

@devocional.palavrasdesabedoria | @marcelotoschi

Jesus nos convoca a realizarmos as mesmas obras que ele e, além disso, obras ainda maiores. Sinais, maravilhas, curas e milagres não são apenas relatos do passado, mas realidades que podemos vivenciar no presente, por meio da fé em Cristo.

Ao enviar seus discípulos, o Mestre os instruiu a curarem enfermos, expulsarem demônios e proclamarem o Reino de Deus. Ele deixou claro que esse poder não se restringia a ele, mas que todos aqueles que cressem seriam capacitados para fazer o mesmo. Após sua ascensão, os discípulos continuaram a realizar sinais e maravilhas, demonstrando que o poder de Deus estava presente e ativo em suas vidas. Paulo, por exemplo, pregava o Evangelho não apenas com palavras, mas com demonstração de poder, com sinais que confirmavam a mensagem.

Hoje, o mesmo comando se estende a nós. Somos chamados a realizarmos os mesmos sinais que Jesus e a sermos instrumentos de cura, libertação e transformação na vida de outros. A única condição que Jesus menciona é a fé: "aquele que crê em mim". Se tivermos fé, veremos coisas maiores. O sobrenatural não está reservado para poucos, mas para todo aquele que crê, confia e se move em obediência.

Qual tem sido o tamanho da sua fé? Você tem se movido por ela, a fim de ver as obras maiores que Jesus prometeu? Creia e verá o poder de Deus se manifestando de maneira extraordinária em sua vida, para que faça a diferença no mundo, sendo luz e testemunhando do amor e poder divinos.

Senhor, obrigado por me chamares a realizar obras maiores. Aumenta minha fé e ajuda-me a me mover em obediência ao teu chamado, para que eu vivencie a manifestação de teus sinais e maravilhas. Em nome de Jesus, amém.

anotações

....

....

....

MOVIDO POR FÉ

E o Senhor disse a Josué: — Não tenha medo deles, porque eu os entreguei nas suas mãos. Nenhum deles poderá resistir a você.

JOSUÉ 10.8, NAA

@devocional.palavrasdesabedoria | @marcelotoschi

A vida frequentemente nos coloca diante de desafios que parecem impossíveis de serem resolvidos. Em momentos assim, temos duas opções: crer no poder sobrenatural de Deus ou sucumbir ao medo e à dúvida, desconsiderando sua capacidade de realizar o impossível. Em Josué 10.8, vemos o povo de Israel marchando durante toda a noite, com um exército sem o treinamento necessário, enfrentando cinco exércitos poderosos.

O que você faria na posição de Josué? Ele não ignorou a realidade dos fatos, mas também não se deixou paralisar por eles, pois havia recebido uma palavra de Deus: "não tenha medo". O medo se instala quando nossa primeira reação diante dos problemas não é confiar no Senhor. Em vez disso, Josué olhou para a situação com a perspectiva divina e confiou. O povo de Israel marchou sem medo, mesmo quando as circunstâncias pareciam apontar para a derrota.

Quando somos movidos pela fé, começamos a enxergar oportunidades e soluções onde antes só víamos impossibilidades. Embora muitos, em nome do realismo, perdem a fé e desistem de acreditar no impossível, devemos sempre lembrar que cremos no Deus do impossível. Não há nada grande demais que não possa resolver, nem pequeno demais que ele ignore. O segredo é enfrentar os desafios com os olhos da fé, sabendo que carregamos dentro de nós a solução.

Senhor, ajuda-me a encarar os desafios da vida com fé, confiando em teu poder. Que eu veja as situações com os teus olhos, sabendo que nada é impossível para ti. Fortalece meu coração e guia meus passos em cada batalha. Em nome de Jesus, amém.

anotações

NUNCA MAIS TER SEDE

04 DEZ

Mas aquele que beber da água que eu lhe der nunca mais terá sede. Pelo contrário, a água que eu lhe der será nele uma fonte a jorrar para a vida eterna.

JOÃO 4.14, NAA

@devocional.palavrasdesabedoria | @marcelotoschi

Jesus nos oferece uma promessa extraordinária: uma satisfação eterna e uma fonte de vida inesgotável. Durante seu encontro com a mulher samaritana no poço de Jacó, as palavras de Cristo revelaram uma verdade espiritual profunda. Usando a metáfora da água, ele ilustra a natureza transformadora de sua graça. Assim como a água é essencial para a vida, Jesus se apresenta como essencial para o nosso espírito. Contudo, ele não oferece apenas um gole e alívio temporário para nossa sede, mas, como uma fonte de onde brota vida, ele nos oferece satisfação eterna.

A promessa de "nunca mais ter sede" fala diretamente ao coração inquieto da humanidade. Todos vivem em busca de algo que preencha o vazio de suas almas, e muitos o fazem através de prazeres passageiros. Mas Jesus oferece uma plenitude que nada mais pode proporcionar. Ele conhece nossa sede mais profunda — a sede de significado, propósito e conexão com o divino. Além de nos oferecer a água que nos sacia, ele se torna uma fonte dentro de nós, através do Espírito Santo que nos renova continuamente.

A menção à "vida eterna" nos lembra de que a oferta de Jesus não se limita à existência terrena, mas se estende à Eternidade, prometendo uma vida em comunhão perfeita com Deus, livre de toda dor, tristeza e insatisfação. Assim como a mulher samaritana, somos convidados a abandonar nossos "cântaros", isto é, nossas tentativas inadequadas de satisfazer-nos, e aceitar o dom gratuito da vida eterna, que só Jesus pode dar.

Hoje, beba dessa fonte inesgotável. Que o Espírito Santo flua em você como um rio de água viva, renovando-o diariamente e capacitando-o a compartilhar essa água com um mundo sedento.

Senhor Jesus, eu aceito a água viva que me ofereces. Enche minha vida com tua presença e renova meu espírito a cada dia. Em nome de Jesus, amém.

anotações

SUFICIENTE

Eu sou o SENHOR; este é o meu nome! Não darei a outro a minha glória nem a imagens o meu louvor.

ISAÍAS 42.8

@devocional.palavrasdesabedoria | @marcelotoschi

Deus se revela a nós como o "Eu Sou", uma declaração poderosa que abrange tudo o de que precisamos. Quando Moisés questionou qual nome deveria usar ao libertar o povo do Egito, Deus simplesmente respondeu: "Eu Sou o que Sou". Essa resposta é profunda, pois nos ensina que o Senhor é suficiente para qualquer situação da vida. Não importa o desafio enfrentado, a promessa de Deus de ser tudo o que necessitamos permanece verdadeira, oferecendo-nos segurança e conforto.

Hoje, Deus se apresenta como aquele que é mais do que suficiente para cada uma de nossas necessidades. Ele é o socorro em momentos de aflição, o amparo quando nos sentimos fracos e o Pai amoroso que nos acolhe e nos devolve o sorriso. Seja qual for a sua dificuldade ou sua celebração, lembre-se: o Senhor é tudo para você! Não há necessidade de buscar solução em outras fontes, pois o Pai eterno é mais do que suficiente.

Mesmo enquanto o mundo proporciona suas cisternas rotas para solucionar os desafios que enfrentamos, Deus nos chama a confiar inteiramente nele e a buscar nele tudo o de que precisamos. Ele é aquele que responde aos nossos clamores, como prometeu em Jeremias 33.3: "Clame a mim e eu responderei, mostrando grandes coisas que você ainda não conhece". Portanto, viva segundo a confiança de que você não precisa de mais nada, porque o "Eu Sou" é suficiente para sustentá-lo com verdadeira alegria e dar respostas às crises que enfrentar.

Pai, obrigado porque tu és tudo o que eu preciso. Ajuda-me a confiar em ti acima de todas as coisas e a buscar a minha força e alegria no Senhor. Em nome de Jesus, amém.

anotações

ALEGRIA, ORAÇÃO E GRATIDÃO

06 DEZ

Alegrem-se sempre, orem continuamente,
deem graças em todas as circunstâncias, pois esta
é a vontade de Deus para vocês em Cristo Jesus.

1TESSALONICENSES 5.16-18

@devocional.palavrasdesabedoria | @marcelotoschi

Paulo nos apresenta três atitudes fundamentais para a vida cristã: alegria, oração e gratidão. Elas são essenciais porque estão fundamentadas no relacionamento com Deus.

Alegrem-se sempre. Somos chamados a viver segundo uma alegria que não é baseada nas circunstâncias, mas na presença constante do Senhor. Ela é fruto do Espírito e resulta de uma escolha diária de confiar em Deus.

Orem continuamente. Orar sem cessar não significa estar de joelhos o dia inteiro, mas viver em comunhão constante com o Pai, mantendo uma conexão aberta com ele ao longo do dia. A oração contínua nos mantém dependentes de Deus, confiando em sua direção e cuidado.

Deem graças em todas as circunstâncias. Esse é, talvez, o maior desafio. Ser grato quando tudo vai bem é fácil, mas Paulo nos convida a fazê-lo também nas situações que parecem desfavoráveis. A gratidão revela nossa confiança em Deus, que tem um propósito para cada situação.

Você deseja conhecer a perfeita vontade de Deus? Essas atitudes — alegria, oração e gratidão — são a vontade de Deus para nós em Cristo. Ela é sempre boa, perfeita e agradável, e viver dessa forma nos ajuda a experimentar a plenitude de vida que Deus deseja que vivamos.

Hoje, escolha a alegria, mantenha uma atitude de oração constante e seja grato em todas as circunstâncias. Dessa forma, você viverá para agradar o coração do Pai.

Senhor, ajuda-me a viver em alegria, a orar constantemente e a ser grato em todas as circunstâncias. Que eu sempre me lembre de que essa é a tua vontade para mim em Cristo Jesus. Em nome de Jesus, amém.

anotações

07 DEZ

A VIRTUDE DA HUMILDADE

Nada façam por ambição egoísta ou por vaidade, mas humildemente considerem os outros superiores a si mesmos.

FILIPENSES 2.3

@devocional.palavrasdesabedoria | @marcelotoschi

O versículo de hoje começa com uma admoestação clara, atingindo o cerne de muitas das motivações humanas. A ambição egoísta nos leva a buscar nossos próprios interesses acima de tudo, enquanto a vaidade nos leva a procurar reconhecimento e admiração dos outros. Ambas são manifestações do orgulho. Assim, o apóstolo Paulo não está condenando o desejo de fazer o bem. Em vez disso, está apontando para as motivações por trás de nossas ações. A questão central é: estamos agindo para nos exaltar ou para servir genuinamente?

A segunda parte do versículo apresenta a alternativa revolucionária que, à primeira vista, pode parecer impossível ou até indesejável, segundo a natureza humana. Considerar os outros superiores não significa que devemos ter uma visão negativa de nós mesmos. Pelo contrário, é um chamado para adotar uma postura de humildade genuína, reconhecendo o valor intrínseco de cada pessoa como criação de Deus.

Essa atitude reflete o caráter de Cristo, que "sendo em forma de Deus, não considerou que o ser igual a Deus era algo a que devia apegar-se; mas esvaziou-se a si mesmo, vindo a ser servo" (Filipenses 2.6-7). Jesus é o exemplo supremo de alguém que colocou os interesses dos outros acima dos próprios.

Adotar essa mentalidade traz implicações práticas, como a mudança de foco. Ela nos leva a olhar para fora, para as necessidades dos outros, em vez de nos concentrarmos apenas em nós mesmos. Ao considerarmos os outros como superiores, somos desafiados a entender suas perspectivas e experiências, o que nos motiva a servir sem esperar reconhecimento ou recompensa e refletir o caráter de Jesus para o mundo.

Senhor, ajuda-me a agir sempre com humildade, reconhecendo o valor dos outros e colocando suas necessidades acima das minhas. Em nome de Jesus, amém.

anotações

OPORTUNIDADE DE ARREPENDIMENTO

08 DEZ

Certamente o SENHOR Soberano não faz coisa alguma sem revelar o seu plano aos seus servos, os profetas.
AMÓS 3.7

@devocional.palavrasdesabedoria | @marcelotoschi

Em Amós 3, há várias perguntas anunciando o alerta de que o desastre para Israel seria iminente, devido à maldade do povo. É comum falarmos sobre a graça, a misericórdia e o amor de Deus, mas também é importante entender a gravidade dos nossos pecados diante da santidade e da justiça divinas.

Em Amós 3.7, o profeta alerta que um castigo viria sobre Israel, resultado das escolhas erradas do povo, cujos caminhos eram maus aos olhos do Senhor. No entanto, a beleza desse alerta estava no motivo pelo qual Deus revela o que estava por vir: Seu desejo não era punir, mas oferecer uma oportunidade de arrependimento ao seu povo.

Talvez você esperasse encontrar uma palavra de ânimo neste devocional e, ao se deparar com um alerta bíblico, tenha pensado: "Isso não é para mim, eu queria outra mensagem". Mas entenda que, quando Deus diz que não faz nada sem revelar seu plano aos profetas, ele está dando ao seu povo a chance de mudar. O objetivo do Senhor é despertar em nós um arrependimento genuíno, de forma que estejamos dispostos a corrigir a rota, pois somente assim evitaremos as duras consequências do pecado.

Devemos ser inspirados a fazer como o salmista, que disse: "Vê se há em mim algum caminho mau, e guia-me pelo caminho eterno" (Salmos 139.24). Pergunte ao Espírito Santo se há algo em sua vida que precisa ser corrigido, confessado ou perdoado. Se Deus lhe mostrar algum pecado, vício ou atitude errada, arrependa-se e abandone-os. Que hoje seja um dia de arrependimento e um novo começo na presença de Deus.

Senhor, revela ao meu coração o que precisa ser mudado em mim. Eu me arrependo e clamo por tua graça e misericórdia. Guia-me pelo caminho eterno. Em nome de Jesus, amém.

anotações

A GRANDEZA DE DEUS

Os céus declaram a glória de Deus;
o firmamento proclama a obra das suas mãos.

SALMOS 19.1

@devocional.palavrasdesabedoria | @marcelotoschi

Ao contemplarmos a vastidão do céu estrelado ou a beleza de um pôr do Sol, somos tocados por uma verdade: a criação é um testemunho vivo da glória e do poder de Deus. O salmista Davi, inspirado pelo Espírito Santo, convida-nos a elevar os olhos e o coração para contemplarmos a majestade refletida no Universo.

Cada estrela cintilante, cada nuvem que flutua no céu e cada raio de Sol que aquece a Terra, proclamam, em silêncio eloquente, a grandeza do Criador. O Universo, em sua complexidade e beleza incompreensíveis, é como uma sinfonia cósmica, louvando continuamente aquele que o trouxe à existência.

Jesus, por quem e para quem todas as coisas foram criadas, ensinou-nos a ver o Pai através da criação. Ele usou as flores do campo e as aves do céu para ilustrar o seu cuidado amoroso. Através de seus ensinamentos, aprendemos que o mesmo Deus que sustenta o Universo se preocupa intimamente com cada um de nós. O Espírito Santo, que pairava sobre as águas no início da Criação, continua a nos revelar a glória de Deus através do mundo natural.

Quando olhamos para os céus, somos lembrados de nossa pequenez diante da imensidão do cosmos. Ao mesmo tempo, somos confortados pela verdade maravilhosa de que o Deus que criou tudo isso nos conhece pelo nome e nos ama profundamente. Que possamos, como o salmista, ter nosso coração elevado em adoração ao contemplarmos a obra das suas mãos.

Que cada nascer do Sol nos lembre do amor do Pai, que se renova a cada manhã. Que cada noite estrelada nos fale de suas promessas eternas. E que, em cada momento, possamos ouvir a declaração silenciosa, mas poderosa, dos céus, proclamando a glória do nosso Deus maravilhoso.

Senhor, abre meus olhos para eu ver a tua grandeza revelada na criação. Que eu reconheça o teu amor em cada detalhe da natureza e viva em constante adoração ao teu nome. Em nome de Jesus, amém.

anotações

CHAMADOS PARA REINAR

10 DEZ

Tu os constituíste reino e sacerdotes para o nosso Deus, e eles reinarão sobre a terra.

APOCALIPSE 5.10

@devocional.palavrasdesabedoria | @marcelotoschi

Você já parou para refletir sobre o verdadeiro propósito da sua existência aqui na Terra? Não estamos aqui apenas para sobreviver ou superar adversidades diárias. Nosso Pai Celestial tem sonhos grandiosos para cada um de nós e nos chamou para um papel muito mais importante do que podemos imaginar. Contudo, muitos de nós acabam acreditando na mentira de que estamos aqui apenas para suportar a dor e esperar pela vida eterna.

Embora nada se compare ao que Deus tem preparado para nós na Eternidade, ele também nos chamou para sermos agentes de mudança enquanto estamos neste mundo. Ele quer nos usar como respostas divinas para nossa geração, trazendo luz e esperança às diferentes esferas da sociedade. Quando o Senhor criou o mundo, deu ao homem o privilégio de reinar sobre a Terra. Embora o pecado e o Diabo tenham usurpado essa posição, Jesus veio para restaurá-la, concedendo-nos autoridade para reinar em seu nome.

Por meio do sacrifício perfeito de Jesus, todo poder e autoridade foram dados a ele no Céu e na Terra, e agora ele compartilha essa missão conosco. A partir dessa redenção, somos chamados a reinar, a fazer a diferença e a trazer a cultura do Reino para onde estivermos. A Bíblia nos lembra de que somos mais que vencedores, pois somos guiados pelo poder do Espírito Santo.

Assuma hoje sua postura como parte desse Reino. Seja um canal do amor, paz e justiça que vêm de Deus. Você foi criado para ser relevante, liderar e cooperar no avanço do Reino de Deus na Terra. Você faz parte de um projeto maior e celestial, e o seu papel é essencial nele.

Senhor, ajuda-me a viver de acordo com o propósito que o Senhor me deu. Que eu seja um instrumento do teu Reino, espalhando amor, paz e esperança aos homens. Em nome de Jesus, amém.

anotações

PERSEVERE ATÉ O FIM!

Terminar algo é melhor do que começar!

ECLESIASTES 7.8A, NBV

@devocional.palavrasdesabedoria | @marcelotoschi

Você sente dificuldade para concluir o que começa? Seja um curso, um compromisso, um projeto pessoal ou uma simples tarefa da rotina, é muito comum encontrar desafios que o impedem de terminar. No entanto, Deus nos chama para sermos finalizadores, para deixarmos um legado na Terra. Quais projetos estão inacabados em sua vida? O que você começou, mas não conseguiu concluir?

Um dos princípios que muitas pessoas ignoram é a necessidade de equilíbrio. Trabalhar sem descanso nos afasta daquilo que realmente importa. Deus não nos chamou apenas para trabalhar incansavelmente, mas também para cuidar da nossa saúde física, emocional e espiritual. Muitas vezes, negligenciamos o descanso, o lazer e os cuidados com o corpo e a alma. Para ser eficaz, é essencial trabalhar com empenho, mas também reservar momentos de descanso, aproveitar a família e cuidar da própria saúde. É incrível como uma vida equilibrada nos dá mais energia e foco para completar nossos projetos.

Ademais, reconheça a realidade da oposição. O sucesso muitas vezes incomoda, e não são raras as vezes em que amigos ou familiares se opõem aos nossos sonhos e objetivos. Mas não desista por causa das críticas ou dos desafios que surgem pelo caminho. Para cada pessoa que tenta desencorajá-lo, Deus coloca muitas outras que estão dispostas a apoiá-lo e abençoá-lo. É preciso aprender a confiar no chamado de Deus, manter o equilíbrio e continuar perseverando, mesmo quando há oposição.

Hoje, decida continuar. Decida perseverar. Lembre-se de que terminar é melhor do que começar, e Deus o chamou para ser um finalizador. Encontre seu equilíbrio, confie no Senhor e avance com coragem!

Senhor, ajuda-me a encontrar equilíbrio em tudo o que eu fizer. Que eu persevere, mesmo em meio às oposições, e conclua os planos que tens para mim. Em nome de Jesus, amém.

anotações

ANDAR NO ESPÍRITO

Se vivemos no Espírito, andemos também no Espírito.
GÁLATAS 5.25

A Palavra de Deus nos ensina que andar no Espírito deve ser uma decisão que o cristão toma todos os dias. O trecho "Se vivemos no Espírito" não é uma dúvida condicional, mas um chamado à conscientização da nova realidade vivida quando nos convertemos. Paulo nos lembra de que, como discípulos de Cristo, nossa vida espiritual é fundamentada e sustentada pelo Espírito Santo. Viver no Espírito significa que fomos regenerados, nascidos de novo pela sua obra.

A segunda parte do versículo, "andemos também no Espírito", é um chamado à ação, uma exortação para alinharmos nossa conduta diária com a identidade espiritual em Cristo. O verbo "andar"[1] em grego sugere um movimento ordenado, como soldados marchando em formação, isto é, implica consistência, intencionalidade e disciplina na jornada espiritual. Andar no Espírito significa permitir que o Espírito Santo guie as decisões, molde o caráter e influencie as ações do crente regenerado.

A beleza desse versículo está na harmonia que ele propõe entre nossa posição e nossa prática. Paulo está dizendo: "Já que esta é a sua realidade espiritual, então viva de acordo com ela". É um chamado para manifestar externamente o que já é verdade internamente. Para isso, cultive uma consciência diária da presença do Espírito Santo em sua vida. Comece cada dia reconhecendo sua dependência dele. Busque a orientação do Espírito em suas decisões, grandes e pequenas. Estude e medite sobre o fruto do Espírito (cf. Gálatas 5.22-23) e busque manifestá-lo em sua vida. Seja sensível aos "toques" do Espírito — aqueles momentos em que você discerne uma orientação divina para agir ou falar de certa maneira.

Senhor, ajuda-me a viver no teu Espírito e a andar no teu caminho diariamente. Que eu dependa de ti em cada decisão. Em nome de Jesus, amém.

[1] STRONG, James. Léxico Hebraico, Aramaico e Grego de Strong. 2. ed. Barueri: Sociedade Bíblica do Brasil, 2002.

anotações

DEUS COMO REFÚGIO

É melhor buscar refúgio no SENHOR
do que confiar nos homens.

SALMOS 118.8

@devocional.palavrasdesabedoria | @marcelotoschi

Você já se encontrou numa situação em que precisava de uma ajuda urgente? Seja um problema inesperado, uma tarefa desafiadora ou um momento em que não sabia o que fazer. Nessas horas, é comum recorrermos a amigos e familiares, pessoas em quem confiamos. E, de fato, é maravilhoso termos amigos prontos para nos apoiar. Contudo, mesmo com as melhores intenções, nossos amigos podem não ter a solução ou podem simplesmente não conseguir nos ajudar em determinados momentos.

Às vezes, acabamos deixando de buscar ajuda em quem deveria ser nossa primeira opção: Deus. O versículo de hoje nos ensina que é melhor buscar refúgio no Senhor do que confiar nos homens. Quantas vezes nos vemos dependendo das respostas de outras pessoas, esperando que elas nos deem direção ou solução? Não podemos esquecer que seres humanos são falhos e inconstantes — quantas vezes esperamos que cumprissem promessas que não foram cumpridas?

Não estou dizendo que devemos desprezar amizades ou ajuda, pois Deus usa pessoas para nos abençoar e nos apoiar em muitas ocasiões. No entanto, nossa dependência deve estar, em primeiro lugar, em Deus. Ele deve ser nosso verdadeiro refúgio. Se você está passando por uma dificuldade que parece insuperável, lembre-se de que Deus tem a resposta e a provisão para você. Abra seu coração diante do Pai. Busque nele a ajuda que é eterna e infalível. Somente o Senhor pode ser seu verdadeiro refúgio e consolo em qualquer circunstância.

Senhor, perdoa-me por muitas vezes buscar ajuda nos homens antes de me refugiar em ti. Ajuda-me a sempre te colocar como minha primeira opção, sabendo que és fiel e tens a solução para todas as minhas dificuldades. Em nome de Jesus, amém.

anotações

O PODER TRANSFORMADOR DA PALAVRA

Mediante a palavra do SENHOR foram feitos os céus,
e os corpos celestes, pelo sopro de sua boca. Ele ajunta as águas
do mar num só lugar; das profundezas faz reservatórios.

SALMOS 33.6-7

A Bíblia nos ensina que a Palavra tem um poder extraordinário. Por isso, é essencial que cuidemos do que sai de nossa boca. Tiago nos adverte que uma mesma fonte não pode jorrar água doce e amarga simultaneamente. Da mesma forma, nossas palavras devem ser consistentes com a verdade e o amor de Deus, pois delas depende se vivemos em bênçãos ou maldições.

Se nossas palavras, mesmo limitadas, têm impacto tanto no mundo espiritual quanto no material, imagine o poder da palavra de Deus! O salmo 33 nos revela que os céus e os corpos celestes foram criados com um simples sopro da boca do Senhor. Ele tem a palavra final sobre todas as coisas. Diagnósticos podem ser dados e circunstâncias podem parecer inalteráveis, mas o Senhor é o único que possui a autoridade para transformar qualquer situação.

Hoje, permita que seu coração seja preenchido pela confiança no poder da palavra de Deus. Ela não é apenas um conjunto de versículos, mas a expressão viva e eficaz que vem diretamente do Pai, e tem o poder de curar, libertar, restaurar e transformar vidas e destinos. Descanse na certeza de que a Palavra pode mudar qualquer aspecto da sua vida, trazendo esperança e renovação.

Senhor, ajuda-me a confiar no poder da tua Palavra. Que eu fale com fé, sabendo que tens a palavra final em todas as situações. Transforma minha vida e as circunstâncias ao meu redor pelo poder da tua voz. Em nome de Jesus, amém.

anotações

AMEM-SE UNS AOS OUTROS

Um novo mandamento lhes dou: Amem-se uns aos outros. Como eu os amei, vocês devem amar-se uns aos outros. Com isso todos saberão que vocês são meus discípulos, se vocês se amarem uns aos outros.

JOÃO 13.34-35

@devocional.palavrasdesabedoria | @marcelotoschi

Jesus é a expressão perfeita do amor de Deus. Quando ele nos chama a amar uns aos outros, não nos deixa apenas uma instrução, mas nos apresenta o exemplo. Jesus nos amou de forma incondicional, sacrificial e verdadeira. O amor que ele nos ensina é algo que vai além de palavras, é prático e se manifesta em ações, cuidado e perdão.

No versículo de hoje, Jesus deixou um novo mandamento: amar uns aos outros como ele nos amou. Essa não é uma tarefa simples, pois o amor de Jesus é doador. No entanto, quando escolhemos amar dessa maneira, mostramos ao mundo quem é Jesus. É através do amor que, como um espelho, refletimos o Pai e manifestamos um testemunho poderoso. Na epístola de 1João, o apóstolo afirma que quem conhece a Deus ama, e que aquele que é nascido dele vive em amor (cf. 1João 4.7-8). Portanto, amar é uma evidência de que conhecemos a Deus e de que fomos verdadeiramente transformados e regenerados. Não é possível dizer que estamos em Deus se não amamos nosso próximo. Quando amamos as pessoas, revelamos o caráter de Deus, e isso faz com que elas desejem conhecer a fonte desse amor.

Talvez hoje seja um bom dia para fazer uma análise pessoal: há alguém que você precisa perdoar? Alguém que você magoou e a quem precisa pedir perdão? Amar como Jesus amou também significa buscar a reconciliação e valorizar a unidade. Ele nos convida para amarmos genuinamente, perdoarmos e sermos instrumentos de reconciliação. Ao fazermos isso, manifestamos Jesus através da unidade e do amor verdadeiro.

Senhor, ajuda-me a amar como me amas. Dá-me um coração disposto a perdoar e a buscar a reconciliação. Que o meu amor pelo próximo seja um reflexo do teu amor por mim. Em nome de Jesus, amém.

anotações

REFLETINDO A LUZ DE DEUS

16 DEZ

Façam tudo sem queixas nem discussões, para que venham a tornar-se puros e irrepreensíveis, filhos de Deus inculpáveis no meio de uma geração corrompida e depravada, na qual vocês brilham como estrelas no universo.

FILIPENSES 2.14-15

Os versículos de Filipenses nos oferecem uma chave poderosa para vivermos de maneira diferenciada em uma época acostumada com queixas e conflitos. À primeira vista, pode parecer que o texto nos orienta a evitar murmurações e discussões. No entanto, vai muito além, mostrando um caminho para o crescimento e vida próspera.

Ainda que socialmente o comportamento comum seja reclamar e se envolver em discussões inúteis, nós, como filhos de Deus, somos chamados a agir de forma diferente. A verdadeira chave para brilharmos como estrelas não está em nossas habilidades ou em nos destacarmos por nós mesmos, mas em permitir que Deus nos use para refletir sua luz e bondade em lugares necessitados de esperança.

Quando renunciamos ao hábito de reclamar e discutir, permitimos que Deus nos exalte no seu tempo e conforme sua vontade. Ele é quem nos coloca em posições de honra, e não nós mesmos. O Senhor cuida de cada detalhe da nossa vida e quando aprendemos a confiar nele, nosso coração se alinha com o propósito divino. Ao nos livrarmos de atitudes destrutivas, começamos a brilhar e revelar mais a Cristo.

Se hoje você enfrenta desafios no trabalho, em casa ou em qualquer outra área, lembre-se de que abandonar as queixas e confiar em Deus abrirá portas que somente ele pode abrir. Quando você reluz a luz divina, ele faz com que você prospere e se destaque, para a glória dele.

Senhor, ajuda-me a abandonar as queixas e discussões que impedem meu crescimento. Que eu confie plenamente em ti e reflita a tua luz em tudo que faço. Usa minha vida para resplandecer tua glória. Em nome de Jesus, amém.

anotações

O CHAMADO DO EVANGELHO

E, no entanto, não posso me orgulhar de anunciar as boas-novas, pois sou impelido por Deus a fazê-lo. Ai de mim se não anunciar as boas-novas!

1CORÍNTIOS 9.16, NVT

Em Romanos 1.16, Paulo declara que não se envergonha do Evangelho, porque ele é o poder de Deus para a salvação de todos os que creem. Essa convicção é o que move Paulo a pregar, mesmo enfrentando perseguições e dificuldades. Para ele, o Evangelho é a mensagem mais poderosa e transformadora que alguém pode ouvir, pois anuncia a Cristo, o único nome pelo qual podemos ser salvos (cf. Atos 4.12). O Evangelho fala da vinda de Jesus, de sua morte e ressurreição, e da esperança que isso traz para toda a humanidade.

Paulo diz que é "impelido por Deus" a fazê-lo. A palavra "impelido" revela uma força interna, um senso de missão que não lhe dá outra escolha senão pregar. Para Paulo, anunciar as Boas-Novas não é uma opção, mas uma obrigação. Ele entendeu que recebeu um chamado divino para levar a mensagem da salvação a todos os povos, e que sua vida deveria ser totalmente dedicada a isso.

De igual forma, somos chamados a compartilhar essa verdade. Jesus nos deu uma missão clara: ir por todo o mundo e fazer discípulos (cf. Mateus 28.19-20). Esse chamado não foi apenas para os apóstolos, mas é para todos os seguidores de Cristo. Compartilhar as Boas-Novas não se limita às palavras que dizemos, mas também à maneira como vivemos. Somos faróis que resplandecem a luz de Cristo em um mundo tenebroso e escuro.

Você tem compartilhado as Boas-Novas? Você tem permitido que sua vida seja uma demonstração do amor de Cristo? Assim como Paulo, devemos sentir a necessidade de anunciar o Evangelho, tanto por palavras quanto por atitudes.

Senhor, obrigado pelo Evangelho, que é o teu poder para a salvação. Ajuda-me a ser um fiel mensageiro das Boas-Novas, vivendo de forma que minha vida reflita tua presença e amor. Em nome de Jesus, amém.

anotações

FLUINDO A ÁGUA VIVA

18 DEZ

Quem crer em mim, como diz a Escritura,
do seu interior fluirão rios de água viva.

JOÃO 7.38

@devocional.palavrasdesabedoria | @marcelotoschi

Nas Escrituras, a água pode simbolizar vida, purificação e renovação. Jesus, ao usar essa imagem, oferece não apenas uma gota dela, mas rios! O aspecto mais notável dessa promessa é que esses rios fluirão "do interior" do crente, indicando uma transformação profunda e interna.

A condição para vivenciar isso é crer em Jesus. Não se trata, porém, de uma crença intelectual, mas de uma entrega completa a Cristo, de um ato de fé que nos conecte à fonte de vida eterna. Esses rios, além de trazer-nos plenitude de alegria, servem para alcançar outras pessoas, nutrindo-as com a esperança do Evangelho. Somos chamados a ser canais da graça e do amor de Deus para o mundo ao nosso redor.

É importante notar que Jesus fala no tempo futuro — "fluirão". Isso aponta para a obra contínua do Espírito Santo na vida do cristão. É uma promessa de crescimento, renovação e frutificação constantes na caminhada com Deus. Essa imagem de rios fluindo também sugere movimento e propósito. A vida espiritual não deve ser estática ou autocentrada, mas dinâmica e orientada para fora, sempre fluindo em direção aos propósitos de Deus. Por fim, a promessa de "água viva" nos lembra de nossa dependência contínua de Cristo. Assim como precisamos de água física para sobreviver, nossa alma necessita constantemente da água viva.

Hoje e sempre, beba profundamente dessa fonte inesgotável que é Jesus Cristo. Torne sua fé nele um canal através do qual os rios de água viva fluem, transbordando para refrescar e renovar as pessoas ao seu redor. Que sejamos conhecidos como pessoas das quais emana vida, graça e amor divinos, testemunhando o poder transformador de Cristo em nós.

Senhor Jesus, creio em ti e desejo que os rios de água viva fluam do meu interior. Que minha vida transborde de tua graça e amor, impactando todos ao meu redor. Em nome de Jesus, amém.

anotações

....

....

....

O QUARTO HOMEM NA FORNALHA

O rei, porém, exclamou: — Olhem! Estou vendo quatro homens, desamarrados e ilesos, andando no meio do fogo, e o quarto se parece com um filho dos deuses.

DANIEL 3.25

@devocional.palavrasdesabedoria | @marcelotoschi

A história de Hananias, Misael e Azarias, que tiveram seus nomes trocados para Sadraque, Mesaque e Abede-Nego, é uma poderosa demonstração de fé em Deus. Esses três jovens se recusaram a se prostrar diante da estátua que o rei Nabucodonosor havia erguido, pois sabiam que somente o Senhor era digno de adoração. O que mais impressiona é a firmeza deles ao declararem, em Daniel 3.18, que mesmo se Deus não os livrasse da fornalha, ainda assim não se prostrariam. Estavam dispostos a enfrentar as consequências por amor e obediência a Deus.

Enfurecido, o rei ordenou que a fornalha fosse aquecida sete vezes mais, e mandou amarrar os jovens e lançá-los no fogo. A situação parecia desesperadora; a fornalha estava tão quente que os soldados que os levaram morreram devido ao calor. Porém, algo surpreendente aconteceu: de repente, o rei via não apenas três, mas quatro homens andando livremente no meio do fogo, ilesos. E o quarto homem tinha uma aparência "semelhante ao filho dos deuses".

Podemos extrair inúmeras lições dessa narrativa, mas desejo compartilhar que o quarto homem da fornalha está com você! Se está passando por uma semana difícil, exponha sua fé ao não reclamar ou questionar o Senhor, mas confie que o quarto homem da fornalha, o próprio Jesus, está com você. Mesmo que o fogo esteja intenso, ele não lhe causará dano algum, pois o Senhor o protege e sustenta. Assim como ele esteve na fornalha com Hananias, Misael e Azarias, também está ao seu lado hoje.

Senhor, obrigado por estares comigo em meio às minhas dificuldades. Assim como estiveste com Hananias, Misael e Azarias na fornalha, sei que estás comigo em cada desafio que enfrento. Em nome de Jesus, amém.

anotações

UNGIDOS PARA LEVAR ESPERANÇA

20 DEZ

O Espírito do Senhor Deus está sobre mim, porque o Senhor
me ungiu para pregar boas-novas aos quebrantados.

ISAÍAS 61.1, NAA

@devocional.palavrasdesabedoria | @marcelotoschi

Deus nos unge com seu Espírito para uma missão divina. Essa passagem, que Jesus proclamou como cumprida em sua pessoa, revela o coração de Deus para a humanidade e nos convida a participar de seu plano redentor. A unção mencionada não é um mero ritual externo, mas uma capacitação espiritual. Não está reservada apenas para alguns escolhidos, mas disponível para todos que se entregam completamente a Deus, desejando ser instrumentos de sua graça no mundo.

O propósito dessa unção é claro: pregar as Boas-Novas aos quebrantados. Deus nos chama a sermos portadores de sua mensagem de amor, cura e restauração para os que sofrem. Os quebrantados não são apenas aqueles que enfrentam dificuldades materiais, mas todos os que carregam feridas emocionais, espirituais e relacionais. Como uma responsabilidade recebida por meio dessa unção, somos desafiados a sair da zona de conforto, olhar além de nossas próprias necessidades e nos tornarmos canais da graça de Deus para os que estão em desgraça.

À medida que abraçamos essa unção e missão, descobrimos uma verdade maravilhosa: ao abençoarmos outros, experimentamos uma intimidade mais profunda com Deus, isto é, também somos abençoados. Assim, ao contemplarmos essa passagem, somos convidados a um relacionamento mais profundo com o Pai. É na comunhão diária com ele, através do Espírito Santo que somos capacitados a levar as Boas-Novas de maneira autêntica e poderosa.

Senhor, que o teu Espírito me encha de coragem e amor para levar as Boas-Novas aos que precisam. Usa-me para tocar corações e transformar vidas, para a tua glória. Em nome de Jesus, amém.

anotações

SINAIS DE FÉ

Estes sinais acompanharão os que crerem: em meu nome expulsarão demônios; falarão novas línguas; pegarão em serpentes; e, se beberem algum veneno mortal, não lhes fará mal nenhum; imporão as mãos sobre os doentes, e estes ficarão curados.

MARCOS 16.17-18

@devocional.palavrasdesabedoria | @marcelotoschi

Esse texto de Marcos nos revela uma promessa incrível e um chamado ousado: aqueles que creem em Jesus serão acompanhados por sinais poderosos. Talvez você pense que esses sinais são apenas para pastores, missionários ou pessoas que têm um cargo importante na igreja, mas não é assim! Jesus não colocou limites ou distinções. Esses sinais são para todos os que creem, sem exceção.

Quando você entrega sua vida a Jesus, o Espírito Santo passa a habitar em seu coração. É ele quem capacita e dá força e poder. Os sinais dos quais Jesus fala são o reflexo da presença do Espírito Santo na vida do cristão. Orar e ver pessoas sendo libertas, falar em novas línguas, impor as mãos sobre os doentes e ver a cura acontecer — tudo isso faz parte do chamado daqueles que seguem a Cristo.

Talvez você nunca tenha vivenciado nenhuma dessas experiências, mas o convite de Jesus continua o mesmo: "mergulhe mais fundo". Peça ao Pai para ver o poder do Espírito Santo se manifestar em sua vida e através dela. Que todas as barreiras de medo, dúvida ou insegurança caiam por terra, e você se torne um canal da manifestação do Reino de Deus onde quer que esteja. Você foi chamado para ser um sinal vivo do amor e poder de Cristo, para que o mundo ao seu redor seja transformado.

Senhor, eu quero mergulhar mais fundo em tua presença. Capacita-me a ser um canal do teu poder e amor, para que muitas vidas sejam tocadas pelo teu Espírito Santo. Em nome de Jesus, amém.

anotações

HERANÇA ETERNA

22 DEZ

A minha porção é o SENHOR, diz a minha alma;
portanto, esperarei nele.
LAMENTAÇÕES 3.24, NAA

@devocional.palavrasdesabedoria | @marcelotoschi

O profeta Jeremias, conhecido como o "profeta chorão", desafia-nos a fazer de Deus nossa porção. A palavra "porção" remete à ideia de herança, de algo que nos é designado como nossa parte. Na cultura israelita, a porção de terra era crucial para a identidade e sustento de uma família. Aqui, Jeremias declara que sua porção — sua herança mais valiosa — não é um pedaço de terra, riquezas ou status, mas o próprio Senhor.

Da mesma maneira, devemos considerar qual é a nossa "porção" na vida. Muitos buscam estabelecer sua segurança em posses materiais, relacionamentos ou conquistas. No entanto, Jeremias nos lembra que todas essas coisas são passageiras e que nossa verdadeira herança e segurança está em Deus. Ao declarar que o Senhor é sua porção, Jeremias está expressando uma confiança inabalável nele. O profeta reconhece que, tendo a Deus, tem tudo o que realmente importa. Essa perspectiva nos liberta da ansiedade constante de acumular bens terrenos e nos permite viver em contentamento.

Como resultado de reconhecer o Senhor como nossa porção e herança, aprendemos a confiar em seu propósito, mesmo quando é necessário esperar. Essa espera é alimentada pela certeza de que ele é fiel e suas promessas se cumprirão no tempo perfeito. Assim, faça do Senhor o centro de sua vida e a fonte primária de sua identidade e valor. Ao confessá-lo como nossa porção, descobrimos uma liberdade e uma alegria que transcendem qualquer situação terrena. Não importa o que perdemos ou ganhamos nesta vida, temos a garantia de que nossa herança mais preciosa — o próprio Deus — jamais nos será tirada.

Senhor, que eu reconheça que és minha verdadeira porção e herança eterna. Ajuda-me a esperar em ti com confiança. Em nome de Jesus, amém.

anotações

LEGADO

A memória deixada pelos justos será uma bênção,
mas o nome dos ímpios apodrecerá.

PROVÉRBIOS 10.7

@devocional.palavrasdesabedoria | @marcelotoschi

Todos nós desejamos deixar uma marca no mundo, algo que perdure além de nossa vida terrena. Ao olharmos para a história, vemos como reis e figuras influentes se esforçaram para eternizar seus nomes por meio de grandes feitos ou obras. Contudo, essa preocupação não é restrita apenas aos poderosos. Todos nós, independentemente de nossas posses ou posição, podemos deixar um legado. A grande questão é: que tipo de legado estamos construindo?

Somos capazes de influenciar e impactar as pessoas ao nosso redor — familiares, amigos, colegas de trabalho e vizinhos. Podemos escolher deixar marcas positivas, produzidas por um coração justo, temente a Deus e cheio de fé. Quando nossa motivação é o amor, as palavras que proferimos trarão conforto e sabedoria. Esse tipo de legado é uma bênção que será lembrada por nossa descendência e por aqueles que cruzarem nosso caminho.

Por outro lado, se nossas ações são movidas pelo egoísmo e orgulho, essas marcas ferirão gerações ou desaparecerão, deixando um vazio ao invés de bênçãos. Assim como o fruto que amadurece, mas não é aproveitado e acaba apodrecendo, uma vida focada em si mesma não produz um legado que beneficie os outros.

Portanto, escolha diariamente deixar marcas de bênção na vida daqueles ao seu redor. Que nossas palavras e ações sejam fonte de encorajamento e transformação, inspirando as pessoas a tornarem suas próprias casas, comunidades e nação um lugar melhor.

Senhor, ajuda-me a construir um legado que seja uma bênção para todos ao meu redor. Que minhas palavras e ações reflitam teu amor e tua justiça. Usa-me para ser um canal de transformação e bênção na vida dos outros. Em nome de Jesus, amém.

anotações

NOME ACIMA DE TODO NOME

24 DEZ

Ela dará à luz um filho, e você deverá dar-lhe o nome de Jesus, porque ele salvará o seu povo dos seus pecados.

MATEUS 1.21

@devocional.palavrasdesabedoria | @marcelotoschi

O anjo do Senhor, ao anunciar o nascimento de Jesus a José, revela não apenas o nome da criança, mas também o significado eterno por trás desse nome. Jesus, em hebraico "Yeshua", significa "O Senhor salva". Não foi um nome escolhido por acaso, mas intencionalmente determinado pelo próprio Deus, pois revela a missão de Cristo na Terra: salvar a humanidade de seus pecados.

A promessa de salvação contida nesse nome é o cumprimento de séculos de profecia e a resposta ao anseio mais profundo do coração humano. Desde a queda no Éden, a humanidade tem vivido sob o peso do pecado, separada de seu Criador. Jesus veio para restaurar essa conexão perdida, para construir uma ponte sobre o abismo que nos separava de Deus.

O poder do seu nome vai além de uma simples designação. Em Jesus, vemos a encarnação do amor de Deus, de sua graça e misericórdia. Ele é Emanuel, "Deus conosco", que se dispôs a deixar a glória dos Céus para habitar entre nós, tomando sobre si o castigo que nos era devido. A salvação que ele traz opera uma transformação completa, pelo poder do Espírito Santo. Através de sua vida perfeita, morte sacrificial e ressurreição gloriosa, Jesus abriu o caminho para que fôssemos não apenas perdoados, mas também reconciliados com Deus e adotados como seus filhos e filhas. Que possamos, como Paulo escreveu, dobrar nossos joelhos diante desse nome que está acima de todo nome, reconhecendo-o como Senhor, para a glória de Deus Pai.

Hoje, inspirado pelo nome santo de Cristo, seja movido a compartilhar as Boas-Novas da salvação com aqueles ao seu redor, para que outros também experimentem o poder transformador de Jesus, o Salvador do mundo.

Senhor Jesus, agradeço por teres vindo ao mundo para me salvar. Que o teu nome seja sempre a minha esperança e força. Ajuda-me a viver para a tua glória e a compartilhar o teu amor com os outros. Em nome de Jesus, amém.

anotações

25 DEZ

O MESSIAS PROMETIDO

Porque um menino nos nasceu, um filho nos foi dado, e o governo está sobre os seus ombros. E ele será chamado Maravilhoso Conselheiro, Deus Poderoso, Pai Eterno, Príncipe da Paz.

ISAÍAS 9.6

@devocional.palavrasdesabedoria | @marcelotoschi

Nas palavras de Isaías, vislumbramos a majestade e a misericórdia do Messias prometido. Jesus Cristo, o cumprimento dessa profecia, veio a nós como um presente divino, encarnando a plenitude do amor de Deus em forma humana. Sua vinda não se limitou apenas ao nascimento de uma criança, mas à manifestação tangível da graça divina entre nós.

Como *Maravilhoso Conselheiro*, Jesus nos guia com sabedoria, iluminando nossos caminhos. Ele sussurra verdades eternas em nosso coração, oferecendo direção quando nos sentimos perdidos e revelando os mistérios do Reino de Deus aos que o buscam. Na pessoa de Cristo, contemplamos o *Deus Poderoso* caminhando entre nós. Seu poder se manifesta em amor transformador. Através de sua vida, morte e ressurreição, Jesus demonstrou um poder capaz de vencer a morte, o pecado e toda força das trevas. É esse mesmo poder que agora opera em nós pelo Espírito Santo, capacitando-nos a viver em vitória.

Como *Pai Eterno*, Jesus nos revela o coração paternal de Deus. Ele nos acolhe em seus braços eternos, oferecendo um amor que nunca falha e nunca se esgota. Através de Cristo, somos adotados na família divina, isto é, recebemos uma herança eterna e podemos clamar "Abba, Pai". Na pessoa de Jesus, o *Príncipe da Paz*, encontramos a reconciliação plena com Deus e a paz que excede todo entendimento. Ela não significa ausência de conflito, mas a presença intensa de *shalom* — plenitude, integridade e harmonia restaurada.

Hoje, maravilhe-se com a plenitude de Cristo revelada nesses títulos gloriosos. Que sua vida se torne um testemunho vivo dos nomes do Senhor, refletindo sua luz em um mundo que anseia por esperança e redenção.

Senhor Jesus, obrigado porque tu és meu Conselheiro, Deus Poderoso, Pai Eterno e Príncipe da Paz. Que eu experimente a plenitude da tua presença em cada área da minha vida. Em nome de Jesus, amém.

anotações

VOZ QUE TRANSFORMA

26 DEZ

O leão rugiu, quem não temerá? O SENHOR, o Soberano, falou, quem não profetizará?
AMÓS 3.8

Deus faz uma analogia poderosa com o leão, o rei da selva, cujo rugido faz todos os outros animais e seres humanos ao redor tremerem. Assim como ninguém pode ignorar o rugido de um leão, não podemos ignorar a voz do Soberano. Quando o Senhor fala, sua palavra transforma realidades e destinos.

Hoje, lembre-se das promessas que Deus já fez sobre sua vida. Você é filho amado, escolhido e abençoado. O Senhor tem planos extraordinários para fazê-lo prosperar, dando-lhe um futuro repleto de esperança e vitórias. Em Cristo, você é mais que vencedor, nada pode separá-lo do seu amor.

Ao ouvir a voz poderosa de Deus, como o som de muitas águas, tome posse dessas palavras e permita que elas transformem seu coração e vida. Levante-se e profetize sobre o seu presente e futuro! Declare, com fé, a bênção divina sobre seu casamento, família, negócios e sonhos. Seja um canal da voz profética do Senhor para impactar aqueles ao seu redor.

Quando Deus fala, o impossível se torna realidade. Portanto, abra sua boca e deixe o poder das promessas divinas mudar sua realidade. Ele já falou, agora é a sua vez de profetizar e ver o sobrenatural acontecer!

Senhor, obrigado pelas tuas promessas sobre a minha vida. Ajuda-me a ouvir tua voz com atenção e profetizar com fé o que já falaste a meu respeito. Que eu seja um canal de bênção e um instrumento da tua palavra. Em nome de Jesus, amém.

anotações

ORAÇÃO E SÚPLICA

Por isso digo: Peçam, e será dado; busquem, e encontrarão; batam, e a porta será aberta. Pois todo o que pede, recebe; o que busca, encontra; e àquele que bate, a porta será aberta.

LUCAS 11.9-10

Jesus, em seu diálogo com os discípulos, ensina-nos uma lição essencial sobre a importância de perseverar em oração. Ele usa uma analogia simples: mesmo uma pessoa que está despreparada, ao ser importunada tarde da noite, acaba cedendo por insistência. Com isso, Jesus nos encoraja a pedir, buscar e bater. Como filhos de Deus, temos liberdade de nos aproximar dele, pois ele é um bom Pai, e todas as promessas dele têm seu "sim" em Cristo.

A persistência em oração não significa mandar em Deus, mas reconhecer que temos liberdade de nos achegar a ele confiadamente. Uma súplica vai além de uma simples oração; é um pedido fervoroso, insistente e cheio de humildade. Muitas vezes, é um clamor desesperado pela intervenção divina.

Precisamos relembrar a importância de levantar súplicas diante de Deus. Muitas vezes, tornamo-nos cautelosos, preocupados em não "incomodar" o Senhor ou tendo receio de chorar e clamar em voz alta, temendo o que outros podem pensar. A verdade é que Deus quer ouvir nosso clamor sincero e profundo. A Bíblia nos lembra de que Jesus, durante seus dias na Terra, ofereceu orações e súplicas em alta voz e com lágrimas (cf. Hebreus 5.7). Ele não hesitou em se render ao Pai em total dependência.

Hoje é um bom dia para fazermos o mesmo. Para nos rendermos em oração e súplica diante do Pai, apresentando nossos pedidos com coração humilde e confiante. Não se preocupe em parecer vulnerável, pois o Senhor acolhe cada lágrima e ouve cada súplica. Com coragem, busque a ele de todo o coração e experimente sua graça, consolo e refrigério.

Senhor, ajuda-me a ser perseverante em minha oração e súplica. Que eu não tenha vergonha de te buscar ou clamar em alta voz, como Jesus fez. Em nome de Jesus, amém.

anotações

DEUS LUTA POR VOCÊ

Filhinhos, vocês são de Deus e os venceram, porque aquele que está em vocês é maior do que aquele que está no mundo.

1JOÃO 4.4

@devocional.palavrasdesabedoria | @marcelotoschi

Quantas vezes nos deparamos com problemas que parecem grandes demais para enfrentarmos sozinhos? Nesses momentos, a tentação é ceder ao medo e ao desespero. No entanto, olhando para o texto bíblico, o apóstolo João nos traz uma verdade transformadora: muito maior do que os nossos problemas é o nosso Deus!

Os desafios podem ser enormes e as muralhas intransponíveis, mas nossa confiança está no Senhor, que é soberano sobre todas as coisas. A Palavra nos assegura que aquele que está em nós é maior do que qualquer adversidade que o mundo possa trazer. Ao compreendermos isso, percebemos que a batalha não é nossa, mas do Senhor, que é o único capaz de nos garantir a vitória.

Se você tem se sentido derrotado, pode estar carregando um fardo que não precisa ser seu. Lembre-se de que Deus luta por você, e a única coisa que ele lhe pede é que confie nele. Quando olhamos para nossas lutas diárias com essa perspectiva, não há espaço para medo ou desânimo, mas disposição para celebrar a vitória antes mesmo que ela chegue. Confie e declare sua fé no Senhor, porque ele já venceu por você!

Pai, ajuda-me a confiar que a batalha é tua e não minha. Fortalece minha fé para que eu enfrente meus desafios com confiança, sabendo que teu poder é maior do que qualquer problema. Em nome de Jesus, amém.

anotações

A ESSÊNCIA DA VIDA

De tudo o que se ouviu, a conclusão é esta: tema a Deus e guarde os seus mandamentos; porque isto é o dever de cada pessoa.

ECLESIASTES 12.13, NAA

@devocional.palavrasdesabedoria | @marcelotoschi

O livro de Eclesiastes é uma jornada profunda através das complexidades da vida humana. Após explorar diversos aspectos da existência — riqueza, prazer, sabedoria e trabalho —, o autor chega a uma conclusão poderosa e sucinta que resume o propósito fundamental da vida. O início dessa passagem a indica como o resultado de uma longa e cuidadosa reflexão, destilando a sabedoria acumulada ao longo de uma vida de observação e experiência.

A mensagem é dupla: "tema a Deus e guarde os seus mandamentos". O temor a Deus não é um medo paralisante, mas uma reverência profunda e um respeito amoroso. Consiste no reconhecimento de sua grandeza, santidade e soberania, lembrando-nos de nossa dependência dele e inspirando-nos a viver com humildade e gratidão. Guardar os mandamentos divinos é a expressão prática desse temor. Não basta reconhecermos a grandeza de Deus; devemos viver de acordo com sua vontade. É através da obediência que experimentamos a plenitude da vida em comunhão com ele. Independentemente de nossa cultura, status social ou circunstâncias pessoais, nossa responsabilidade fundamental perante Deus permanece a mesma.

Dessa maneira, Eclesiastes nos oferece uma perspectiva valiosa sobre o significado da vida. Em tempos em que muitos buscam o sentido da vida no sucesso material, prazer ou poder, as Escrituras nos direcionam a fortalecer nosso relacionamento com Deus, a fonte de todo propósito e realização verdadeiros.

Deus, obrigado pela clareza e sabedoria de tua Palavra. Ajuda-me a cultivar um temor reverente por ti e viver em obediência aos teus mandamentos. Que eu encontre meu verdadeiro propósito na comunhão contigo e na realização da tua vontade. Em nome de Jesus, amém.

anotações

BUSCA VERDADEIRA

30 DEZ

Eu amo os que me amam; os que me procuram me encontram.

PROVÉRBIOS 8.17, NAA

@devocional.palavrasdesabedoria | @marcelotoschi

Que promessa linda e poderosa! O amor verdadeiro é demonstrado por meio de atitudes. Quando amamos alguém, buscamos maneiras de expressar esse sentimento, através de palavras, gestos ou presentes. Com Deus, não é diferente. Ele nos amou de tal forma que provou esse amor ao enviar seu Filho para morrer por nós, mesmo quando ainda estávamos perdidos em nossos pecados. Romanos 5.8 diz: "Deus demonstra seu amor por nós: Cristo morreu em nosso favor quando ainda éramos pecadores". Como temos demonstrado nosso amor por ele? Como temos correspondido a esse tão grande amor?

Buscar a Deus é uma forma de demonstrar nosso amor por ele. Nossa sede e fome pelo Senhor refletem o quanto desejamos sua presença em nossa vida. Ele não é um Deus distante ou inalcançável; pelo contrário, ele promete ser encontrado por todos aqueles que o buscam de todo coração. O Criador o Universo deseja ser encontrado por você!

Que nosso desejo seja viver de tal maneira que as pessoas ao nosso redor percebam quanto amamos ao Senhor! Que seja algo visível e palpável, chamando a atenção não pelar vaidade, mas pelo transbordar do amor a Deus. Assim, decida buscá-lo hoje. Separe um tempo para orar, meditar em sua Palavra e se abrir para um relacionamento profundo. Que o amor dele resplandeça em sua vida e que a alegria de o encontrar seja uma realidade constante em seu caminhar.

Senhor, quero te buscar com todo o meu coração. Que minha vida seja uma expressão visível do meu amor por ti. Em nome de Jesus, amém.

anotações

....

....

....

31 DEZ

O DEUS QUE NÃO FALHA

Sei que podes fazer todas as coisas;
nenhum dos teus planos pode ser frustrado.

JÓ 42.2

O capítulo 42 encerra o livro de Jó com uma declaração preciosa sobre a soberania de Deus. Depois de tudo o que Jó passou, ele finalmente compreende a grandeza e o poder divinos. Ele reconhece que o Senhor é capaz de fazer todas as coisas e que nenhum dos seus planos pode ser frustrado. Essa afirmação não vem de alguém que teve uma vida tranquila e sem desafios, mas de alguém que foi profundamente provado e que experimentou a dor, a perda e o sofrimento.

Jó foi provado como poucos. Ele perdeu sua família, seus bens e sua saúde, enfrentando uma jornada de dor e questionamentos. No entanto, em meio a tudo isso, ele teve um vislumbre maior de quem Deus realmente é. Jó percebeu que ele não é distante, mas alguém próximo, que se envolve em nossa vida e cujo poder e soberania não têm limites. Ele entendeu que, mesmo quando não compreendemos o que está acontecendo, Deus continua sendo bom, fiel e está no controle de todas as coisas.

Ao declarar "nenhum dos teus planos pode ser frustrado", Jó reconhece que Deus é soberano e que tudo está sob seu controle. Mesmo que nossos olhos não consigam ver uma solução ou que as circunstâncias pareçam impossíveis, o Senhor está trabalhando. Seus planos não podem ser frustrados e seus propósitos são sempre maiores do que os nossos. A experiência de Jó nos ensina que, no processo da provação, conhecemos mais sobre quem Deus é, seu caráter, amor, graça e fidelidade.

Esse mesmo Deus que restaurou a vida de Jó está presente hoje, e nenhum de seus planos para você pode ser frustrado. Entenda e confie que o processo pelo qual você está passando hoje é uma oportunidade de conhecer mais o Pai Celestial e viver em um nível maior de confiança nele.

Senhor, reconheço que és soberano. Ajuda-me a confiar em ti, mesmo nos momentos difíceis, e a conhecer mais do teu caráter e fidelidade. Em nome de Jesus, amém.

anotações

PLANO DE LEITURA

@devocional.palavrasdesabedoria | @marcelotoschi

PLANO DE LEITURA
JANEIRO

1º ☐ GÊNESIS 1.1 – 2.25 MATEUS 1.1-25 SALMOS 1. 1-6	2 ☐ GÊNESIS 3.1 – 5.8 MATEUS 2.1-23 SALMOS 2.1-6	3 ☐ GÊNESIS 5.9 – 7.12 MATEUS 3.1 – 4.4 SALMOS 2.7-12	4 ☐ GÊNESIS 7.13 – 9.23 MATEUS 4.5-25 SALMOS 3.1-8	5 ☐ GÊNESIS 9.24 – 11.19 MATEUS 5.1-26 SALMOS 4.1-8	6 ☐ GÊNESIS 11.20 – 14.7 MATEUS 5.27-48 SALMOS 5.1-6	7 ☐ GÊNESIS 14.8 – 17.2 MATEUS 6.1-24 SALMOS 5.7-12
8 ☐ GÊNESIS 17.3 – 18.33 MATEUS 6.25 – 7.12 SALMOS 6.1-7	9 ☐ GÊNESIS 19.1 – 20.18 MATEUS 7.13 – 8.4 SALMOS 6.8 – 7.5	10 ☐ GÊNESIS 21.1 – 22.24 MATEUS 8.5-27 SALMOS 7.6-17	11 ☐ GÊNESIS 23.1 – 24.33 MATEUS 8.28 – 9.13 SALMOS 8.1-9	12 ☐ GÊNESIS 24.34 – 25.28 MATEUS 9.14-38 SALMOS 9.1-6	13 ☐ GÊNESIS 25.29 – 27.17 MATEUS 10.1-20 SALMOS 9.7-14	14 ☐ GÊNESIS 27.18 – 29.6 MATEUS 10.21-42 SALMOS 9.15-20
15 ☐ GÊNESIS 29.7 – 30.28 MATEUS 11.1-24 SALMOS 10.1-9	16 ☐ GÊNESIS 30.29 – 31.42 MATEUS 11.25 – 12.21 SALMOS 10.10-18	17 ☐ GÊNESIS 31.43 – 33.12 MATEUS 12.22-45 SALMOS 11.1-7	18 ☐ GÊNESIS 33.13 – 35.18 MATEUS 12.46 – 13.23 SALMOS 12.1-8	19 ☐ GÊNESIS 35.19 – 37.2 MATEUS 13.24-52 SALMOS 13.1-6	20 ☐ GÊNESIS 37.3 – 38.24 MATEUS 13.53 – 14.21 SALMOS 14.1-7	21 ☐ GÊNESIS 38.25 – 41.4 MATEUS 14.22 – 15.9 SALMOS 15.1 – 16.2
22 ☐ GÊNESIS 41.5 – 42.5 MATEUS 15.10-31 SALMOS 16.3-11	23 ☐ GÊNESIS 42.6 – 43.23 MATEUS 15.32 – 16.20 SALMOS 17.1-7	24 ☐ GÊNESIS 43.24 – 45.16 MATEUS 16.21 – 17.13 SALMOS 17.8-15	25 ☐ GÊNESIS 45.17 – 47.12 MATEUS 17.14 – 18.9 SALMOS 18.1-6	26 ☐ GÊNESIS 47.13 – 49.15 MATEUS 18.10-35 SALMOS 18.7-19	27 ☐ GÊNESIS 49.16 – 50.26 MATEUS 19.1-24 SALMOS 18.20-30	28 ☐ ÊXODO 1.1 – 3.10 MATEUS 19.25 – 20.19 SALMOS 18.31-42
29 ☐ ÊXODO 3.11 – 5.14 MATEUS 20.20 – 21.11 SALMOS 18.43-50	30 ☐ ÊXODO 5.15 – 7.19 MATEUS 21.12-32 SALMOS 19.1-9	31 ☐ ÊXODO 7.20 – 9.19 MATEUS 21.33 – 22.14 SALMOS 19.10-14				

anotações

....

....

....

....

....

PLANO DE LEITURA

FEVEREIRO

@devocional.palavrasdesabedoria | @marcelotoschi

1º ☐	2 ☐	3 ☐	4 ☐	5 ☐	6 ☐	7 ☐
ÊXODO 9.20 – 11.10 MATEUS 22.15-40 SALMOS 20.1-9	ÊXODO 12.1 – 13.8 MATEUS 22.41 – 23.15 SALMOS 21.1-7	ÊXODO 13.9 – 15.11 MATEUS 23.16-39 SALMOS 21.8-13	ÊXODO 15.12 – 17.7 MATEUS 24.1-22 SALMOS 22.1-11	ÊXODO 17.8 – 19.20 MATEUS 24.23-51 SALMOS 22.12-21	ÊXODO 19.21 – 21.25 MATEUS 25.1-23 SALMOS 22.22-31	ÊXODO 21.26 –23.15 MATEUS 25.24-46 SALMOS 23.1-6
8 ☐	**9 ☐**	**10 ☐**	**11 ☐**	**12 ☐**	**13 ☐**	**14 ☐**
ÊXODO 23.16 – 25.22 MATEUS 26.1-22 SALMOS 24.1-10	ÊXODO 25.23 – 26.37 MATEUS 26.23-46 SALMOS 25.1-11	ÊXODO 27.1 – 28.38 MATEUS 26.47-68 SALMOS 25.12-22	ÊXODO 28.39 – 30.5 MATEUS 26.69 – 27.14 SALMOS 26.1-5	ÊXODO 30.6 – 32.6 MATEUS 27.15-44 SALMOS 26.6-12	ÊXODO 32.7 – 34.7 MATEUS 27.45-66 SALMOS 27.1-6	ÊXODO 34.8 – 35.29 MATEUS 28.1-20 SALMOS 27.7-14
15 ☐	**16 ☐**	**17 ☐**	**18 ☐**	**19 ☐**	**20 ☐**	**21 ☐**
ÊXODO 35.30 – 37.16 MARCOS 1.1-22 SALMOS 28.1-9	ÊXODO 37.17 – 39.21 MARCOS 1.23-45 SALMOS 29.1-6	ÊXODO 39.22 – 40.38 MARCOS 2.1-22 SALMOS 29.7-11	LEVÍTICO 1.1 – 2.16 MARCOS 2.23 – 3.19 SALMOS 30.1-5	LEVÍTICO 3.1 – 5.6 MARCOS 3.20 – 4.12 SALMOS 30.6-12	LEVÍTICO 5.7 – 7.15 MARCOS 4.13-34 SALMOS 31.1-5	LEVÍTICO 7.16 – 8.36 MARCOS 4.35 – 5.17 SALMOS 31.6-13
22 ☐	**23 ☐**	**24 ☐**	**25 ☐**	**26 ☐**	**27 ☐**	**28 ☐**
LEVÍTICO 9.1 – 11.8 MARCOS 5.18-43 SALMOS 31.14-18	LEVÍTICO 11.9 – 13.8 MARCOS 6.1-20 SALMOS 31.19-24	LEVÍTICO 13.9 – 14.9 MARCOS 6.21-44 SALMOS 32.1-5	LEVÍTICO 14.10 – 15.11 MARCOS 6.45 – 7.13 SALMOS 32.6-11	LEVÍTICO 15.12 – 16.34 MARCOS 7.14-37 SALMOS 33.1-5	LEVÍTICO 17.1 – 19.8 MARCOS 8.1-21 SALMOS 33.6-12	LEVÍTICO 19.9 – 20.27 MARCOS 8.22 – 9.4 SALMOS 33.13-17

anotações

1º ☐	2 ☐	3 ☐	4 ☐	5 ☐	6 ☐	7 ☐
LEVÍTICO 21.1 – 22.33 **MARCOS** 9.5-27 **SALMOS** 33.18-22	**LEVÍTICO** 23.1 – 24.12 **MARCOS** 9.28-50 **SALMOS** 34.1-7	**LEVÍTICO** 24.13 – 25.46 **MARCOS** 10.1-25 **SALMOS** 34.8-14	**LEVÍTICO** 25.47 – 26.46 **MARCOS** 10.26-45 **SALMOS** 34.15-22	**LEVÍTICO** 27.1-34; **NÚMEROS** 1.1-23 **MARCOS** 10.46 – 11.14 **SALMOS** 35.1-8	**NÚMEROS** 1.24 – 2.28 **MARCOS** 11.15 – 12.2 **SALMOS** 35.9-12	**NÚMEROS** 2.29 – 3.51 **MARCOS** 12.3-27 **SALMOS** 35.13-18
8 ☐	**9** ☐	**10** ☐	**11** ☐	**12** ☐	**13** ☐	**14** ☐
NÚMEROS 4.1 – 5.4 **MARCOS** 12.28 – 13.4 **SALMOS** 35.19-22	**NÚMEROS** 5.5 – 7.5 **MARCOS** 13.5-27 **SALMOS** 35.23-28	**NÚMEROS** 7.6-59 **MARCOS** 13.28 – 14.11 **SALMOS** 36.1-6	**NÚMEROS** 7.60 – 8.26 **MARCOS** 14.12-31 **SALMOS** 36.7-12	**NÚMEROS** 9.1 – 10.36 **MARCOS** 14.32-52 **SALMOS** 37.1-7	**NÚMEROS** 11.1 – 13.2 **MARCOS** 14.53-72 **SALMOS** 37.8-15	**NÚMEROS** 13.3 – 14.25 **MARCOS** 15.1-20 **SALMOS** 37.16-22
15 ☐	**16** ☐	**17** ☐	**18** ☐	**19** ☐	**20** ☐	**21** ☐
NÚMEROS 14.26 – 15.41 **MARCOS** 15.21-41 **SALMOS** 37.23-31	**NÚMEROS** 16.1 – 17.7 **MARCOS** 15.42 – 16.20 **SALMOS** 37.32-40	**NÚMEROS** 17.8 – 19.22 **LUCAS** 1.1-22 **SALMOS** 38.1-8	**NÚMEROS** 20.1 – 21.30 **LUCAS** 1.23-45 **SALMOS** 38.9-16	**NÚMEROS** 21.31 – 23.10 **LUCAS** 1.46-66 **SALMOS** 38.17-22	**NÚMEROS** 23.11 – 25.13 **LUCAS** 1.67 – 2.07 **SALMOS** 39.1-6	**NÚMEROS** 25.14 – 26.51 **LUCAS** 2.8-32 **SALMOS** 39.7-13
22 ☐	**23** ☐	**24** ☐	**25** ☐	**26** ☐	**27** ☐	**28** ☐
NÚMEROS 26.52 – 28.25 **LUCAS** 2.33-52 **SALMOS** 40.1-8	**NÚMEROS** 28.26 – 30.9 **LUCAS** 3.1-20 **SALMOS** 40.9-17	**NÚMEROS** 30.10 – 31.54 **LUCAS** 3.21 – 4.2 **SALMOS** 41.1-7	**NÚMEROS** 32.1 – 33.4 **LUCAS** 4.3-22 **SALMOS** 41.8-13	**NÚMEROS** 33.5 – 34.15 **LUCAS** 4.23-44 **SALMOS** 42.1-5	**NÚMEROS** 34.16 – 36.13 **LUCAS** 5.1-21 **SALMOS** 42.6-11	**DEUTERONÔMIO** 1.1 – 2.9 **LUCAS** 5.22 – 6.4 **SALMOS** 43.1-5
29 ☐	**30** ☐	**31** ☐				
DEUTERONÔMIO 2.10 – 3.29 **LUCAS** 6.5-23 **SALMOS** 44.1-8	**DEUTERONÔMIO** 4.1 – 5.5 **LUCAS** 6.24-45 **SALMOS** 44.9-16	**DEUTERONÔMIO** 5.6 – 6.25 **LUCAS** 6.46 – 7.17 **SALMOS** 44.17-26				

anotações

PLANO DE LEITURA

ABRIL

@devocional.palavrasdesabedoria | @marcelotoschi

1º ☐	2 ☐	3 ☐	4 ☐	5 ☐	6 ☐	7 ☐
DEUTERONÔMIO 7.1 – 9.12 LUCAS 7.18-39 SALMOS 45.1-5	DEUTERONÔMIO 9.13 – 11.17 LUCAS 7.40 – 8.8 SALMOS 45.6-12	DEUTERONÔMIO 11.18 – 13.11 LUCAS 8.9-29 SALMOS 45.13-17	DEUTERONÔMIO 13.12 – 15.18 LUCAS 8.30-51 SALMOS 46.1-6	DEUTERONÔMIO 15.19 – 18.12 LUCAS 8.52 – 9.17 SALMOS 46.7-11	DEUTERONÔMIO 18.13 – 21.9 LUCAS 9.18-41 SALMOS 47.1-5	DEUTERONÔMIO 21.10 – 23.14 LUCAS 9.42-62 SALMOS 47.6-9
8 ☐	**9** ☐	**10** ☐	**11** ☐	**12** ☐	**13** ☐	**14** ☐
DEUTERONÔMIO 23.15 – 26.5 LUCAS 10.1-22 SALMOS 48.1-8	DEUTERONÔMIO 26.5 – 28.14 LUCAS 10.23-42 SALMOS 48.9-14	DEUTERONÔMIO 28.15-68 LUCAS 11.1-28 SALMOS 49.1-6	DEUTERONÔMIO 29.1 – 31.8 LUCAS 11.29-54 SALMOS 49.7-12	DEUTERONÔMIO 31.9 – 32.35 LUCAS 12.1-21 SALMOS 49.13-20	DEUTERONÔMIO 32.36 – 34.12 LUCAS 12.22-41 SALMOS 50.1-6	JOSUÉ 1.1 – 3.17 LUCAS 12.42 – 13.9 SALMOS 50.7-15
15 ☐	**16** ☐	**17** ☐	**18** ☐	**19** ☐	**20** ☐	**21** ☐
JOSUÉ 4.1 – 6.19 LUCAS 13.10-35 SALMOS 50.16-23	JOSUÉ 6.20 – 8.23 LUCAS 14.1-24 SALMOS 51.1-6	JOSUÉ 8.24 – 10.19 LUCAS 14.25 – 15.10 SALMOS 51.7-15	JOSUÉ 10.20 – 12.6 LUCAS 15.11-32 SALMOS 51.16-19	JOSUÉ 12.7 – 14.5 LUCAS 16.1-21 SALMOS 52.1-5	JOSUÉ 14.6 – 15.47 LUCAS 16.22 – 17.10 SALMOS 52.6-9	JOSUÉ 15.48 – 18.10 LUCAS 17.11-37 SALMOS 53.1-6
22 ☐	**23** ☐	**24** ☐	**25** ☐	**26** ☐	**27** ☐	**28** ☐
JOSUÉ 18.11 – 19.39 LUCAS 18.1-21 SALMOS 54.1-7	JOSUÉ 19.40 – 21.33 LUCAS 18.22-43 SALMOS 55.1-8	JOSUÉ 21.34 – 23.10 LUCAS 19.1-23 SALMOS 55.9-19	JOSUÉ 23.11 – 24.33 LUCAS 19.24-48 SALMOS 55.20-23	JUÍZES 1.1 – 2.23 LUCAS 20.1-26 SALMOS 56.1-7	JUÍZES 3.1 – 4.24 LUCAS 20.27-47 SALMOS 56.8-13	JUÍZES 5.1 – 6.26 LUCAS 21.1-24 SALMOS 57.1-6
29 ☐	**30** ☐					
JUÍZES 6.27 – 8.17 LUCAS 21.25 – 22.6 SALMOS 57.7-11	JUÍZES 8.18 – 9.41 LUCAS 22.7-26 SALMOS 58.1-11					

anotações

PLANO DE LEITURA
MAIO

1º JUÍZES 9.42 – 11.27 LUCAS 22.27-53 SALMOS 59.1-5	2 JUÍZES 11.28 – 13.25 LUCAS 22.54 – 23.5 SALMOS 59.6-13	3 JUÍZES 14.1 – 16.15 LUCAS 23.6-25 SALMOS 59.14-17	4 JUÍZES 16.16 – 18.26 LUCAS 23.26-49 SALMOS 60.1-5	5 JUÍZES 18.27 – 20.18 LUCAS 23.50 –24.16 SALMOS 60.6-12	6 JUÍZES 20.19 – 21.25 LUCAS 24.17-35 SALMOS 61.1-8	7 RUTE 1.1 – 2.23 LUCAS 24.36-53 SALMOS 62.1-6
8 RUTE 3.1 – 4.22 JOÃO 1.1-28 SALMOS 62.7-12	9 1SAMUEL 1.1 – 2.26 JOÃO 1.29-51 SALMOS 63.1-4	10 1SAMUEL 2.27 – 4.22 JOÃO 2.1-22 SALMOS 63.5-11	11 1SAMUEL 5.1 – 8.5 JOÃO 2.23 – 3.21 SALMOS 64.1-6	12 1SAMUEL 8.6 – 10.12 JOÃO 3.22 – 4.8 SALMOS 64.7-10	13 1SAMUEL 10.13 – 12.25 JOÃO 4.9-30 SALMOS 65.1-8	14 1SAMUEL 13.1 – 14.32 JOÃO 4.31-54 SALMOS 65.9-13
15 1SAMUEL 14.33 – 15.35 JOÃO 5.1-20 SALMOS 66.1-7	16 1SAMUEL 16.1 – 17.33 JOÃO 5.20-40 SALMOS 66.8-15	17 1SAMUEL 17.34 – 18.30 JOÃO 5.41 – 6.21 SALMOS 66.16-20	18 1SAMUEL 19.1 – 20.31 JOÃO 6.22-46 SALMOS 67.1-7	19 1SAMUEL 20.32 – 23.6 JOÃO 6.47-65 SALMOS 68.1-6	20 1SAMUEL 23.7 – 25.11 JOÃO 6.66 – 7.15 SALMOS 68.7-16	21 1SAMUEL 25.12 – 26.25 JOÃO 7.16-36 SALMOS 68.17-23
22 1SAMUEL 27.1 – 29.11 JOÃO 7.37 – 8.6 SALMOS 68.24-31	23 1SAMUEL 30.1 – 31.13 JOÃO 8.6-38 SALMOS 68.32-35	24 2SAMUEL 1.1 – 2.32 JOÃO 8.39-59 SALMOS 69.1-8	25 2SAMUEL 3.1 – 5.8 JOÃO 9.1-23 SALMOS 69.9-15	26 2SAMUEL 5.9 – 7.17 JOÃO 9.24 – 10.5 SALMOS 69.16-23	27 2SAMUEL 7.18 – 10.14 JOÃO 10.6-30 SALMOS 69.24-30	28 2SAMUEL 10.15 – 12.25 JOÃO 10.31 – 11.10 SALMOS 69.31-36
29 2SAMUEL 12.26 – 14.12 JOÃO 11.11-32 SALMOS 70.1-5	30 2SAMUEL 14.13 – 15.37 JOÃO 11.33-54 SALMOS 71.1-7	31 2SAMUEL 16.1–17.29 JOÃO 11.55 – 12.19 SALMOS 71.8-16				

anotações

PLANO DE LEITURA
JUNHO

@devocional.palavrasdesabedoria | @marcelotoschi

1º ☐	2 ☐	3 ☐	4 ☐	5 ☐	6 ☐	7 ☐
2SAMUEL 18.1 – 19.25 JOÃO 12.20-41 SALMOS 71.17-24	2SAMUEL 19.26 – 21.14 JOÃO 12.42 – 13.12 SALMOS 72.1-8	2SAMUEL 21.15 – 22.51 JOÃO 13.12-30 SALMOS 72.9-14	2SAMUEL 23.1 – 24.25 JOÃO 13.31 – 14.10 SALMOS 72.15-20	1REIS 1.1-53 JOÃO 14.11-31 SALMOS 73.1-10	1REIS 2.1 – 3.9 JOÃO 15.1-20 SALMOS 73.11-14	1REIS 3.10 – 4.34 JOÃO 15.21 – 16.16 SALMOS 73.15-25
8 ☐	9 ☐	10 ☐	11 ☐	12 ☐	13 ☐	14 ☐
1REIS 5.1 – 6.38 JOÃO 16.17 – 17.5 SALMOS 73.25-28	1REIS 7.1 – 8.5 JOÃO 17.6-26 SALMOS 74.1-8	1REIS 8.6-66 JOÃO 18.1-21 SALMOS 74.9-17	1REIS 9.1 – 10.29 JOÃO 18.22 – 19.3 SALMOS 74.18-23	1REIS 11.1 – 12.11 JOÃO 19.4-27 SALMOS 75.1-6	1REIS 12.12 – 13.34 JOÃO 19.28 – 20.10 SALMOS 75.7-10	1REIS 14.1 – 15.24 JOÃO 20.11-31 SALMOS 76.1-6
15 ☐	16 ☐	17 ☐	18 ☐	19 ☐	20 ☐	21 ☐
1REIS 15.25 – 17.6 JOÃO 21.1-25 SALMOS 76.7-12	1REIS 17.7 – 18.35 ATOS 1.1-26 SALMOS 77.1-10	1REIS 18.36 – 20.25 ATOS 2.1-21 SALMOS 77.11-15	1REIS 20.26 – 22.5 ATOS 2.22-47 SALMOS 77.16-20	1REIS 22.6-53 ATOS 3.1-26 SALMOS 78.1-4	2REIS 1.1 – 3.13 ATOS 4.1-22 SALMOS 78.5-8	2REIS 3.14 – 4.44 ATOS 4.23 – 5.6 SALMOS 78.9-16
22 ☐	23 ☐	24 ☐	25 ☐	26 ☐	27 ☐	28 ☐
2REIS 5.1 – 6.31 ATOS 5.7-24 SALMOS 78.17-20	2REIS 6.32 – 8.29 ATOS 5.25 – 6.4 SALMOS 78.21-31	2REIS 9.1 – 10.17 ATOS 6.5 – 7.10 SALMOS 78.32-37	2REIS 10.18 – 12.16 ATOS 7.11-29 SALMOS 78.38-55	2REIS 12.17 – 14.29 ATOS 7.30-53 SALMOS 78.56-64	2REIS 15.1 – 16.20 ATOS 7.54 – 8.17 SALMOS 78.65-72	2REIS 17.1 – 18.16 ATOS 8.18-40 SALMOS 79.1-4
29 ☐	30 ☐					
2REIS 18.17 – 19.37 ATOS 9.1-22 SALMOS 79.5-10	2REIS 20.1 – 22.7 ATOS 9.23-43 SALMOS 79.11-13					

anotações

1º ☐	2 ☐	3 ☐	4 ☐	5 ☐	6 ☐	7 ☐
2REIS 22.8 – 23.37 ATOS 10.1-23 SALMOS 80.1-6	2REIS 24.1 – 25.30 ATOS 10.23-43 SALMOS 80.7-18	1CRÔNICAS 1.1-54 ATOS 10.44 – 11.18 SALMOS 80.19	1CRÔNICAS 2.1-55 ATOS 11.19 – 12.9 SALMOS 81.1-5	1CRÔNICAS 3.1 – 4.33 ATOS 12.10 – 13.3 SALMOS 81.6-10	1CRÔNICAS 4.34 – 6.15 ATOS 13.4-22 SALMOS 81.11-16	1CRÔNICAS 6.16-81 ATOS 13.23-43 SALMOS 82.1-8
8 ☐	**9 ☐**	**10 ☐**	**11 ☐**	**12 ☐**	**13 ☐**	**14 ☐**
1CRÔNICAS 7.1 – 8.12 ATOS 13.44 – 14.13 SALMOS 83.1-8	1CRÔNICAS 8.13 – 9.34 ATOS 14.14 – 15.5 SALMOS 83.9-12	1CRÔNICAS 9.35 – 11.25 ATOS 15.6-29 SALMOS 83.13-18	1CRÔNICAS 11.26 – 12.40 ATOS 15.30 – 16.10 SALMOS 84.1-4	1CRÔNICAS 13.1 – 15.24 ATOS 16.11-28 SALMOS 84.5-12	1CRÔNICAS 15.25 – 17.6 ATOS 16.29 – 17.9 SALMOS 85.1-7	1CRÔNICAS 17.7 – 19.19 ATOS 17.10-34 SALMOS 85.8-13
15 ☐	**16 ☐**	**17 ☐**	**18 ☐**	**19 ☐**	**20 ☐**	**21 ☐**
1CRÔNICAS 20.1 – 22.19 ATOS 18.1-22 SALMOS 86.1-7	1CRÔNICAS 23.1 – 24.31 ATOS 18.23 – 19.16 SALMOS 86.8-10	1CRÔNICAS 25.1 – 26.22 ATOS 19.17-41 SALMOS 86.11-17	1CRÔNICAS 26.23 – 28.10 ATOS 20.1-24 SALMOS 87.1-7	1CRÔNICAS 28.11 – 29.30 ATOS 20.25 – 21.9 SALMOS 88.1-9A	2CRÔNICAS 1.1 – 3.17 ATOS 21.10-36 SALMOS 88.9-12	2CRÔNICAS 4.1 – 6.16 ATOS 21.37 – 22.16 SALMOS 88.13-18
22 ☐	**23 ☐**	**24 ☐**	**25 ☐**	**26 ☐**	**27 ☐**	**28 ☐**
2CRÔNICAS 6.17 – 8.6 ATOS 22.17 – 23.6 SALMOS 89.1-4	2CRÔNICAS 8.7 – 10.11 ATOS 23.7-30 SALMOS 89.5-18A	2CRÔNICAS 10.12 – 13.7 ATOS 23.31 – 24.15 SALMOS 89.5-18B	2CRÔNICAS 13.8 – 16.6 ATOS 24.16 – 25.12 SALMOS 89.19-37A	2CRÔNICAS 16.7 – 18.29 ATOS 25.13 – 26.8 SALMOS 89.19-37B	2CRÔNICAS 18.30 – 20.37 ATOS 26.9-29 SALMOS 89.19-37C	2CRÔNICAS 21.1 – 23.21 ATOS 26.30 – 27.20 SALMOS 89.38-51A
29 ☐	**30 ☐**	**31 ☐**				
2CRÔNICAS 24.1 – 25.28 ATOS 27.21-41 SALMOS 89.38-51B	2CRÔNICAS 26.1 – 28.27 ATOS 27.42 – 28.16 SALMOS 90.1-11	2CRÔNICAS 29.1 – 30.27 ATOS 28.17-31 SALMOS 90.12-17				

anotações

1º ☐	2 ☐	3 ☐	4 ☐	5 ☐	6 ☐	7 ☐
2CRÔNICAS 31.1 — 32.33 ROMANOS 1.1-23 SALMOS 91.1-13	2CRÔNICAS 33.1 — 34.33 ROMANOS 1.24 — 2.13 SALMOS 91.14-16	2CRÔNICAS 35.1 — 36.23 ROMANOS 2.14 — 3.8 SALMOS 92.1-9	ESDRAS 1.1 — 2.70 ROMANOS 3.9-26 SALMOS 92.10-15	ESDRAS 3.1 — 5.17 ROMANOS 3.27 — 4.18 SALMOS 93.1-5	ESDRAS 6.1 — 7.28 ROMANOS 4.19 — 5.21 SALMOS 94.1-7	ESDRAS 8.1 — 9.15 ROMANOS 6.1-23 SALMOS 94.8-15
8 ☐	**9 ☐**	**10 ☐**	**11 ☐**	**12 ☐**	**13 ☐**	**14 ☐**
ESDRAS 10.1-44 ROMANOS 7.1-25 SALMOS 94.16-23	NEEMIAS 1.1 — 3.27 ROMANOS 8.1-25 SALMOS 95.1-5	NEEMIAS 3.28 — 6.9 ROMANOS 8.26 — 9.9 SALMOS 95.6-11	NEEMIAS 6.10 — 7.60 ROMANOS 9.10-33 SALMOS 96.1-6	NEEMIAS 7.61 — 9.6 ROMANOS 10.1-21 SALMOS 96.7-13	NEEMIAS 9.7 — 10.27 ROMANOS 11.1-24 SALMOS 97.1-6	NEEMIAS 10.28 — 12.22 ROMANOS 11.25 — 12.10 SALMOS 97.7-12
15 ☐	**16 ☐**	**17 ☐**	**18 ☐**	**19 ☐**	**20 ☐**	**21 ☐**
NEEMIAS 12.23 — 13.31 ROMANOS 12.11 — 13.14 SALMOS 98.1-9	ESTER 1.1 — 3.9 ROMANOS 14.1-23 SALMOS 99.1-9	ESTER 3.10 — 6.14 ROMANOS 15.1-21 SALMOS 100.1-5	ESTER 7.1 — 10.3 ROMANOS 15.22 — 16.9 SALMOS 101.1-8	JÓ 1.1 — 3.26 ROMANOS 16.10-27 SALMOS 102.1-11	JÓ 4.1 — 6.7 1CORÍNTIOS 1.1-25 SALMOS 102.12-17	JÓ 6.8 — 8.22 1CORÍNTIOS 1.26 — 2.13 SALMOS 102.18-22
22 ☐	**23 ☐**	**24 ☐**	**25 ☐**	**26 ☐**	**27 ☐**	**28 ☐**
JÓ 9.1 — 10.22 1CORÍNTIOS 2.14 — 3.23 SALMOS 102.23-28	JÓ 11.1 — 13.12 1CORÍNTIOS 4.1-21 SALMOS 103.1-5	JÓ 13.13 — 15.16 1CORÍNTIOS 5.1 — 6.8 SALMOS 103.6-18	JÓ 15.17 — 17.16 1CORÍNTIOS 6.9 — 7.7 SALMOS 103.19-22	JÓ 18.1 — 20.11 1CORÍNTIOS 7.8-28 SALMOS 104.1-14A	JÓ 20.12 — 21.34 1CORÍNTIOS 7.29 — 8.7 SALMOS 104.1-14B	JÓ 22.1 — 24.12 1CORÍNTIOS 8.8 — 9.18 SALMOS 104.14-23
29 ☐	**30 ☐**	**31 ☐**				
JÓ 24.13 — 27.23 1CORÍNTIOS 9.19 — 10.10 SALMOS 104.24-30	JÓ 28.1 — 30.8 1CORÍNTIOS 10.11-33 SALMOS 104.31-32	JÓ 30.9 — 31.40 1CORÍNTIOS 11.1-22 SALMOS 104.33-35				

anotações

PLANO DE LEITURA
SETEMBRO

1º ☐	2 ☐	3 ☐	4 ☐	5 ☐	6 ☐	7 ☐
JÓ 32.1 – 33.33 **1CORÍNTIOS** 11.23 – 12.11 **SALMOS** 105.1-6	**JÓ** 34.1 – 35.16 **1CORÍNTIOS** 12.12-31 **SALMOS** 105.7-15	**JÓ** 36.1 – 37.24 **1CORÍNTIOS** 13.1 – 14.5 **SALMOS** 105.16-22	**JÓ** 38.1 – 39.18 **1CORÍNTIOS** 14.6-25 **SALMOS** 105.23-42A	**JÓ** 39.19 – 41.17 **1CORÍNTIOS** 14.26 – 15.9 **SALMOS** 105.23-42B	**JÓ** 41.18 – 42.17 **1CORÍNTIOS** 15.10-28 **SALMOS** 105.43-45	**PROVÉRBIOS** 1.1 – 2.22 **1CORÍNTIOS** 15.29-49 **SALMOS** 106.1-5
8 ☐	**9 ☐**	**10 ☐**	**11 ☐**	**12 ☐**	**13 ☐**	**14 ☐**
PROVÉRBIOS 3.1 – 4.22 **1CORÍNTIOS** 15.50 – 16.4 **SALMOS** 106.6-12	**PROVÉRBIOS** 4.23 – 6.23 **1CORÍNTIOS** 16.5-24 **SALMOS** 106.13-18	**PROVÉRBIOS** 6.24 – 8.21 **2CORÍNTIOS** 1.1-22 **SALMOS** 106.19-27	**PROVÉRBIOS** 8.22 – 10.23 **2CORÍNTIOS** 1.23 – 2.17 **SALMOS** 106.28-33	**PROVÉRBIOS** 10.24 – 12.17 **2CORÍNTIOS** 3.1-18 **SALMOS** 106.34-43	**PROVÉRBIOS** 12.18 – 14.21 **2CORÍNTIOS** 4.1-18 **SALMOS** 106.44-48	**PROVÉRBIOS** 14.22 – 16.11 **2CORÍNTIOS** 5.1-21 **SALMOS** 107.1-9
15 ☐	**16 ☐**	**17 ☐**	**18 ☐**	**19 ☐**	**20 ☐**	**21 ☐**
PROVÉRBIOS 16.12 – 18.7 **2CORÍNTIOS** 6.1-18 **SALMOS** 107.10-16	**PROVÉRBIOS** 18.8 – 20.11 **2CORÍNTIOS** 7.1-16 **SALMOS** 107.17-22	**PROVÉRBIOS** 20.12 – 22.8 **2CORÍNTIOS** 8.1-22 **SALMOS** 107.23-32	**PROVÉRBIOS** 22.9 – 23.35 **2CORÍNTIOS** 8.23 – 9.15 **SALMOS** 107.33-41	**PROVÉRBIOS** 24.1 – 25.24 **2CORÍNTIOS** 10.1-18 **SALMOS** 107.42-43	**PROVÉRBIOS** 25.25 – 27.27 **2CORÍNTIOS** 11.1-23 **SALMOS** 108.1-6	**PROVÉRBIOS** 28.1 – 30.4 **2CORÍNTIOS** 11.23 – 12.13 **SALMOS** 108.7-13
22 ☐	**23 ☐**	**24 ☐**	**25 ☐**	**26 ☐**	**27 ☐**	**28 ☐**
PROVÉRBIOS 30.5 – 31.31 **2CORÍNTIOS** 12.14 – 13.14 **SALMOS** 109.1-5	**ECLESIASTES** 1.1 – 3.15 **GÁLATAS** 1.1-24 **SALMOS** 109.6-20	**ECLESIASTES** 3.16 – 6.12 **GÁLATAS** 2.1-21 **SALMOS** 109.21-25	**ECLESIASTES** 7.1 – 9.10 **GÁLATAS** 3.1-18 **SALMOS** 109.26-29	**ECLESIASTES** 9.11 – 12.14 **GÁLATAS** 3.18 – 4.7 **SALMOS** 109.30-31	**CÂNTICO DOS CÂNTICOS** 1.1 – 4.16 **GÁLATAS** 4.8-20 **SALMOS** 110.1-7	**CÂNTICO DOS CÂNTICOS** 5.1 – 8.14 **GÁLATAS** 4.21 – 5.15 **SALMOS** 111.1-10A
29 ☐	**30 ☐**					
ISAÍAS 1.1 – 3.7 **GÁLATAS** 5.16 – 6.5 **SALMOS** 111.1-10B	**ISAÍAS** 3.8 – 5.30 **GÁLATAS** 6.6-18 **SALMOS** 112.1-10					

anotações

PLANO DE LEITURA
OUTUBRO

@devocional.palavrasdesabedoria | @marcelotoschi

1º ISAÍAS 6.1 – 8.22 EFÉSIOS 1.1-23 SALMOS 113.1-9	2 ISAÍAS 9.1 – 10.34 EFÉSIOS 2.1-18 SALMOS 114.1-8	3 ISAÍAS 11.1 – 14.12 EFÉSIOS 2.19 – 3.13 SALMOS 115.1-8	4 ISAÍAS 14.13 – 17.14 EFÉSIOS 3.14 – 4.13 SALMOS 115.9-11	5 ISAÍAS 18.1 – 21.17 EFÉSIOS 4.14-32 SALMOS 115.12-18	6 ISAÍAS 22.1 – 24.13 EFÉSIOS 5.1-17 SALMOS 116.1-6	7 ISAÍAS 24.14 – 27.13 EFÉSIOS 5.18 – 6.4 SALMOS 116.7-11
8 ISAÍAS 28.1 – 30.5 EFÉSIOS 6.5-24 SALMOS 116.12-19	9 ISAÍAS 30.6 – 32.20 FILIPENSES 1.1-17 SALMOS 117.1-2	10 ISAÍAS 33.1 – 36.3 FILIPENSES 1.18 – 2.8 SALMOS 118.1-4	11 ISAÍAS 36.4 – 37.38 FILIPENSES 2.9-30 SALMOS 118.5-16	12 ISAÍAS 38.1 – 40.31 FILIPENSES 3.1-21 SALMOS 118.17-20	13 ISAÍAS 41.1 – 42.25 FILIPENSES 4.1-23 SALMOS 118.21-29	14 ISAÍAS 43.1 – 44.28 COLOSSENSES 1.1-25 SALMOS 119.1-8
15 ISAÍAS 45.1 – 47.15 COLOSSENSES 1.26 – 2.23 SALMOS 119.9-16	16 ISAÍAS 48.1 – 50.11 COLOSSENSES 3.1-21 SALMOS 119.17-24	17 ISAÍAS 51.1 – 54.8 COLOSSENSES 3.22 – 4.18 SALMOS 119.25-32	18 ISAÍAS 54.9–57.21 1TESSALO- NICENSES 1.1 – 2.12 SALMOS 119.33-40	19 ISAÍAS 58.1 – 60.22 1TESSALO- NICENSES 2.13 – 4.3 SALMOS 119.41-48	20 ISAÍAS 61.1 – 64.12 1TESSALO- NICENSES 4.4 – 5.8 SALMOS 119.49-56	21 ISAÍAS 65.1 – 66.24 1TESSALO- NICENSES 5.9-28 SALMOS 119.57-64
22 JEREMIAS 1.1 – 2.37 2TESSALO- NICENSES 1.1 – 2.12 SALMOS 119.65-72	23 JEREMIAS 3.1 – 4.31 2TESSALO- NICENSES 2.13 – 3.18 SALMOS 119.73-80	24 JEREMIAS 5.1 – 6.30 1TIMÓTEO 1.1 – 2.3 SALMOS 119.81-88	25 JEREMIAS 7.1 – 8.22 1TIMÓTEO 2.4 – 3.13 SALMOS 119.89-96	26 JEREMIAS 9.1 – 10.25 1TIMÓTEO 3.14 – 5.2 SALMOS 119.97-104	27 JEREMIAS 11.1 – 13.14 1TIMÓTEO 5.3-23 SALMOS 119.105-112	28 JEREMIAS 13.15 – 15.21 1TIMÓTEO 5.24 – 6.21 SALMOS 119.113-120
29 JEREMIAS 16.1 – 18.10 2TIMÓTEO 1.1 – 2.7 SALMOS 119.121-128	29 JEREMIAS 16.1 – 18.10 2TIMÓTEO 1.1 – 2.7 SALMOS 119.121-128	30 JEREMIAS 18.11 – 21.10 2TIMÓTEO 2.8-26 SALMOS 119.129-136	31 JEREMIAS 21.11 – 23.22 2TIMÓTEO 3.1 – 4.2 SALMOS 119.137-144			

anotações

PLANO DE LEITURA NOVEMBRO

1º ☐ JEREMIAS 23.23 – 25.29 2TIMÓTEO 4.3-22 SALMOS 119.145-152	2 ☐ JEREMIAS 25.30 – 27.22 TITO 1.1 – 2.8 SALMOS 119.153-160	3 ☐ JEREMIAS 28.1 – 30.3 TITO 2.9 – 3.15 SALMOS 119.161-168	4 ☐ JEREMIAS 30.4 – 31.40 FILEMOM 1.1-25 SALMOS 119.169-176	5 ☐ JEREMIAS 32.1 – 33.13 HEBREUS 1.1 – 2.4 SALMOS 120.1-7	6 ☐ JEREMIAS 33.14 – 35.19 HEBREUS 2.5 – 3.6 SALMOS 121.1-8	7 ☐ JEREMIAS 36.1 – 38.6 HEBREUS 3.6 – 4.3 SALMOS 122.1-9
8 ☐ JEREMIAS 38.7 – 40.16 HEBREUS 4.3 – 5.10 SALMOS 123.1-4	9 ☐ JEREMIAS 41.1 – 43.13 HEBREUS 5.11 – 6.12 SALMOS 124.1-8	10 ☐ JEREMIAS 44.1 – 46.28 HEBREUS 6.13 – 7.14 SALMOS 125.1-5	11 ☐ JEREMIAS 47.1 – 48.47 HEBREUS 7.15 – 8.5 SALMOS 126.1-6	12 ☐ JEREMIAS 49.1 – 50.21 HEBREUS 8.6 – 9.10 SALMOS 127.1-5	13 ☐ JEREMIAS 50.22 – 51.33 HEBREUS 9.11-28 SALMOS 128.1-6	14 ☐ JEREMIAS 51.34 – 52.34 HEBREUS 10.1-21 SALMOS 129.1-8
15 ☐ LAMENTAÇÕES 1.1 – 3.12 HEBREUS 10.22 – 11.3 SALMOS 130.1-8	16 ☐ LAMENTAÇÕES 3.13-66 HEBREUS 11.4-23 SALMOS 131.1-3	17 ☐ LAMENTAÇÕES 4.1 – 5.22 HEBREUS 11.24 – 12.3 SALMOS 132.1-7	18 ☐ EZEQUIEL 1.1 – 3.21 HEBREUS 12.4-29 SALMOS 132.8-10	19 ☐ EZEQUIEL 3.22 – 6.14 HEBREUS 13.1-25 SALMOS 132.11-18	20 ☐ EZEQUIEL 7.1 – 9.11 TIAGO 1.1-21 SALMOS 133.1-3	21 ☐ EZEQUIEL 10.1 – 12.10 TIAGO 1.22 – 2.18 SALMOS 134.1-3
22 ☐ EZEQUIEL 12.11 – 14.16 TIAGO 2.19 – 3.12 SALMOS 135.1-4	23 ☐ EZEQUIEL 14.17 – 16.43 TIAGO 3.13 – 4.17 SALMOS 135.5-12	24 ☐ EZEQUIEL 16.44 – 18.13 TIAGO 5.1-20 SALMOS 135.13-21	25 ☐ EZEQUIEL 18.14 – 20.29 1PEDRO 1.1-21 SALMOS 136.1-3	26 ☐ EZEQUIEL 20.30 – 22.5 1PEDRO 1.22 – 2.17 SALMOS 136.4-22	27 ☐ EZEQUIEL 22.6 – 23.30 1PEDRO 2.18 – 3.12 SALMOS 136.23-26	28 ☐ EZEQUIEL 23.31 – 25.14 1PEDRO 3.13 – 4.11 SALMOS 137.1-9
29 ☐ EZEQUIEL 25.15 – 27.36 1PEDRO 4.12 – 5.14 SALMOS 138.1-8	30 ☐ EZEQUIEL 28.1 – 30.9 2PEDRO 1.1-21 SALMOS 139.1-6					

anotações

....

....

....

....

....

PLANO DE LEITURA

DEZEMBRO

@devocional.palavrasdesabedoria | @marcelotoschi

1º ☐	2 ☐	3 ☐	4 ☐	5 ☐	6 ☐	7 ☐
EZEQUIEL **30.10 – 32.23** **2PEDRO** **2.1-22** **SALMOS** **139.7-16**	**EZEQUIEL** **32.24 – 34.16** **2PEDRO** **3.1-18** **SALMOS** **139.17-24**	**EZEQUIEL** **34.17 – 36.28** **1JOÃO** **1.1 – 2.11** **SALMOS** **140.1-5**	**EZEQUIEL** **36.29 – 38.23** **1JOÃO** **2.12-29** **SALMOS** **140.6-13**	**EZEQUIEL** **39.1 – 40.27** **1JOÃO** **3.1-24** **SALMOS** **141.1-7**	**EZEQUIEL** **40.28 – 42.9** **1JOÃO** **4.1-21** **SALMOS** **141.8-10**	**EZEQUIEL** **42.10 – 44.19** **1JOÃO** **5.1-21** **SALMOS** **142.1-7**
8 ☐ **EZEQUIEL** **44.20 – 46.24** **2JOÃO** **1.1-13** **SALMOS** **143.1-6**	9 ☐ **EZEQUIEL** **47.1 – 48.35** **3JOÃO** **1.1-14** **SALMOS** **143.7-12**	10 ☐ **DANIEL** **1.1 – 2.36** **JUDAS** **1.1-25** **SALMOS** **144.1-4**	11 ☐ **DANIEL** **2.36 – 4.12** **APOCALIPSE** **1.1-20** **SALMOS** **144.5-10**	12 ☐ **DANIEL** **4.13 – 5.31** **APOCALIPSE** **2.1-19** **SALMOS** **144.11-15**	13 ☐ **DANIEL** **6.1 – 7.28** **APOCALIPSE** **2.20 – 3.13** **SALMOS** **145.1-6**	14 ☐ **DANIEL** **8.1 – 10.14** **APOCALIPSE** **3.14 – 4.11** **SALMOS** **145.7-11**
15 ☐ **DANIEL** **10.15 – 12.13** **APOCALIPSE** **5.1 – 6.6** **SALMOS** **145.12-16**	16 ☐ **OSEIAS** **1.1 – 5.9** **APOCALIPSE** **6.7 – 7.8** **SALMOS** **145.17-21**	17 ☐ **OSEIAS** **5.10 – 9.17** **APOCALIPSE** **7.9 – 8.11** **SALMOS** **146.1-2**	18 ☐ **OSEIAS** **10.1 – 14.9** **APOCALIPSE** **8.12 – 9.19** **SALMOS** **146.3-10**	19 ☐ **JOEL** **1.1 – 3.21** **APOCALIPSE** **9.20 – 11.6** **SALMOS** **147.1-6**	20 ☐ **AMÓS** **1.1 – 5.17** **APOCALIPSE** **11.7 – 12.6** **SALMOS** **147.7-11**	21 ☐ **AMÓS** **5.18 – 9.15** **APOCALIPSE** **12.7 – 13.10** **SALMOS** **147.12-18**
22 ☐ **OBADIAS** **1.1-21** **JONAS** **1.1 – 4.11** **APOCALIPSE** **13.11 – 14.13** **SALMOS** **147.19-20**	23 ☐ **MIQUEIAS** **1.1 – 4.13** **APOCALIPSE** **14.14 – 15.8** **SALMOS** **148.1-5**	24 ☐ **MIQUEIAS** **5.1 – 7.20** **APOCALIPSE** **16.1-21** **SALMOS** **148.6**	25 ☐ **NAUM** **1.1 – 3.19** **HABACUQUE** **1.1 – 2.11** **APOCALIPSE** **17.1-18** **SALMOS** **148.7-12**	26 ☐ **HABACUQUE** **2.12 – 3.19** **SOFONIAS** **1.1 – 3.20** **APOCALIPSE** **18.1-17** **SALMOS** **148.13-14**	27 ☐ **AGEU** **1.1 – 2.23** **ZACARIAS** **1.1 – 2.5** **APOCALIPSE** **18.17 – 19.10** **SALMOS** **149.1-4**	28 ☐ **ZACARIAS** **2.6 – 7.6** **APOCALIPSE** **19.11 – 20.6** **SALMOS** **149.5-7**
29 ☐ **ZACARIAS** **7.7 – 10.12** **APOCALIPSE** **20.7 – 21.8** **SALMOS** **149.8-9**	30 ☐ **ZACARIAS** **11.1 – 14.21** **APOCALIPSE** **21.9-27** **SALMOS** **150.1-3**	31 ☐ **MALAQUIAS** **1.1 – 4.6** **APOCALIPSE** **22.1-21** **SALMOS** **150.4-6**				

anotações

Esta obra foi composta em *Karmina*
e impressa por Gráfica Expressão e Arte sobre
papel Offset 70 g/m2 para Editora Vida.